科技金融与科技创新

张迎春　李阳　著

湘潭大学出版社
XIANGTAN UNIVERSITY PRESS

图书在版编目（CIP）数据

科技金融与科技创新 / 张迎春，李阳著. -- 湘潭 : 湘潭大学出版社，2023.10
ISBN 978-7-5687-1123-4

Ⅰ. ①科… Ⅱ. ①张… ②李… Ⅲ. ①科学技术－金融－研究－中国②技术革新－研究－中国 Ⅳ. ①F832 ②F124.3

中国国家版本馆CIP数据核字（2023）第228304号

科技金融与科技创新

KEJI JINRONG YU KEJI CHUANGXIN

张迎春 李阳 著

责任编辑：张宝香 夏 露
封面设计：夏茜旸
出版发行：湘潭大学出版社
社 址：湖南省湘潭大学工程训练大楼
电 话：0731-58298960 0731-58298966（传真）
邮 编：411105
网 址：http://press.xtu.edu.cn/
印 刷：长沙超峰印刷有限公司
经 销：湖南省新华书店
开 本：787 mm×1092 mm 1/16
印 张：22
字 数：500千字
版 次：2023年10月第1版
印 次：2023年10月第1次印刷
书 号：ISBN 978-7-5687-1123-4
定 价：99.00元

序

科技是第一生产力。自21世纪以来，全球掀起新一轮科技创新大浪潮，科技创新已成为重塑全球经济结构的核心元素。为应对科技创新带来的新变化新格局，我国已把科技创新作为国家发展中的关键核心作用，科技创新在推动我国经济社会发展和提升综合国际竞争力等方面发挥着强大的作用。党的二十大报告指出，要坚持把科学技术作为第一生产力，坚持把创新作为第一动力。而在当前我国科技创新基础薄弱，创新效率不高的背景下，科技金融融合了科技资源和金融资源，解决了科技创新中融资和风险管理问题，已成为驱动科技创新的核心力量，推动了科技金融与科技创新融合发展越来越具有重大现实意义。2011年，科技部颁布实施首批科技金融试点城市政策，我国的科技金融发展步入逐渐深化的阶段，政策首次将科学技术资源的资本化延伸至其他产业，并与产业资源进行结合，引导创新财政科技资金投入方式与渠道，突破企业主体特别是科技型中小企业的融资瓶颈，这是科技金融政策体制的又一次革新。

在政策实施层面，2016年第一批关于科技金融的16个试点项目已初现成效，同年6月确定了郑州市、厦门市等9个地区作为第二批试点。出台的科技金融服务相关产业政策文件有350多项，设立的基金专项资金总量达到近40亿元；科技金融产品逐渐在市场上大量流通，科技型中小企业的“存活率”大幅提升，出现了多样化的创新型新兴科技企业，也构建了各类科技金融创新服务平台，如科技金融信息服务平台在上海市、江苏省首次建立，科技型中小微企业数据库在天津、武汉、成都等城市被开发，重庆市科委成立了专门的科技金融集团公司。科技和金融的结合创新了融资渠道与方式，满足企业不同的融资需求，而这些向外延伸结合的金融信贷产品得到了有效发展，金融行业业务也得到了进一步的深化发展。借鉴试点地区的发展经验，充分发挥第一批试点的科技金融服务平台与资源优势，切实解决试点过程中存在的财政科技投入效率低、财政引导金融资本力度不够、各个地区发展不平衡等问题。科技金融试点政策的颁布使我国的科技金融创新改革得到有效落实，科技与金融的发展关系逐渐厘清，引领我国科技金融发展进入下一个全新的阶段，这也对地区科技金融新形势下的科技创新发展具有重要意义。科技金融作为金融行业中的发展新秀，明确科技金融的理论概念，梳理科技金融发展的学术研究脉络，判断科技金融与科技创新之间的发展关系，成为当前学术研究界亟待解决的难题。从理论研究层面，基于技术创新理论、金融发展理论、金融创新理论和融资约束理论等理论为基础，运用理论分析科技金融与科技创新的耦合协调度程度以及空间相关性，研究结果表明，从2000—2021年全国各省、自治区、直辖市科技金融与科技创新耦合协调度趋于逐步协调，东部协调程度优于中部西部，通过空间莫兰指数检验和空间自相关分析得出全国各省、自治区、直辖市科技金融与科技创新之间具有空间相关性和相关空间依赖性，这为科技金融与科技创新融合发展提供理论上的支撑。从实践推广层面，科技金融融合科技创新作为总体性的发展理论框架，需在顶层设计的指导下，从各省、自治区、直辖市实际出发，结合不同地区的资源禀赋和发展特色，采用相应的科技金融支持科技创新政策，进行有针对性分类支持创新，凝练政府、银行和非银行类金融机构三位一体的联动体系，最终形成了有自己独特的融合经验和特色发展模式。

科技金融与科技创新融合发展是一个渐进有序的过程，二者融合发展反映变化规律和特点，把握未来科技创新发展趋势，不仅为理论研究提供不断探索的方向，也为政府科学决策提供依据，而且为实现科技强国目标起到积极的推动作用。最后，希望本书的研究可以为我国科技金融与科技创新融合发展提供一定的参考意义。

2023 年 7 月 18 日

目　录

第一章　科技金融概述

第一节　科技金融的提出及理论基础

1. 科技金融的提出

科技金融作为金融业务的派生产物，可以看做是新型金融业务发展的延续。“科技金融”和“传统金融业务”虽然只有两字之差，实践中却存在巨大的内涵差异，并导致模式上的差别。科技金融派生于传统金融业务，又不同传统金融业务，对于中国银行业而言，科技金融更多是传统金融模式向科技型企业的延伸与覆盖，是科技创新、创投市场与银行信贷相结合的跨界金融。因此，其特征也与传统金融业务有较大差异，但科技金融的含义仍然需要在传统金融业务的基础上进行重新定义。

2. 科技金融的含义

“科技金融”最初由深圳科学技术局在1992年提出，正式出台于《中华人民共和国科学技术进步法》，之后，科技金融演变成为一个具体的“形态”。但科技金融真正意义上的概念使用是在1994年广西南宁中国科技金融促进会的首届理事会上，随后国家和各地区也成立了科技金融促进会。由于科技金融正式出现于科学技术进步法，所以科技金融已经不单是一个组合词汇，而是科技与金融的结合产物，代表了相应建立起逐步完善的科技创新环境与金融服务环境。同时，“科技金融”作为新的发展方向，在各类领域中被广泛应用。学者们也就“科技金融”展开了研究，其研究主要包括内涵、意义以及范畴等，但没有形成完全独立的内涵体系。

目前，理论界关于科技金融的内涵已经基本形成共识，认为科技金融是金融业的一种业态，是科技创新与金融创新交汇融合的产物，是促进科技开发、成果转让和高新技术产业发展的金融工具、金融制度、金融政策与金融服务的系统性和创新性安排。科技金融是向科技创新活动提供融资资源的政府、企业、市场和社会中介机构等主体，及其在科技创新融资过程中的行为活动组成的体系，是国家科技创新体系和金融体系的重要构成部分。

3. 科技金融的评价体系

改革开放以来，科技金融从科技与金融结合的政策实践到金融、科技与产业深度融合发展态势，成为国家和地方政府创新驱动发展战略的重要抓手。当前，科技金融的外延发生变化，内涵也在不断演进，呈现出一定的技术经济范式特征，把握这种态势和特征，丰富和完善科技金融理论体系，需要结合科技创新和金融创新" 双轮" 驱动发展的实践，从微观、中观、宏观三个维度明晰科技金融的资本工具、创新政策、新经济范式三大属性，从短期和长期两个角度辩证认识科技金融作为工具、政策或范式的实践效用和理论价值。

衡量科技金融的发展，并将科技金融汇总定性指标转化为可供实证研究的定量指标，需要构建完整的科技金融发展评价指标体系，科技金融发展评价指标体系不仅要全面客观地反映金融对科技创新发展的支持力度，还应准确地展现研究地区的科技金融发展状况和科技金融筹资结构。良好的科技金融发展指标体系构建是研究科技金融发展的前提，只有对于科技金融发展有着充分的认知和了解，才可以发现科技金融发展当前存在的问题，寻找促进科技金融发展的有效路径。

2014 年 7 月，通过国务院批准，湖北省武汉市成为我国第一个科技金融改革创新示范区，由此我国科技金融发展进入稳步前行阶段，诸如示范区、科技支行等措施不断出台，但是在学术界有关科技与金融相结合的研究较少，完整的科技金融发展评价指标体系研究更是相对匮乏。

科技金融发展指标评价体系最早在 2009 年由四川大学赵昌文在《科技金融》一书中提出。他认为衡量科技金融发展整体情况的指标，应该由科技金融发展总、分指标和科技金融发展中产生的个例现象合成指标构成。其后在 2016 年 11 月 22 日，湖北省武汉市在经过一年科技金融创新发展示范区的探索之后，提出我国第一个科技金融发展综合指数——“武汉科技金融综合发展指数”。该指数分为六个方面，分别是科技类企业融资需求指标、科技金融区域内资金流动性指标、区域商业环境指标、居民投资需求指标、区域内科技类融资供给指标和科技金融类复合型人才指标。2018 年寇明婷在综合诸多之前学者的研究基础上，认为常见的科技金融指标的选取可以分为政策性科技投入、金融机构贷款、创业风险投资、科技资本市场和企业自有资金五个种类，如表 1-1 所示。

表 1-1　科技金融指标汇总

研究对象	指标
政策性科技投入	科研经费中政府直接拨款
	科技活动中政府投入资金
	科技创新活动中政府资金支持
	地方财政科技拨款/地方财政支出
	政府科技投入经费比
金融机构科技贷款	金融机构科技贷款余额
	金融机构科技贷款占科技经费筹集总额的比重
	商业银行贷款余额/地区 GDP

续表

研究对象	指标
创业风险投资	创业投资额
	风险投资管理资本总额
	风险投资机构数量
	创业投资额/地区 GDP
科技资本市场	高新技术企业上市数量
	高新技术企业上市市值
	高新技术企业上市期间融资规模
	高新技术上市企业/上市公司总数量
	股票筹资规模/地区 GDP
企业自有资金	科技创新活动中企业自有资金数额
	高新技术企业研发经费支出/产品销售收入
	高新技术企业研发支出/营业收入

4. 科技金融发展理论

4.1 金融发展理论

美国经济学家、当代金融发展理论奠基人罗纳德?麦金龙（Ronald Mckinnon）和爱德华?肖（Edward Shaw）两人各自在 1973 年创立金融发展理论，认为在一个不确定的环境中，金融体系的功能主要是实现金融资源的配置，而这种配置具有跨时间和空间的属性。他们提出的“金融结构”理论和“金融约束”理论对科技金融在经济发展不同阶段如何选择合适的金融机构和产品，以及实施金融政策自由化都具有很重要的现实意义。1997 年度诺贝尔经济学奖得主之一的莫顿（R. C. Merton）指出，现代金融理论的核心是研究如何在不确定条件下对稀缺资源进行跨时期分配。时间和不确定性是影响金融行为的中心因素。帕特里克（1996）发表的《欠发达国家的金融发展与经济增长》论述了在经济发展早期和后期阶段对应选择不同的金融发展模式，认为金融体系可改进现有资本构成并有效配置资源，这对于科技金融发展模式很具有指导价值。

4.2 金融与科技创新的关系

有效的金融支持是进行科技创新的前提条件。科技创新的实践表明，在创新的新思想新发现孵化为新技术阶段应该是最需要资金投入的阶段，现实中恰恰是这个阶段资金投入严重不足。原因是在创新的这个阶段，一方面创新收益开始向私人投资者收敛，政府不可能再承担这一阶段的主要投资。另一方面这一阶段离市场渐远，风险大，私人投资者存在风险厌恶，因此不愿意进入。显然，科技创新的这个阶段正是需要科技金融进入的阶段。这就需要引导足够的金融资本投入的阶段向创新的前期阶段前移，尤其是孵化新技术阶段前移。Keuschning（2004）从一般均衡和预算约束角度，论证了生产性和活跃的风险投资行业如何促进创新驱动型增长，理论分析了风险投资对技术创新的重要作用。政府的投入不仅在基础研究阶段作为财政性投入，而且应从种子阶段就应该进入提供的风险投资行为，更应该长期化，对风险投资起导向作用。现在科技创新种子期初创期集聚的金融资本数量已成为判断一个地区的科技创新活跃程度和是否进入创新驱动型经济阶段的指标。

4.3　金融资源的特点

"金融资源"一词较早是由西方学者戈德史密斯于1955年提出，是指金融领域中关于金融服务主体和客体结构、数量、规模、分布及其效应和相互作用关系的一系列对象的总和或集合体。金融资源联合国环境规划署认为，在一定时间和技术条件下，金融资源能够产生经济价值、提高人类当前和未来福利的自然环境因素的总称。金融资源具有多个属性特点。第一是战略性，一个国家或者地区拥有的金融资源和其利用状况是该国或该地金融产业发展水平和质量的重要标志。金融资源配置是资源配置的核心问题，对其他资源配置有决定性影响作用。第二是层次性，金融资源包括基础性金融资源、内涵性金融资源和发展性金融资源三层含义。其中基础性金融资源包括货币和资本，内涵性金融资源包括金融工具、金融人才和相应的金融法律法规。第三是稀缺性，在一定时间与空间范围内金融资源总是有限的，相对不足的金融资源与人类绝对增长的需求相比造成了金融资源的稀缺性。

4.4　科技金融资源的内涵

科技金融资源的内涵是在科技创新过程中投入的货币资本，是为科技创新活动进行融资的结果，科技金融包括两层含义：第一是科技创新研发阶段和科技成果产业化过程的投入，第二是其本质上是一种金融资源。科技金融资源具有稀缺性、多样性和收益不确定性。科技金融资源能够为种子期到成熟期各发展阶段科技企业提供融资支持和金融服务的一系列政策和制度。科技金融资源按投入主体可分为公共科技金融资源和市场科技金融资源。其中，公共科技金融资源主要包含科技财政和科技贷款；市场科技金融资源主要包括科技资本市场（直接融资）、创业风险投资、孵化基金和科技保险等金融资源。

第二节　英文文献梳理

1. 国家共现分析

共现分析（co-occurrence analysis）是一种统计分析方法，用于识别和分析（两个或多个）事物在特定背景中同时出现的频率和模式。它可用于文本、图像、社交网络等各种数据类型。在文本分析中，共现分析用于揭示词语之间的关联关系。通过观察词语在文本中的共现模式，我们可以推断它们之间的语义关系或相关性。

在共现分析中，我们首先需要构建一个共现矩阵（co-occurrence matrix）。共现矩阵记录了词语之间在同一文本片段中同时出现的频率。矩阵的行和列分别代表词语，矩阵元素表示对应词语之间的共现次数。通常，共现矩阵是一个稀疏矩阵，因为大多数词语并不会同时出现。

通过对共现矩阵进行分析，我们可以使用各种统计方法来揭示词语之间的关系。例如，我们可以使用点互信息（pointwise mutual information）来度量两个词语共现的密切程度。较高的点互信息值表示两个词语之间存在更紧密的关联。我们还可以使用聚类方法将具有相似共现模式的词语分组在一起。

共现分析在自然语言处理和信息检索领域中有广泛的应用。它可以帮助我们发现词语之间的语义关联、构建词汇资源、实现文本分类和信息抽取等任务。通过共现分析，我们可以从大量的文本数据中提取有用的信息，并获得对文本的更深入理解。

表 1-2　国家共现分析

排序	频次	占比	年份	国家
1	65	28%	2000	USA
2	56	24%	2001	PEOPLES R CHINA
3	42	18%	2000	ENGLAND
4	13	6%	2000	AUSTRALIA
5	10	4%	2001	FRANCE
6	10	4%	2000	NETHERLANDS
7	9	4%	2003	SPAIN
8	9	4%	2003	CANADA
9	7	3%	2009	TAIWAN
10	7	3%	2003	GERMANY
11	7	3%	2001	SWEDEN
12	6	3%	2005	ITALY
13	6	3%	2006	SWITZERLAND
14	5	2%	2003	INDIA
15	5	2%	2014	DENMARK
16	5	2%	2014	SCOTLAND
17	4	2%	2003	PORTUGAL
18	4	2%	2004	SOUTH KOREA
19	3	1%	2019	GREECE
20	3	1%	2000	BRAZIL

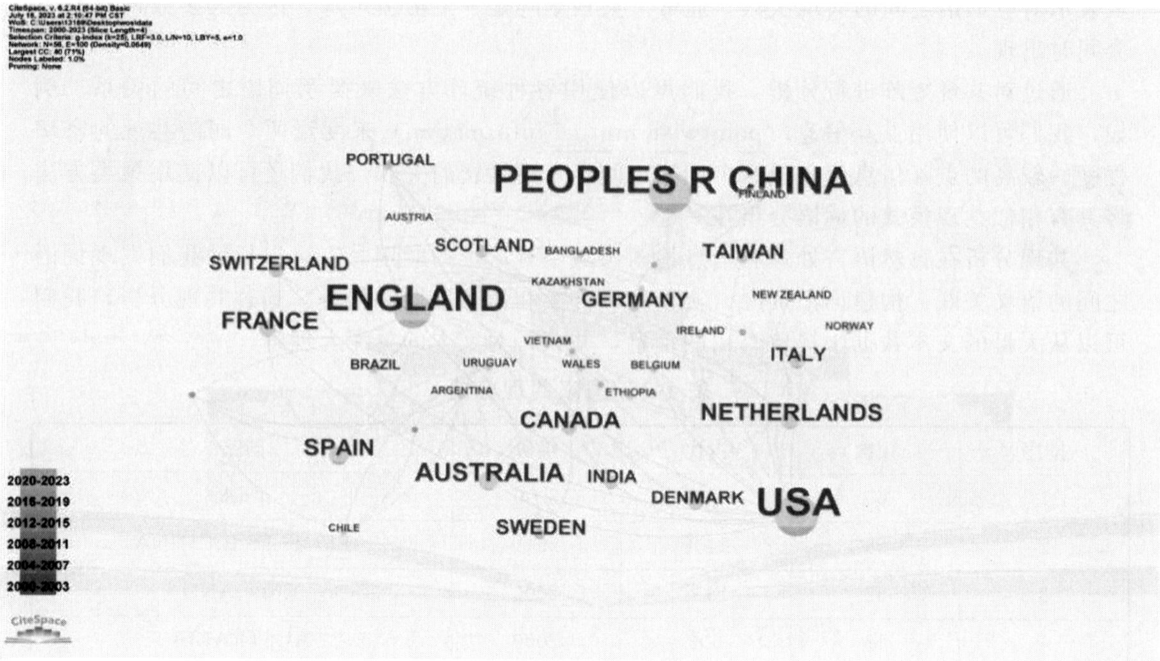

图 1-1　国家共现

通过对核心期刊中科技金融研究文献的国家分布进行分析，我们可以得出以下一些观察和结论：

排名前四的国家——美国、中国、英国和澳大利亚发文量占比依次为 28%、24%、18%、6%，四国的科技金融学术发表总量高达 76%，美国与中国的发文数量要远远高于其他国家。法国、荷兰、西班牙、加拿大都为 4%，科技金融的研究成果相比较少。

美国（USA）在科技金融研究领域的发表数量遥遥领先。这反映了美国在科技金融方面的引领地位和丰富的研究资源。美国的大学、研究机构和金融业界对科技金融的关注程度较高，并在该领域取得了重要的成果。他们的研究成果和经验对其他国家的科技金融发展具有重要的借鉴作用。

中国（包括中国大陆和港澳台地区）在科技金融研究中也占据着重要位置。作为世界第二大经济体，中国对科技金融的研究兴趣不断增加。中国政府及相关机构积极推动科技金融的发展，投入了大量资金和资源，以支持科技创新和产业升级。中国的科技金融研究在探索科技与金融的融合路径、金融创新和科技创新的推动等方面具有独特的价值和贡献。

英国（ENGLAND）、澳大利亚（AUSTRALIA）、法国（FRANCE）和荷兰（NETHERLANDS）等国家也在科技金融研究中具有一定的影响力。这些国家拥有优秀的教育体系和研究机构，吸引了大量的研究人员和学者，推动了科技金融领域的发展。他们在科技金融政策、创新金融产品和服务、科技企业融资等方面的研究成果为其他国家提供了宝贵的借鉴和启示。

加拿大（CANADA）、德国（GERMANY）、瑞典（SWEDEN）以及意大利（ITALY）、瑞士（SWITZERLAND）等国家也在科技金融研究中扮演着重要的角色。这些国家在金融、科技和创新方面有着丰富的经验和较强的实力，并为科技金融的发展提供了宝贵的经验和案例。他们的研究成果涉及风险投资、科技创新生态系统建设、金融科技（Fintech）等方面，为全球范围内的科技金融研究和实践提供了重要的参考和借鉴。

从这些发表文献的国家分布来看，美国和中国是科技金融研究的主要引领者，其他一些发达国家也在该领域取得了显著的进展。这反映了科技金融作为一个全球性的研究领域，不同国家都意识到其发展重要性，并在其发展上投入了不少资源和精力。国家之间的相互交流和合作对于推动科技金融的创新和发展具有重要的促进作用。

2. 研究机构分析

表 1-3　研究机构分析

排序	频次	中心度	年份	研究机构
1	15	0.03	2009	University of London
2	7	0	2009	University College London
3	4	0	2014	Copenhagen Business School
4	4	0	2001	Hong Kong University of Science & Technology
5	4	0	2002	Chalmers University of Technology
6	3	0	2001	Harvard University
7	3	0	2007	Arizona State University-Tempe
8	3	0	2006	Swiss Federal Institutes of Technology Domain
9	3	0	2002	N8 Research Partnership
10	3	0	2006	ETH Zurich
11	3	0	2020	Royal Holloway University London
12	3	0	2020	Tsinghua University
13	3	0	2007	Arizona State University
14	2	0	2021	Wuhan University
15	2	0	2001	INSEAD Business School
16	2	0	2019	Beijing Normal University
17	2	0	2022	Democritus University of Thrace
18	2	0	2017	University of Toronto
19	2	0	2021	Ocean University of China
20	2	0	2010	University of New South Wales Sydney

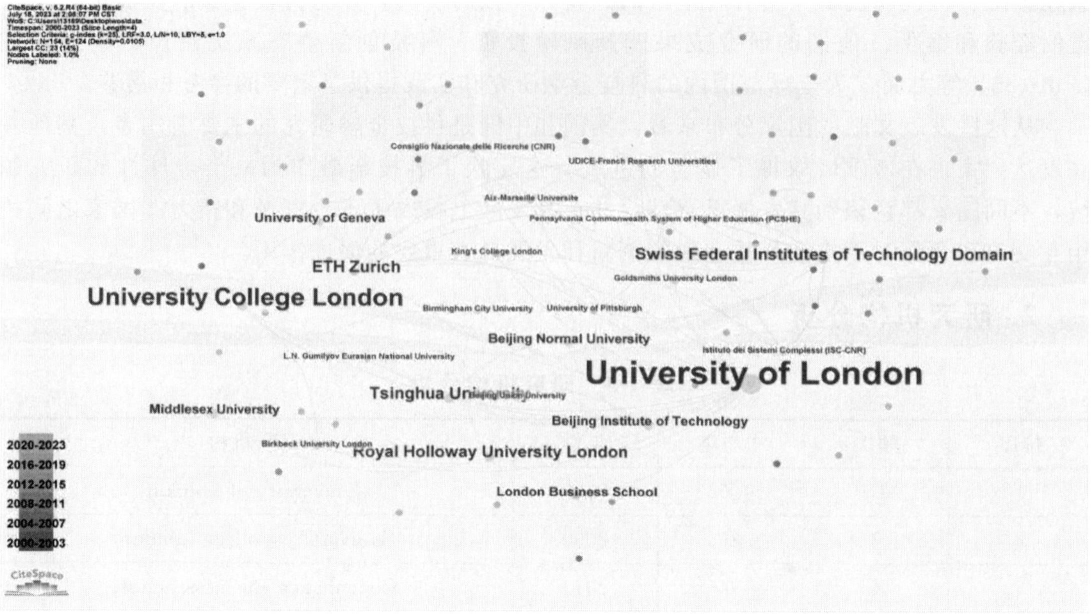

图 1-2 机构共现

本书对研究科技金融的核心研究机构进行了聚类分析，University of London 和 University College London 在科技金融研究领域的发表数量位居前列。这两所知名大学以其卓越的研究实力和学术声誉，在科技金融领域赢得了广泛认可。它们的科技金融研究团队拥有丰富的专业知识和深厚的学术背景，推动了该领域的前沿研究和创新。

Copenhagen Business School、Hong Kong University of Science & Technology 和 Chalmers University of Technology 等机构也在科技金融研究中处于领先地位。这些机构以其优秀的教育和研究环境，吸引了众多优秀的研究人员和学者。他们在科技金融领域的研究成果和学术贡献备受认可，为该领域的理论和实践发展提供了重要支持。

Harvard University、Arizona State University-Tempe 和 Swiss Federal Institutes of Technology Domain 等国际知名机构也在科技金融研究中取得了显著进展。这些机构拥有卓越的学术声誉和先进的研究设施，吸引了全球顶尖的科学家和学者。他们在科技金融领域的研究涵盖了多个方面，如创新金融工具、科技风险评估和科技创业支持等，为该领域的发展做出了重要贡献。

其他机构如 Tsinghua University、Wuhan University、INSEAD Business School 和 University of Toronto 等也在科技金融研究领域具有一定的实力和影响力。这些机构在本国乃至全球范围内都被视为科技金融研究的重要中心，他们的研究成果广泛涉及科技金融政策、融资模式和科技创新生态系统等方面。他们通过深入而广泛的研究，为推动科技金融的发展和实践提供了宝贵的经验和知识。

从这些发表文献的研究机构分布来看，University of London、University College London 等知名高校以及 Copenhagen Business School、Hong Kong University of Science & Technology 等专业研究机构在科技金融研究中扮演着重要角色。同时，国际知名机构如 Harvard University、Arizona State University-Tempe 等也为科技金融研究的发展做出

了重要贡献。这些优秀的研究机构通过卓越的研究团队和丰富的资源，推动了科技金融研究的不断进步和创新，并为该领域的学术交流和合作提供了平台和机会。他们致力于解决科技金融领域的挑战，推动科技与金融的融合，促进经济增长和社会发展。

3. 作者共现分析

表 1-4　作者共现分析

排序	频次	占比	作者
1	3	2%	Birch，Kean
2	2	2%	Marceau，Jane
3	2	2%	Passas，Ioannis
4	2	2%	Garefalakis，Alexandros
5	2	2%	Campbell-verduyn，Malcolm
6	2	2%	Chen，Min
7	2	2%	Turpin，Tim
8	2	2%	Zafeiriou，Eleni
9	2	2%	Owen，Robyn
10	2	2%	Lofsten，H
11	2	2%	Zhou，Wei
12	2	2%	Woolley，Richard
13	2	2%	Chan，Kam C
14	2	2%	Ragazou，Konstantina
15	2	2%	Kauffman，Robert J
16	2	2%	Bernards，Nick
17	2	2%	Lindelof，P
18	2	2%	Hansen，Kristian Bondo
19	1	2%	Abad-segura，Emilio
20	1	2%	Craig，Daniel A

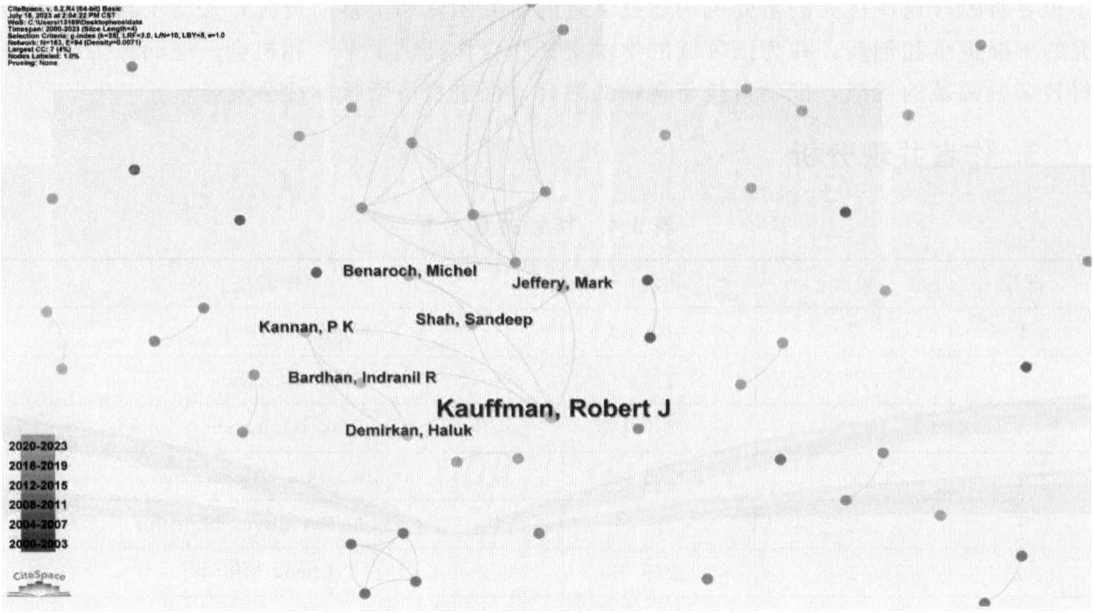

图 1-3　作者共现

通过对科技金融领域发表作者共现分析我们可以发现，163 位作者中发表数量最多的前五位依次是：irch，Kean、Marceau，Jane、Passas，Ioannis、Garefalakis，Alexandros，且占比都为 2%，大部分作者都发表了一篇文章。

4. 关键词分析

我们根据 Web of Science（WOS）数据库，分析样本得到了 219 类关键词（图 1-4），其中出现频率最高的 20 类关键词在下文中列出：

表 1-5　关键词分析

排序	频次	中心度	年份	关键词
1	28	0.07	2000	science
2	26	0.22	2000	technology
3	21	0.06	2006	innovation
4	20	0.1	2001	growth
5	18	0.01	2018	impact
6	17	0.04	2017	performance
7	13	0.1	2002	finance
8	11	0.12	2000	industry
9	9	0.09	2001	firms
10	8	0.1	2013	research and development

续表

排序	频次	中心度	年份	关键词
11	8	0.09	2009	bibliometric analysis
12	8	0.01	2021	sustainable development
13	8	0.07	2019	market
14	8	0.04	2017	policy
15	7	0.05	2000	markets
16	7	0.04	2016	risk
17	7	0	2020	artificial intelligence
18	6	0.04	2012	crisis
19	6	0.07	2013	knowledge
20	6	0.02	2012	model

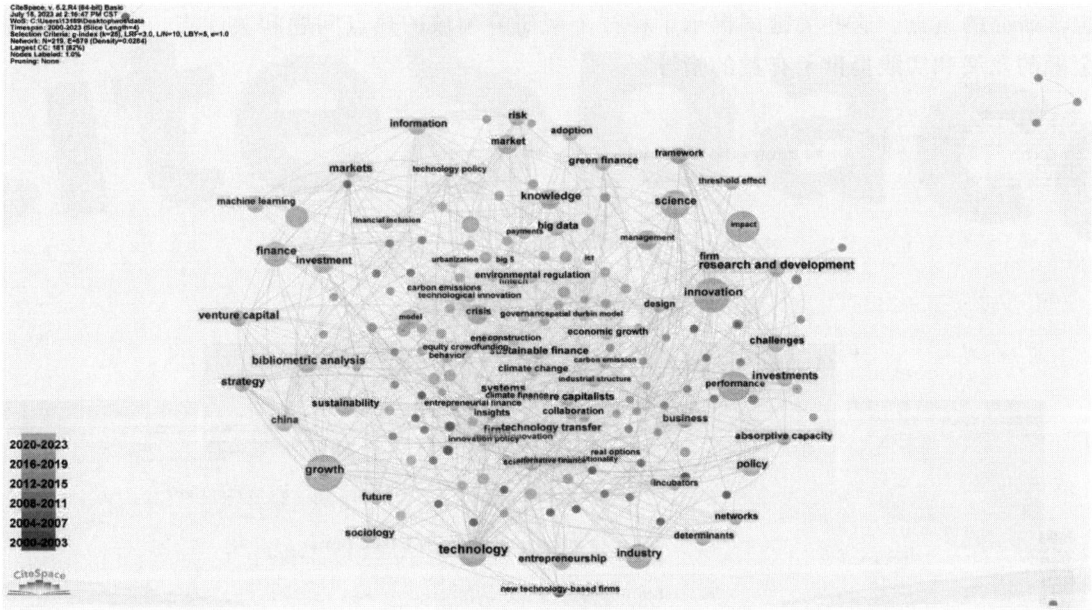

图 1-4　关键词共现

在科技金融研究中，出现以下关键词，分别是：science（科学）、technology（技术）、innovation（创新）、growth（增长）、performance（绩效）、finance（金融）、industry（行业）、research and development（研发）、bibliometric analysis（文献计量分析）、sustainable development（可持续发展）、market（市场）、policy（政策）、risk（风险）、artificial intelligence（人工智能）等。下面分别对关键词进行解释：

Science、technology 和 innovation 显示了科技金融领域与科学、技术和创新之间紧密的联系。研究者们关注如何将科学和技术应用于金融实践中，以推动创新和经济增长。

Growth 和 performance 表明科技金融研究关注经济增长和企业绩效。研究人员致力于发掘科技金融对经济增长和公司绩效的影响机制，提供有助于可持续发展的金融方案和策略。

Finance 和 industry 表明研究者们关注金融机构和金融市场在科技创新和产业发展中的作用。他们探索金融工具、金融服务和金融市场的创新，以支持科技企业和产业的发展。

Research and development 和 bibliometric analysis 显示科技金融研究注重研究与开发活动以及文献分析方法。这反映出研究者们通过分析研发投入、科技创新成果和学术文献等，来揭示科技金融领域的动态和趋势。

Sustainable development、market 和 policy 表明科技金融研究不仅关注经济增长和企业绩效，还关注如何在可持续发展的框架下制定政策和规划金融市场。

Risk 显示科技金融研究关注风险管理和风险评估。研究人员致力于研究金融风险模型、风险管理工具和风险预警系统，以应对科技金融领域的挑战。

Artificial intelligence 反映了人工智能在科技金融研究中的重要地位。研究者们探索如何将人工智能应用于金融业务和决策，以提高效率、预测风险和优化投资组合。

从这些关键词的出现频率来看，科技金融研究主要聚焦于科学、技术、创新、经济增长、企业绩效、金融市场和风险管理等方面。同时，可持续发展、政策制定、人工智能等也是研究的重点。这些关键词揭示了科技金融研究领域的热点问题和关注点，为推动科技金融的发展和实践提供了有益的指导。

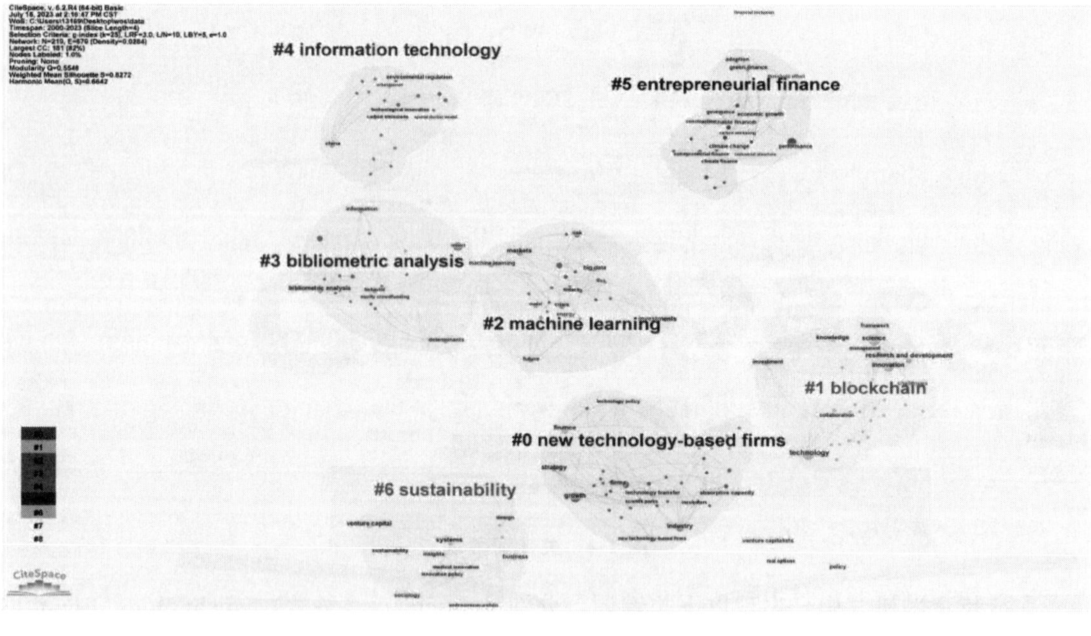

图 1-5　关键词聚类共现

本书还对关键词进行了聚类分析，主要的关键词有 new technology-based firms（新技术型企业）、entrepreneurial finance（创业金融）、blockchain（区块链）、machine learning（机器学习）、bibliometric analysis（文献计量分析）、information technology（信息技术）、sustainability（可持续性）。下面分别对关键词进行解释：

New technology-based firms 和 entrepreneurial finance 显示了科技金融研究对于新兴

科技型企业发展的广泛兴趣。研究人员致力于探索如何为这些企业提供融资支持，促进其创新活动和商业化过程。特别是在创投和风险投资、创新金融工具等领域，他们不断寻求新的解决方案来满足新技术型企业的资金需求。

Blockchain 作为一个重要的关键词，凸显了科技金融研究对于区块链技术在金融领域的关注。随着区块链技术的崛起，研究者们探索其应用和影响，如区块链在金融交易、金融市场和金融创新中的潜力，以及相应的挑战和风险。

Machine learning 的出现表明科技金融研究倾向于利用机器学习算法和技术来改善金融决策和风险管理的效率。研究人员致力于提高金融业务的智能化水平，例如通过运用机器学习技术分析金融数据、预测市场趋势，甚至优化投资组合。

Bibliometric analysis 这一关键词表明科技金融研究采用了文献计量方法来评估和分析相关研究。研究者们通过对科技金融领域的文献进行计量分析，揭示其发展动态、研究趋势以及学术影响力，为该领域的研究提供定量支持和指导。

Information technology 的出现强调了科技金融研究对于信息技术在金融领域的应用和影响。研究人员在探索金融科技（Fintech）的发展趋势、数字化金融平台以及数据隐私和安全等方面不断取得进展。

Sustainability 的关键词显示科技金融研究对于可持续发展目标的重视。研究人员在科技金融领域探索与环境、社会和治理相关的因素，旨在制定可持续发展的金融政策和推动创新解决方案。

通过聚类分析结果，我们可以看出科技金融研究中的关键词聚集体现了对新兴科技型企业、区块链、机器学习、文献计量分析、信息技术、创业金融和可持续发展等方面的关注。这表明科技金融研究致力于推动金融与科技的融合，探索新的金融工具和技术应用，并在可持续性框架下促进经济增长和社会进步。这些关键词反映了科技金融研究者们对于未来金融领域的关注点。

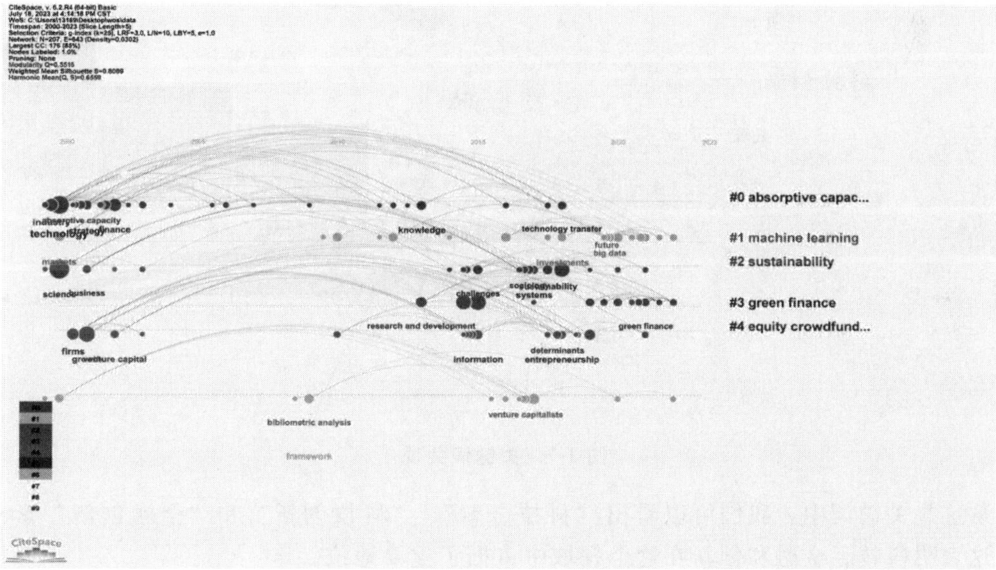

图 1-6　时间序列共现

本文采用聚类分析和时间序列分析的方法，研究了科技金融领域的发展趋势，并得出了关键词从2000年到2023年的时间关系图。时间线关系图展示了不同关键词之间的相互交叉联系，其中图内共引圈层越大，说明关键词的中心度越高。从图中可以观察到♯0-♯3这几个关键词在时间线关系图中的中心程度较高，它们分别是“新技术企业”、“区块链”和“技术学习”。近年来出现的绿色金融、大数据、机器学习也有可能是未来的主要研究领域。

第三节　中文文献梳理

1. 科技金融成果的描述性统计

1.1 关键词分析

我们利用中国知网（CNKI）的核心期刊数据库搜索了国内关于科技金融研究的文献，从关键词角度出发我们可以发现，出现频率在前20的关键词如下：科技金融、科技创新、创新、金融创新、商业银行、发展、对策、经济增长、技术创新、中小企业、协同发展、服务平台、融资、风险投资、服务体系、现状、风险、科技企业、建议和人工智能。

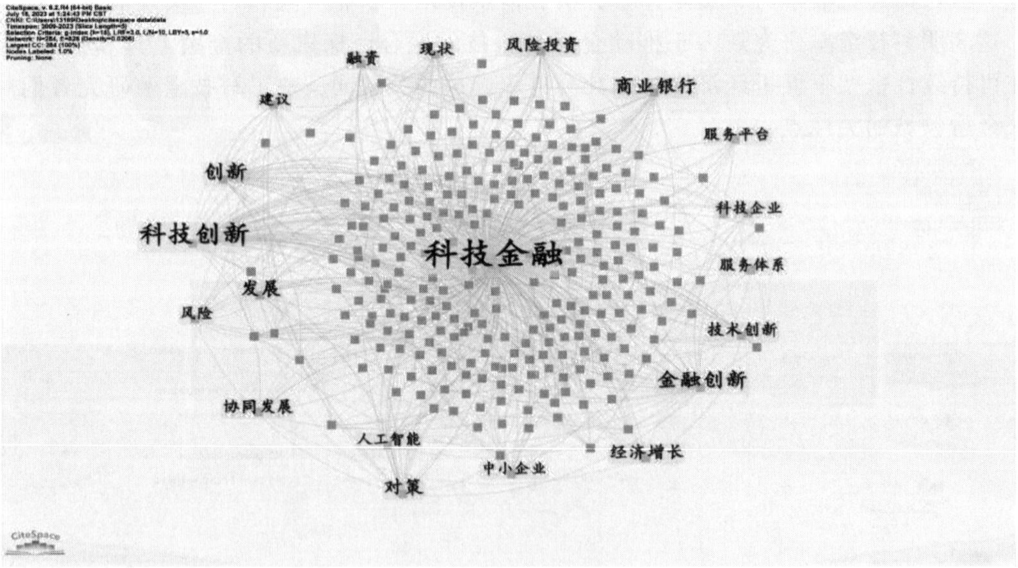

图 1-7　关键词共现

从这些关键词中，我们可以看出“科技金融”、“科技创新”和“金融创新”紧密相关，这表明科技、金融和创新在这个领域中占据了重要地位。

关键词“商业银行”的出现，暗示着传统金融机构在科技金融发展中起到关键作用，它们可能是提供资金支持和服务的主体。

关键词“经济增长”则反映了科技金融对推动经济发展的重要性，它可能通过促进科技创新和金融创新来推动经济增长。

关键词“中小企业”和“科技企业”的出现，表明科技金融可能更侧重于支持这些企业的发展，这些企业往往是科技创新的主要来源。这也说明，科技金融需要关注和满足这些企业的特殊需求，例如提供更灵活的融资方式、提高融资效率等。

关键词“风险投资”和“风险”的出现，表明科技金融面临的主要问题可能是风险管理，需要找到有效的解决对策。这可能包括如何平衡创新和风险，如何保护消费者权益，如何规范新的业务模式等问题。

关键词“服务平台”和“服务体系”的出现，表明科技金融的发展需要建立有效的服务平台和服务体系，以提供更好的服务。这也说明，科技金融不仅需要金融技术的支持，也需要良好的服务体系和平台。

关键词“人工智能”的出现，表明科技金融可能会利用人工智能等先进技术来提升服务质量和效率。同时也表明，科技金融的发展需要跟上科技的发展步伐，利用最新的科技成果来推动自身的创新和发展。

最后，关键词“对策”和“建议”的出现，表明科技金融面临一些问题和挑战，需要制定和实施相应的对策来解决。这也说明，科技金融的发展需要政策和法规的引导和支持，需要建立健全的监管框架和机制。

随后，我们对关键词进行了聚类分析，发现聚类的结果分别是：科技金融、科技创新、对策、商业银行、经济增长、中小企业、金融创新、创业投资和金融机构。从聚类分析的结果来看，与关键词分析的结果基本一致。这表明“科技金融”、“科技创新”和“金融创新”是研究的核心主题，这也再次强调了科技、金融和创新的相互结合在本领域中占据重要地位。

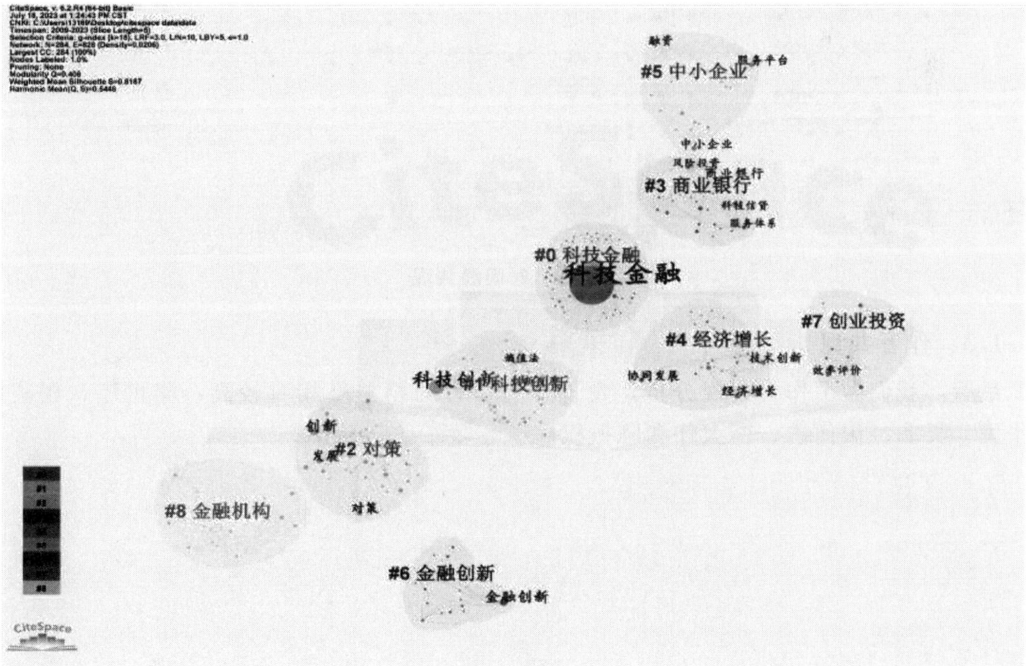

图 1-8 关键词聚类

1.2 研究热点和未来趋势

通过时间线共现分析，我们可以观察到以下几个方面的情况：

首先，“科技金融”、“科技创新”、“对策”、“商业银行”和“经济增长”等关键词代表了当前的研究热点。这表明在当前的研究领域中，科技金融与科技创新密切相关，并且对于推动经济增长和制定相应的对策具有重要意义。商业银行作为传统金融机构，在科技金融领域中扮演着关键角色。

其次，“金融创新”、“金融机构”、“经济增长”和“科技创新”等关键词出现较晚，代表了未来研究的趋势。这可能意味着在未来的研究中，将更加关注金融创新的实践和机制，以及金融机构在科技金融发展中的作用；经济增长和科技创新也被认为是未来研究的重点，因为科技创新对经济增长具有重要影响。

综上所述，时间线共现分析显示了当前科技金融研究的热点和未来的研究趋势。这些结果为科技金融领域的学者和从业人员提供了重要的参考，以便更好地把握当前的研究方向，并预测未来的发展趋势。

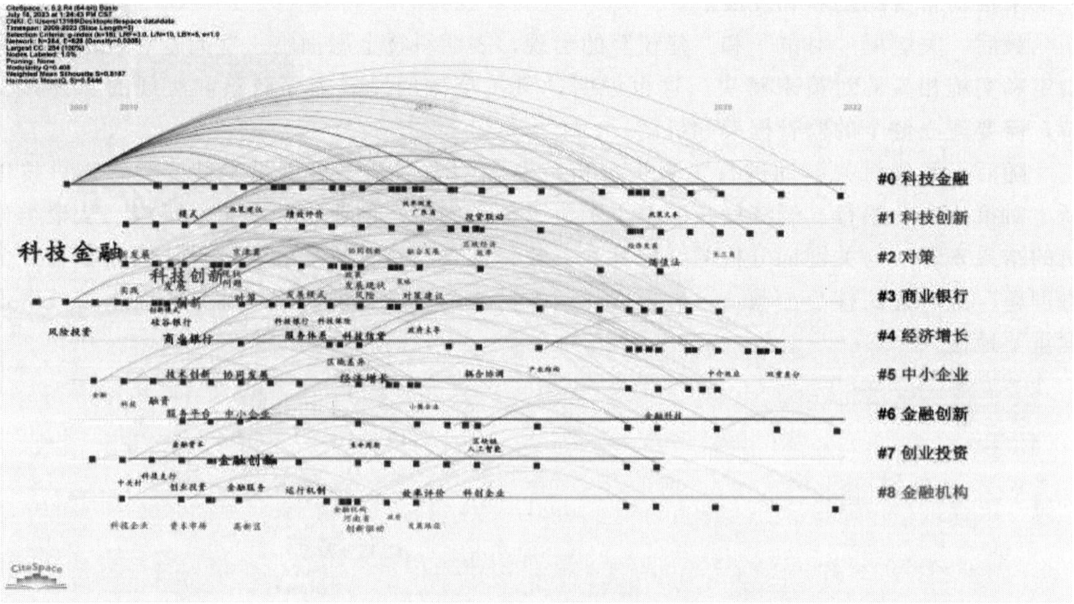

图 1-9 时间线共现

1.3 作者共现

最后，我们做了作者共现分析，发现这些作者的相关度相对较高：骆世广、杨晓丽、李华民、吴非、田何志、李大伟和陈振权。

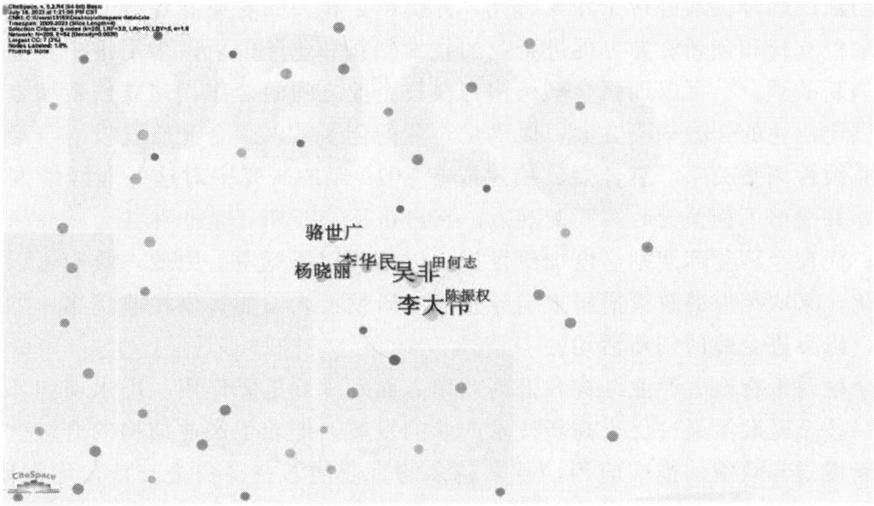

图 1-10 作者共现

2. 科技金融与创新主体

科技金融是当今金融领域的一个热门话题，它将科技与金融相结合，通过创新的金融模式和先进的科技手段，推动金融业务的发展和改革。在过去几年中，科技金融领域出现了多种不同的模式和趋势，对金融行业产生了重要的影响。这些影响涉及企业、金融机构等各个方面。

2.1 科技金融是创新主体发展的重要驱动力

科技金融通过科技资本市场和风险投资的方式，为企业提供了正向激励，鼓励其增加研发投入并推动创新。尤其对于非国有企业和高研发强度企业而言，科技金融的支持作用更为显著。这种支持不仅可以帮助企业解决融资难题，还能够提升其创新能力和竞争力，从而实现高质量发展。但科技金融的实施效果受到政策类型、市场类型和企业性质等因素的影响。这意味着不同的政策措施对于不同类型的企业和市场可能产生不同的效果。

科技金融对于企业结构合理化和高级化具有直接促进作用。通过提供融资支持和创新驱动，科技金融能够帮助企业进行技术创新、产品升级和生产流程优化，从而推动企业向高附加值、高技术含量的方向发展。技术创新和要素市场发展在科技金融对企业结构优化的影响中发挥积极的中介作用。技术创新是推动企业竞争力和产业升级的重要驱动力，而科技金融能够提供资金支持和风险投资，促进技术创新的实施。同时，要素市场发展也为企业提供了更好的人才和资源支持，进一步推动了科技金融对制造业结构优化的影响。

科技金融与企业融资效率之间存在着紧密的耦合关系。顾海峰和卞雨晨在 2020 年的研究中发现，高耦合协同度的省域集聚区内，科技金融的耦合协同对企业融资效率的提升力度更大。这意味着提高科技与金融的耦合协同度可以有效地提升企业的融资效率。为了实现这一目标，政府和金融机构需要加强合作，建立科技金融创新平台，促进科技企业和金融机构之间的合作与交流。

科技金融与企业创新之间存在着紧密的耦合关系。韩鹏在 2019 年的研究中对科技金融与企业创新的耦合关系进行了深入研究，并提出了相关的对策和建议。科技金融可以为企业提供融资支持和创新资源，促进企业的技术创新和业务创新。为了进一步加强科技金融与企业创新的耦合，可以加强金融机构与科技企业之间的合作，建立创新型金融产品和服务，提供定制化的金融解决方案，以满足企业的创新需求。企业研发投入与经济周期之间存在着非线性调整关系。袁佳煜、柏建成在 2019 年的研究中对这一非线性调整关系进行了探讨，并提出了相关的政策匹配观点。在经济下行时期，企业往往会减少研发投入以降低成本；而在经济复苏期则会增加研发投入以追赶市场竞争。因此，政府可以根据经济周期的变化，采取相应的政策措施来引导企业的研发投入，如提供税收优惠、加大科研资助力度等，以促进企业的创新活动。

科技金融政策在改善产业结构和提高效率方面发挥着重要作用。冯永琦和邱晶晶的研究指出，科技金融政策通过促进高新技术产业的发展，推动了产业结构的升级。随着科技金融的不断发展和政策的推广应用，越来越多的企业能够获得资金支持，加大研发投入，推动科技创新的实施。这对于优化产业结构、提高经济效益具有积极的促进作用。余红伟、王俊苏、张旭、黄圆圆和石大千在 2020 年的研究中指出，科技与金融的结合可以通过降低融资约束、促进技术进步和增加人力资本积累等机制对企业全要素生产率发挥推动作用。特别是在高耦合协同度的省域集聚区内，科技与金融的结合对企业全要素生产率的提升力度更大。同时，还需要建立创新的金融产品和服务，满足不同类型企业的融资需求，促进科技创新和产业升级。

2.2 科技金融帮助企业解决融资难题

重构科技金融服务管理体系被认为是一个解决企业融资难题的有效方案。通过优化管理体系，加强对科技型中小企业的金融支持和服务，可以提高其融资的便利性和效率，从而推动其创新发展。

科技支行作为服务科技型中小企业的重要机构，在服务方面存在一定的限制，无法充分满足企业的需求。因此，建立科技银行被认为是解决科技型中小企业融资难题的一种途径。科技银行的设立将为科技型中小企业提供更专业、更便捷的金融服务，进一步促进其创新能力和竞争力的提升。

科技金融可以通过不同的路径解决企业融资难题。钟成林和胡雪萍指出，“科技金融 + 数字技术”通过科技金融业务创新影响融资能力，例如通过智能化的金融产品和服务提高融资效率。而“数字技术 + 科技金融”主要通过互联网科技金融创新影响融资能力，例如通过在线平台和数字化渠道提供更便捷的融资途径。

2.3 公共科技金融支持企业科技创新发展

科技金融对企业科技创新发展具有积极的正效应。温小霓和张哲在 2017 年的研究中指出，科技金融通过提供融资支持、风险投资和创新资源等方式，可以促进科技企业的研发活动和技术创新。科技金融的支持可以帮助科技企业克服资金短缺的问题，推动科技成果的转化和商业化。科技金融还可以提供专业的金融服务和咨询，帮助科技企业解决经营管理和市场拓展等方面的问题。

而公共科技金融在支持企业科技发展方面具有更为明显的作用。公共科技金融是由政府出资设立或支持的金融机构，其主要目标是支持科技创新和产业升级。公共科技金融的支持作用主要体现在以下几个方面。

首先，公共科技金融可以提供风险投资和创业支持，帮助初创科技企业获得启动资金和发展资金。由于科技创新具有较高的风险性和不确定性，传统金融机构往往难以满足科技企业的融资需求，而公共科技金融可以填补这一空白，为科技企业提供更加灵活和定制化的金融服务。

其次，公共科技金融可以提供专业的技术咨询和评估服务，帮助科技企业评估技术可行性、市场前景和商业模式等方面的问题。公共科技金融机构通常具有丰富的行业经验和专业知识，可以为科技企业提供有针对性的指导和支持，帮助其在技术创新和商业化过程中避免风险和错误。

此外，公共科技金融还可以促进科技成果的转化和产业化。科技成果的转化是指为提高生产力水平而对科学研究与技术开发所产生的具有实用价值的科技成果所进行的后续试验、开发、应用、推广直至形成新产品、新工艺、新材料，发展新产业等活动，在此过程中需要充足的资金和专业的支持。公共科技金融可以通过提供风险投资、技术转让和产业孵化等方式，推动科技成果的转化和产业化，促进科技创新与经济发展的紧密结合。

最后，公共科技金融还可以加强科技创新的政策引导和规范。公共科技金融机构作为政府出资设立或支持的金融机构，可以根据国家和地方的科技创新政策，制定相应的金融产品和服务，引导科技企业朝着国家和地方重点发展领域进行技术创新和产业布局。公共科技金融机构还可以加强对科技企业的监管和评估，确保科技创新活动的合规性和可持续发展。

综上所述，科技金融对企业科技发展具有促进效应，而公共科技金融在支持企业科技发展方面的作用更加明显。公共科技金融通过提供风险投资、创业支持、技术咨询和评估服务等方式，可以促进科技企业的研发活动和技术创新，推动科技成果的转化和产业化。为了进一步发挥公共科技金融的作用，需要加强政府引导和政策支持，加强金融机构之间的协同与合作，培养具备科技创新和金融创新能力的复合型人才。同时，还需要加强科技创新的政策引导和规范，确保科技创新活动的合规性和可持续发展。

2.4 其他相关研究

科创产业的协同发展离不开科技金融的支撑。孟添和祝波在 2020 年的研究中指出，科创产业面临着瓶颈问题和制度安排的挑战。为了解决这些问题，需要制定相应的机制安排，并采取措施来推动科技金融的发展。例如，可以建立风险投资基金，支持科技创新项目的发展；同时，还可以加强知识产权保护，鼓励科技创新活动的开展。

姚伟在 2018 年的研究中提出了普惠金融、科技金融和绿色金融等领域的责任落脚点。商业银行作为金融体系的重要组成部分，应当积极履行社会责任，加大对小微企业和创新型企业的支持力度，推动普惠金融的发展。同时，商业银行还应加强科技金融的创新和应用，提供更加便捷和高效的金融服务。此外，商业银行还应关注环境保护和可持续发展，推动绿色金融的发展，支持低碳经济和生态文明建设。

科技金融对区域性银行全要素生产率具有正效应。王龑、史永东在 2017 年的研究中指出，科技金融的发展可以提高区域性银行的竞争力，促进其全要素生产率的提升。为了实现这一目标，需要加强科技金融的研发和应用，提升金融机构的数字化转型水平。同时，还需要加强金融监管，防范金融风险，确保金融体系的稳定和健康发展。

科技金融将继续在未来发挥着重要的作用，为企业创造更多的机遇和发展空间。随着科技的不断进步和金融领域的创新，我们可以预见到科技金融将成为推动企业发展的关键力量。通过科技金融的支持和引领，企业能够更好地应对市场变化、实现创新突破，并在竞争激烈的商业环境中取得成功。因此，我们应该继续加强科技金融的研究和应用，为企业提供更多的金融工具和服务，以促进其持续发展和壮大。只有充分利用科技金融的优势，企业才能在日益复杂和多变的经济环境中保持竞争力，实现可持续发展的目标。

3. 科技金融与区域发展

科技金融作为一种新兴的金融模式，以其独特的创新性和活力，正在逐渐改变传统金融业的运营模式和服务方式。它通过将科技与金融紧密结合，不仅推动了金融创新，也为科技创新提供了重要的资金支持。同时，科技金融对于经济增长具有重要影响，尤其是在区域发展中起到了关键作用。陆园园的研究指出科技金融的发展可以为经济增长注入新动力，推动传统产业的升级与转型，促进新兴产业的发展，并提高经济的创新能力和竞争力。因此，在推动区域发展的过程中，科技金融的发展应被视为一个重要的战略方向和支持手段。

3.1 科技金融促进区域发展

科技金融对区域研发创新效率提升有着重要的促进作用。侯世英和宋良荣的研究表明，随着科技金融的推广应用，区域内中小微企业的研发创新能力得到了显著提升。科技金融的发展使得企业能够更好地获取资金支持、加大研发投入、推动科技创新的实施。

科技金融能够促进形成良性的区域发展格局。韩军强的研究指出，科技金融能够促进本地和其他地区的经济增长质量。科技金融的发展不仅为企业提供了融资支持，还推动了技术创新、产品升级和生产流程优化等方面的发展，从而提升了企业的竞争力和创新能力。企业的发展便会促进当地的经济增长，当地经济增长质量的提高还能够带动其他地区的经济增长质量，形成良性的区域经济发展格局。

赵文洋等的研究表明，科技金融结构对区域科技创新效率有显著影响。不同类型的科技金融在促进科技创新方面起到不同的作用，如风险投资对初创企业的支持更为重要，而银行贷款对成熟企业的支持更关键。

张紫璇、赵丽萍的研究指出，随着技术创新水平的提升，科技金融与经济增长之间的正向关系将显著提升。这意味着科技金融的发展可以促进经济增长，而经济增长也为科技金融提供了更广阔的市场和机会。

杨嫩晓和安则同的研究指出，科技创新和科技金融的协同发展是推动经济增长和创新能力提升的重要途径。近年来，科技创新与科技金融协同发展水平有所上升，表明双方之间的互动和合作有所增加。然而，协同程度仍然不高，存在进一步提升的空间。

为了加强科技创新与科技金融的协同发展，政府应制定相关政策，鼓励金融机构加大对科技企业的支持力度，为科技创新提供更多的资金支持和便利条件。同时，还可以提供创新创业的优惠政策，降低科技创新企业的创业成本和风险。

3.2 科技金融与区域异质性

中国科技金融的发展水平存在不均衡现象，王海芸和刘杨的研究指出科技金融环境对科技金融发展影响最大。科技金融环境包括金融市场规模、金融机构创新能力以及政府政策支持等因素。这些因素对科技金融的发展起到重要推动作用，因此需要加强科技金融环境的改善和优化，以推动科技金融的健康发展。

程翔、杨小娟和张峰的研究发现不同地区在经济发展与科技金融政策协调度上存在较大差异。这意味着不同地区对科技金融政策的需求和适应程度有所不同。一些地区已经建立起较为完善的科技金融生态系统，金融机构与科技企业之间的合作更加紧密，创新成果得到了有效转化和应用。然而，一些地区的科技金融政策发展仍相对滞后，需要进一步加强政策引导和金融创新，提升区域研发创新效率。

科技金融发展与经济增长具有空间匹配性和区域间溢出效应。李志强和徐宇明在2020年的研究中指出，科技金融的发展与当地经济发展密切相关，具有空间匹配性。科技金融的投入和支持可以促进科技创新和产业升级，从而推动经济增长。此外，科技金融的发展还产生区域间溢出效应，即一个地区的科技金融发展可以对周边地区产生积极影响，形成良性循环。为了充分发挥科技金融对经济增长的作用，需要加强区域间的协同与合作，促进科技金融资源的共享和优化配置。

刘姝、张荣光和邓江晟的研究发现，科技金融通过促进高新技术产业的发展，推动了产业结构的升级。然而，不同地区之间存在着明显的异质性。一方面，东部地区由于经济发达、科技创新能力强，对科技金融政策的需求和适应程度较高。另一方面，中西部地区由于经济相对落后、科技创新能力较弱，对科技金融政策的需求和适应程度较低。因此，在制定和实施科技金融政策时，需要考虑不同地区的差异性，采取差异化的政策措施，以更好地促进产业结构的升级。

科技金融效率呈现明显的波动态势，且不同地区之间存在着不均衡的分布情况。根据马玉林、马运鹏和彭文博的研究，随着科技金融的发展和政策的推动，各地区的科技金融效率逐渐提高，区域差距也在缩小。这表明科技金融政策对于促进产业结构升级和提高经济效益具有积极的影响。不同地区的科技金融效率均值存在差异，这可能受到地区经济发展水平、金融市场发展程度和科技创新能力等因素的影响。为了提高区域科技金融效率，可以加强金融市场建设，提升科技创新能力，优化政府支持政策，促进科技金融服务的商业化发展。

从协同发展的角度看，东部地区在科技金融领域的协同发展水平和促进作用相对较高。为了促进中西部地区的科技金融发展，可以加强与东部地区的合作与交流，借鉴东部地区的成功经验，加大科技金融资源的引入和配置，提升中西部地区的科技金融服务能力。陈非、蒲惠荧和龙云凤建议加强金融市场建设、引入市场化机制，进而促进科技金融的均衡发展，推动经济的全面增长。

3.3　相关政策建议

中国科技金融的发展存在着不均衡现象，尤其是在不同地区之间。邹建国、程翔等的研究指出，不同地区对科技金融政策的需求和适应程度存在较大差异，地区间经济发展与科技金融政策的协调性较低。一些地区已经建立了相对完善的科技金融生态系统，金融机构与科技企业之间的合作更加紧密，科技创新成果得到有效转化和应用。然而，在其他地区，科技金融政策的发展仍较滞后，需要加强政策引导和金融创新，以提升区域研发创新效率。

政府科技创新资金支持对低产出地区的支持作用最大，而金融机构科技创新资金支持对中、高产出地区的支持作用最大。这说明不同类型的地区在科技金融支持方面需要采取不同的政策措施，以满足各地区的需求。政府科技创新资金支持可以弥补低产出地区在科技金融方面的不足，促进其科技创新和产业升级；而金融机构科技创新资金支持则可以更好地满足中、高产出地区企业的融资需求，推动其科技创新和发展。

孙雪芬在2018年的研究中提出了促进科技金融协同发展的政策建议。科技金融的协同发展是指科技创新和金融服务之间的有机结合和互动，通过协同发展可以实现资源的优化配置和互补优势。为了促进科技金融的协同发展，可以加强政府引导和政策支持，鼓励金融机构加大对科技企业的支持力度，提供创新创业的优惠政策和资金支持。同时，还需要加强科技创新和金融服务之间的合作与协同，推动资源共享和协同创新。

岳瑞波在2018年的研究中提出了构建多元化、多层次、多渠道的科技投融资体系和推动科技金融区域间协调发展的建议。科技投融资体系是支撑科技金融发展的重要基础，构建多元化、多层次、多渠道的科技投融资体系可以满足不同科技企业的融资需求，促进科技成果的转化和商业化，进而促进科技金融资源的共享和优化配置，实现区域间的互利共赢。

4. 科技金融面临的风险和挑战

科技金融领域虽然带来了巨大的创新和机遇，但也面临着一系列的风险和挑战。本书将详细探讨这些问题，并提出相应的解决方案。

4.1 科技金融带来的风险

4.1.1 安全和隐私风险

网贷平台是一种通过互联网提供借贷服务的金融平台。余庆泽、杨玉国、毛为慧、刘琦和蒋星对网贷平台的服务质量进行了评测，并发现存在普遍性问题。通过对多个网贷平台进行评测，发现这些平台存在服务质量不稳定、信息披露不透明、风险管理不到位等问题，需要加强监管、完善信息披露制度以及提高风险管理能力等。

4.1.2 金融稳定风险

平台垄断导致金融风险问题突出，需要加强对大型科技公司从事金融业务的监管框架，防范系统性金融风险的发生。解决方案包括建立健全的监管机制和规则，加强对科技公司的市场准入和退出机制的监管，以及加强对金融数据的保护和隐私安全的监管。同时，还需要加强跨部门合作，形成协同监管的力量，确保金融市场的稳定和健康发展。

4.1.3 法律和监管风险

由于大数据金融算法的特殊性和潜在风险，需要建立相应的法律体系来规范其应用和运营。刘辉在2021年的研究中指出，大数据金融算法的应用需要受到法律规制，这包括完善相关法律法规，明确数据隐私保护、算法透明度和责任追究等方面的规定。同时，还需要重构私法关系，明确数据权益和算法使用的合法性。此外，建立自律机制和加强行政监管机制也是必要的，以确保大数据金融算法的合规性和稳定性。

4.2 问题的解决方法

陆璐在2020年的研究中指出，科技发展对科技金融领域带来了巨大的推动作用。通过应用新兴技术如人工智能、区块链和大数据分析等，科技金融得以更高效地提供服务和创新产品。然而，这些技术的应用也带来了一定的行业风险，如数据隐私泄露、网络安全威胁和金融欺诈等。为了规范科技金融的发展，可以采取加强监管、完善风险管理机制等措施。

4.2.1　政府与政策

利用政府对科技金融的支持和制定相关风险管理政策能有效降低科技金融带来的问题和风险。

张骁、周霞和王亚丹指出，现有政策侧重于技术转移、知识产权服务等领域，对研发服务、检验检测、科技金融等方面关注不足。在科技创新过程中，除了技术转移和知识产权服务外，研发服务、检验检测和科技金融等方面也非常重要。因此，研究者们建议政策制定者应更加关注这些领域，提供相应的支持和政策措施。

王卫彬、俞杰龙和朴基成的研究指出，政策支持对科技金融的健康发展至关重要。然而，一些地区的政策制定者可能没有给予足够的重视和支持，导致科技金融发展受限。

肖泽磊和张镤予认为，加速构建现代科技金融服务体系和合理界定政府职能是重要举措。他们认为，构建现代科技金融服务体系需要明确政府和市场的角色定位，充分发挥市场机制的作用，并需要政府提供必要的支持和引导。通过合理界定政府职能，可以促进科技金融服务的创新和优化。

张婕、金宁和张云在其研究中指出，地方政府的科技投入和金融机构的科技信贷对企业的财务绩效具有重要影响。为了进一步发挥地方政府科技投入和金融机构科技信贷的作用，需要完善科技金融监管，加强对科技金融活动的规范和监督。同时，还需要加强城市间的协调与合作，推动科技金融资源的优化配置和共享，促进区域经济的协同发展。

崔璐、申珊和杨凯瑞指出，现行科技金融政策在文种类型、制定主体、政策主题和政策工具等方面具有丰富性和广泛性。为了更好地发挥科技金融政策的作用，还需要进一步完善政策内容和执行机制。未来的科技金融政策可以关注以下方面：加强对科技创新的支持，提供更多的资金和资源；加强对金融风险的监管和防范，确保金融服务的稳定和安全；加强对科技金融市场的规范和监督，促进市场的公平竞争和健康发展。

4.2.2　要素市场的完善

何宏庆、邓志敏强调为了满足改善科技金融的法律环境、提高金融服务的效率和质量、加强风险管理能力、培养适应科技创新需求的复合型人才、预防科技金融风险的需求，需要我们加快法律法规制度建设、搭建共享服务平台、建设多元化融资体系、增强金融风险意识、拓宽金融服务渠道、加快高质量人才培养。具体来说，搭建共享服务平台可以促进金融机构之间的合作与共享，提高金融服务的效率和质量；多元化融资体系可以丰富企业的融资渠道，降低融资成本，促进企业的发展和创新；增强金融风险意识可以提高金融机构与企业对风险的防范能力，减少金融风险的发生；拓宽金融服务渠道可以提供更多样化和个性化的金融产品和服务，满足不同企业的需求；加快高质量人才培养可以提供专业化和高水平的人才支持，推动科技金融人才队伍的建设和发展。

4.2.3　建立健全的科技金融风险管理体系

建立健全的科技金融风险管理体系需要多方面的努力。第一，应该建立一个完善的风险评估模型，这个模型应该包括各种可能的风险因素，如市场风险、信用风险、操作风险等，并且应该定期更新以适应不断变化的环境。第二，应该建立一个有效的风险监控系统，这个系统应该能够实时监控和报告风险情况，以便及时发现并处理风险。此外，还应该建立一个风险预警机制，当风险达到一定程度时，可以提前采取措施防止风险的发生。第三，应该建立一个健全的风险管理组织结构，包括风险管理委员会、风险管理部门等，这些组织应该有明确的职责和权力，以保证风险管理的有效性。第四，还应该加强风险管理的培训和教育，提高员工的风险意识和风险管理能力。第五，也应该建立一个风险文化，使得风险管理成为企业的一种常态。最后，应该建立一个完善的风险管理法规和政策，这些法规和政策应该符合国家的法律法规，同时也应该符合企业的实际情况。通过这些法规和政策，可以规范风险管理的行为，保证风险管理的公正性和公平性。

第四节　文献总结与评价

科技金融的研究在全球范围内都得到了广泛的关注。从英文文献来看，美国、中国、英国、澳大利亚和法国是科技金融研究的主要国家，这些国家的研究成果丰富，对于推动全球科技金融的发展起到了重要作用。而在中文文献中，我们也可以看到科技金融、科技创新、金融创新等主题的广泛讨论，显示出中国学者对这一领域的深入研究。

在关键词共现分析中，英文文献强调了科技、创新、增长、影响、绩效、金融、行业、企业、研发等主题，反映了科技金融的基本特征和主要研究方向。而在中文文献中，我们也可以看到类似的研究趋势和主题，如科技金融、科技创新、金融创新、商业银行、经济增长等。

在聚类分析和时间序列分析中，英文文献揭示了科技金融研究的新趋势和热点，如基于新技术的企业、区块链、机器学习、信息技术、创业金融、可持续性等，并预测了未来可能的研究领域，如绿色金融、大数据、机器学习等。相比之下，中文文献的时间线共现分析则显示，科技金融、科技创新、对策、商业银行和经济增长等关键词代表了当前的研究热点，而金融创新、金融机构、经济增长和科技创新等关键词可能代表了未来的研究趋势。

英文和中文文献在科技金融主题的研究上存在微观和宏观的差异，可能与研究传统、学术环境和社会背景等因素有关。

首先，西方国家的学术研究传统往往更倾向于微观层面的深入探讨。他们强调实证研究和案例分析，注重从具体的企业、行业或市场出发，研究科技金融对个体经济行为和市场结构的影响。这种研究方法可以提供更精细、更具体的理论和政策建议，但可能忽视了宏观层面的问题。

相比之下，中国的学术研究传统更强调宏观层面的分析。在科技金融的研究中，中国学者更关注科技金融对整体经济增长、区域发展和国家创新系统的影响。这种研究方法可以揭示科技金融的大规模效应和长期趋势，但可能忽视了微观层面的细节和差异。

其次，学术环境和社会背景也可能影响研究的取向。例如，由于西方国家的金融市场更加成熟和多元化，因此他们的研究可能更关注金融创新对市场竞争和企业行为的影响。而在中国，由于科技金融是推动经济转型和创新发展的重要手段，因此学者可能更关注科技金融的宏观效应和政策影响。

无论是英文还是中文文献，都反映出科技金融的重要性和复杂性，以及其对企业发展、区域发展和风险管理等多个领域的影响。同时，这些文献也指出了科技金融面临的挑战和问题，以及可能的解决对策。这些研究成果不仅为科技金融的理论研究提供了丰富的素材，也为科技金融的实践活动提供了有价值的参考和指导。

第二章　全国科技金融发展政策梳理

第一节　科技金融政策总体概况

表 2-1　各省级行政区科技金融文件政策数量汇总表

年份	省级行政区	文件政策数量
2007	广东省	1
2008	广东省、四川省	2
2009	湖北省、河北省、四川省、江西省	5
2010	天津市、江苏省、广东省、湖北省、北京市	8
2011	江苏省、山东省、山西省、上海市、北京市	6
2012	黑龙江省、北京市、河南省、江苏省、宁夏回族自治区、山东省、天津市	10
2013	江苏省、宁夏回族自治区、辽宁省、上海市、四川省、天津市、浙江省、广东省	18
2014	江苏省、宁夏回族自治区、上海市、四川省、天津市、浙江省、广东省、贵州省、甘肃省、北京市	48
2015	浙江省、天津市、江苏省、宁夏回族自治区、山西省、四川省、北京市、河北省、广东省、河南省、湖北省	57
2016	北京市、河北省、重庆市、河南省、江苏省、宁夏回族自治区、山东省、山西省、四川省、天津市、云南省、浙江省	42
2017	天津市、浙江省、云南省、浙江省、宁夏回族自治区、山东省、江西省、青海省、四川省、江苏省、北京市、广东省、广西壮族自治区、重庆市、吉林省	39

表 2-2　各省级行政区科技金融文件政策数量汇总表

年份	省级行政区	文件政策数量
2018	江苏省、宁夏回族自治区、山东省、江西省、山西省、上海市、四川省、天津市、云南省、浙江省、北京市、广东省、重庆市、福建省	44
2019	天津市、浙江省、云南省、山东省、上海市、河北省、广东省、重庆市、陕西省、河南省	25
2020	天津市、云南省、浙江省、上海市、四川省、山东省、河北省、广东省	18
2021	上海市、四川省、山东省、江西省、云南省、广东省、广西壮族自治区、重庆市、安徽省	16
2022	云南省、四川省、宁夏回族自治区、山东省、江西省、山西省、广东省、重庆市、北京市	12
2023	四川省、安徽省	2

由上表可知，自 2007 年至今，我国共发布 353 条科技金融相关的政策，其中最早的是 2007 年广东省发布的文件；2015 年科技金融相关的政策性文件发布数量最多，达 57 条。

具体而言，中共中央、国务院《关于深化体制机制改革加快实施创新驱动发展战略的若干意见》（中发〔2015〕8 号）提出了壮大创业投资规模、强化资本市场对技术创新的支持、拓宽技术创新的间接融资渠道等政策措施，旨在发挥金融创新对技术创新的助推作用，培育壮大创业投资和资本市场，提高信贷支持创新的灵活性和便利性，形成各类金融工具协同支持创新发展的良好局面。人民银行、工业和信息化部、公安部、财政部、工商总局法制办、银监会、证监会、保监会、国家互联网信息办公室《关于促进互联网金融健康发展的指导意见》（银发〔2015〕221 号）提出了加快推进互联网金融创新发展、完善互联网金融监管等多项措施，旨在从金融业健康发展全局出发，进一步推进金融改革创新和对外开放，促进互联网金融健康发展。这两条关键性政策性文件的出台，为我国科技金融的发展提供了有力的政策支持和指导。

在梳理全国关于科技金融政策文件的过程中，我们发现在 2018 年至 2023 年间，黑龙江省、湖南省、海南省、内蒙古自治区、西藏自治区和新疆维吾尔自治区未披露相关政策，故在后续章节不进行分析。

第二节　东部地区科技金融政策梳理

1. 北京市科技金融政策梳理

表 2-3　2010—2014 年北京市科技金融政策性文件梳理表

成文日期	文件名	发文机构	文件效力
2010-01-20	北京市海淀区人民政府关于印发《海淀区建设首都科技金融综合改革试验区三年行动计划（2010—2012）》的通知（海政发〔2010〕5 号）	北京市海淀区人民政府	行政规范性文件
2010-10-21	北京市人民政府关于推进首都科技金融创新发展的意见（京政发〔2010〕32 号）	北京市人民政府	行政规范性文件
2011-11-22	北京市科学技术委员会基于多元化资本市场的科技金融体系研究课题资格预审公告	北京市科学技术委员会	行政规范性文件
2012-06-21	北京市海淀区人民政府关于印发《海淀区促进科技金融创新发展支持办法》的通知（海行规发〔2012〕7 号）	北京市海淀区人民政府	行政规范性文件
2012-08-03	国家发展改革委、科技部、财政部、人民银行、税务总局、银监会、证监会、保监会、外汇局、北京市人民政府关于中关村国家自主创新示范区建设国家科技金融创新中心的意见（京政发〔2012〕23 号）	北京市人民政府等 10 个省部级单位	行政规范性文件
2014-06-09	北京市人民政府办公厅关于印发《加快推进科研机构科技成果转化和产业化的若干意见（试行）》的通知（京政办发〔2014〕35 号）	北京市人民政府办公厅	行政规范性文件
2014-08-06	北京市科学技术委员会关于启动 2014 年度科技金融专项资金申报工作的通知	北京市科学技术委员会	行政规范性文件

表 2-4　2015—2017 年北京市科技金融政策性文件梳理表

成文日期	文件名	发文机构	文件效力
2014-12-17	北京市海淀区人民政府中关村科技园区关于建设中关村国家自主创新示范区科技金融一条街的实施意见（海行规发〔2014〕18 号）	北京市海淀区人民政府管理委员	行政规范性文件
2015-01-30	北京市 2014 年度科技金融工作总结暨 2015 年工作部署会成功举办	北京市科学技术委员会	电讯
2015-06-04	北京市金融工作局、北京市科学技术委员会、北京市财政局、北京市发展和改革委员会、北京市商务委员会、中关村科技园区管理委员会关于印发《北京市推动科技金融创新支持科研机构科技成果转化和产业化实施办法》的通知（京金融〔2015〕80 号）	北京市金融工作局（现北京市地方金融监督管理局）等 6 个局级单位	行政规范性文件
2015-07-14	北京市科学技术委员会关于启动 2015 年度科技金融专项资金申报工作的通知	北京市科学技术委员会条件财务处	行政规范性文件
2015-09-28	北京市海淀区金融服务办公室关于开展 2015 年科技金融创新发展专项资金网上申报的通知	北京市海淀区金融服务办公室	行政规范性文件
2016-04-20	北京市科学技术委员会关于 2016 年度科技金融专项项目申报工作的通知	北京市科学技术委员会条件财务处	行政规范性文件
2016-07-05	北京市海淀区金融服务办公室关于开展 2016 年科技金融创新发展专项资金网上申报的通知	北京市海淀区金融服务办公室	行政规范性文件
2016-11-23	北京市海淀区金融服务办公室关于对 2016 年海淀区科技金融产业发展专项资金拟支持项目予以公示的通知	北京市海淀区金融服务办公室	行政规范性文件

表 2-5　2018—2022 年北京市科技金融政策性文件梳理表

成文日期	文件名	发文机构	文件效力
2017-05-09	北京市科学技术委员会、中国人民银行营业管理部、北京市金融工作局关于启动 2017 年度科技金融专项绩效奖励和生物医药小微企业贷款贴息工作的通知	北京市科学技术委员会等 3 个单位	行政规范性文件
2018-04-09	北京市海淀区金融服务办公室关于开展 2018 年度第一轮科技金融创新发展专项资金网上申报的通知	北京市海淀区金融服务办公室	行政规范性文件

续表

成文日期	文件名	发文机构	文件效力
2018-08-07	北京市海淀区人民政府关于促进国家科技金融创新中心建设发展的若干意见（海行规发〔2018〕11号）	北京市海淀区人民政府	行政规范性文件
2018-11-22	北京市海淀区金融服务办公室关于对2018年科技金融创新发展专项资金第二轮拟支持项目予以公示的通知	北京市海淀区金融服务办公室	行政规范性文件
2022-06-10	北京市科学技术委员会、中关村科技园区管理委员会关于印发《中关村国家自主创新示范区促进科技金融深度融合发展支持资金管理办法（试行）》的通知（京科发〔2022〕6号）	北京市科学技术委员会、中关村科技园区管理委员会	行政规范性文件

北京市科技金融的发展对中国科技金融整体发展具有战略领先性和重要性。作为中国的首都和科技创新中心，北京市拥有众多的科研机构、高等院校和创新型企业，以及丰富的科技创新资源和人才储备。北京市科技金融的发展不仅直接影响着本地的科技创新和经济发展，也对全国范围的科技金融发展产生着示范和引领作用。

首先，北京市科技金融的发展为中国科技创新提供了重要的资金支持和融资渠道。通过科技金融，科研机构和创新型企业可以获得资金投入，支持科技成果的研发和转化，推动科技创新从实验室走向市场。这对于提高科技创新的效率和质量、促进科技成果的产业化和商业化具有重要意义。

其次，北京市科技金融的发展推动了金融服务的创新和数字化转型。科技金融积极应用互联网、大数据、人工智能等新技术，推动金融业务的智能化和便捷化。这种创新和数字化转型的经验和模式可以为全国范围的科技金融提供借鉴和推广，促进金融服务的现代化和普惠化。

此外，北京市科技金融的发展也对中国整体产业升级和转型具有积极影响。科技金融为传统产业提供技术改造和创新升级的资金支持，帮助其提高竞争力和降低风险，推动产业升级和转型。同时，科技金融也为新兴产业和战略性新兴产业提供风险投资和创业支持，助推这些产业的快速成长和壮大。

综上所述，北京市科技金融的发展对中国科技金融的发展具有重要的引领和示范作用。北京市作为中国的科技创新中心，积极推动科技金融的创新与应用，为科技创新提供资金支持、推动金融服务创新、促进产业升级和转型等方面树立了榜样。其成功经验和模式对于全国范围的科技金融发展具有借鉴和推广的价值，对于加快实现创新驱动发展战略和建设科技强国具有重要意义。下面将详细梳理北京市科技金融的发展。

1.1　2010—2014年北京市科技金融政策性文件梳理

2010年1月20日，北京市海淀区人民政府为加快落实国务院和北京市关于中关村国家自主创新示范区及其核心区建设两个批复的指示要求，深化科技金融改革创新试点，积极争取国家重大金融改革和金融创新的政策、措施在核心区内先行先试，建设首都科技金融综合改革试验区，在2009年12月21日第127次区政府常务会审议通过《海淀区建设首都科技金融综合改革试验区三年行动计划（2010—2012）》。该计划旨在通过五点措施，即股权投资中心建设、多层次资本市场服务体系建设、多种金融工具综合运用、信用体系建设、离岸金融业务培育，实现以下三点目标：第一，初步形成全国性股权投资中心，用三年时间，使海淀区成为交易集中、投资规模大、世界知名股权投资机构聚集的地区；使驻海淀区股权投资机构总数达到300家，其管理的基金规模达到3000亿元；第二，初步建立多层次资本市场服务体系，股权交易中心初具规模，全国性场外交易市场落户我区，企业上市服务政策措施齐备；第三，初步建成富有特色的科技金融改革试验区，在区域内形成银行、证券、保险、股权投资、信用、担保等金融业态多元发展格局，形成围绕科技型中小企业发展服务的金融产品创新、服务创新的中心。

2010年10月21日，北京市人民政府为深入贯彻落实科学发展观，切实加强科技和金融的资源结合，促进经济发展方式转变，提高自主创新能力，结合北京市实际，就全面推进首都科技金融创新发展提出了《关于推进首都科技金融创新发展的意见》（京政发〔2010〕32号）。意见如下：第一，以邓小平理论和“三个代表”重要思想为指导，深入贯彻落实科学发展观，在市委、市政府及市金融服务工作领导小组领导下，通过创新科技金融产品，完善科技金融市场，聚合科技金融组织，聚集科技金融人才，建立起与首都科技地位相匹配、与首都金融资源相适应的科技金融服务体系，把北京建设成为具有国际影响力的科技金融创新中心；第二，加快建设中关村科技金融创新中心，推进首都科技金融综合改革试验，支持海淀区充分发挥创新资源优势，优化创新发展环境与服务，统筹利用中关村发展专项资金和海淀区相关资金；第三，加快完善科技信贷支持体系，建立政银企专项工作机制，建立风险评估咨询机制，鼓励设立科技信贷专营机构，深化小额贷款公司试点工作，逐步扩大科技信贷创新产品规模，鼓励开展科技金融服务创新；第四，加快拓展科技企业市场融资体系，推动科技企业在创业板上市，推动债务融资创新，发展中关村代办股份转让系统，发展各类产权交易市场；第五，加快发展股权投资服务体系，发展天使投资和创业投资，发展股权投资基金，发展股权投资基金管理机构，建设股权投资服务平台；第六，加快完善科技保险创新体系，完善创新科技保险产品，推进中关村科技保险创新试点，发挥高新技术企业出口信用保险作用；第七，加快发展科技企业信用增强体系，加大融资性担保支持，建立信用信息归集和共享机制，强化科技企业信用评价，发展科技金融中介组织；第八，加快构建科技金融组织保障体系，发挥投融资服务平台作用，创新组合金融服务模式，聚集科技金融专业人才。以上共计八项意见二十六条细则为全面推进首都科技金融创新发展进行了高角度、全方位的建设方案构建，为后续北京市科技金融的建设奠定了坚实基础。

2011年11月21日，北京明世继元招标有限公司受北京市科学技术委员会委托，就其基于多元化资本市场的科技金融体系研究课题进行竞争性谈判采购。该课题拟以北京中关村为研究背景，量化分析科技企业发展与多层次资本市场之间的供需关系，研究科技领域产业链和资本市场产业链的对接关系以及技术、人才、市场和资本等多种资源在科技企业发展过程中的权重结构演变过程，从而引导多层次资本市场高效地服务科技企业的长足发展，逐步建立滚动发展、良性循环的科技金融服务体系。经过北京市科学技术委员会的不懈努力，通过该课题解决了如下两点问题：第一，总结建立科技金融服务体系的有效举措，为中关村科技金融服务平台提供政策建议；第二，量化分析多层次资本市场与不同类型科技企业发展有机结合的对接模式，通过政府融资平台、拟上市企业培训会、金融要素市场、技术交易市场进行实例推广。

2012 年 6 月 21 日，北京市海淀区人民政府为贯彻落实区委区政府《关于加快核心区自主创新和产业发展的若干意见》（京海发〔2012〕12 号），深化首都科技金融综合改革，加快国家科技金融创新中心建设，根据国务院和北京市关于建设中关村国家自主创新示范区及其核心区批复以及《北京市人民政府关于推进首都科技金融创新发展的意见》（京政发〔2010〕32 号）、《北京市海淀区人民政府关于加快建设中关村科技金融创新中心的实施意见》（海政发〔2011〕5 号）等文件精神，制定了《海淀区促进科技金融创新发展支持办法》（海行规发〔2012〕7 号）。《海淀区促进科技金融创新发展支持办法》的编纂与出台是北京市科技金融发展的重要里程碑，对于建立起与首都科技地位相匹配、与首都金融资源相适应的科技金融服务体系，和把北京建设成为具有国际影响力的科技金融创新中心这两个目标，具有重大意义。

2012 年 8 月 3 日，国家发展改革委、科技部、财政部、人民银行、税务总局、银监会、证监会、保监会、外汇局、北京市人民政府共计 10 个省部级单位为落实国务院批复的《中关村国家自主创新示范区发展规划纲要（2011—2020 年）》，进一步强化金融对建设具有全球影响力科技创新中心的支撑作用，加快建设国家科技金融创新中心，提出了《关于中关村国家自主创新示范区建设国家科技金融创新中心的意见》（京政发〔2012〕23 号，以下简称《意见》）。《意见》共计十二个方面、四十三条细则对中关村国家自主创新示范区建设国家科技金融创新中心的措施进行了高度概括，对中关村国家科技金融创新中心助力北京科技金融整体发展具有重大战略意义。

2014 年 6 月 9 日，北京市人民政府办公厅为深入贯彻落实党的十八大、十八届三中全会和习近平总书记系列重要讲话特别是考察北京工作时的重要讲话精神，提出了《加快推进科研机构科技成果转化和产业化的若干意见（试行）》（京政办发〔2014〕35 号）意见如下：深化科技成果管理改革、推进科研资产管理改革、深化财政经费管理改革、强化科研人员激励机制、加强对科研机构新技术新产品的应用和推广、优化科技金融服务环境、支持科研机构深入开展协同创新、完善科研机构成果转化平台、广泛开展国际交流与合作。上述共计九条意见对深化科技体制改革和产学研用协同创新，加快科研机构科技成果转化和产业化，提高科研机构服务首都经济社会发展能力，不断强化北京作为全国科技创新中心的城市战略定位，具有深远意义。

2014 年 8 月 6 日，北京市科学技术委员会为了引导金融资源支持科技创新、成果转化，联合人行营管部、市金融局等单位共同推动科技金融工作，构建由银行、担保、创业（天使）投资、科技金融服务机构等组成的科技金融综合服务体系，启动 2014 年度科技金融专项资金申报工作。此次申报包括科技创新和成果转化贷款项目征集、科技型小微企业融资计划征集、创业（天使）投资机构征集，银行、担保公司、再担保公司、创业（天使）投资机构。

2014 年 12 月 17 日，北京市海淀区人民政府、中关村科技园区管理委员会为贯彻落实《关于中关村国家自主创新示范区建设国家科技金融创新中心的意见》（京政发〔2012〕23 号）精神，按照市委、市政府关于国家科技金融功能区建设和中关村“一城三街”建设的总体要求和工作部署，发挥市区合力，推动中关村国家自主创新示范区科技金融一条街建设，提出了《关于建设中关村国家自主创新示范区科技金融一条街的实施意见》（海行规发〔2014〕18号，以下简称《实施意见》)。《实施意见》共计五条意见、十六条细则对发挥中关村核心区的科技和金融优势，通过聚集科技金融服务资源、深化科技金融创新试点、构建技术和资本高效对接的机制，对进一步强化金融对建设具有全球影响力的科技创新中心的支撑作用，促进科技创新和金融创新的紧密结合，具有深远意义。

1.2　2015—2022年北京市科技金融政策性文件梳理

2015年1月30日，北京市科学技术委员会联合人行营业管理部、市金融局、市保监局，组织召开2014年度科技金融工作总结暨2015年工作部署会，在京80余家创业投资、银行、保险以及科技服务机构参加了会议。市科委、人民银行营管部、市金融局以及银行和创投机构代表分别做了交流发言。市科委郑焕敏副主任介绍了2015年科技金融工作的思路和方向，指出要进一步把科技系统的企业和项目资源与首都金融资源进行有效对接，进一步完善首都科技金融综合服务平台建设，结合国家的有关政策和北京的形势，进一步发挥首都科技金融资源优势，支持科技成果资本化、产业化。

2015年6月4日，北京市金融工作局（现北京市地方金融监督管理局)、北京市科学技术委员会、北京市财政局、北京市发展和改革委员会、北京市商务委员会、中关村科技园区管理委员会为贯彻落实《北京市关于加快推进科研机构及科技成果转化和产业化的若干意见（试行)》（京政办发〔2015〕35号，简称“京科九条”)，按照市委办公厅《北京市关于加快推进科研机构科技成果转化和产业化的若干意见（试行)》实施细则的工作分工要求，联合制定了《北京市关于推动科技金融创新支持科研究机构科技成果转化和产业化的实施办法》（京金融〔2015〕80号，以下简称《实施办法》)。《实施办法》共计九章、二十条，对北京市关于推动科技金融创新支持科研机构科技成果转化和产业化地发展天使投资和创业投资、完善科技贷款和融资担保服务、加强科技融资租赁服务、加大科技保险力度、发展多层次资本市场、加强科技金融中介服务、加强组织保障等方面做出了实施细则，对鼓励和引导金融资本和社会资本加强对科研事业单位、高等学校的科研机构、各类企业和社会组织中的科研机构在科技成果转化和产业化过程中的融资支持，优化北京市科技金融服务环境，具有深远意义。

2015年7月14日、2016年4月20日，北京市科学技术委员会为了引导金融资源支持科技创新、成果转化，联合人行营管部、市金融局等单位共同推动科技金融工作，构建由银行、担保、创业（天使）投资、科技金融服务机构等组成的科技金融综合服务体系，分别启动2015年度与2016年度科技金融专项资金申报工作。此两次申报与2014年度专项资金申报工作相同，均包括了科技创新和成果转化贷款项目征集、科技型小微企业融资计划征集、创业（天使）投资机构征集，银行、担保公司、再担保公司、创业（天使）投资机构均可进行申报。此两次专项资金申报完满延续了2014年专项资金申报工作的精神，对支持北京市科技金融发展整体布局起了夯实性作用。

2015年9月28日、2016年7月5日，北京市海淀区金融服务办公室为加快国家科技金融创新中心建设，进一步优化海淀区金融发展环境，促进科技与金融有效结合，根据《海淀区优化创新生态环境支持办法》（海行规发〔2014〕7号)、《海淀区促进重点产业发展支持办法》（海行规发〔2014〕10号)，分别开展了2015年、2016年海淀区促进科技金融创新发展专项资金申报受理工作。根据各专项资金申报操作指引要求，分别由中关村创业投资和股权投资基金协会、北京中关村海淀科技金融创新商会、北京市海淀区金融服务办公室接受政策咨询。同时，依据工作流程，对相关海淀区科技金融产业发展专项资金拟支持项目予以公示。

2017年是《北京加强全国科技创新中心建设重点任务实施方案》（2017—2020年）颁布的元年，为了引导金融资源支撑全国科技创新中心建设，了解北京全国科技创新建设的施工图，了解施工图中215个重点任务和项目具体情况，同时能够切实参与建设工作之中，北京市科学技术委员会、中国人民银行营业管理部、北京市金融工作局作为责任部门，联合推动科技金融工作，构建起由银行、担保、创业投资、天使投资、产业投资、科技服务机构组成的建设全国科技创新中心建设的投融资体系。

2017年5月9日，北京市科学技术委员会、中国人民银行营业管理部、北京市金融工作局启动2017年度科技金融专项绩效奖励和生物医药小微企业贷款贴息工作，本项目包括银行、创业投资、天使投资机构、科技服务机构围绕着科技创新和成果转化开展的科技信贷、投资、服务平台等工作情况，以及担保与再担保公司牵头开展的科技型小微企业融资计划、生物医药小微企业贷款等情况，开展相关工作的银行、担保公司、再担保公司、创业投资机构、天使投资机构、科技服务机构、生物医药小微企业均可进行申报。

2018年4月10日，北京市海淀区金融服务办公室为加快国家科技金融创新中心建设，进一步优化海淀区金融发展环境，促进科技与金融有效结合，强化金融服务创新创业生态环境建设，服务实体经济发展，服务中关村科学城建设的作用，根据《海淀区优化创新生态环境支持办法》（海行规发〔2014〕7号）、《海淀区促进重点产业发展支持办法》（海行规发〔2014〕10号）、《关于建设中关村并购资本中心的实施意见》（海行规发〔2015〕7号），于2018年组织了两轮专项资金申报。符合有关规定的金融机构及相关企业、社会组织均可以进行相关资金申报。同时，经公开申报征集、按规定流程审核、区长专题会审定，于2018年11月22日将2018年度科技金融创新发展专项资金第二轮拟支持项目予以公示。

2018年8月7日，北京市海淀区人民政府为贯彻落实《关于加快推进中关村科学城建设的若干措施》（见京海发〔2018〕1号），特提出《关于促进国家科技金融创新中心建设发展的若干意见》（海行规发〔2018〕11号），具体如下：第一，以强化功能布局为着力点，进一步拓展科技金融发展空间；第二，以引进重点机构为突破口，进一步加快金融要素聚集；第三，以建设金融科技创新中心为目标，进一步打造金融科技创新高地；第四，以深化全国创新资本中心为抓手，进一步激发创新创业活力；第五，以构建上市发展中心为基础，进一步增强服务实体经济能力；第六，以提升服务水平为保障，进一步巩固创新合作伙伴关系。共计六条意见、十五条细则对进一步强化科技金融功能和空间布局，提高创新创业生态环境"含金量"，充分发挥金融在服务全国科技创新中心核心区和中关村科学城建设中的作用，对着力构建涵盖创新链、产业链、价值链和企业全生命周期的科技金融服务政策体系、空间载体和工作机制，深入推动国家科技金融创新中心建设，起到了重要作用。

自2017年《北京加强全国科技创新中心建设重点任务实施方案》（2017—2020年）颁布的元年以来，为在金融领域加快探索供给侧结构性改革的中关村模式，促进金融与科技、产业、经济深度融合，建立适合中关村国家自主创新示范区企业全生命周期发展的综合金融服务体系，加快推动普惠金融和绿色金融发展，助推产业升级和消费升级，建设中关村国家科技金融创新中心，率先构建新金融服务生态体系，北京市科学技术委员会、中关村科技园区管理委员会自 2017 年至 2021 年间印发并多次修订《中关村国家自主创新示范区促进科技金融深度融合创新发展支持资金管理办法》、《〈中关村国家自主创新示范区促进科技金融深度融合创新发展支持资金管理办法〉实施细则（试行）》。

2022 年 6 月 10 日，经市科委、中关村管委会 2022 年第 6 次行政办公会审议通过了《中关村国家自主创新示范区促进科技金融深度融合发展支持资金管理办法（试行）》（京科发〔2022〕6 号），将上述多个管理办法和实施细则的相关工作安排、精神进行合理融合，对进一步规范支持资金的管理和使用，推进中关村先行先试和科技金融供给侧结构性改革，完善金融支持创新体系，促进金融与科技、产业、经济深度融合，支撑世界领先科技园区和创新高地建设，起到了关键性作用。

2. 上海市科技金融政策梳理

表 2-6　2011—2019 年上海市科技金融政策文件梳理表

成文日期	文件名	发文机构	文件效力
2011-11-15	上海市杨浦区人民政府关于发布《上海市杨浦区科技金融服务业发展“十二五”专项规划》的通知	上海市杨浦区金融办公室	行政规范性文件
2011-12-06	上海市人民政府关于推动科技金融服务创新促进科技企业发展的实施意见	上海市人民政府	行政规范性文件
2013-05-23	上海市科学技术开发交流中心开展企业科技保险与政策培训辅导班	上海市科学技术开发交流中心	电讯
2014-04-14	上海市徐汇区人民政府发布《漕河泾开发区科技金融创新服务示范区建设三年行动计划（2014—2016年）》的通知	上海市徐汇区人民政府	行政规范性文件
2018-06-13	上海市普陀区人民政府发布《关于撤销长风生态商务区管委会和设立上海科技金融产业集聚区管委会的通知》	上海市普陀区人民政府	行政规范性文件
2019-03-18	上海市科学技术委员会发布《关于开展 2018—2019 年度科技金融保费补贴工作的通知》	上海市科学技术委员会	行政规范性文件

表 2-7　2019 年上海市科技金融政策文件梳理表

成文日期	文件名	发文机构	文件效力
2019-05-10	上海市科学技术委员会发布《关于 2019 年度第一批科技金融保费拟补贴额公示的通知》	上海市科学技术委员会	行政规范性文件
2019-05-27	海市科学技术委员会发布《关于下达 2019 年度第一批科技金融保费补贴经费的通知》	上海市科学技术委员会	行政规范性文件
2019-09-05	上海市科学技术委员会发布《关于 2019 年度第二批科技金融保费拟补贴额公示的通知》	上海市科学技术委员会	行政规范性文件
2019-09-12	上海市科学技术委员会发布《关于下达 2019 年度第二批科技金融保费补贴经费的通知》	上海市科学技术委员会	行政规范性文件
2019-10-16	海市科学技术委员会发布《关于 2019 年度第三批科技金融保费拟补贴额公示的通知》	上海市科学技术委员会	行政规范性文件
2019-10-28	上海市科学技术委员会发布《关于下达 2019 年度第三批科技金融保费补贴经费的通知》	上海市科学技术委员会	行政规范性文件
2019-11-12	上海市科学技术委员会发布《关于 2019 年度第四批科技金融保费拟补贴额公示的通知》	上海市科学技术委员会	行政规范性文件
2019-11-21	上海市科学技术委员会发布《关于下达 2019 年度第四批科技金融保费补贴经费的通知》	上海市科学技术委员会	行政规范性文件
2019-12-26	中华人民共和国科技部与上海证券交易所就共同促进科创板健康发展、加强支持国家重大创新任务签署合作备忘录	中华人民共和国科技部	电讯

表 2-8　2020—2021 年上海市科技金融政策文件梳理表

成文日期	文件名	发文机构	文件效力
2020-04-30	上海市科学技术委员会发布《关于 2020 年度第一批科技金融保费拟补贴额公示的通知》	上海市科学技术委员会	行政规范性文件
2020-05-20	上海科学技术委员会发布《关于下达 2020 年度第一批科技金融保费补贴经费的通知》	上海市科学技术委员会	行政规范性文件
2020-08-11	上海市科学技术委员会发布《关于 2020 年度第二批科技金融保费拟补贴额公示的通知》	上海市科学技术委员会	行政规范性文件
2020-08-26	上海科学技术委员会发布《关于下达 2020 年度第二批科技金融保费补贴经费的通知》	上海市科学技术委员会	行政规范性文件

续表

成文日期	文件名	发文机构	文件效力
2020-11-06	上海市科学技术委员会发布《关于 2020 年度第三批科技金融保费拟补贴额公示的通知》	上海市科学技术委员会	行政规范性文件
2021-01-07	上海市科学技术委员会发布《关于开展 2020—2021 年度科技金融保费补贴工作的通知》	上海市科学技术委员会	行政规范性文件
2021-04-15	上海市科学技术委员会发布《关于 2021 年度第一批科技金融保费拟补贴额及疫情防控期间利息拟补贴额公示的通知》	上海市科学技术委员会	行政规范性文件
2021-06-25	上海市科学技术委员会发布《关于 2021 年度第二批科技金融保费拟补贴额公示的通知》	上海市科学技术委员会	行政规范性文件
2021-07-09	上海市科学技术委员会发布《关于下达 2021 年度第二批科技金融保费补贴经费的通知》	上海市科学技术委员会	行政规范性文件

表 2-9 2021 年上海市科技金融政策文件梳理表

成文日期	文件名	发文机构	文件效力
2021-11-11	上海市普陀区政府发布《普陀区加快发展科技金融产业实施意见》	上海市普陀区人民政府	行政规范性文件

2.1 2011—2015 年上海市科技金融政策性文件梳理

2011 年 11 月 15 日上海市杨浦区金融服务办公室启动了科技金融服务业发展“十二五”专项规划编制工作，发布《上海杨浦区科技金融服务业发展“十二五”专项规划》。该规划指出当前杨浦区主要面临以下问题：第一，科技金融创新的服务体系有待完善；第二，科技金融创新的支撑条件有待健全；第三，专业要素市场的功能效应有待增强。同时，提出了以下解决方案：第一，大力发展以创投机构为主的类金融机构；第二，深化科技金融产品创新；第三，推动投贷联盟有效运作；第四，深化企业改制上市工作。

2011 年 12 月 6 日，上海市人民政府为进一步发挥金融促进科技产业化和支持科技企业特别是科技型中小企业发展的作用，发布了有效期为期 5 年的《上海市人民政府关于推动科技金融创新促进科技企业发展的实施意见》。该文件为推动科技金融服务创新，促进科技企业发展提出以下意见：第一，完善科技企业信贷服务体系；第二，建立健全科技兴中小企业信贷分担机制；第三，加大科技融资担保支持力度；第四，扩大科技企业直接融资；第五，积极发展“天使投资”和风险投资；第六，加大科技金融服务创新力度；第七，健全科技与金融相结合的服务平台上海市各科技园区要组建科技型中小企业融资服务中心；第八，完善科技金融信用服务体系。

2013 年 5 月 23 日，上海科学技术开发交流中心为推动上海张江国家自主创新示范区建设，更好地服务张江高新区各分园企业，特发布培训通知：针对企业需求，定期举办培训和交流活动，每期设立不同专题，邀请有关方面领导和专家，为企业提供信贷融资、股权融资、财务管理与税收、科技保险、知识产权、企业上市扶持等科技金融系列培训辅导，为企业创新发展和融资上市提供政策支持和服务。

2014 年 4 月 14 日，上海市徐汇区人民政府发布《漕河泾开发区科技金融创新服务示范区建设三年行动计划（2014—2016 年）》。文件主要任务为：第一，加大科技金融机构集聚度；第二，推进科技金融载体与功能的集聚融合发展；第三，构建科技企业上市服务体系，支持科技企业利用多层次资本市场开展多元化融资；第四，构建科技金融信息信用服务体系，优化科技企业融资环境。

2.2　2016—2021 年上海市科技金融政策性文件梳理

2018 年 6 月 13 日，上海市普陀区人民政府发布《关于撤销长风生态商务区管委会和设立上海科技金融产业集聚区管委会的通知》。上海科技金融产业集聚区管委会及其组成人员职务如有变动，由区分管领导和该成员单位相关领导自然替补，自然替补的人员须报区委组织部备案。

2019 年 3 月 18 日，上海市科学技术委员会发布《关于开展 2018—2019 年度科技金融保费补贴工作的通知》。该项通知是根据《关于试点开展科技型中小企业短期贷款履约保证保险工作的通知》与《关于开展生物医药人体临床试验责任保险、生物医药产品责任保险试点工作的通知》等有关文件，为激发企业创新活力，充分发挥科技金融对中小企业发展的支持，降低科技企业的创新风险和融资成本而下发。

2019 年 5 月 10 日，上海市科学技术委员会发布《关于 2019 年度第一批科技金融保费拟补贴额公示的通知》。该文件是根据《中共中央办公厅、国务院办公厅关于深化项目评审、人才评价、机构评估改革的意见》等文件要求，将 2019 年度第一批科技金融保费拟补贴额予以公示。公示时间为 2019 年 5 月 17 日至 2019 年 5 月 23 日。

2019 年 5 月 27 日，上海市科学技术委员会发布《关于下达 2019 年度第一批科技金融保费补贴经费的通知》。该通知是为进一步降低本市中小微企业和创业团队研发创新成本，激发企业科技创新活力而发布。根据《关于开展 2018—2019 年度科技金融保费补贴工作的通知》（沪科〔2019〕83 号）的要求，经审核并向社会公示，确定对“上海富芮坤微电子有限公司”等 181 家符合要求的单位予以保费补贴，经费总额 772.4975 万元。

2019 年 9 月 5 日，上海市科学技术委员会发布《关于 2019 年度第二批科技金融保费拟补贴额公示的通知》。该通知是根据《中共中央办公厅、国务院办公厅关于深化项目评审、人才评价、机构评估改革的意见》等文件要求，将 2019 年度第二批科技金融保费拟补贴额予以公示。公示时间为 2019 年 9 月 5 日至 2019 年 9 月 11 日。

2019 年 9 月 12 日，上海市科学技术委员会发布《关于下达 2019 年度第二批科技金融保费补贴经费的通知》。该通知是为进一步降低上海市中小微企业和创业团队研发创新成本，激发企业科技创新活力而发布。根据《关于开展 2018—2019 年度科技金融保费补贴工作的通知》（沪科〔2019〕83 号）的要求，经审核并向社会公示，确定对“上海锐赢信息技术有限公司”等 115 家符合要求的单位予以保费补贴，经费总额 616.4049 万元。

2019 年 10 月 16 日，上海市科学技术委员会发布《关于 2019 年度第三批科技金融保费拟补贴额公示的通知》。该通知是根据《中共中央办公厅、国务院办公厅关于深化项目评审、人才评价、机构评估改革的意见》等文件要求，将 2019 年度第三批科技金融保费拟补贴额予以公示。公示期为 2019 年 10 月 21 日至 2019 年 10 月 25 日。

2019 年 10 月 28 日，上海市科学技术委员会发布《关于下达 2019 年度第三批科技金融保费补贴经费的通知》。该通知是为进一步降低本市中小微企业和创业团队研发创新成本，激发企业科技创新活力而发布。根据《关于开展 2018—2019 年度科技金融保费补贴工作的通知》（沪科〔2019〕83 号）的要求，经审核并向社会公示，确定对“上海飞盒数码科技有限公司”等 130 家符合要求的单位予以保费补贴，经费总额 522.4038 万元。

2019 年 11 月 12 日，上海市科学技术委员会发布《关于 2019 年度第四批科技金融保费拟补贴额公示的通知》。该通知根据《中共中央办公厅、国务院办公厅关于深化项目评审、人才评价、机构评估改革的意见》等文件要求，将 2019 年度第三批科技金融保费拟补贴额予以公示。公示期为 2019 年 11 月 12 日至 2019 年 11 月 18 日。

2019 年 11 月 21 日，上海市科学技术委员会发布《关于下达 2019 年度第四批科技金融保费补贴经费的通知》。该通知为进一步降低本市中小微企业和创业团队研发创新成本，激发企业科技创新活力而发布。根据《关于开展 2018—2019 年度科技金融保费补贴工作的通知》（沪科〔2019〕83 号）的要求，经审核并向社会公示，确定对“上海同济高科技发展有限公司”等 47 家符合要求的单位予以保费补贴，经费总额 194.9978 万元。

2019 年 12 月 26 日，科技部与上海证券交易所就共同促进科创板健康发展、加强支持国家重大创新任务签署合作备忘录。习近平总书记高度重视科创板建设，要求设立科创板并试点注册制要坚守定位，提高上市公司质量，支持和鼓励“硬科技”企业上市。此次科技部与上海证券交易所签署合作备忘录，是落实习近平总书记相关指示的重要举措，对深化科技和金融结合，引导金融资本关注支持重大科技创新具有重要意义。

2020 年 4 月 30 日，上海市科学技术委员会发布《关于 2020 年度第一批科技金融保费拟补贴额公示的通知》。该通知根据《中共中央办公厅、国务院办公厅关于深化项目评审、人才评价、机构评估改革的意见》等文件要求，将 2020 年度第一批科技金融保费拟补贴额予以公示。公示期为 2020 年 5 月 7 日至 2020 年 5 月 12 日。

2020 年 5 月 20 日，上海科学技术委员会发布《关于下达 2020 年度第一批科技金融保费补贴经费的通知》。该通知为进一步降低上海市中小微企业和创业团队研发创新成本，激发企业科技创新活力而发布。根据《关于开展 2019—2020 年度科技金融保费补贴工作及疫情防控期间利息补贴工作的通知》（沪科〔2020〕69 号）的要求，经审核并向社会公示，确定对“易谷网络科技股份有限公司”等 176 家符合要求的单位予以保费补贴，经费总额 840.2714 万元。

2020 年 8 月 11 日，上海市科学技术委员会发布《关于 2020 年度第二批科技金融保费拟补贴额公示的通知》。该通知根据《中共中央办公厅、国务院办公厅关于深化项目评审、人才评价、机构评估改革的意见》等文件要求，将 2020 年度第二批科技金融保费拟补贴额予以公示。公示期为 2020 年 8 月 11 日至 2020 年 8 月 17 日。

2020 年 8 月 26 日，上海科学技术委员会发布《关于下达 2020 年度第二批科技金融保费补贴经费的通知》。该通知为进一步降低上海市中小微企业和创业团队研发创新成本，激发企业科技创新活力而发布。根据《关于开展 2019-2020 年度科技金融保费补贴工作及疫情防控期间利息补贴工作的通知》（沪科〔2020〕69 号）的要求，经审核并向社会公示，确定对“上海齐国环境科技有限公司”等 194 家符合要求的单位予以保费补贴，经费总额 818.665 万元；确定对“上海凯波特种电缆料厂有限公司”等 13 家符合要求的单位予以利息补贴，经费总额 15.7416 万元。

2020 年 11 月 6 日，上海市科学技术委员会发布《关于 2020 年度第三批科技金融保费拟补贴额公示的通知》。该通知根据《中共中央办公厅、国务院办公厅关于深化项目评审、人才评价、机构评估改革的意见》等文件要求，将 2020 年度第三批科技金融保费拟补贴额予以公示。公示期为 2020 年 11 月 6 日至 2020 年 11 月 12 日。

2021 年 1 月 7 日，上海市科学技术委员会发布《关于开展 2020—2021 年度科技金融保费补贴工作的通知》。该项通知是根据《关于试点开展科技型中小企业短期贷款履约保证保险工作的通知》与《关于开展生物医药人体临床试验责任保险、生物医药产品责任保险试点工作的通知》等有关文件，为激发企业创新活力，充分发挥科技金融对中小企业发展的支持，降低科技企业的创新风险和融资成本而下发。

2021 年 4 月 15 日，上海市科学技术委员会发布《关于 2021 年度第一批科技金融保费拟补贴额及疫情防控期间利息拟补贴额公示的通知》。该通知根据《中共中央办公厅、国务院办公厅关于深化项目评审、人才评价、机构评估改革的意见》等文件要求，将 2021 年度第一批科技金融保费拟补贴额及疫情防控期间利息拟补贴额予以公示。公示期为 2021 年 4 月 15 日至 2021 年 4 月 21 日。

2021 年 6 月 25 日，上海市科学技术委员会发布《关于 2021 年度第二批科技金融保费拟补贴额公示的通知》。该通知根据《中共中央办公厅、国务院办公厅关于深化项目评审、人才评价、机构评估改革的意见》等文件要求，将 2021 年度第二批科技金融保费拟补贴额予以公示。公示期为 2021 年 6 月 25 日至 2021 年 7 月 1 日。

2021 年 7 月 9 日，上海市科学技术委员会发布《关于下达 2021 年度第二批科技金融保费补贴经费的通知》。该通知为进一步降低上海市中小微企业和创业团队研发创新成本，激发企业科技创新活力而发布。根据《关于开展 2020—2021 年度科技金融保费补贴工作的通知》（沪科〔2021〕4 号）的要求，经审核并向社会公示，确定对“上海启菲特环保生物技术有限公司”等 277 家符合要求的单位予以保费补贴，经费总额 1141.7679 万元。

2021 年 11 月 11 日，上海市普陀区政府发布《普陀区加快发展科技金融产业实施意见》。该意见为加快推荐普陀区科技金融产业高质量发展，增强金融服务实体经济能力，着力打造上海国际金融中心的特色金融示范区而发布。根据《上海国际金融中心建设“十四五“规划》（沪府发〔2021〕15 号）、《加快推进上海金融科技中心建设实施方案》（沪府办规〔2021〕1 号）等文件精神，并结合该区实际经研究制定。

3. 天津市科技金融政策梳理

表 2-10　2010—2014 年天津市科技金融政策性文件梳理表

成文日期	文件名	发文机构	文件效力
2010-07-07	天津市科学技术委员会、天津市人民政府金融服务办公室关于推动我市科技金融改革创新意见的通知	天津市科学技术委员会（现天津市科学技术局，下同）	行政规范性文件

续表

成文日期	文件名	发文机构	文件效力
2012-03-23	天津市河北区人民政府办公室关于加快推进河北区科技金融工作实施意见的通知（河北政办〔2012〕16号）	天津市河北区人民政府办公室	行政规范性文件
2012-07-23	天津市东丽区人民政府关于印发《东丽区科技金融示范区建设实施方案》的通知	天津市东丽区人民政府	行政规范性文件
2013-02-25	天津市东丽区人民政府办公室关于转发区金融办科委拟定的东丽区进一步创新“投保贷”一体化融资模式推进科技金融发展实施方案的通知（东丽政办〔2013〕8号）	天津市东丽区人民政府办公室	行政规范性文件
2013-05-07	天津市科学技术委员会、天津市财政局关于印发《天津市科技金融对接服务平台认定及考核奖励办法（试行）》的通知（已失效）	天津市科学技术委员会、天津市财政局	行政规范性文件
2013-08-09	天津市科学技术委员会关于认定天津市科技金融服务中心等为天津市科技金融对接服务平台的通知	天津市科学技术委员会	行政规范性文件
2013-11-28	天津市科学技术委员会关于认定天津市科技金融发展中心等为天津市科技金融对接服务平台的通知	天津市科学技术委员会	行政规范性文件
2014-01-01	天津市科学技术委员会关于认定天津滨海新区科技金融服务中心等单位为天津市科技金融对接服务平台的通知	天津市科学技术委员会	行政规范性文件

表 2-11　2014—2015 年天津市科技金融政策性文件梳理表

成文日期	文件名	发文机构	文件效力
2014-05-27	天津市科学技术委员会关于印发《天津市科技金融对接服务平台评价指标体系》的通知	天津市科学技术委员会	行政规范性文件
2014-05-30	天津市科学技术委员会关于印发《天津市科技金融专员聘任考核奖励办法（试行）》的通知	天津市科学技术委员会	行政规范性文件
2014-06-30	天津市科学技术委员会关于印发《天津市科技金融对接服务平台评价指标体系》的通知	天津市科学技术委员会	行政规范性文件
2014-06-30	天津市科学技术委员会关于印发《天津市科技金融对接服务平台评价指标体系》的通知	天津市科学技术委员会	行政规范性文件

续表

成文日期	文件名	发文机构	文件效力
2014-09-04	天津市河北区人民政府关于科技金融工作会会议通知	天津市河北区人民政府	行政规范性文件
2014-10-17	天津市科学技术委员会关于首批天津市科技金融专员入选人选公示	天津市科学技术委员会	行政规范性文件
2014-12-03	天津市河北区人民政府关于印发《天津市科技金融对接服务平台认定及考核奖励办法（试行）》的通知	天津市河北区人民政府	行政规范性文件
2014-12-04	天津市科学技术委员会关于聘任潘智博等 32 名同志为天津市科技金融专员的通知	天津市科学技术委员会	行政规范性文件
2015-01-05	天津市科学技术委员会关于认定天津滨海新区科技金融服务中心等单位为天津市科技金融对接服务平台的通知	天津市科学技术委员会	行政规范性文件
2016-12-09	天津市科学技术委员会关于印发《天津市科技金融对接服务平台认定及考核补贴办法》的通知	天津市科学技术委员会	行政规范性文件

表 2-12　2017—2018 年天津市科技金融政策性文件梳理表

成文日期	文件名	发文机构	文件效力
2017-04-28	天津市科学技术委员会关于受理科技金融对接服务平台申报工作的通知	天津市科学技术委员会	行政规范性文件
2017-07-05	天津市科学技术委员会关于印发天津市科技金融对接服务平台评价指标体系的通知	天津市科学技术委员会	行政规范性文件
2017-09-15	天津市滨海新区人民政府关于举办 2017 年天津市“知识产权质押融资项目”培训暨银企对接活动——科技金融助企业腾飞的通知	天津市滨海新区人民政府	行政规范性文件
2018-01-05	天津市科学技术委员会关于认定新一批科技金融对接服务平台的公示	天津市科学技术委员会	行政规范性文件
2018-01-16	天津市科学技术委员会关于认定天津科技金融中心等为天津市科技金融对接服务平台的通知	天津市科学技术委员会	行政规范性文件
2019-09-04	天津市科学技术局关于受理科技金融对接服务平台申报工作的通知	天津市科学技术局	行政规范性文件

从政策颁布主体上看，天津市科技金融政策的颁布主体主要有市政府办公厅、市科学技术局、市财政局、市商务局、市教育委员会、市工业和信息化局，市科学技术局颁布相关科技金融政策数量最多，其占天津市各主体发布的科技金融政策数量接近一半；市政府

办公厅发布的政策数量仅次于市科学技术局，表明市政府更加重视科技创新与金融的结合；市工业和信息化局颁布的科技金融政策数量最少，占比最低；市教育委员会、市财政局、市商务局发布的科技金融政策数量大体持平。从政策发文单位看，天津市科技金融政策一般以多部门联合的形式发布，这种多主体联合发布科技金融政策的特点，体现了科技金融政策跨越政府职能的特性，这一特性有利于规避单一政府部门制定政策的狭隘性和局限性。

天津市科技金融的发展具有得天独厚的优势，包括产业基础优势、资本市场优势、政策支持优势、人才优势等等。天津市作为中国的经济重镇和科技创新中心，拥有发达的制造业和高新技术产业基础，科技金融的发展可以进一步支持和推动科技创新、产业升级和经济转型。天津拥有发达的资本市场和金融机构，科技金融的发展可以充分利用资本市场的资源和机制，为科技型企业和创新项目提供融资支持和股权投资等服务，提高科技创新的成功率和市场竞争力。天津市政府高度重视科技金融的发展，已出台一系列支持政策和措施，在税收优惠、贷款贴息、科技创新基金等方面给予支持，为科技创新和创业提供有力保障和支持。天津市拥有丰富的科技创新人才和高校研究机构，科技金融的发展可以吸引和培养更多的科技创新人才和创业者参与到科技创新和创业活动中，推动科技成果转化和产业升级。作为中国北方重要的海港城市，天津市地处环渤海经济圈，具有优越的地理位置和交通网络，便于国内外的科技合作和资金流动，有利于推动跨境科技合作和技术转移。

综上所述，天津市科技金融发展具备产业基础、资本市场、政策支持、人才和区位等方面的优势，可以在促进科技创新和产业升级、优化金融资源配置、培育创新创业生态环境、推动跨境科技合作等方面发挥重要作用。政府应继续加大政策支持力度，激发市场活力，推动科技金融的健康发展。

2.1 2010—2015 年天津市科技金融政策性文件梳理

2010 年 7 月 7 日，天津市科学技术委员会（现天津市科学技术局，下同）为贯彻落实中共中央、国务院关于加快提高自主创新能力，加快科技成果向现实生产力转化，促进科技资源优化配置、开放共享和高效利用的要求，推动自主创新与科技金融发展，努力建设与北方经济中心发展和滨海新区开发开放相适应的创新型城市及现代金融服务体系和金融改革创新基地，借鉴国内外科技与金融相结合发展经验，现提出《关于推动我市科技金融改革创新意见》。意见如下：第一，天津科技金融发展优势。第二，科技金融改革创新指导思想和目标任务。深入贯彻落实科学发展观，按照科学、审慎、风险可控原则，以体制机制创新为突破口，努力做到率先推进科技金融体制机制改革创新、率先探索科技资源与金融资源相结合的方式与模式、率先突破科技型企业融资瓶颈，为全国科技金融改革创新提供借鉴与示范。

2012 年 3 月 23 日，天津市河北区人民政府办公室为贯彻落实《中共天津市委天津市人民政府关于加快科技型中小企业发展的若干意见》（津党发〔2010〕9 号）和《关于推进金融促进科技型中小企业发展工作的实施意见》（津政办发〔2011〕92 号）文件精神，促进科技与金融相结合，加大对科技型中小企业的信贷支持与金融服务，加快提高自主创新能力与科技成果转化，切实缓解科技型中小企业融资困难，促进科技产业的全面可持续发展，特制定了《关于加快推进河北区科技金融工作实施意见》（河北政办〔2012〕16

号）。

2012 年 7 月 23 日，天津市东丽区人民政府为深入贯彻落实市委、市政府关于大力发展科技型中小企业的战略部署，落实《关于推动我市科技金融改革创新的意见》（津政办发〔2010〕70 号）和《天津市科学技术委员会天津市东丽区人民政府工作会商框架协议》，加快科技资源与金融资源的融合，充分利用金融手段促进科技型中小企业发展，制定了《东丽区科技金融示范区建设实施方案》。

2013 年 2 月 25 日，天津市东丽区人民政府办公室为根据《关于印发东丽区科技金融示范区建设实施方案的通知》（东丽政办〔2012〕43）的要求，按照“政府引导，平台多样化，投、保、贷一体化”的原则，构筑“平台统贷、基金担保、投贷联动、风险分担”的统贷融资模式，提升金融对科技的服务水平和支持力度，特转发《东丽区进一步创新“投保贷”一体化融资模式推进科技金融发展实施方案》。

2013 年 5 月 7 日，天津市科学技术委员会、天津市财政局为贯彻落实天津市《关于进一步促进科技型中小企业发展的政策措施》（津政发〔2012〕22 号），进一步促进科技和金融结合，特制订《天津市科技金融对接服务平台认定及考核奖励办法（试行）》。

2013 年 8 月 9 日，天津市科学技术委员会根据《天津市科技金融对接服务平台认定及考核奖励办法（试行）》（津科财〔2013〕083 号）文件要求，经审核后认定天津市科技金融服务中心等为天津市科技金融对接服务平台。

2013 年 11 月 28 日，天津市科学技术委员会根据《天津市科技金融对接服务平台认定及考核奖励办法（试行）》（津科财〔2013〕083 号）文件要求，经审核认定了天津市科技金融发展中心等为天津市科技金融对接服务平台。

2014 年 1 月 1 日，天津市科学技术委员会根据《天津市科技金融对接服务平台认定及考核奖励办法（试行）》（津科财〔2013〕083 号）文件要求，经平台自主申请和专家审核、评定，认定了天津滨海新区科技金融服务中心等 4 家单位为天津市科技金融对接服务平台。

2014 年 5 月 27 日，天津市科学技术委员会为贯彻落实天津市《关于进一步促进科技型中小企业发展的政策措施》（津政发〔2012〕22 号），进一步促进科技与金融结合，健全科技金融对接服务体系，推动科技型中小企业快速发展，特制定该评价指标体系。该评价体系对于提高政府平台资金运作水平、完善服务平台内部机制和制度建设，促进服务平台健康发展以及改善科技型中小企业融资难的局面等具有十分重要的意义。

2014 年 5 月 30 日，天津市科学技术委员会为进一步加强科技金融服务队伍建设，打造一支专业、高效的专家力量，公开征集了聘任一批科技金融专员，并发布了《天津市科技金融专员聘任考核奖励办法（试行）》。

2014 年 6 月 30 日，天津市科学技术委员会为贯彻落实天津市《关于进一步促进科技型中小企业发展的政策措施》（津政发〔2012〕22 号），促进科技与金融结合，健全科技金融对接服务体系，推动科技型中小企业快速发展，特制定该评价指标体系。

2014 年 10 月 17 日，天津市科学技术委员会根据《天津市科技金融专员聘任考核奖励办法》（津科金〔2014〕91 号）的规定，经各金融机构推荐，市科委对申请材料进行了审核。共选出科技金融专员 32 名，其中银行机构 16 名、保险机构 2 名、担保机构 8 名、投资机构 5 名、其他 1 名。

2014 年 12 月 4 日，天津市科学技术委员会根据《天津市科技金融专员聘任考核奖励办法（试行）》（津科金〔2014〕91 号）的要求，经各区县科委、园区科技部门、各金融机构推荐，市科委研究，决定聘任潘智博等 32 名科技金融专家为首批科技金融专员，聘期为 2 年。

2015 年 1 月 5 日，天津市科学技术委员会根据《天津市科技金融对接服务平台认定及考核奖励办法（试行）》（津科财〔2013〕083 号）文件要求，经平台自主申请，专家审核、评定，认定天津滨海新区科技金融服务中心等 4 家单位为天津市科技金融对接服务平台。

2.2　2016—2020 年天津市科技金融政策性文件梳理

2016 年 12 月 9 日，天津市科学技术委员会为全面贯彻落实市委、市政府部署，进一步推进科技型企业融资服务体系建设，市科委市财政局印发了《天津市科技金融对接服务平台认定及考核补贴办法》。

2017 年 4 月 28 日，天津市科学技术委员会为进一步提高天津市科技金融服务科技型中小企业的体系化建设，打造一批专业化科技金融对接服务平台，形成市级平台、区级平台、专业化平台层次分明的网络化服务格局，特受理了科技金融对接服务平台申报工作。

2017 年 7 月 5 日，天津市科学技术委员会根据《天津市科技金融对接服务平台认定及考核补贴办法》（津科金〔2016〕151 号）有关规定，特制定了《天津市科技金融对接服务平台评价指标体系》。

2017 年 9 月 15 日，天津市滨海新区人民政府为积极响应国家关于知识产权工作的重要指示，加快推进知识产权强市建设，2017 年天津市举办了“知识产权质押融资项目”培训暨银企对接活动——科技金融助企业腾飞，结合天津本土企业在初创期、成长期和壮大期不同的融资特点，为企业提供系统方法。

2018 年 1 月 5 日，天津市科学技术委员会按照《天津市科技金融对接服务平台认定及考核补贴办法》（津科金〔2016〕151 号）的有关要求，经申报单位申请，专家评审，对天津空港经济区科技金融服务平台等 6 家区级平台、天津科技金融中心等 6 家专业化平台予以公示。

2018 年 1 月 16 日，天津市科学技术委员会根据《天津市科技金融对接服务平台认定及考核补贴办法》（津科金〔2016〕151 号）规定，经依托单位申报、专家评审、公示无异议后，认定天津科技金融中心等 6 家为天津市专业化科技金融对接。

2019 年 9 月 4 日，天津市科学技术局为进一步提高天津市科技金融服务科技企业的体系化建设，打造市级平台、区级平台、专业化平台层次分明的网络化服务格局，按照市科学技术局、市财政局《天津市科技金融对接服务平台认定及考核补贴办法》（津科金〔2016〕151 号）的有关要求，面向天津市开展受理 2019 年度科技金融对接服务平台申报工作，受理对象为区级平台和专业化平台。

4. 广东省科技金融政策梳理

表 2-13 2007—2014 年广东省科技金融政策性文件梳理表

成文日期	文件名	发文机构	文件效力
2007-09-25	广东省科学技术厅关于举办科技金融合作签约仪式暨新闻发布会的通知	广东省科学技术厅	行政规范性文件
2008-10-20	广东省科学技术厅关于召开广东省科技金融工作座谈会的通知	广东省科学技术厅	行政规范性文件
2009 年	广东省科学技术厅关于申请科技金融结合试点市专项资金的批复（粤科函规划字〔2009〕1483 号）	广东省科学技术厅	行政规范性文件
2010 年	广东省财政厅关于印发《广东省科技金融结合试点市联合科技贷款风险准备金管理暂行办法》的通知（粤财教〔2010〕57 号）	广东省财政厅	行政规范性文件
2010-05-31	广东省东莞市人民政府办公室关于印发《东莞市科技金融结合试点市科技贷款风险准备金管理暂行办法》的通知（东府办〔2010〕75 号）	广东省东莞市人民政府办公室	行政规范性文件
2013-08-14	广东省人民政府办公厅关于促进科技和金融结合的实施意见（粤府办〔2013〕33 号）	广东省人民政府办公厅	行政规范性文件
2013 年	广东省江门市科学技术局关于促进科技和金融结合的实施意见（江科〔2013〕200 号）	广东省江门市科学技术局	行政规范性文件
2014-02-21	广东省科技厅关于印发《广东省科技金融支持科技型中小微企业专项行动计划（2013—2015）》的通知（粤科规划字〔2014〕28 号）	广东省科学技术厅	行政规范性文件
2014-05-22	广东省韶关市科学技术局、中国银行韶关分行关于召开韶关市科技金融座谈会的通知（韶科函〔2014〕23 号）	广东省韶关市科学技术局	行政规范性文件

表 2-14 2014—2015 年广东省科技金融政策性文件梳理表

成文日期	文件名	发文机构	文件效力
2014-06-13	广东省江门市科学技术局、江门市财政局、江门市人民政府金融工作局关于印发《江门市科学技术局、江门市财政局、江门市人民政府金融工作局关于江门市级科技金融扶持资金操作细则（试行）》的通知（江科〔2014〕111 号）	广东省江门市科学技术局、江门市财政局、江门市人民政府金融工作局	行政规范性文件

续表

成文日期	文件名	发文机构	文件效力
2014-07-02	广东省珠海市人民政府关于促进科技金融发展的实施意见（珠府〔2014〕72 号）	广东省珠海市人民政府	行政规范性文件
2014-07-30	广东省财政厅、广东省科学技术厅关于印发《广东省产业技术创新与科技金融结合专项资金管理办法》的通知（粤财工〔2014〕262 号）	广东省财政厅、广东省科学技术厅	行政规范性文件
2014-08-07	广东省科学技术厅、广东省财政厅关于组织申报 2014 年广东省省级产业技术创新与科技金融结合专项资金（股权投资项目）的通知	广东省科学技术厅、广东省财政厅	行政规范性文件
2014-10-09	广东省科学技术厅、广东省财政厅关于组织申报 2014 年产业技术创新与科技金融结合专项资金（科技投融资服务项目）的通知（粤科函规财字〔2014〕1277 号）	广东省科学技术厅、广东省财政厅	行政规范性文件
2015-02-17	广东省科学技术厅、广东省财政厅关于组织申报 2015 年产业技术创新与科技金融结合专项资金项目的通知（粤科函规财字〔2015〕206 号）	广东省科学技术厅、广东省财政厅	行政规范性文件
2015 年	广东省广州市人民政府办公厅关于促进科技金融与产业融合发展的实施意见（穗府办〔2015〕26 号）	广东省广州市人民政府办公厅	行政规范性文件

表 2-15　2017—2021 年广东省科技金融政策性文件梳理表

成文日期	文件名	发文机构	文件效力
2015-09-09	广东省广州市科技创新委员会、广州市财政局关于印发广州市科技型中小企业信贷风险补偿资金池管理办法的通知（穗科创〔2015〕11 号）	广东省广州市科技创新委员会、广州市财政局	行政规范性文件
2015-09-10	广东省科学技术厅关于组织申报 2016 年产业技术创新与科技金融结合专项资金的通知（粤科函规财字〔2015〕1319 号）	广东省科学技术厅	行政规范性文件
2017-01-05	广东省科学技术厅关于印发《关于发展普惠性科技金融的若干意见》的通知（粤科规财字〔2017〕1 号）	广东省科学技术厅	行政规范性文件

续表

成文日期	文件名	发文机构	文件效力
2017 年	广东省科学技术厅关于组织申报 2017 年省科技发展专项资金（产业技术创新与科技金融结合方向）的通知	广东省科学技术厅	行政规范性文件
2017-11-24	广州市荔湾区人民政府办公室关于印发《促进新三板科技企业和科技金融发展实施办法（试行）》的通知（荔府办〔2017〕70 号）	广州市荔湾区人民政府办公室	行政规范性文件
2018-08-10	广东省科学技术厅关于组织申报 2018 年度科技与金融结合项目的通知（粤科函规财字〔2018〕1703 号）	广东省科学技术厅	行政规范性文件
2018-12-05	广东省广州市科技创新委员会关于印发《广州市促进科技金融发展行动方案（2018—2020 年）》的通知（穗科创字〔2018〕381 号）	广东省广州市科技创新委员会	行政规范性文件
2019-05-24	广东省广州市科学技术局关于印发广州市科技型中小企业信贷风险损失补偿资金池管理办法的通知（穗科规字〔2019〕4 号）	广东省广州市科学技术局	行政规范性文件
2019-07-05	广东省科学技术厅关于发布 2019 年科技与金融结合专项工作申报指南的通知（粤科函资字〔2019〕1270 号）	广东省科学技术厅	行政规范性文件

表 2-16　2021—2022 年广东省科技金融政策性文件梳理表

成文日期	文件名	发文机构	文件效力
2020-05-09	广东省科学技术厅关于发布 2020 年科技与金融结合专项工作申报指南的通知（粤科函资字〔2020〕266 号）	广东省科学技术厅	行政规范性文件
2021-07-01	广东省广州市科学技术局关于印发广州市科技型中小企业信贷风险损失补偿资金池管理办法的通知（穗科规字〔2021〕2 号）	广东省广州市科学技术局	行政规范性文件
2021-08-21	广东省广州市人民政府办公厅关于新时期进一步促进科技金融与产业融合发展的实施意见（穗府办规〔2021〕12 号）	广东省广州市人民政府办公厅	行政规范性文件

续表

成文日期	文件名	发文机构	文件效力
2021-10-26	广东省科学技术厅关于发布 2021～2022 年科技与金融结合专项工作申报指南的通知（粤科函资字〔2021〕1151 号）	广东省科学技术厅	行政规范性文件
2022-05-25	广东省广州市荔湾区人民政府办公室关于印发新时期进一步促进荔湾区科技金融与产业融合发展实施意见的通知（荔府办规〔2022〕1 号）	广东省广州市荔湾区人民政府办公室	行政规范性文件
2022-09-15	广东省科学技术厅关于公开征求省地方标准《科技金融服务中心建设与服务规范》意见的通告	广东省科学技术厅	行政规范性文件
2022-09-23	广东省科学技术厅关于发布 2022～2023 年科技与金融结合专项工作申报指南的通知（粤科函资字〔2022〕1315 号）	广东省科学技术厅	行政规范性文件

4.1　2007—2014 年广东省科技金融政策性文件梳理

2007 年 9 月 25 日，广东省科学技术厅为贯彻落实省第十次党代会和 2007 年全省科技工作会议精神，推动科技与金融紧密结合，解决科技型中小企业融资难问题，计划于 2007 年 9 月 28 日举行广东省科技厅、国家开发银行广东省分行科技金融合作签约仪式暨新闻发布会，会议安排珠海、东莞、中山、广州高新区、顺德区等市（区）与国家开发银行广东省分行签署开发性金融合作协议。该签约仪式系广东省科技金融工作布局的早期重点工作之一，为广东省科技金融的发展夯实了基础。

2008 年 10 月 20 日，广东省科学技术厅为了贯彻落实科技部关于科技金融工作的最新精神，进一步加强对科技金融工作的认识，深入交流探讨科技金融工作经验，围绕科技型中小企业融资难问题进行研讨，为下一步推进科技金融结合提出指导性的意见和建议，计划于 2008 年 11 月 7 日在广州召开广东省科技金融结合工作座谈会。该座谈会旨在传达科技部科技金融工作经验交流会精神，交流科技金融结合工作经验，探讨政府、银行、担保机构等各主体在解决科技型中小企业融资难问题中的重要作用，探讨目前知识产权交易的存在问题和解决办法，探讨科技型中小企业通过金融衍生工具解决融资难问题的可行性，为广东省进一步推动科技金融发展工作起到了支撑性作用。

2010 年 5 月 31 日，经东莞市人民政府同意，东莞市人民政府办公室为加快科技金融结合试点市建设工作，加强资金监督管理，按照《关于与省科技厅签发〈科技金融结合试点城市项目合同〉有关事项的复函》（东府办复〔2009〕250 号）和《关于申请科技金融结合试点市专项资金的批复》（粤科函规划字〔2009〕1483 号）的文件精神，并参照《广东省科技金融结合试点市联合科技贷款风险准备金管理暂行办法》（粤财教〔2010〕57 号），制定《东莞市科技金融结合试点市科技贷款风险准备金管理暂行办法》（东府办〔2010〕75 号），对由东莞市财政配套省的 4000 万元专项资金及其产生的银行存款利息收入进行管理，对广东省科技金融结合试点市的建设发展起到了基石性作用，为广东省其他科技金融结合试点市的相关建设规划起到了引领作用。

2013 年 8 月 14 日，广东省人民政府办公厅根据《广东省自主创新条例》、《关于促进科技和金融结合加快实施自主创新战略的若干意见》（国科发财〔2011〕540 号）等规定，经广东省人民政府同意，特提出《关于促进科技和金融结合的实施意见》（粤府办〔2013〕33 号，以下简称《实施意见》）。具体内容如下：第一，目标到 2015 年，确保科技贷款余额、科技型企业境内外上市数和融资额、创业投资管理资金规模等在“十一五”基础上翻一番，争取广东省科技金融创新水平和服务能力跻身全国前列；第二，积极培育和发展创业投资；第三，引导发展科技信贷；第四，大力发展多层次资本市场；第五，完善科技金融服务体系和机制体制；第六，保障措施。共计六项意见、二十四条措施，为深入贯彻落实党的十八大以及省委十一届二次全会精神，大力实施创新驱动发展战略和推进金融强省建设，积极引导金融资源向科技领域配置，促进科技和金融结合，加快科技成果转化和培育战略性新兴产业，提供了坚实基础。为建立健全以市场为导向、产业为支撑、政产学研金紧密合作的科技金融服务体系，走出一条具有广东特色的科技和金融结合道路，提供了制度保障。

2013 年，江门市科学技术局与珠海市人民政府为深入贯彻落实党的十八届三中全会精神，促进科技金融发展，推进自主创新，加快经济转型升级，分别根据《实施意见》（粤府办〔2013〕33 号），结合各市实际，制定了《江门市科学技术局关于促进科技和金融结合的实施意见》（江科〔2013〕200 号）、《江门市科学技术局、江门市财政局、江门市人民政府金融工作局关于印发〈江门市科学技术局、江门市财政局、江门市人民政府金融工作局关于江门市级科技金融扶持资金操作细则（试行）〉的通知》（江科〔2014〕111 号）和《珠海市人民政府关于促进科技金融发展的实施意见》（珠府〔2014〕72 号）。这些文件扩充并细化了《实施意见》在各地应用的实施场景，为各地推动科技与金融的结合工作，帮扶科技类企业发展，进一步支持企业创新和科研成果转化，提供了实施工具和制度保障。

2014 年 2 月 21 日，广东省科学技术厅为贯彻落实《国务院办公厅关于金融支持小微企业发展的实施意见》、《广东省人民政府办公厅关于促进科技和金融结合的实施意见》等文件精神，特指定《广东省科技金融支持科技型中小微企业专项行动计划（2013—2015）》（粤科规划字〔2014〕28 号，以下简称《行动计划》）。具体内容如下：第一，以“三个定位，两个率先”为总目标，到 2015 年，力争科技贷款余额、科技型中小企业融资额、创业投资管理基金规模等在“十一五”基础上翻一番；第二，实施孵化行动计划，扶持种子期科技型中小微企业快速成长，实施育苗行动计划，扶持初创期科技型中小微企业加速发展，实施造林行动计划，扶持成长期科技型中小微企业成熟壮大；第三，保障措施。《行动计划》中阐明了广东省科技金融支持科技型中小微企业最为核心的三项行动：孵化行动、育苗行动和造林行动。三项行动互为表里，共同构成了广东省金融支持科技、金融融合科技的服务网络，为进一步推动科技与金融结合，有效缓解科技型中小微企业融资难问题，加速科技成果转化，起到了在宏观政策层面上的引领作用。

2014 年 2 月 21 日，为落实上述《广东省科技金融支持科技型中小微企业专项行动计划（2013—2015）》（粤科规划字〔2014〕28 号），协助科技型企业解决融资难问题，广东省科学技术厅与中国银行广东省分行共同推出了科技通宝业务，该业务可以多种方式组合形成授信金额最高可达到抵押品评估值的150%，可以妥善解决科技型企业相关融资问题。为了让广大科技型企业了解这一业务，韶关市科学技术局、中国银行韶关分行拟于2014年5月28日共同组织科技金融业务推介座谈会，邀请高新技术企业与科技型企业的总经理或财务总监与会并洽谈科技通宝业务介绍及各个科技型企业融资贷款需求。该洽谈会极有力地促进了科技型企业与政府、金融机构合作与沟通，生动体现了广东省人民政府对金融支持科技、科技和金融结合的大力支持力度和灵活处理方式，是广东省科技金融支持科技型中小微企业专项行动计划的重要组成部分，是广东省科技金融结合发展的一大地标级项目。

2014年7月30日，广东省财政厅、广东省科学技术厅为规范专项资金的管理，提高资金使用效益，根据《广东省人民政府关于印发广东省省级财政专项资金管理办法的通知》(粤府〔2013〕125号）的有关规定，共同制定了《广东省产业技术创新与科技金融结合专项资金管理办法》（粤财工〔2014〕262号，以下简称《管理办法》)，所支持专项资金由省级财政预算安排专项用于引导和带动社会资本参与科技创新、支持自主创新成果转化与产业化。

4.2　2015—2022年广东省科技金融政策性文件梳理

自2014年《管理办法》印发始，广东省科学技术厅、广东省财政厅每年都进行组织申报产业技术创新与科技金融结合专项资金项目工作，并进行多批专项资金拟立项项目、拟安排资金的公示。其中，自2016年起，该专项资金工作重新进行了责任划分，由广东省科学技术厅专门负责组织申报与公示工作，广东省财政厅专门负责下达项目资金工作。此外，自2017年起“产业技术创新与科技金融结合专项资金”更名为“省科技发展专项资金（产业技术创新与科技金融结合方向)”，同时自2018年起“产业技术创新与科技金融结合专项资金项目”更名为“科技与金融结合项目”。自此，广东省科技与金融结合专项工作资金矩阵正式形成，该项目逐年结合广东省实际，逐年动态调整项目专题，为强化金融对科技创新的支撑作用，推动构建“基础研究＋技术攻关＋成果转化＋科技金融＋人才支撑”全过程创新生态链，提供了强有力的制度保障。

2015年，广州市人民政府为深入贯彻习近平总书记视察广东重要讲话精神，奋力实现“四个走在全国前列”，将广州市打造成为具有国际影响力的风投创投中心，广州市人民政府办公厅特研究起草了《广州市人民政府办公厅关于促进科技金融与产业融合发展的实施意见》（穗府办〔2015〕26号，以下简称《实施意见》)，该文件从“创、投、贷、融”等方面对科技金融工作作出全面部署，在其2015—2020年为其五年间的有效期内，已经成为广州市科技金融与产业融合发展工作的核心制度安排及理论根据。

2015年9月9日，为深入实施创新驱动发展战略，贯彻落实上述《实施意见》，进一步促进科技和金融结合，引导和鼓励商业银行加大对科技信贷支持力度，广州市科技创新委员会、广州市财政局研究制定了《广州市科技型中小企业信贷风险补偿资金池管理办法》(穗科创〔2015〕11号）(以下简称《管理办法》)，该办法相关科技信贷风险资金池在市财政科技经费中安排，用于推动银行加大对科技型中小企业的贷款支持，对合作银行为科技型中小企业提供贷款所产生的本金损失进行有限补偿。本《管理办法》经过2019年5月24日《广州市科技型中小企业信贷风险损失补偿资金池管理办法》（穗科规字

〔2019〕4号）以及2021年7月1日《广州市科技型中小企业信贷风险损失补偿资金池管理办法》（穗科规字〔2021〕2号）两次重新修订，具备了强有力的动态调整能力，有效推动了“在间接金融体系内解决科技型中小微企业融资难、融资贵”这一重要课题的解决方案及设计框架发展，成了《实施意见》在信贷市场上的重要制度补充。

2017年1月5日，广东省科学技术厅为加快推进创新型省份、珠三角国家自主创新示范区建设和全面创新改革试验工作，进一步扩大科技金融的普惠面，更好服务科技型中小企业发展和激发大众创新创业活力，不断增强实体经济发展新功能，经广东省人民政府同意，制定了《关于发展普惠性科技金融的若干意见》（粤科规财字〔2017〕1号）。《若干意见》是2014年广东省财政厅、广东省科学技术厅共同指定的《广东省科技金融支持科技型中小微企业专项行动计划（2013—2015)》（粤科规划字〔2014〕28号）文件精神的延续与发展，对加强科技转贷扶持工作、加强科技金融人才队伍建设等方面起到了重要的支撑作用。

2017年11月24日，为深入实施创新驱动发展战略，贯彻落实上述《实施意见》规定，有效促进荔湾区新三板科技企业和科技金融快速发展，广州市荔湾区人民政府办公室研究并制订了《促进新三板科技企业和科技金融发展实施办法（试行）》（荔府办〔2017〕70号），对企业住所（注册地）设荔湾区的并实际运营的全国中小企业股份转让系统（新三板）挂牌的科技企业或由其直接控股的科技企业进行基金支持、落户奖励、挂牌奖励、经营奖励、融资奖励、研发增量补贴、平台建设补贴等扶持补贴方案。在本《实施办法》2018-2020年为其三年的有效期内，有效推动了“在直接金融体系内解决科技型中小微企业融资难、融资贵”这一重要课题的解决方案及设计框架发展，成了《实施意见》在资本市场上的重要制度补充。

2018年12月5日，广州市科技创新委员会为全面贯彻党的十九大精神，以习近平新时代中国特色社会主义思想为指导，围绕建设具有国际影响力的风投创投中心的核心目标，建立健全以市场为导向、创新为支撑的科技金融服务体系和促进科技与金融结合的工作机制，制定了《广州市促进科技金融发展行动方案（2018—2020年）》（穗科创字〔2018〕381号，以下简称《行动方案》)。该《行动方案》明确了广州市科技金融发展行动的工作目标——即到2020年，将广州市打造成为具有国际影响力的风投创投中心；同时，明确了四大工作任务（完善科技金融政策体系、聚焦科技金融服务实体经济、形成“引进来、走出去”的全面开放创新新格局、营造共建共享社会新格局）与四大重点工作分工（优化广州市科技金融发展环境、加快建设具有国际影响力的风投创投中心、大力发展科技信贷、积极发展和利用多层次资本市场)；并建立了组织保障的制度安排。《行动方案》以其具体、详细的制度设计，成功成了继《广州市人民政府办公厅关于促进科技金融与产业融合发展的实施意见》之后的又一核心制度顶层设计，为后续广州市科技金融与产业融合发展工作奠定了坚实基础。

2021年，自《广州市人民政府办公厅关于促进科技金融与产业融合发展的实施意见》2020年失效已过去一年，该文件印发实施以来，广州市已初步形成“创、投、贷、融”科技金融生态圈。新时期，着眼开局“十四五”，构建国内国际双循环发展格局，为进一步完善“创、投、贷、融”科技金融生态圈，促进科技、金融与产业融合发展，广州市科学技术局于2021年8月21日牵头研究起草了《广州市人民政府办公厅关于新时期进一步促进科技金融与产业融合发展的实施意见》（穗府办规〔2021〕12 号）。该《实施意见》提出了加快建设风投创投之都、进一步提升科技信贷水平、大力对接多层次资本市场、开展区域科技金融合作、探索科技金融服务联动创新、完善科技金融服务体系、强化组织保障等共计七个篇章、三十三条实施细则，作为新时期进一步科技金融与产业融合发展的全新制度安排。后于 2022 年 5 月 25 日经广州市荔湾区人民政府办公室细化指定了《关于新时期进一步促进荔湾区科技金融与产业融合发展的实施意见》（荔府办规〔2022〕1 号），在保持基本制度框架不变的前提下，细化补充了针对荔湾区自身特点的具体实施意见。《广州市人民政府办公厅关于新时期进一步促进科技金融与产业融合发展的实施意见》为进一步引导金融资源向科技创新领域配置，助力共建粤港澳大湾区国际科技创新中心，提供了新时期更为坚实的顶层制度安排。

2022 年 9 月 15 日，广东省生产力促进中心（广东省高技术研究发展中心）牵头编制完成广东省地方标准《科技金融服务中心建设与服务规范》(DB 44/T 2409—2022)，根据《广东省地方标准化条例》规定，由广东省科学技术厅向社会各界公开征求意见。依规经过公示期后，2022 年 12 月 12 日正式发布《科技金融服务中心建设与服务规范》(DB 44/T 2409—2022）并于 2023 年 3 月 12 日起实施该标准。该《规范》规定了科技金融服务中心（即以促进科技和金融深度融合为目标，为科技型企业提供科技信贷、创业投融资、上市辅导、政策咨询、人才培养等科技金融服务的机构）的总体目标、建设要求、服务与管理和评价与改进。该《规范》的编制及实施为广东省普惠性科技金融机构提供了可操作性的评价标准，标志着广东省科技金融与产业融合发展工作进入到了新的阶段。

5. 浙江省科技金融政策梳理

表 2-17　2013 年浙江省科技金融政策性文件梳理表

成文日期	文件名	发文机构	文件效力
2013-05-30	浙江省湖州市科学技术局关于聘任第一批湖州市科技金融专员的通知	浙江省湖州市人民政府	行政规范性文件
2013-06-24	浙江省科学技术厅办公室关于参加首届浙江科技金融论坛的通知	浙江省科学技术厅	行政规范性文件
2013-09-18	浙江省科学技术厅关于认真做好《科技金融时报》2014 年度宣传报道及发行工作的通知	浙江省科学技术厅	行政规范性文件

表 2-18　2014 年浙江省科技金融政策性文件梳理表

成文日期	文件名	发文机构	文件效力
2014-01-28	浙江省科学技术厅关于开展省级科技金融结合示范区建设的通知	浙江省科学技术厅	行政规范性文件

续表

成文日期	文件名	发文机构	文件效力
2014-02-21	浙江省科学技术厅关于组织开展科技金融服务科技企业专项巡回培训的通知	浙江省科学技术厅	行政规范性文件
2014-02-25	浙江省嘉兴市人民政府关于印发嘉兴市科技金融创新结合三年专项行动实施方案	浙江省嘉兴市人民政府	行政规范性文件
2014-02-25	浙江省科学技术厅关于组织开展科技金融服务科技企业专项巡回培训的通知	浙江省科学技术厅	行政规范性文件
2014-03-19	浙江省嘉兴市人民政府关于印发《嘉兴市创建省科技金融改革创新试验区实施方案》的通知（嘉政发〔2014〕32号）	浙江省嘉兴市人民政府	行政规范性文件
2014-04-02	中国人民银行台州市中心支行关于深化科技金融创新推动台州经济转型升级的指导意见	中国人民银行台州市中心支行	行政规范性文件
2014-04-22	浙江省衢州市科学技术局、衢州市财政局、衢州市金融工作办公室、衢州市人民银行关于印发衢州市本级科技金融合作贷款试点工作方案的通知（衢市科发计〔2014〕14号）	浙江省衢州市人民银行等4个单位	行政规范性文件
2014-05-08	浙江省嘉兴市人民政府办公室关于成立嘉兴市创建省科技金融改革创新试验区领导小组的通知（嘉政办发〔2014〕40号）	浙江省嘉兴市人民政府	行政规范性文件
2014-05-30	浙江省衢州市人民政府办公室关于成立衢州市本级科技金融合作贷款试点工作领导小组的通知（衢政办发〔2014〕56号）	浙江省衢州市人民政府办公室	行政规范性文件
2014-06-25	浙江省科学技术厅关于举办第二届浙江科技金融论坛的通知	浙江省科学技术厅	行政规范性文件
2014-10-21	2014浙江省技术成果拍卖交易暨网上技术市场活动周组委会办公室关于征集2014科技金融融合发展论坛暨创业资本与创新成果对接活动融资企业（项目）的通知	浙江省技术成果拍卖交易组委会办公室	行政规范性文件

表 2-19　2015 年浙江省科技金融政策性文件梳理表

成文日期	文件名	发文机构	文件效力
2015-06-30	浙江省科学技术厅办公室关于参加第六届“科技新浙商”颁奖晚会及第三届浙江科技金融论坛的通知	浙江省科学技术厅办公室	行政规范性文件
2015-07-23	中国人民银行宁波市中心支行、宁波市科学技术局、宁波市文化广电新闻出版局关于加大政策支持力度深化科技金融融合和文化金融合作的意见	中国人民银行宁波市中心支行等 3 个单位	行政规范性文件
2015-09-07	浙江省杭州市科学技术委员会关于召开 2015 年“科技金融”杯第二届杭州市科技系统羽毛球团体赛工作布置会议的通知	浙江省杭州市科学技术委员会	行政规范性文件
2015-10-13	浙江省科学技术厅办公室、科技金融时报关于召开科技金融时报科技宣传工作会议的通知	浙江省科学技术厅办公室、科技金融时报	行政规范性文件
2015-10-28	2015 浙江省网上技术市场活动周组委会办公室关于征集 2015 科技金融支持创业创新论坛暨浙江创业资本与创新成果对接活动融资企业（项目）的通知	2015 浙江省网上技术市场活动周组委会办公室	行政规范性文件
2015-11-02	浙江省杭州市科委机关党委关于 2015 年“科技金融”杯参赛代表队及队员名单公示	浙江省杭州市科委机关党委	行政规范性文件
2015-11-30	浙江省关于印发《关于促进科技、金融与产业融合发展的实施意见》的通知	浙江省杭州市科学技术委员会	行政规范性文件
2015-12-07	浙江省杭州市科学技术委员会、杭州市发展和改革委员会、杭州市经济和信息化委员会、杭州市财政局、杭州市金融办关于印发《关于促进科技、金融与产业融合发展的实施意见 》的通知（杭科计〔2015〕236 号）	浙江省杭州市科学技术委员会等 5 个单位	行政规范性文件
2015-12-08	浙江省温州市科学技术局关于举办温州市创客大赛暨“创新创业驱动经济发展科技金融助推产业升级“活动启动仪式的通知	浙江省温州市科学技术局	行政规范性文件
2015-12-15	浙江省绍兴市科学技术局关于组织参加绍兴科技金融公共服务平台上线暨一融约咖创业导师交流会活动的预备通知	浙江省绍兴市科学技术局	行政规范性文件

表 2-20　2016—2017 年浙江省科技金融政策性文件梳理表

成文日期	文件名	发文机构	文件效力
2016-03-22	浙江省科学技术厅关于举办 2016 年科技金融“春风行动”培训班的通知	浙江省科学技术厅	行政规范性文件
2017-06-14	浙江省杭州市科学技术委员会关于兑现《关于促进科技、金融与产业融合发展的实施意见》政策的通知	浙江省杭州市科学技术委员会	行政规范性文件
2017-07-19	浙江省温州浙南科技城管理委员会关于印发《温州浙南科技城支持科技金融发展扶持政策实施细则(试行)》的通知	浙江省温州浙南科技城管理委员会	行政规范性文件
2017-08-30	浙江省杭州市科学技术委员会关于废止《关于加强科技金融财政扶持政策的通知》等规范性文件的通知	浙江省杭州市科学技术委员会	行政规范性文件
2017-09-15	浙江省嘉兴市人民政府关于印发嘉兴市深化创建省科技金融改革创新试验区行动方案的通知（嘉政发〔2017〕31 号）	浙江省嘉兴市人民政府	行政规范性文件
2017-09-25	浙江省杭州市科委机关党委关于召开 2017 年“科技金融”杯第四届杭州市科技系统羽毛球团体赛工作布置会议的通知	浙江省杭州市科委机关党委	行政规范性文件
2017-09-28	浙江省杭州市科学技术委员会关于举办 2017 年“科技金融”杯第四届杭州市科技系统羽毛球团体赛的通知	浙江省杭州市科学技术委员	行政规范性文件
2017-10-27	2017 浙江省网上技术市场活动周组委会办公室关于征集 2017 科技金融支持创业创新论坛暨浙江创业资本与创新成果对接活动融资企业（项目）的通知	2017 浙江省网上技术市场活动周组委会办公室	行政规范性文件
2017-11-01	2017 年“科技金融”杯组委会关于“科技金融”杯参赛代表队及队员名单公示	2017 年“科技金融”杯组委会	行政规范性文件
2017-11-07	浙江省科学技术厅关于征集 2017 科技金融支持创新创业论坛暨浙江创业资本与创新成果对接活动融资企业（项目）的通知	浙江省科学技术厅	行政规范性文件
2017-11-20	浙江省温州市人民政府关于征集有融资需求企业（项目）参加温州科技金融中心启动仪式暨资本对接专场路演活动的通知	浙江省温州市人民政府	行政规范性文件

表 2-21 2018 年浙江省科技金融政策性文件梳理表

成文日期	文件名	发文机构	文件效力
2018-06-06	浙江省温州浙南科技城管理委员会关于印发《温州浙南科技城科技金融中心运作管理办法（试行）》的通知	浙江省温州浙南科技城管理委员会	行政规范性文件
2018-10-11	浙江省杭州市科委办公室关于举办 2018 年"科技金融"杯第五届杭州市科技系统羽毛球团体赛的通知（杭科办〔2018〕3 号）	浙江省杭州市科委办公室	行政规范性文件
2018-10-12	浙江省科学技术厅办公室关于召开《科技金融时报》宣传工作会议通知	浙江省科学技术厅	行政规范性文件
2018-11-07	2018 年“科技金融”杯组委会关于 2018 年“科技金融”杯参赛代表队及队员名单公示	2018 年“科技金融”杯组委会	行政规范性文件
2018-11-29	浙江省杭州市科学技术委员会关于《杭州市科技金融机构贷款补助政策的实施细则》的政策解读	浙江省杭州市科学技术委员会	行政规范性文件
2018-12-17	浙江省温州市人民政府关于温州浙南科技城支持科技金融发展扶持政策实施细则（试行）	浙江省温州市人民政府	行政规范性文件

表 2-22 2019—2020 年浙江省科技金融政策性文件梳理表

成文日期	文件名	发文机构	文件效力
2019-01-03	浙江省温州浙南科技城管理委员会关于支持科技金融发展的实施意见	浙江省温州浙南科技城管理委员会	行政规范性文件
2019-09-09	浙江省温州市人民政府办公室关于印发温州国家自主创新示范区科技金融改革创新实施方案的通知	浙江省温州市人民政府办公室	行政规范性文件
2019-09-20	浙江省宁波市科学技术局、宁波市人民政府金融工作办公室、宁波市财政局关于印发《关于科技金融助推企业科创板上市的指导意见（试行）》的通知	浙江省宁波市科学技术局等 3 个单位	行政规范性文件
2019-10-25	浙江省杭州市科学技术局办公室关于举办 2019 年“科技金融”杯第六届杭州市科技系统羽毛球团体赛的通知	浙江省杭州市科学技术局办公室	行政规范性文件
2020-06-30	浙江省科学技术厅关于开展“凤凰行动”科技金融服务基层培训计划的通知	浙江省科学技术厅	行政规范性文件

自2013年至2020年间，浙江省共出台46条行政规范性文件，浙江省对于科技金融的关注也越来越多。

浙江省科技金融的发展推动创新驱动发展，科技金融可以为浙江省的科技创新提供资金支持，促进技术研发和科技成果转化，推动浙江省实现创新驱动发展。科技金融可以为浙江省的企业提供资金支持，帮助企业进行技术升级和产品创新，推动浙江省的产业升级和转型。浙江省可以出台相应的政策措施，引导金融机构向科技创新领域倾斜，加大对科技企业的资金支持力度。科技金融将科技和金融两个领域相结合，促进科技与金融的互动和融合，提高金融支持的科技含量。可以为浙江省的创业者提供资金支持，帮助他们实现创业梦想，促进创业就业的增加，推动浙江省的经济发展。建立健全科技金融服务体系，包括设立科技创新基金、建立科技创新贷款政策、发展科技保险等，为科技企业提供全方位的金融服务。浙江省可以加强对科技金融的监管，建立科技金融风险防控机制，保障金融安全稳定。总之，浙江省科技金融的发展对于推动创新驱动发展、促进产业升级和转型、推动创业就业等具有重要意义。为了实现科技金融的发展，浙江省需要出台相应的政策措施，加强金融支持的科技含量，建立健全科技金融服务体系，并加强科技金融的监管，以进一步推动浙江省的经济发展。

5.1 2013—2014年浙江省科技金融政策性文件梳理

2013年5月30日，浙江省湖州市人民政府根据《关于印发湖州市科技金融专员工作管理办法的通知》(湖市科发〔2012〕29号）文件精神，湖州市科技金融专员工作管理办公室在广泛征求有关单位及本人意见的基础上，经各部门推荐，现决定聘任第一批科技金融专员。为科技型中小企业提供服务，不断创新服务模式，通过各类科技金融政策与产品实现更大的社会价值，推动湖州市科技与金融结合工作登上新的台阶。

2013年6月24日，浙江省科学技术厅为贯彻落实省委十三届三次全会精神，深入实施“创新驱动发展”战略，促进科技与金融结合，由浙江省科学技术厅主办，科技金融时报、浙江省科技发展战略研究院、杭州市科委、杭州银行承办的“首届浙江科技金融论坛”定于6月28日在杭州举行。论坛邀请专家及金融界、企业界、有关政府部门人士就技术市场建设、科技中小企业投融资问题、创业投资、知识产权质押贷款、科技担保等作主旨演讲与经验交流，并组织参观科技金融成果展。次论坛对各地推进科技与金融结合，加快形成多元化、多层次、多渠道的科技投融资体系，推动科技成果转化，实现经济转型升级具有指导意义。

2013年9月18日，浙江省科学技术厅为了贯彻习近平总书记8月19日在全国宣传思想工作会议上的讲话精神，进一步做大做强科技宣传，为实施省委十三届三次全会提出的创新驱动发展战略营造良好的舆论氛围，各地科技部门、各有关单位要充分利用《科技金融时报》这一宣传载体，积极向报社提供采访线索和稿件，深入挖掘科技宣传资源，及时传递解读科技政策，推广最新科技成果，特别是要加大宣传科技与金融、科技与经济结合的成功做法，积极开展与报社联办科技专版等活动，切实提高科技工作在全社会的显示度。

2014年1月28日，浙江省科学技术厅为落实创新驱动发展战略，深入推进国家科技金融结合工作，发挥市场配置资源的决定性作用，优化科技型中小企业融资环境，经研究，同意萧山区、余杭区、德清县政府提出的开展省级科技金融结合示范区建设的要求。

三地政府加强组织领导，按照深化科技管理体制改革和推动金融发展创新的总体要求，进一步开拓创新，先行先试，完善示范区建设方案，分解落实各项目标任务，加大财政对科技金融结合的投入力度，鼓励金融机构和组织创新金融服务和产品，支持科技企业开展科技成果转化和产业化。

2014 年 2 月 25 日，浙江省科学技术厅为推动浙江省科技和金融结合工作，改善科技型中小企业融资环境，开展了“科技金融服务科技企业专项巡回培训活动”。主要内容为：第一，科技金融政策和科技企业投融资业务，由省科技人才教育中心负责。第二，科技型中小企业贷款保证保险申报业务，由省火炬生产力促进中心负责，根据《关于开展科技型中小企业贷款保证保险工作的通知》（浙科发计〔2014〕7 号），介绍科技企业申请专项贷款的流程和要求。第三，创业风险投资企业和各市科技型中小企业现场对接交流，由省创业风险投资协会负责，组织省创业风险投资企业和各地科技型中小企业进行对接，调研各地科技企业股权融资需求，为科技企业介绍优秀创投企业。

2014 年 4 月 2 日，中国人民银行台州市中心支行为全面贯彻党的十八大和十八届三中全会精神，围绕台州市“四大战略”，充分发挥金融在推动科技创新、促进台州经济转型升级中的关键作用和在“抓改革、促转型、治环境、惠民生”中的要素保障功能，大力发展科技金融，着力实施创新驱动战略，台州市提出了以下指导意见：第一，深刻认识深化科技金融在推动台州经济转型升级中的重要意义。第二，培育和发展服务科技创新的金融组织体系。结合“浙江省小微企业金融服务改革创新试验区”创建，培育和发展服务科技创新的小微金融服务组织体系。第三，加大转型升级领域的科技信贷投入。支持科技型企业发展提升。围绕《台州市科技型企业培育三年行动计划》（2012—2014 年），重点扶持高新技术企业、创新型试点示范企业、工业行业龙头骨干企业和农业科技型企业发展，加大对科技成果转化项目以及高新技术企业发展所需的核心技术和关键设备进出口的支持力度。第四，创新和完善适合科技型企业发展的金融产品及服务机制。第五，拓宽科技型企业融资渠道。第六，完善科技型企业融资的信用体系和支付结算环境。

2014 年 4 月 22 日，浙江省衢州市人民银行等为贯彻落实市委六届五次全会精神，深化创新驱动发展生态体系“四个一”建设，完善科技创新投融资服务机制，积极推进科技与金融紧密结合，有效缓解中小企业特别是科技型中小企业融资困难，切实降低中小企业融资成本，支持科技型中小企业和浙江中关村科技产业园建设发展，努力提高财政资金使用绩效，衢州市制定了试点工作方案。按照共同出资、协同支持、共担风险、互利共赢的原则，由市政府、融资性担保机构、贷款银行共同设立资金风险池，以风险池的资金总额为限对衢州市本级科技金融合作贷款承担贷款净损失赔补责任。

2014 年 5 月 30 日，浙江省衢州市人民政府办公室为认真做好科技金融合作贷款试点工作，有效缓解衢州市中小企业特别是科技型中小企业融资困难，衢州市政府决定成立衢州市本级科技金融合作贷款试点工作领导小组。

2014 年 6 月 25 日，由浙江省科学技术厅主办的第二届浙江科技金融论坛定于 7 月 3 日（星期四）上午 8：30 在杭州之江饭店举行，论坛邀请省科技厅厅长周国辉、北京大学国家发展研究院教授薛兆丰、复旦大学管理学院教授孔爱国作主旨演讲，主题包括浙江科技金融实践、互联网金融、金融改革与中小企业发展等。

2014 年 10 月 21 日，浙江省筹备技术成果拍卖交易暨网上技术市场活动，为做好科技金融融合发展论坛暨创业资本与创新成果对接活动各项工作，进一步了解企业融资需求，提高对接效果，征集2014科技金融融合发展论坛暨创业资本与创新成果对接活动融资企业（项目），征集的对象为《浙江省科学技术“十二五”发展规划》确定的高端装备制造、新能源和新能源汽车、新材料和新一代网络信息等高新技术领域，有融资需求的高新技术企业和科技型中小企业。

5.2　2015—2017年浙江省科技金融政策性文件梳理

2015年6月30日，浙江省科学技术厅办公室为进一步贯彻创新驱动发展战略，树立创业创新榜样，推进“大众创业、万众创新”，第六届“科技新浙商”评选及颁奖晚会定于2015年7月6日（周一）晚上7：30在杭州世外桃源皇冠假日酒店举行，7月7日上午8：45，在同一场地举行第三届浙江科技金融论坛。

2015年7月23日，中国人民银行宁波市中心支行为进一步推动科技、文化与金融深度融合，深入推进创新驱动发展，对人民银行各县（市）支行，各县（市）区科学技术局、文广新闻出版局，国开银行宁波市分行，各政策性银行宁波（市）分行、国有商业银行宁波市分行、股份制银行宁波分行，邮储银行宁波分行，宁波银行，东海银行，通商银行，各城市商业银行宁波分行，省农信联社宁波办提出如下意见：第一，统一思想认识，高度重视科技金融结合和文化金融合作发展工作；第二，加强政策扶持，完善科技金融和文化金融政策扶持体系；第三，创新体制机制，发展科技金融和文化金融专营机构和专属信贷模式。

2015年10月13日，浙江省科学技术厅办公室为进一步做好明年度科技宣传工作，经省科技厅同意，特召开会议。会议主题为总结交流科技宣传工作，表彰先进通联站，省科技厅领导部署下阶段科技宣传重点任务。

2015年10月28日，根据2015中国浙江网上技术市场活动周筹备工作方案，为做好2015浙江创业资本与创新成果对接活动各项工作，进一步了解企业融资需求，提高对接效果，征集2015浙江创业资本与创新成果对接活动融资企业（项目），征集对象为有融资需求的高新技术企业和科技型中小企业，特别是《浙江省科学技术“十二五”发展规划》确定的高端装备制造、新能源和新能源汽车、新材料和新一代网络信息等高新技术领域的企业。

2015年11月30日，浙江省杭州市科学技术委员会为促进科技、金融与产业深度融合，加快科技金融创新发展，支持产业转型升级，实现杭州市高新技术产业和战略性新兴产业快速发展，发布《关于促进科技、金融与产业融合发展的实施意见》。

2015年12月8日，浙江省温州市科学技术局为贯彻落实国家、省、市关于“大众创业，万众创新”文件精神，搭建有利于创客创新创业的科技金融服务平台，激发创客创新创业热情，创造一个利于中小微企业成长的创新创业环境，推进“双创”工作，温州市联合上海信隆行信息科技股份有限公司共同举办“温州市创客大赛暨‘创新创业驱动经济发展科技金融助推产业升级’活动启动仪式”。

2015年12月15日，浙江省绍兴市科学技术局为推动中小企业创业创新发展，优化中小企业融资环境，进一步营造“大众创业、万众创新”良好氛围，绍兴市科学技术局、绍兴市金融办、绍兴市高新区、上海信隆行信息科技公司计划于2015年12月29日联合举办“搭建科技金融桥梁、助推产业结构升级、一融约咖交流会”活动。

2016 年 3 月 22 日，为促进科技与金融深度结合，提升科技金融实务工作能力，精准服务科技企业，促进大众创业、万众创新，决定举办 2016 年科技金融“春风行动”暨企业自主创新政策巡讲培训班。培训对象为嘉兴市及所辖县（市、区）科学技术局分管科技金融工作领导和相关负责人各 1 名，约 20 人左右；相关高新技术企业和中小型科技企业负责人和财务人员各 1 人，约 400 人左右，共计 420 人左右。培训内容包括企业研发费加计抵扣政策解读；企业科技创新相关政策解读；“创业投资与科技型企业发展”主题讲座；科技型中小企业专项贷款申请流程和要求以及创新方法。

2016 年 6 月 3 日，浙江省科学技术厅为贯彻落实《中共中央国务院关于深化体制机制改革加快实施创新驱动发展战略的若干意见》（中发〔2015〕8 号）、《财政部国家税务总局科技部关于完善研究开发费用税前加计扣除政策的通知》（财税〔2015〕119 号）和《高新技术企业认定管理办法》（国科发火〔2016〕32 号）等文件精神，更好地推动企业自主创新政策的落实，鼓励企业加大研发投入，开展技术创新活动，促进科技与金融深度融合，提升科技金融实务工作能力，精准服务科技企业，促进大众创业、万众创新，决定在湖州举办 2016 年科技金融暨企业自主创新政策巡讲培训班。

2017 年 6 月 14 日，浙江省杭州市科学技术委员会为促进科技、金融与产业深度融合，建立财政科技经费与创业投资协同支持科技企业的机制，根据《关于促进科技、金融与产业融合发展的实施意见》（杭科计〔2015〕236 号）文件精神，决定对 2016 年度科技企业引入投资的企业进行资助。

2017 年 7 月 19 日，浙江省温州浙南科技城管委会为认真贯彻落实《关于鼓励创新创业加快建设发展的实施意见》（温浙科管〔2016〕16 号）文件，营造激励自主创新的金融环境，鼓励和引导商业银行等金融机构为浙南科技城内的企业提供金融服务，加强政策性金融对自主创新和产业化的支持力度，推进相关政策有效实施，制定实施细则，包括扶持政策及申报材料和扶持标准。

2017 年 8 月 30 日，浙江省杭州市科学技术委员会为进一步规范科技行政行为，坚持科技依法行政，根据《杭州市人民政府办公厅关于做好地方性法规、规章、规范性文件清理工作的通知》（杭政办函〔2017〕73 号）文件对行政规范性文件清理工作要求，对现行有效的规范性文件进行了认真清理。经研究决定，《关于加强科技金融财政扶持政策的通知》（杭科计〔2013〕130 号）、《杭州市科技企业孵化器实施创业导师行动的若干指导意见（试行）》（杭科高〔2008〕112 号）、《杭州市科技企业孵化器建设考核与奖励实施细则（试行）》（杭科高〔2008〕279 号）等 3 件规范性文件从即日起废止。

2017 年 11 月 7 日，浙江省温州市科学技术局根据浙江省科技厅《关于征集 2017 科技金融支持创新创业论坛暨浙江创业资本与创新成果对接活动融资企业（项目）的通知》要求，各县（市、区）科学技术局和有关单位开展企业融资需求的宣传发动和征集工作。

2017 年 11 月 20 日，浙江省温州市人民政府为大力推进“大众创业、万众创新”，有效推进市科技创新创业投资子基金及金融资本与科技企业的有效对接，推动“项目＋资本”、“技术＋资本”的深度融合，助推企业创新创业发展，温州科技金融中心启动仪式暨资本对接专场路演活动征集有融资需求的企业，征集对象为有融资需求的科技型企业（项目），特别是信息技术、医疗健康与生命科学、高端装备制造、激光与光电、新能源、新材料、节能环保、互联网＋、移动互联网等领域。

5.3 2018—2020年浙江省科技金融政策性文件梳理

2018年6月6日，温州浙南科技城管理委员会主任办公会议审议通过《温州浙南科技城科技金融中心运作管理办法（试行）》。

2018年10月12日，浙江省科学技术厅为加深加快媒体融合，进一步做好2019年度科技宣传工作，经研究决定召开会议，会议内容为传达浙江省宣传思想工作会议精神，总结交流科技宣传工作，表彰先进通联站，布置下阶段科技宣传重点任务，新媒体交流讲座。

2018年11月29日，浙江省杭州市科学技术委员会为贯彻落实国家关于改进小微企业等实体经济金融服务、推进降低小微企业融资成本的总体部署和杭州市金融工作会议精神，进一步推进杭州科技和金融结合试点城市建设，引导和鼓励在杭金融机构对本市科技型中小（微）企业的信贷支持，营造一流区域营商环境，促进科技型中小（微）企业及高新技术产业快速成长，根据《杭州市人民政府关于加快推进钱塘江金融港湾建设更好服务实体经济发展的政策意见》（杭政函〔2018〕53号），对向本市科技型中小（微）企业提供贷款的、符合相关政策条件的在杭银行机构，给予财政补助支持，市科委、市财政局、市金融办联合制定相关细则。

2018年12月17日，浙江省温州市人民政府为深入贯彻落实《市委办公室市政府办公室关于支持温州浙南科技城加快建设发展的意见》（温委办发〔2016〕97号）文件精神，进一步深化改革，激励创新，充分发挥浙南科技城的科技创新示范引领和科技金融要素融合新平台辐射带动效应，结合浙南科技城实际情况制定相关细则。

2019年1月3日，温州浙南科技城管理委员会为深入贯彻落实《市委办公室市政府办公室关于支持温州浙南科技城加快建设发展的意见》（温委办发〔2016〕97号）文件精神，进一步深化改革，激励创新，充分发挥浙南科技城的科技创新示范引领和科技金融要素融合新平台辐射带动效应，结合浙南科技城实际情况制定相关实施意见。

2019年9月9日，浙江省温州市人民政府办公室为贯彻落实《国务院关于同意宁波、温州高新技术产业开发区建设国家自主创新示范区的批复》（国函〔2018〕13号）和《中共浙江省委浙江省人民政府关于推进宁波温州国家自主创新示范区建设的若干意见》（浙委发〔2018〕52号）精神，根据《关于高质量推进国家自主创新示范区建设的实施意见》（温委发〔2018〕60号），结合温州实际制定相关实施方案。总体思路为坚持以引导民间资本参与科技金融改革创新为宗旨，以构建科技金融服务生态为重点，发挥温州金融综合改革试点优势，开展科技金融改革创新，着力引导科技金融面向温州国家自主创新示范区（以下简称温州自创区）不同发展阶段的科技企业开展金融产品和金融服务创新，为加快推进温州自创区建设提供强有力支撑。

2019年9月20日，浙江省宁波市科学技术局为贯彻落实市委、市政府“六争攻坚、三年攀高”决策部署，鼓励和引导优质科技创新企业到上海证券交易所科创板上市，培育支撑高质量发展的新动能，全力推进“246”万千亿产业集群发展，市科学技术局、市金融办、市财政局结合《关于在上海证券交易所设立科创板并试点注册制的实施意见》（证监会公告〔2019〕2号）、《科创板首次公开发行股票注册管理办法（试行）》（证监会令〔2019〕153号）相关条件，研究制定了《关于科技金融助推企业科创板上市的指导意见（试行）》。

2020 年 6 月 30 日，浙江省科学技术厅为贯彻落实袁家军省长《关于浙江省上市公司有关情况的汇报》的批示精神，深入实施“凤凰行动”计划。充分发挥资本市场在促进浙江省经济转型升级中的重要作用，进一步推进浙江省企业上市和并购重组，决定开展“凤凰行动”科技金融服务基层培训计划。邀请省证监局、省地方金融监管局、证券交易所、证券公司等省内知名创业投资机构的行业专家，系统开展理论授课、典型案例分析、项目路演、企业对接等活动。

6. 江苏省科技金融政策梳理

表 2-23　2010—2014 年江苏省科技金融政策性文件梳理表

成文日期	文件名	发文机构	文件效力
2010-09-20	人民银行南京分行发布《关于加快江苏科技金融创新发展指导意见的通知》	人民银行南京分行	行政规范性文件
2010-10-09	江苏省人民政府发布《关于同意无锡市为科技金融创新发展试验区的批复》	江苏省人民政府	行政规范性文件
2011-05-10	江苏省淮安市人民政府发布《关于加快科技金融创新发展的实施意见》	江苏省淮安市人民政府	行政规范性文件
2012-06-05	江苏省科学技术厅发布《关于组织开展首批省级科技金融合作创新示范区建设工作的通知》	江苏省科学技术厅	行政规范性文件
2013-01-18	江苏省科学技术厅发布《关于开展首批省级科技金融合作创新示范区建设的通知》	江苏省科学技术厅	行政规范性文件
2013-03-27	江苏省科学技术厅发布《关于组织开展首批江苏省科技金融服务中心申报工作的通知》	江苏省科学技术厅	行政规范性文件
2013-06-20	江苏省科学技术厅发布《关于组织开展第二批省级科技金融合作创新示范区申报工作的通知》	江苏省科学技术厅	行政规范性文件
2014-06-10	江苏省科学技术厅发布《关于组织开展第二批江苏省科技金融服务中心申报工作的通知》	江苏省科学技术厅	行政规范性文件
2014-11-26	江苏省地方金融监督管理局发布《关于组织开展科技金融特色机构申报工作的通知》（苏金融办发〔2014〕80 号）	江苏省地方金融监督管理局	行政规范性文件

表 2-24　2015—2018 年江苏省科技金融政策性文件梳理表

成文日期	文件名	发文机构	文件效力
2015-11-10	江苏省地方金融监督管理局发布《关于组织开展第二批科技金融特色机构申报工作的通知》	江苏省地方金融监督管理局	行政规范性文件

续表

成文日期	文件名	发文机构	文件效力
2016-05-06	江苏省科学技术厅发布《关于印发江苏省科技金融风险补偿资金备选企业库动态管理细则（试行）的通知》	江苏省科学技术厅	行政规范性文件
2016-06-02	江苏省科学技术厅发布《关于江苏省科技金融风险补偿资金备选企业库管理信息系统上线运行及开展入库企业集中征集工作的通知》	江苏省科学技术厅	行政规范性文件
2017-07-06	江苏省南京市人民政府发布《关于加快科技金融体系建设促进科技创新创业的若干意见》	江苏省南京市人民政府	行政规范性文件
2017-12-11	江苏省地方金融监督管理局发布《关于拟认定2017年度江苏省科技金融和文化金融特色机构名单的公示》	江苏省地方金融监督管理局	行政规范性文件
2017-12-26	江苏省镇江市人民政府办公室发布《关于召开2017年全市科技金融对接会的通知》	江苏省镇江市人民政府办公室	行政规范性文件
2018-08-29	江苏省科学技术厅发布《关于印发《江苏省科技金融进孵化器行动方案》的通知》	江苏省科学技术厅	行政规范性文件
2018-09-10	江苏省苏州市人民政府印发《关于加强科技金融结合促进科技型企业发展的若干意见的通知》	江苏省苏州市人民政府	行政规范性文件
2018-10-29	江苏省地方金融监督管理局发布《关于组织开展第五批科技金融特色机构申报工作的通知》	江苏省地方金融监督管理局	行政规范性文件
2018-12-07	江苏省地方金融监督管理局发布《关于拟认定2018年度江苏省科技金融和文化金融特色机构名单的公示》	江苏省地方金融监督管理局	行政规范性文件
2018-12-27	江苏省地方金融监督管理局发布《关于认定2018年度江苏省科技金融特色机构的通知》	江苏省地方金融监督管理局	行政规范性文件

6.1 2010—2014年江苏省科技金融政策性文件梳理

2010年9月20日人民银行南京分行发布《关于加快江苏科技金融创新发展指导意见的通知》。该意见旨在充分发挥科技金融在助推经济转型升级中的积极作用，加快转变经济发展方式，发展创新型经济，对科技金融创新发展提出以下意见：第一，明确发展定位，突出支持重点，推进科技金融创新试点；第二，坚持专业专营，改进绩效考核，推动科技金融加快发展；第三，丰富产品服务，创新风险管理，提升科技金融运作效率；第四，开拓金融市场，畅通融资渠道，发挥多层次资本市场功效；第五，鼓励错位竞争，开展互惠合作，满足科技企业多样化金融需求；第六，健全中介服务，推进信息共享，搭建科技金融综合服务平台；第七，加大财政投入，优化奖补方式，完善科技金融正向激励机制。

2010 年 10 月 9 日江苏省人民政府发布《关于同意无锡市为科技金融创新发展试验区的批复》。该批复主要内容为：第一，同意无锡市为科技金融创新发展试验区；第二，开展科技金融创新发展试验区建设，促进科技与金融结合的积极探索，加快转变发展方式、推动经济转型升级，要加强组织领导，建立工作协调机制，制订实施计划，确保科技金融创新发展试验区建设有效推进。第三，开展科技金融创新发展试验区建设，要以科学发展观为指导，积极探索具有针对性和可操作性的对策措施，努力构建服务功能完善、经营风险可控、政策扶持有力、工作流程科学的科技金融服务体系。第四，要加强与国家、省有关部门以及各类金融机构的联系与协作。

2011 年 5 月 10 日淮安市人民政府发布《关于加快科技金融创新发展的实施意见》。该意见旨在为充分发挥金融对科技发展的支持作用，推动淮安市经济加快转型升级，为淮安市科技金融发展提出以下具体意见：第一，加强专业服务，提高科技金融发展效率；第二，加强探索创新，破解科技金融发展难题；第三，加强协作互动，构建科技金融发展平台；第四，加强正向激励，改善科技金融发展环境；第五，加强制度建设，形成科技金融发展合力。

2012 年 6 月 5 日江苏省科学技术厅发布《关于组织开展首批省级科技金融合作创新示范区建设工作的通知》。该通知旨在为全面贯彻落实国家批复的《江苏省促进科技和金融结合试点实施方案》的重点任务和工作目标，进一步促进科技与金融有效结合，鼓励和支持有条件的地区先行先试，探索符合科技创新规律、具有自身特色的科技金融发展途径，以点带面，全面推进国家促进科技和金融结合试点省建设。具体通知如下：第一，首批省级科技金融合作创新示范区建设面向科技资源、科技成果和科技型中小企业相对密集，创业风险投资活跃，金融生态良好，各类金融机构和金融服务网点齐全的省级以上创新型城市和省级以上高新园区开展。第二，申请创建的地区应充分依托本地区已有的科技资源、金融资源和产业特色，紧密围绕地方发展需求，研究提出建设方案。建设方案的内容应简洁明了，兼顾科技、银行、证券、保险四个领域。第三，建设方案由所在地科技主管部门牵头负责，会同地方金融办、人民银行、银监、保监分支机构（无地方保监分支机构的会地方保险行业协会）联合制定。申请创建的省辖市、县（市、区）制定的建设方案需经所在地人民政府批准，申请创建的省级以上高新区制定的建设方案需经所在园区管委会批准，统一报所在省辖市政府同意后，由省辖市政府行文上报省科技厅。各省辖市在推荐创建地区时，应统筹规划，注重示范区的布局平衡，避免建设区域的重叠。

2013 年 1 月 18 日江苏省科学技术厅发布《关于开展首批省级科技金融合作创新示范区建设的通知》。该通知旨在全面贯彻落实《省政府关于加快促进科技和金融结合的意见》（苏政发〔2012〕79 号）及《省政府关于印发国家促进科技和金融结合江苏省试点实施方案的通知》（苏政发〔2012〕117 号）文件精神，鼓励和支持有条件的地区先行先试，以点带面，全面推进国家促进科技和金融结合试点省建设，结合各地提出的省级科技金融合作创新示范区建设方案，经研究，确定南京市、无锡市、苏州市、南通市、镇江市、东台市、南京高新区（含江宁高新园）、无锡高新区（含宜兴环科园）、徐州高新区、常州高新区、武进高新区、苏州工业园区、苏州高新区、镇江高新园、泰州医药高新区等15个地区为首批省级科技金融合作创新示范区。

2013年3月27日江苏省科学技术厅发布《关于组织开展首批江苏省科技金融服务中心申报工作的通知》。该通知旨在全面推进国家促进科技和金融结合试点省建设，贯彻落实《省政府关于加快促进科技和金融结合的意见》（苏政发〔2012〕79号）精神，面向科技园区建设，进一步集聚科技、金融中介服务资源，加快发展科技金融服务机构，完善科技金融服务体系。通知规定申报首批江苏省科技金融服务中心的机构应符合以下基本条件：第一，位于省级以上高新技术产业开发区内，由地方政府或高新区管委会设立的科技金融服务机构；第二，拥有产权明晰、基础设施完善的专门服务场地，建筑面积1000平方米以上；第三，集聚了科技企业、科技项目、科技成果、科技人才、知识产权、天使投资、风险投资、银行、保险、担保、评估、法律、财务和培训等多种信息和服务资源，并与中介服务机构建立了长期合作关系，形成了一站式的科技金融服务平台；第四，形成稳定的科技创业、科技项目投融资信息发布、交流及对接机制，能够为投融资双方提供个性化科技金融服务，有成功的科技金融服务案例；第五，主要围绕科技人员创业、中小微科技企业发展开展服务，具有较强的区域服务能力；第六，从业人员具有科技金融方面的专业知识和工作经验，有相应的管理规章制度。

2013年6月20日江苏省科学技术厅发布《关于组织开展第二批省级科技金融合作创新示范区申报工作的通知》。该通知旨在全面贯彻落实国家批复的《江苏省促进科技和金融结合试点实施方案》的重点任务和工作目标，进一步促进科技与金融有效结合，鼓励和支持有条件的地区先行先试，探索符合科技创新规律、具有自身特色的科技金融发展路径，以点带面，全面推进江苏促进科技和金融结合试点省建设，经各部门审核，决定在江苏省全省组织开展第二批省级科技金融合作创四年示范区工作，具体通知如下：

第一，本批省级科技金融合作创新示范区建设主要面向科技资源、科技成果和科技型中小企业相对密集，创业风险投资活跃，金融生态良好，各类金融机构和金融服务网点齐全的省级以上高新园区开展。第二，申请创建的地区应充分依托本地区已有的科技资源、金融资源和产业特色，紧密围绕地方发展需求，研究提出建设方案。建设方案的内容应简洁明了，兼顾科技、银行、证券、保险、创投等领域。第三，建设方案由所在地科技主管部门牵头负责，会同地方金融办、人民银行、银监、保监分支机构（无地方保监分支机构的会地方保险行业协会）联合制定。申请创建的省辖市、县（市、区）制定的建设方案需经所在地人民政府批准，申请创建的省级以上高新区制定的建设方案需经所在园区管委会批准，统一报所在省辖市政府同意后，由省辖市政府行文上报省科技厅。各省辖市在推荐创建地区时，应统筹规划，注重示范区的布局平衡，避免建设区域的重叠。

2014年6月10日江苏省科学技术厅发布《关于组织开展第二批江苏省科技金融服务中心申报工作的通知》。该通知旨在全面贯彻落实《省政府关于加快促进科技和金融结合的意见》（苏政发〔2012〕79号）精神，面向科技园区建设，进一步集聚科技、金融中介服务资源，加快发展科技金融服务机构，完善科技金融服务体系。申报第二批江苏省科技金融服务中心的机构应符合以下基本条件：第一，原则上位于省级及以上高新技术产业开发区内，由地方政府或高新区管委会设立的科技金融服务机构；第二，拥有产权明晰、基础设施完善的专门服务场地，建筑面积1000平方米以上；第三，集聚了科技企业、科技项目、科技成果、科技人才、知识产权、天使投资、风险投资、银行、保险、担保、评估、法律、财务和培训等多种信息和服务资源，并与中介服务机构建立了长期合作关系，形成了一站式的科技金融服务平台；第四，形成稳定的科技创业、科技项目投融资信息发布、交流及对接机制，能够为投融资双方提供个性化科技金融服务，有成功的科技金融服务案例；第五，主要围绕科技人员创业、中小微科技企业发展开展服务，具有较强的区域服务能力；第六，从业人员具有科技金融方面的专业知识和工作经验，有相应的管理规章制度。

2014 年 11 月 26 日江苏省地方金融监督管理局发布《关于组织开展科技金融特色机构申报工作的通知》（苏金融办发〔2014〕80 号）。该通知旨在贯彻省委省政府《关于加快推进金融改革创新的意见》（苏发〔2014〕17 号），落实人行南京分行、省科技厅、财政厅、金融办等八部门的《关于扎实做好江苏科技金融服务的实施意见》（南银发〔2014〕64 号），深入推进科技与金融结合创新，开展第一批江苏省科技金融特色机构申报工作。根据行业不同，具体分为科技金融特色支行、科技金融特色保险支公司、科技金融特色担保公司、科技金融特色租赁公司 4 个类型。

6.2　2015—2018 年江苏省科技金融政策性文件梳理

2015 年 11 月 10 日，江苏省地方金融监督管理局发布《关于组织开展第二批科技金融特色机构申报工作的通知》。该通知旨在贯彻落实省委省政府《关于加快推进金融改革创新的意见》（苏发〔2014〕17 号）和省科技金融文件精神，推进科技和金融结合创新，申报条件同第一批科技金融特色机构申报。

2016 年 5 月 6 日，江苏省科学技术厅发布《关于印发江苏省科技金融风险补偿资金备选企业库动态管理细则（试行）的通知》。该通知旨在进一步加强江苏省科技金融风险补偿资金备选企业库的动态管理和规范运作，完善科技金融风险补偿工作机制，更好地引导各类金融机构支持科技型中小微企业创新发展，具体管理细则如下：第一，企业库由省科技厅统一管理，省地共同建设，实行江苏省全省统一标准。省科技金融风险补偿资金原则上仅支持库内企业；第二，省生产力促进中心受省科技厅委托，具体负责江苏省科技金融风险补偿资金备选企业库管理信息系统的开发及日常维护工作，企业库的动态管理依托信息系统开展。入库企业需符合以下条件：第一，在江苏省境内注册的具有独立法人资格的企业；第二，拥有专利、软件著作权、集成电路布图设计专有权、植物新品种、新药证书等自主知识产权；对于科技服务业及模式创新企业，具备科技服务相关资质证书、参与制定相关技术或服务标准、拥有支撑其科技服务或模式创新的技术诀窍等，即可满足入库条件；第三，上一年营业收入 4 亿元以下或从业人员 1000 人以下；第四，从事研发和技术创新的科技人员占企业职工总数的比例不低于 10%；第五，上一年研发投入占销售收入比例不低于 3%。

2016 年 6 月 2 日，江苏省科学技术厅发布《关于江苏省科技金融风险补偿资金备选企业库管理信息系统上线运行及开展入库企业集中征集工作的通知》。该通知旨在进一步优化完善江苏省科技金融风险补偿资金备选企业库，更好地引导各类金融机构支持科技型中小微企业创新发展。

2017 年 7 月 6 日，南京市人民政府发布《关于加快科技金融体系建设促进科技创新创业的若干意见》。该意见旨在为贯彻落实国家和省关于进一步推动金融与科技深度融合的要求，着力打造科技金融“南京样本”，促进金融更好地支持南京市科技创新创业和实体经济发展，具体细则如下：第一，健全科技创新创业投融资体系，强化金融综合服务；第二，拓展融资服务渠道，提高科技创新创业信贷可得性；第三，实施科技人才发展战略，培养科技金融复合型人才；第四，优化创业投资发展环境，推动企业引进股权融资；第五，发挥多层次资本市场作用，鼓励多渠道直接融资；第六，创新保险业务和产品，提供经济补偿和资金融通；第七，推动金融科技研发应用，运用金融科技支持科技创新创业；第八，提高金融市场开放程度，推动科技创新创业企业国际化；第九，完善金融支持科技创新创业的风险分担和退出机制；第十，加快建立健全促进科技创新创业的信用体系。

2017 年 12 月 11 日，江苏省地方金融监督管理局发布《关于拟认定 2017 年度江苏省科技金融和文化金融特色机构名单的公示》。为进一步完善科技金融和文化金融组织体系，支持创新创业，经发布通知、各地推荐、申请受理、专家评审等程序，拟将中国建设银行股份有限公司苏州工业园区支行等 29 家单位认定为 2017 年度“江苏省科技金融特色机构”，上海浦东发展银行股份有限公司苏州工业园区支行等 5 家单位认定为 2017 年度“江苏省文化金融特色机构”。

2017 年 12 月 26 日，镇江市人民政府办公室发布《关于召开 2017 年全市科技金融对接会的通知》，该会议旨在进一步促进科技与金融紧密结合，加强科技金融产品创新和推广实施，帮助镇江市科技型企业拓宽融资渠道、解决融资难题。

2018 年 8 月 29 日，江苏省科学技术厅发布《关于印发〈江苏省科技金融进孵化器行动方案〉的通知》。该通知旨在为深入贯彻落实党的十九大以及省委十三届三次、四次全会精神，按照江苏省科学技术奖励大会暨科技创新工作会议要求，聚焦高质量发展走在全国前列，全面推进双创工作，引导投融资机构加强对科技企业孵化器内科技创业企业的支持，健全科技企业孵化器投融资服务功能，提升孵育孵化能力，促进科技创业企业加快发展，培育经济发展新动能。方案具体细则如下：第一，提升孵化器科技信贷服务能力。修订完善“苏科贷”实施细则，加强“苏科贷”政策向孵化器内科技创业企业的倾斜支持，引导银行加大对孵化器内科技创业企业信贷支持力度。第二，提升孵化器投资服务能力。深入实施省天使投资风险补偿工作，发挥省天使投资联盟作用，面向天使投资机构、民营资本等开展“苏科投”政策解读，组织开展“苏科投”10 强机构、50 强高成长性企业评选，不断提升“苏科投”政策影响力。加强“苏科投”、“苏科贷”业务协同，联合省孵化器协会，针对江苏省孵化器内高成长性科技创业企业探索“投贷联动”。第三，提升孵化器科技保险服务能力。修订完善“苏科保”实施细则，根据不同的科技保险险种建立差别化的风险分担体系，加大科技型企业产品质量保证保险、产品责任保险支持力度，引导保险机构为科技创业企业提供科技保险服务。第四，发挥科技金融服务平台作用，提高企业融资对接效率。充分利用现有省科技金融信息服务平台、苏南自创区一体化科技投融资服务平台、“创业江苏”（网上综合服务平台）、“好创网”（创新创业政策信息网站）及各种微信公众号等线上服务平台，推动银行、创投、保险以及科技金融中介服务等各类金融资源与孵化器内科技创业企业线上高效对接，为“苏科贷”、“苏科投”和“苏科保”走进孵化器提供线上资源集聚与整合支持。第五，发挥苏南科技企业股权路演中心作用，拓宽企业融资渠道。充分利用苏南科技企业股权路演中心，聚焦孵化器内科技创业企业“现金流、产品、运营”三大核心需求，汇集资本、市场、信息、技术、人才等多方资源，以项目路演为特色，为孵化器内科技创业企业提供项目展示、投融资对接、融资辅导和技术交易等服务。第六，发挥地方科技金融优势，协同改善企业融资环境。充分利用地方科技金融工作基础，推动地方科技金融产品与服务共同深入孵化器，省地协同改善孵化器内科技创业企业融资环境。

2018 年 9 月 10 日，苏州市人民政府印发《关于加强科技金融结合促进科技型企业发展的若干意见的通知》。该意见旨在全面贯彻落实习近平新时代中国特色社会主义思想和党的十九大精神，大力实施创新驱动发展战略，加快完善创新生态系统，进一步发挥科技金融促进科技创新能力提升的倍增效应，建设具有国际影响力的创新创业名城和创新型城市，具体意见如下：第一，创新体制机制，进一步完善科技金融政策体系；第二，密切协同联动，进一步创新科技信贷服务模式；第三，创新支持方式，进一步激发创业投资活力；第四，加强要素融合，进一步挖掘科技保险发展内涵；第五，创新金融工具，进一步拓宽科技型企业融资渠道。

2018 年 10 月 29 日，江苏省地方金融监督管理局发布《关于组织开展第五批科技金融特色机构申报工作的通知》。该通知旨在为贯彻落实省委、省政府《关于深化科技体制机制改革推动高质量发展的若干政策》（苏发〔2018〕18 号）和《关于促进科技与产业融合加快科技成果转化的实施方案》（苏政办发〔2018〕61 号）精神，推进科技和金融深度融合，进一步完善江苏省科技金融支持体系，具体申报条件同第一批科技金融特色机构申报工作。

2018 年 12 月 7 日，江苏省地方金融监督管理局发布《关于拟认定 2018 年度江苏省科技金融和文化金融特色机构名单的公示》。公示具体内容如下：为进一步完善科技金融和文化金融组织体系，支持创新创业，经发布通知、各地推荐、申请受理、专家评审等程序，拟将江南农村商业银行小河支行等 26 家单位认定为 2018 年度“江苏省科技金融特色机构”，淮安农村商业银行施河支行等 5 家单位认定为 2018 年度“江苏省文化金融特色机构”。

2018 年 12 月 27 日，江苏省地方金融监督管理局发布《关于认定 2018 年度江苏省科技金融特色机构的通知》。该通知依据省委省政府《关于深化科技体制机制改革推动高质量发展若干政策》（苏发〔2018〕18 号）精神，大力发展科技金融特色机构，完善科技金融组织体系，经各地推荐和省有关部门评审，认定江苏江南农村商业银行股份有限公司常州市小河支行等 26 个单位为 2018 年度“江苏省科技金融特色机构”。

7. 河北省科技金融政策梳理

表 2-25　2009—2020 年河北省科技金融政策性文件梳理表

成文日期	文件名	发文机构	文件效力
2009-03-07	河北省科学技术厅关于召开河北省科技金融培训暨科技金融企业对接会议的通知	河北省科学技术厅	行政规范性文件

续表

成文日期	文件名	发文机构	文件效力
2015-07-15	河北省保定市科学技术和知识产权局、河北银行保定分行关于印发《河北省保定市科技金融合作资金及合作贷款管理实施细则（试行）》的通知	河北省保定市科学技术和知识产权局、河北银行保定分行	行政规范性文件
2015-08-10	河北省人民政府关于促进科技金融深度融合的意见（冀政字〔2015〕41号）	河北省人民政府	行政规范性文件
2015-10-25	河北省廊坊市人民政府关于促进科技金融深度融合的实施意见（廊政〔2015〕24号）	河北省廊坊市人民政府	行政规范性文件
2016-02-15	河北省石家庄市人民政府关于加快科技金融融合发展的意见（石政发〔2016〕6号）	河北省石家庄市人民政府	行政规范性文件
2019-01-25	河北省科学技术厅、河北省金融工作办公室关于印发《河北省科技金融深度融合行动方案（2019—2021年）》的通知（冀科资〔2019〕4号）	河北省科学技术厅、河北省金融工作办公室	行政规范性文件
2019-02-20	河北省石家庄市人民政府办公室关于印发石家庄市科技金融深度融合行动方案（2019—2021年）的通知	河北省石家庄市人民政府办公室	行政规范性文件
2020-11-19	河北省科学技术厅关于组织开展2020年成果受让方、技术转移机构、技术合同登记机构、科技金融服务机构奖补预申报工作的通知	河北省科学技术厅科技奖励与成果转化处	行政规范性文件

7.1 2009—2015年河北省科技金融政策性文件梳理

2009年，河北省科学技术厅为配合《河北省科技型中小企业创业投资引导基金管理办法》、《关于促进高新技术企业上市的工作意见》，创新工作思路，创新工作方法，深入开展科技金融工作，充分发挥科技支撑作用，促进科技金融结合，营造有利于企业创新发展的金融环境，计划于2009年3月13日至14日召开“河北省科技金融培训暨科技金融企业对接会议”，并于2009年3月7日发布关于召开河北省科技金融培训暨科技金融企业对接会议的通知。会议以“促进科技金融结合，提升科技支撑能力”为主题，组织河北省全省省市县科技厅局、高新区和经济开发区、农业园区、高新技术企业和科技型中小企业、金融机构、河北金融学院和河北大学科技金融研究人员共150多人参加了会议。科技部条财司科技金融处沈文京处长、蒋琇副处长来河北省指导科技金融工作，并参加会议做专题讲座。会议邀请国家农发行、北京市经纬律师事务所、联合证券投资银行、石家庄汇融农村商业银行、河北金融学院和山东省高新技术投资公司6位专家做会议专题报告，涉及内容包括：农业科技贷款、知识产权质押贷款、科技企业上市、科技金融和中小企业发展、科技金融发展方式等科技金融政策和实践经验。

2015 年 7 月 15 日，根据河北省保定市科学技术和知识产权局与河北银行股份有限公司保定分行签署的战略合作框架协议，保定市科学技术和知识产权局设立科技金融合作专项资金，河北银行股份有限公司保定分行放大十倍设立科技合作专项贷款授信，共建服务平台，对保定市科技型中小企业进行定向融资支持。保定市科学技术和知识产权局、河北银行保定分行为了保障上述协议安排，特制定了《保定市科技金融合作资金及合作贷款管理实施细则（试行）》。该细则共计六章、二十八条，详述了保定市科技金融合作资金及合作贷款的组织管理、借款条件审核与责任、支持范围与条件、申报及审批程序、项目实施管理的各项实施规定。该细则的印发，对进一步优化科技与金融的资源配置，解决河北省保定市科技型中小企业的起步难、融资难等问题，起到了重要作用。

2015 年 8 月 10 日，河北省人民政府为贯彻落实党的十八届三中、四中全会精神，结合河北省实际，提出《河北省人民政府关于促进科技金融深度融合的意见》（冀政字〔2015〕41 号），具体如下：第一，加大科技企业融资力度：建立科技信贷专营机构、创新信贷产品和服务、推动知识产权质押融资、加强科技保险服务、提高担保增信能力、开展融资租赁；第二，拓宽科技企业融资渠道：利用多层次资本市场融资、通过债券市场融资、发展各类股权投资基金；第三，完善科技金融服务体系：建立技术产权交易平台、发展科技金融服务平台、完善科技企业信用体系、培育创新型孵化器；第四，强化督导激励机制：建立风险分担和业务合作机制、建立评价激励机制、加强督导检查。上述共计四条意见、十六条细则对全面实施创新驱动发展战略，深化体制机制改革，构建科技金融创新体系，促进科技金融深度融合，助推河北省科学发展、绿色崛起，起到了关键性作用。

2015 年 10 月 25 日、2016 年 2 月 15 日，廊坊市人民政府和石家庄人民政府为落实上述《河北省人民政府关于促进科技金融深度融合的意见》（冀政字〔2015〕41 号，以下简称《河北意见》），结合各市实际，特制定《廊坊市人民政府关于促进科技金融深度融合的实施意见》（廊政〔2015〕24 号，以下简称《廊坊意见》）和《石家庄市人民政府关于加快科技金融融合发展的意见》（石政发〔2016〕6 号，以下简称《石家庄意见》）。《廊坊意见》与《石家庄意见》各四条意见、十六条细则，在保持与《河北意见》相同框架的同时，结合廊坊市与石家庄市发展实际，提出了诸多定向针对地方特点的实施意见，为贯彻落实党的十八届三中、四中、五中全会精神，全面实施创新驱动发展战略，探索金融服务支撑科技创新的新路径，通过实现金融与科技的深入融合提升经济发展核心竞争力，深化体制机制改革，构建科技金融创新体系，促进科技金融深度融合，助推河北省科学发展、绿色崛起，填充了诸多政策实施空白，系河北省促进科技金融深度融合整体布局的关键一环。

7.2　2019—2020 年河北省科技金融政策性文件梳理

2019 年 1 月 25 日，河北省科学技术厅、河北省金融工作办公室为深入实施创新驱动发展战略，落实《河北省人民政府关于印发河北省科技创新三年行动计划（2018—2020 年）的通知》（冀政发〔2018〕6 号）部署的工作任务，特制定《河北省科技金融深度融合行动方案（2019—2021 年）》（冀科资〔2019〕4 号），具体如下：第一，指导思想：以习近平新时代中国特色社会主义思想为指导，使“科技＋金融”成为河北省创新驱动发展的新引擎；第二，基本原则：明确责任、协调有序，系统推进、重点突破，创新推动、协同发展，突出优势、多方共赢；第三，主要目标：强化政策支持，发挥财政资金杠杆作用，推进河北省科技金融的深度融合，打造雄安新区科技金融创新示范区，形成京津冀科技金融聚集地；第四，重点工作：完善科技信贷支持体系、完善科技企业投融资体系、完善科技金融组织服务体系。

2019 年 2 月 20 日，石家庄市人民政府办公室为落实好上述《河北省科技金融深度融合行动方案（2019—2021 年）》（冀科资〔2019〕4 号），特制定《石家庄市科技金融深度融合行动方案（2019—2021 年）》，在保持相同框架的同时，结合石家庄市发展实际，对支持石家庄市科技创新，促进科技金融深度融合，提升科技成果转化效率，加快产业结构升级，起到了重要作用，与《河北省科技金融深度融合行动方案（2019—2021 年）》共同构成了河北省科技金融深度融合行动的整体布局与核心安排。

2020 年 11 月 19 日，河北省科学技术厅为深入推进《河北省人民政府关于印发河北省科技创新三年行动计划（2018—2020 年）的通知》（冀政发〔2018〕6 号）实施，加快建设和完善河北省技术转移体系，提升科技成果转移转化综合服务能力，促成科技成果在河北省转化落地，特在河北省全省内组织开展“2020 年成果受让方、技术转移机构、技术合同登记机构、科技金融服务机构奖补预申报工作”。该申报工作的具体申报主体有以下四个：成果受让方、技术转移机构、技术合同登记机构、科技金融服务机构。其中，科技金融服务机构是指在河北省内注册且具有独立法人资格、并已在河北省科技成果展示交易平台注册的相关机构，最高可补助 100 万元。该申报工作作为科技创新行动计划的组成部分，间接促进了河北省科技金融的集聚发展。

8. 山东省科技金融政策梳理

表 2-26　2011—2019 年山东省科技金融政策性文件梳理表

成文日期	文件名	发文机构	文件效力
2011-03-01	山东省技术开发服务中心发布《关于征集 2011 年科技金融融资企业的通知》	山东省技术开发服务中心	行政规范性文件
2012-03-12	山东省技术开发服务中心发布《关于征集 2012 年科技金融服务企业的通知》	山东省技术开发服务中心	行政规范性文件
2012-08-27	山东省济南市人民政府发布《关于印发《济南市科技金融风险补偿金管理办法（试行）》的通知》	山东省济南市人民政府	行政规范性文件
2016-05-05	山东省科技金融创新发展协作联盟筹备办公室发布《关于征集山东省科技金融创新发展协作联盟成员的通知》	山东省科技金融创新发展协作联盟筹备办公室	行政规范性文件
2017-06-26	山东省日照市人民政府发布《关于建设日照市白鹭湾科技金融（基金）小镇发展基金产业的实施意见》	山东省日照市人民政府	行政规范性文件

续表

成文日期	文件名	发文机构	文件效力
2018-09-05	山东省科学技术厅发布《关于举办山东省科技创新促进新旧动能转换产业技术成果对接活动（电子信息专场）暨科技金融助力科技创新论坛的通知》	山东省科学技术厅	行政规范性文件
2019-02-14	中国人民政治协商会议山东省委员会发布《关于加快构建我省完善的科技金融生态系统的建议》	中国人民政治协商会议山东省委员会	行政规范性文件
2020-09-15	山东省青岛市科学技术局发布《关于组织开展2021年青岛市科技计划创新创业引导专项科技金融投（保）贷联动业务企业贴息申报工作的通知》	山东省青岛市科学技术局	行政规范性文件

表 2-27　2020—2022 年山东省科技金融政策性文件梳理表

成文日期	文件名	发文机构	文件效力
2020-09-29	山东省济南市科学技术局发布《关于举办"科技金融创新实训班"（第二期）的通知》	山东省济南市科学技术局	行政规范性文件
2020-11-25	山东省青岛市科学技术局发布《关于公示2021年青岛市科技计划创新创业引导专项科技金融投（保）贷联动业务贷款企业贴息拟支持项目名单的通知》	山东省青岛市科学技术局	行政规范性文件
2021-09-28	山东省青岛市科学技术局发布《关于组织开展2022年青岛市科技金融投保贷联动业务企业贴息申报工作的通知》	山东省青岛市科学技术局	行政规范性文件
2022-05-04	山东省济南市科学技术局发布《关于召开2022年助企纾困科技金融信贷产品线上推介会的通知》	山东省济南市科学技术局	行政规范性文件

8.1　2011—2018 年山东省科技金融政策性文件梳理

2011 年 3 月 1 日，山东省技术开发服务中心为加快推进山东省企业科技创新步伐，加强对科技型企业的融资支持，特别是针对企业的金融融资等业务需求，在山东省科学技术厅与中国东方资产管理公司战略合作协议原则指导下，由山东省技术开发服务中心和东方金诚国际信用评估有限公司共同成立科技金融服务办公室并发布《关于征集 2011 年科技金融融资企业的通知》。申报对象及要求为：第一，企业具备独立企业法人资格，产品有明确市场需求和较强市场竞争力，可以产生较好的经济效益和社会效益；第二，成立以来持续盈利，主要从事产品研究、开发、生产，近三个财务年度销售收入逐年递增。申报企业服务内容为：企业信用评级、贷款、金融租赁、IPO 上市辅导、财务性投资等业务的咨询和代理服务；高新技术企业认定业务的培训和咨询服务等。

2012 年 3 月 12 日，山东省技术开发服务中心发布《关于征集 2012 年科技金融服务企业的通知》，申报条件及要求同《关于征集 2011 年科技金融融资企业的通知》。

2012 年 8 月 27 日，济南市人民政府发布《关于印发〈济南市科技金融风险补偿金管理办法（试行）〉的通知》，该管理办法旨在落实科技部等国家八部委《关于促进科技和金融结合加快实施自主创新战略的若干意见》（国科发财〔2011〕540 号）文件精神，加快济南市科技与金融的结合，缓解科技型中小企业贷款困难，降低企业融资成本，扶持济南市初创期科技企业做大做强，促进科技成果的转化及产业化，推进高新技术产业的发展和产业结构的转型升级。该管理办法支持企业基本条件为：第一，在济南市注册的独立法人企业；第二，具备可持续技术创新能力，拥有良好的管理团队，企业研发人员占企业职工总人数比重不低于 30%，企业上一年度研发投入占企业销售收入比重不低于 3%；第三，已经完成产品研发，产品和服务具有较强的市场竞争力和成长性，已经形成经营现金流或已取得有效的业务订单；第四，有固定的生产经营场所和符合规定比例的自有资金，贷款资金用途明确、合法，具备到期偿还贷款的能力；第五，财务制度健全，自愿接受银行信贷和结算监督，企业和法定代表人无恶意不良信用记录。该管理方法的运作方式如下：第一，以山东济南生产力促进中心为主体开展相关工作。以竞争性谈判或招标方式确定合作银行，报经联席会议审定后，由山东济南生产力促进中心与合作银行签订合作协议，向合作银行专用账户存入风险补偿资金。第二，市风险补偿金使用遵循市场运作、风险共担的原则。发生信贷风险时，按照贷款协议规定的风险承担比例由风险补偿金和相关方共同代偿。第三，引导、鼓励金融机构在济南设立科技银行，优先支持其开展科技金融业务。第四，引导担保机构开展联合担保，鼓励银行、企业及有关机构开展知识产权质押贷款业务，不断拓宽科技型中小企业融资渠道。第五，开展贷款后补助业务。贷款期满并按期偿还全部贷款本息，且符合相关要求的企业，可提出后补助申请，经审查符合条件的，按有关规定给予贷款贴息补助，具体细则另行规定。

2016 年 5 月 5 日，山东省科技金融创新发展协作联盟筹备办公室为促进科技和金融资源的有机结合，有效解决科技型中小微企业融资难、融资贵的问题，经省科技厅同意，山东省科技金融创新发展协作联盟筹备办公室发布《关于征集山东省科技金融创新发展协作联盟成员的通知》。

2017 年 6 月 26 日，日照市人民政府发布《关于建设日照市白鹭湾科技金融（基金）小镇发展基金产业的实施意见》。该实施意见旨在加快培育发展新动能，支持经济结构调整和产业转型升级，发展日照市基金产业。建立以投资基金为主要业态的科技金融（基金）体系，建成私募基金聚集、投资、交易平台，力争管理资产规模超过 1000 亿元。推进互联网＋产业聚集，实现以互联网企业服务、互联网物流、互联网医疗、B2B 电商为主要领域的互联网企业聚集。促进金融小镇生态系统的培育和建设，在 5 年内建成覆盖山东、辐射全国的科技金融（基金）特色小镇。构建符合战略性新兴产业、互联网＋产业和现代金融服务业发展的行政服务体系，打造行政管理服务标杆。该实施意见的扶持政策如下：第一，在金融小镇注册纳税登记并备案的股权投资（管理）企业，自工商注册登记之日起在基金存续期内，按企业当年实现纳税额（包括个人所得税、企业所得税、增值税以及相关附加税收）市级以下地方留成部分 70%给予扶持。对招商运营平台按招商入驻企业年实现纳税额（同上）市级以下地方留成部分 10%给予扶持。第二，注册在金融小镇的股权投资基金合伙制企业，依据有关法律法规规定，按照“先分后税”的原则，以每一个合伙人为纳税义务人。合伙人是自然人的缴纳个人所得税，合伙人是法人或其他组织的，缴纳企业所得税。第三，支持股权投资企业加大对高新技术、商业模式创新等企业的投资力度。创业投资企业采取股权投资方式投资于未上市的中小高新技术企业2年（24个月）以上，符合条件的可以按照其对中小高新技术企业投资额的70%，在股权持有满2年的当年抵扣该创业投资企业的应纳税所得额；当年不足抵扣的，可以在以后纳税年度结转抵扣。第四，支持股权投资企业拓展业务。股权投资企业因收回、转让或清算处置股权投资而发生的权益性投资损失，可以按税法规定在税前扣除。第五，鼓励金融及中介服务机构等入驻金融小镇。对注册落户在金融小镇且年地方税收贡献不低于100万元的银行、证券、期货、保险、信托、资产评估事务所、信用评级、金融法律服务、金融会计服务、金融信息与数据服务、金融保险中介服务、财富管理、金融培训与认证等机构，参照执行上述扶持政策。

2018年9月5日，山东省科学技术厅为全面落实山东省新旧动能转换重大工程部署安排，促进先进技术成果与省内产业精准对接，培育壮大产业发展新动能，根据《山东省科技创新促进新旧动能转换产业技术成果对接系列活动方案》安排，特发布《关于举办山东省科技创新促进新旧动能转换产业技术成果对接活动（电子信息专场）暨科技金融助力科技创新论坛的通知》。

8.2　2019—2022年山东省科技金融政策性文件梳理

2019年2月14日，中国人民政治协商会议山东省委员会发布《关于加快构建我省完善的科技金融生态系统的建议》。该意见指出科技金融生态是科技金融赖以发展的环境基础。良好的科技金融生态对发挥金融核心作用、巩固科技第一生产力地位具有决定性意义。加快构建完善的科技金融生态系统，能够为山东省加速新旧动能转换、实现由大到强战略性转变提供有力支撑。对于山东省构建完善科技金融生态系统的具体意见如下：尽快推行以政府扶持为主导，以机构和产品创新为基础，以跨界多功能服务平台为保障，以多元化运行机制为融合动力，统筹“政府＋市场＋银行＋保险＋创投＋社会”六位一体的综合协同发展模式，打造符合山东省实际、具有山东特点的科技金融生态系统。第一，培育功能完备的科技金融供给主体。积极引进和培育天使投资、科技小额贷款公司、科技银行等创新型科技金融机构，新设立一批金融租赁公司、消费金融公司、互联网保险公司，鼓励各类孵化机构设立天使投资机构、天使投资网络平台、天使投资中介组织，鼓励商业银行加快设立科技专营机构，完善山东省科技金融组织体系。第二，建立覆盖科技企业成长全过程的金融服务链。鼓励科技金融供给方基于科技型企业每个成长阶段，创新科技金融产品，延长服务链条。通过发行中小科技型企业集合债券，发展股权质押、知识产权质押、应收账款担保等产品，鼓励商业银行开发选择权贷款、提供“夹层融资”服务等形式，形成多样化科技金融产品体系。发挥齐鲁股权交易中心作用，鼓励科技型小微企业挂牌融资，引导社会资本投向科技型企业。第三，搭建多功能多层次的科技金融综合服务平台。增加现有科技金融信息综合服务平台内容，实现集银行、保险、创投、担保、租赁、中介服务“六位一体”，为科技型企业提供政策性贷款、股改上市、直融及法务、小额金融等多层次服务。第四，建立高效的科技金融生态运转机制。推进政府、科技企业、金融机构、中介组织、服务平台、高校院所之间合作，完善科技金融主体协同机制。第五，优化科技金融生态制度环境。组建权威的科技金融信用评定机构，推动建设科技型企业征信体系和征信数据库，优化科技金融信用环境。第六，加快培养引进高端科技金融人才。推动金融机构与高校联合培养大数据金融、智能金融、区块链金融等多学科复合型的高端科技金融人才。组建包含国内外尖端人才的科技金融智库，设立支持计划促进高端人才服务山东省科技金融研究和应用项目。

2020 年 9 月 15 日，青岛市科学技术局发布《关于组织开展 2021 年青岛市科技计划创新创业引导专项科技金融投（保）贷联动业务企业贴息申报工作的通知》，该工作支持范围如下：2020 年 8 月 31 日之前开展投（保）贷联动业务并已结清贷款，且相关贷款业务未享受过投（保）贷联动业务贴息的企业。

2020 年 9 月 29 日，济南市科学技术局发布《关于举办“科技金融创新实训班”（第二期）的通知》。

2020 年 11 月 25 日，青岛市科学技术局根据《青岛市科技计划项目管理暂行办法》（青科规〔2019〕2 号）要求，发布《关于公示 2021 年青岛市科技计划创新创业引导专项科技金融投（保）贷联动业务贷款企业贴息拟支持项目名单的通知》，将 2021 年青岛市科技计划创新创业引导专项科技金融投（保）贷联动业务企业贴息拟支持项目名单进行公示。

2021 年 9 月 28 日，青岛市科学技术局发布《关于组织开展 2022 年青岛市科技金融投保贷联动业务企业贴息申报工作的通知》。该工作申报对象应为符合以下条件的科技型企业：第一，在青岛市注册、具有独立法人资格；第二，全国科技型中小企业信息库入库企业或符合国家中小企业划型标准规定的中小微高新技术企业。支持范围：2019 年 9 月 1 日至 2021 年 8 月 31 日期间开展投保贷联动业务，且已结清贷款的企业予以贴息。

2022 年 5 月 24 日，济南市科学技术局为发挥金融支持科技创新重要作用，帮助中小微企业积极应对疫情冲击，缓解资金压力，助企纾困，拓宽科技型中小微企业融资渠道，发布《关于召开 2022 年助企纾困科技金融信贷产品线上推介会的通知》，济南市科技创新促进中心拟月 2022 年 5 月 31 日举办“2022 年助企纾困科技金融信贷产品线上推介会”。

9. 福建省科技金融政策梳理

表 2-28　2018 年福建省科技金融政策性文件梳理表

成文日期	文件名	发文机构	文件效力
2018-05-28	福建省科学技术厅关于举办福建省科技金融服务实体经济专场活动的通知（闽科财〔2018〕9 号）	福建省科学技术厅	行政规范性文件

2013 年以来，福建省科技厅组织各地科学技术局支持商业银行在福州等 8 个设区市设立了信贷专营机构，为科技型中小企业提供贷款优惠政策。据统计，在科技与保险合作方面，福建省科技厅设立高新技术企业产品研发责任保险等 8 个险种，累计发放科技保险补贴 1750 多万元，为高新技术企业提供 300 多亿元的风险保障。

2018 年 5 月 28 日，福建省科学技术厅为进一步加强政府、银行、保险与企业之间的交流合作，缓解科技型中小企业融资难题，特别是解决小企业创业发展资金短缺的突出问题，促进小企业稳健成长，发文计划于2018年6月20日举办福建省科技金融服务实体经济专场活动。6月20日，由福建省科技厅与中国人民财产保险有限公司福建省分公司共同举办的科技金融服务实体经济专场活动在福州举行，活动现场，人保财险福州市分公司与多家科技型中小企业签订承保意向书，为企业贷款提供担保。

10. 辽宁省科技金融政策梳理

表2-29　2013年辽宁省科技金融政策性文件梳理表

成文日期	文件名	发文机构	文件效力
2013-07-15	辽宁省人民政府金融工作办公室发布《关于加快发展科技金融推进科技创新实施意见》	辽宁省人民政府金融工作办公室（现辽宁省地方金融监督管理局）	行政规范性文件
2013-09-27	辽宁省大连市科学技术局发布《关于印发大连市创新发展科技金融实施方案的通知》	辽宁省大连市科学技术局	行政规范性文件

2013年7月15日，辽宁省金融办发布《关于加快发展科技金融推进科技创新实施意见》。该意见旨在促进科技与金融的有效融合，是加快自主创新、推动成果转化和实现产业升级的必要条件，是进一步实施辽宁老工业基地振兴战略，转变发展方式和实现可持续发展的重要举措。

2013年9月27日，辽宁省大连市科学技术局发布《关于印发大连市创新发展科技金融实施方案的通知》。该方案旨在贯彻落实国家创新驱动战略和有关工作部署，引导金融资源向科技领域和战略新兴产业配置，切实提高企业自主创新能力，促进经济转型发展。具体实施方案如下：第一，大力培育科技金融服务体系；第二，鼓励创新科技金融产品；第三，积极推动科技企业直接融资；第四，有效搭建科技投融资服务平台。

第三节　中部地区科技金融政策梳理

1. 河南省科技金融政策梳理

表2-30　2012—2019年河南省科技金融政策性文件梳理表

成文日期	文件名	发文机构	文件效力
2012-06-15	河南省焦作市人民政府关于加强科技金融结合促进科技型企业发展的若干意见	河南省焦作市人民政府	行政规范性文件

续表

成文日期	文件名	发文机构	文件效力
2015-07-30	河南省郑州市科学技术局、郑州市财政局关于印发《郑州市科技金融资助管理办法》的通知（郑科〔2015〕81号）	河南省郑州市科学技术局、郑州市财政局	行政规范性文件
2015-09-11	河南省焦作市人民政府关于促进科技金融结合支持科技型中小微企业发展的意见	河南省焦作市人民政府	行政规范性文件
2016-07-29	河南省财政厅、河南省科学技术厅关于印发《河南省科技金融引导专项资金管理办法（试行）》的通知（豫财科〔2016〕75号）	河南省财政厅、河南省科学技术厅	行政规范性文件
2019-07-12	河南省财政厅、河南省科学技术厅关于《河南省科技金融引导专项资金管理办法（试行）》补充调整的通知（豫财科〔2019〕63号）	河南省财政厅、河南省科学技术厅	行政规范性文件

2012年6月15日，河南省焦作市人民政府为深入实施科技强市战略和创新驱动发展战略，根据科学技术部、财政部、国务院国资委、中国人民银行、国家税务总局、中国银监会、中国证监会、中国保监会《关于促进科技和金融结合加快实施自主创新战略的若干意见》（国科发财〔2011〕540号）精神，推动焦作市形成“大众创业、万众创新”良好局面，促进科技金融结合，支持科技型中小微企业发展，加快产业链、创新链与资金链有效配置与融合步伐，切实解决创新创业者、科技型中小微企业创新创业融资困难，提高财政资金管理使用绩效，培植新兴后续财源，就促进科技金融结合、支持科技型中小微企业发展提出《焦作市人民政府关于加强科技金融结合促进科技型企业发展的若干意见》。具体意见如下：充分认识加强科技金融结合的重要意义、建立科技金融结合协调机制、鼓励和引导银行业机构对科技型企业信贷支持、发展壮大创业投资机构、加快科技型企业资本市场融资步伐、积极探索科技担保和多种形式的质押贷款工作、全面推进科技型企业科技保险工作、大力推进科技金融服务平台建设，共计八条意见、二十二条细则。

2015年7月30日，河南省郑州市科学技术局、郑州市财政局为贯彻落实《关于加快建设创新型城市的意见》（郑发〔2014〕34号）精神，建立郑州市科技金融服务体系，推动科技与金融结合，加快创新驱动发展，鼓励社会资本支持郑州市的创新创业活动，缓解科技型中小企业融资难题，营造创新创业的发展环境，根据《关于引进培育创新创业领军人才（团队）的意见》（郑发〔2015〕9号）、《关于加快发展众创空间推进大众创新创业的实施意见》（郑政〔2015〕30号）等文件精神，郑州市科学技术局、郑州市财政局联合制定了《郑州市科技金融资助管理办法》（郑科〔2015〕81号，以下简称《管理办法》）。《管理办法》共计六章、十三条，对创新创业投资风险补助、创新创业项目补助、科技贷款担保补助、申请资助的程序进行了详细规定及说明，为建立郑州市科技金融服务体系，推动科技与金融结合，鼓励社会资本支持郑州市的创新创业活动，缓解科技型中小企业融资难题，营造创新创业的发展环境，提供了坚实的制度保障。

2015年9月11日，焦作市人民政府深化了上述意见，并制定了《焦作市人民政府关于促进科技金融结合支持科技型中小微企业发展的意见》，提出了三条新意见：充分认识科技金融结合支持科技型中小微企业发展的重要意义、多策并举，促进科技金融结合、各负其责，相互配合，建立健全运行机制。

2016 年 7 月 29 日，河南省财政厅、河南省科学技术厅为规范和加强河南省科技金融引导专项资金的管理，提高资金使用效益，根据《河南省省级财政专项资金管理办法》（豫政〔2014〕16 号）等规定，结合河南省科技金融工作实际，联合制定了《河南省科技金融引导专项资金管理办法（试行）》（豫财科〔2016〕75 号，以下简称《办法》)。《办法》共计六章、十九条，对科技金融引导专项资金支持范围和方式、预算编制于资金拨付、资金管理与使用、监督检查与绩效评级做出了规定。

2019 年 7 月 12 日，河南省财政厅、河南省科学技术厅为更好地支持河南省科技型中小企业和高新技术发展，两厅联合对《河南省科技金融引导专项资金管理办法（试行）》进行了补充调整（豫财科〔2019〕63 号），主要修改了对科技企业的定义，将科技企业定义为国家科技型中小企业、高新技术企业和河南省科技型中小企业等科技型企业。《办法》的颁布及实施为引导和带动河南省社会资本参与科技创新、支持河南省自主创新成果转化与产业化，提供了省级制度安排，对促进河南省科技金融与产业融合发展起到了极其重要的正面作用。

2. 安徽省科技金融政策梳理

表 2-31　2021—2023 年安徽省科技金融政策性文件梳理表

成文日期	文件名	发文机构	文件效力
2021-04-29	邓向阳出席创新资本发展论坛，深化科技金融融合、培育壮大新兴产业	安徽日报	电讯
2023-05-07	张红文在芜湖宣城调研，大力促进科技产业金融人才深度融合	安徽日报	电讯

安徽日报 2021 年 4 月 29 日讯，2021 年 4 月 27 日上午，中国（安徽）科交会创新资本发展论坛在安徽创新馆举办，省委常委、常务副省长、省政协副主席邓向阳出席论坛致辞，并现场启动上交所科创沙龙安徽行活动，为深交所安徽基地揭牌。致辞指出，要深入学习贯彻习近平总书记关于科技创新重要论述和考察安徽重要讲话指示精神，积极抢抓长三角一体化发展等国家战略机遇，主动拥抱资本市场，不断提高直接融资比重，促进科技、资本和产业紧密融合。

安徽日报 2023 年 5 月 7 日讯，根据中央及省委关于开展主题教育、大兴调查研究的部署要求，5 月 4 日至 6 日，省委常委、副省长张红文先后赴芜湖市、宣城市开展主题调研，深入科研院所和企业基层一线，详细了解科技成果转化、企业创新发展、人才引育留用等方面重难点问题，并与市县政府、科研院所和企业代表座谈交流，会商研究解决举措。调研强调：要深入实施创新驱动发展战略，统筹抓好传统产业转型升级和新兴产业培育壮大；要坚持有效市场和有为政府更好结合，全力打造“近悦远来”人才发展环境，推动金融更好服务实体经济，塑造良好产业发展生态。

3. 江西省科技金融政策梳理

表 2-32　2009—2022 年江西省科技金融政策性文件梳理表

成文日期	文件名	发文机构	文件效力
2009-04-22	江西省科技厅发布《关于加强科技金融结合促进科技创新和高新技术产业发展若干意见的通知》	江西省科学技术厅	行政规范性文件
2017-09-01	江西省南昌市人民政府发布《关于南昌市科技金融管理服务中心年初预算追加办公用房租金和开办费的函》	江西省南昌市人民政府	行政规范性文件
2018-10-16	江西省抚州市人民政府发布《抚州市人民政府办公室关于成立抚州科技金融创新试验区建设推进领导小组的通知》	江西省抚州市人民政府	行政规范性文件
2021-03-25	江西省南昌市科学技术局发布《南昌市科技金融管理服务中心 2021 年部门预算编制说明》	江西省南昌市科学技术局	行政规范性文件
2022-12-09	江西省人民政府发布《关于发展科技金融支持创新创业的若干措施》	江西省人民政府	行政规范性文件

2009 年 4 月 22 日，江西省科技厅发布《关于加强科技金融结合促进科技创新和高新技术产业发展若干意见的通知》。该意见旨在进一步深入学习实践科学发展观，更好地贯彻落实省人民政府《关于实施〈江西省中长期科学和技术发展规划纲要（2006—2020年)〉的若干配套政策》（赣府发〔2006〕16 号），推动江西省全省转变发展方式，增强发展后劲，具体支持意见如下：第一，省科技厅对取得金融支持的项目、企业，给予科技计划立项优先支持；第二，改革财政科技经费使用方式；第三，积极扶持科技型企业上市融资；第四，进一步改进银行信贷管理体制，完善适合中小企业特点的信用评级办法；第五，鼓励并规范科技型中小企业开展各类合法融资活动；第六，充分发挥省内产权交易市场的资本配置功能；第七，鼓励并支持保险公司积极开展中国保监会批准的各项科技保险业务，对参加科技保险并符合科技计划立项条件的科技型企业，将以保险费补助形式给予支持。

2017 年 9 月 1 日，江西省南昌市人民政府为在南昌市科技型中小企业创新基金管理中心基础上增挂组建成立南昌市科技金融管理服务中心，发布《关于南昌市科技金融管理服务中心年初预算追加办公用房租金和开办费的函》，其工作职能主要有：负责促进科技和金融结合工作，辅助科技发展引导基金管理；负责科技金融服务平台的搭建和管理；负责为投融资机构、科技型中小企业投融资提供服务；负责科技型中小企业创新基金工作日常管理及企业库建设工作。新组建的南昌市科技金融管理服务中心将为南昌市科技型中小微企业在商业信贷、科技保险、科技担保、上市融资、股权众筹、知识产权质押融资等方面，提供全方位的综合服务，为“大众创业、万众创新”提供强有力的科技金融保障。

2018 年 10 月 16 日，江西省抚州市人民政府为扎实推进抚州科技金融创新试验区建设工作，实现科技与金融深度融合，促进金融服务与实体经济良性互动，进一步加快抚州市经济发展，发布《抚州市人民政府办公室关于成立抚州科技金融创新试验区建设推进领导小组的通知》，市政府决定成立抚州科技金融创新试验区建设推进领导小组。

2021 年 3 月 25 日，江西省南昌市科学技术局发布《南昌市科技金融管理服务中心 2021 年部门预算编制说明》，该说明介绍了各个部门主要职责、收支情况及 2021 年部门主要工作任务。

2022 年 12 月 9 日，江西省人民政府发布《关于发展科技金融支持创新创业的若干措施》。该措施旨在为贯彻落实党的二十大精神，深入实施创新驱动发展战略和科技强省战略，推进全面建设创新江西，加大多元化科技投入，加快完善金融支持创新体系，更好适应新时代科技创新需求，切实解决科技创新融资难题，促进创新创业加速发展，具体措施如下：第一，要增强科技信贷服务能力；第二，营造科技创业投资发展环境；第三，发挥科技保险风险保障作用；第四，推进科技型企业对接资本市场；第五，强化基础服务和改革保障。

4. 湖北省科技金融政策梳理

表 2-33　湖北省科技金融政策性文件梳理表

成文日期	文件名	发文机构	文件效力
2009-12-8	《国务院关于同意支持东湖新技术产业开发区建设国家自主创新示范区的批复》（国函〔2009〕144 号）	国务院	行政规范性文件
2010-09-28	湖北省武汉市人民政府关于印发《东湖国家自主创新示范区科技金融创新实施方案》的通知（武政〔2010〕53 号）	湖北省武汉市人民政府	行政规范性文件
2015-07-22	中国人民银行、发展改革委、科技部、财政部、知识产权局、银监会、证监会、保监会、外汇局关于印发《武汉城市圈科技金融改革创新专项方案》的通知（银发〔2015〕225 号）	中国人民银行等 9 个省部级单位	行政规范性文件
2015-12-3	湖北省人民政府关于武汉城市圈科技金融改革创新的实施意见	湖北省人民政府	行政规范性文件

2009 年 12 月 8 日，国务院书函湖北省省会武汉市《国务院关于同意支持东湖新技术产业开发区建设国家自主创新示范区的批复》（国函〔2009〕144 号），正式同意了东湖新技术产业开发区建设国家自主创新示范区的请示，这是继北京中关村科技园区被批准建设国家自主创新示范区后的全国第二家，充分体现了党中央、国务院对湖北工作的高度重视。

2010 年 9 月 28 日，湖北省武汉市人民政府为贯彻落实《国务院关于同意支持东湖新技术产业开发区建设国家自主创新示范区的批复》（国函〔2009〕144 号）精神，推进东湖国家自主创新示范区（以下简称东湖示范区）科技金融创新，促进科技与金融结合，加快东湖示范区建设步伐，特制订《东湖国家自主创新示范区科技金融创新实施方案》（武政〔2010〕53号，以下简称《方案》）。《方案》共四个章节，对加快东湖示范区科技金融创新的重要意义、指导思想、总体目标及基本原则、科技金融创新的主要内容和保障措施做出了详细实施方案。《方案》指出科技金融创新需要：第一，推进金融机构创新，完善科技金融组织体系；第二，推进金融市场创新，为科技企业资金流动提供交易平台；第三，发展科技金融产品及业务，满足科技企业融资需求；第四，创新科技金融服务模式，完善科技金融服务方式；做出了夯实一个基础、实现四个突破、完善六大机制的正确目标指导。《方案》深入贯彻落实科学发展观，抢抓国家促进东湖示范区建设的战略性历史机遇，以信用建设为基础，以机制创新为切入点，以财政资金为杠杆，充分利用市场机制，重点推进金融机构、金融市场、金融产品及业务、金融服务方式等创新，充分发挥金融支撑作用，为科技企业自主创新提供金融体制机制保障和优良的金融生态环境，加快东湖示范区建设，提供了统领性的实施方案。

2015年7月22日，经国务院批准，中国人民银行会同国家发改委、科技部、财政部、知识产权局、银监会、证监会、保监会、外汇局等部门印发了《武汉城市圈科技金融改革创新专项方案》（银发〔2015〕225号，以下简称《方案》）。这是国内首个区域科技金融改革创新专项方案，武汉城市圈成为国内首个科技金融改革创新试验区。《方案》总体思路是，以科技金融创新为主线，实现科技资源与金融资源的有效对接，加快形成多元化、多层次、多渠道的科技投融资体系。按照规划，到2020年，东湖国家自主创新示范区初步建成实验股权资本化、智力资本化的资本聚集区，武汉成为全国重要的金融机构高端后援服务基地，武汉城市圈科技金融服务体系基本形成。

2015年12月3日，湖北省人民政府为实施好《专项方案》，深化科技金融改革创新，促进金融更好地服务实体经济、服务创新驱动发展战略、服务“大众创业、万众创新”，扎实推进东湖国家自主创新示范区和武汉城市圈“两型”社会建设，引领和带动湖北省全省科技金融改革创新，提出《关于武汉城市圈科技金融改革创新的实施意见》共计十一条意见，指出“要切实加强各市州政府与省直相关部门、武汉城市圈各市政府之间以及长江中游城市群各城市之间的对接，切实把《专项方案》赋予的各项政策和改革措施落地生根，开花结果”。

5. 山西省科技金融政策梳理

表2-34　2011—2022年山西省科技金融政策性文件梳理表

成文日期	文件名	发文机构	文件效力
2011-02-28	山西省太原市科学技术局发布《关于加强科技金融结合建立多元化科技投融资体系意见》	山西省太原市科学技术局	行政规范性文件
2015-09-01	山西省太原市科学技术局发布《太原市开展科技金融合作试点业务补助贴息暂行办法》	山西省太原市科学技术局	行政规范性文件
2016-12-16	山西省科学技术厅发布《关于征集科技金融对接企业及项目的通知》	山西省科学技术厅	行政规范性文件

续表

成文日期	文件名	发文机构	文件效力
2018-03-12	山西省科学技术厅发布《关于征集科技金融专家库人选的通知》	山西省科学技术厅	行政规范性文件
2018-11-12	山西省科学技术厅发布《关于组织申报 2018 年度山西省科技金融创新发展专项的通知》	山西省科学技术厅	行政规范性文件
2022-07-06	山西省科学技术厅发布《科技金融专项项目及资金管理办法》	山西省科学技术厅	行政规范性文件

2011 年 2 月 28 日，山西省太原市科学技术局发布《关于加强科技金融结合建立多元化科技投融资体系意见》。该意见旨在为加强科技资源和金融资源结合，促进金融资本要素向科技型企业集聚，建立多元化科技投融资体系，具体意见如下：第一，创新财政科技经费投入方式，搭建科技金融服务平台；第二，鼓励银行业金融机构加大对科技型中小企业的信贷支持；第三，推动科技型中小企业发行债券筹资工作；第四，进一步发展壮大创业风险投资；第五，支持科技型企业从资本市场融资。

2015 年 9 月 1 日，山西省太原市科学技术局发布《太原市开展科技金融合作试点业务补助贴息暂行办法》。该办法旨在鼓励引导商业银行加大对太原市新兴产业领域科技型中小企业的信贷支持力度，加快高新技术产业化，培育发展战略性新兴产业，推进太原市转型跨越发展。

2016 年 12 月 16 日，山西省科学技术厅为进一步做好科技金融对接服务工作，切实帮助企业解决融资难问题，发布《关于征集科技金融对接企业及项目的通知》，从 2016 年 12 月开始，将定期组织企业投融资路演对接活动，届时将邀请省内外知名私募基金、创业投资基金、商业银行等机构与有融资需求的企业对接。

2018 年 3 月 12 日，山西省科学技术厅为扎实推进山西省科技与金融结合工作，完善项目评审制度，发挥专家咨询决策作用，拟完善省科技专家库，发布《关于征集科技金融专家库人选的通知》。

2018 年 11 月 12 日，山西省科学技术厅为认真贯彻省委、省政府关于创新驱动转型升级各项部署，落实山西省人民政府办公厅《关于创新机制推进科技与金融结合的实施意见》文件精神，深入推进科技与金融充分融合，助力科技型企业科技创新与转型发展，营造有利于高新技术企业、科技型中小企业发展的政策环境，促进科技成果转化与产业化，发布《关于组织申报 2018 年度山西省科技金融创新发展专项的通知》。

2022 年 7 月 6 日，山西省科学技术厅为在推动科技与金融深度融合，规范科技金融专项项目及资金管理，发布《科技金融专项项目及资金管理办法》。引导和扶持方式如下：第一，贷款贴息；第二，金融机构风险补偿和专属信贷金融产品奖励；第三，科技金融服务体系建设类补助；第四，科技创业投资风险补助；第五，科技保险险种保费补助。

6. 黑龙江省科技金融政策梳理

表 2-35　黑龙江省科技金融政策性文件梳理表

成文日期	文件名	发文机构	文件效力
2012-10-22	黑龙江省科学技术厅关于推进科技金融结合促进科技型中小企业发展的通知（黑科发〔2012〕89号）	黑龙江省科学技术厅	行政规范性文件
2012-10-22	黑龙江省科学技术厅为深入贯彻落实黑龙江省全省科技金融结合推进工作会议精，神特制定了《关于推进科技金融结合促进科技型中小企业发展的通知》（黑科发〔2012〕89号）	黑龙江省科学技术厅	行政规范性文件

2012年4月25日，为加快黑龙江省专利成果省内转化落地，进一步推动科技与金融全面结合，黑龙江省科学技术厅、黑龙江省财政厅和黑龙江省金融工作办公室决定联合召开“全省科技金融结合推进工作会议”。

2012年10月22日，黑龙江省科学技术厅为深入贯彻落实黑龙江省全省科技金融结合推进工作会议精神，充分发挥政府的引导带动作用，构建科技金融服务于科技园区企业发展的融资渠道，特制定了《关于推进科技金融结合促进科技型中小企业发展的通知》（黑科发〔2012〕89号）。文件制定了科技园区、科技型中小企业融资需求调研和金融机构政策与金融产品调研的建议参考提纲，以专利权质押担保贷款为切入点，创新金融服务产品，强化科技园区为企业提供融资需求的能力，促进科技和金融的结合，形成政府、企业、金融、中介等部门的良性互动，为推进科技资源与金融资源的有效对接，促进科技成果转化落地和科技园区发展，起到了指导性作用。

7. 吉林省科技金融政策梳理

表 2-36　吉林省科技金融政策性文件梳理表

成文日期	文件名	发文机构	文件效力
2017-06-26	吉林省科学技术厅关于印发省级科技金融服务平台建设实施方案的通知（吉科发财〔2017〕134号）	吉林省科学技术厅	行政规范性文件
2017-07-20	吉林省科学技术厅关于建设吉林省科技金融服务中心的通知（吉科发财〔2017〕146号）	吉林省科学技术厅	行政规范性文件
2021-4-9	吉林省地方金融监督管理局、吉林省科学技术厅、吉林省财政厅、人民银行长春中心支行、吉林银保监局、吉林证监局关于印发《吉林省金融助力科技创新行动计划》的通知（吉金局联字〔2021〕7号）	吉林省地方金融监督管理局等6个局级单位	行政规范性文件

2017年，吉林省科学技术厅为贯彻落实国家关于促进科技与金融结合工作的有关要

求，进一步推进吉林省科技金融结合工作，深入实施创新驱动战略，根据吉林省科技金融发展实际，结合既有基础，选择长春市科技金融服务中心，按照“提升优势、协同发力、强化示范、助力创新”的思路，改造升级建设省级科技金融创新服务平台（吉科发财〔2017〕134号），后经组织专家评审，将省级科技金融创新服务平台正式命名为“吉林省科技金融服务中心”并指定了《吉林省科技金融服务中心建设实施方案》（吉科发财〔2017〕146号，以下简称《方案》）。《方案》把建设内容细分为打造科技金融示范平台、优化吉林省全省科技金融生态共两大类、七项具体措施，以培育、壮大科技型企业为核心，以促进科技成果转化、加速创新驱动发展为目标，以“平台链接、基金主导、多元参与、政府补贴”的投融资体系为支撑，以破解科技型企业融资难、融资贵等问题为核心任务，完善中心服务功能，扩大服务范围，提升运营效能，创建科技和金融结合示范样板。

2021年，吉林省地方金融监督管理局为深入贯彻党的十九大和十九届二中、三中、四中、五中全会精神，落实习近平总书记在中央经济工作会议上重要讲话及视察吉林重要讲话重要指示精神，吉林省地方金融监督管理局、吉林省科学技术厅、吉林省财政厅、人民银行长春中心支行、吉林银保监局、吉林证监局联合指定了《吉林省金融助力科技创新行动计划》（吉金局联字〔2021〕7号，以下简称《计划》）。《计划》共计四章、十七条，分别对：打造市场化服务平台，营造广泛参与科技创新发展环境；完善多层次资本体系，提升服务科创企业全生命周期能力；强化多方要素保障，巩固金融服务科技创新全链条支撑四个方面进行了详细规划。《计划》坚持创新在吉林省全省经济建设全局中的核心地位，发挥金融助力科技创新驱动高质量发展的重要支撑作用，激发全民科技创新活力，对支持吉林在新一轮科技革命和产业变革中加速打造国家重要科学中心和创新高地，推动吉林省构建新发展格局、重塑新发展优势，实现新时代吉林全面振兴全方位振兴，起到制度支撑作用。

第四节　西部地区科技金融政策梳理

1. 四川省科技金融政策梳理

表2-37　2008—2013年四川省科技金融政策性文件梳理表

成文日期	文件名	发文机构	文件效力
2008-04-30	四川省人民政府办公厅发布《关于召开四川科技金融工作推进会的通知》	四川省人民政府办公厅	行政规范性文件
2009-09-16	四川省人民政府发布《关于召开四川省科技金融暨风险投资对接会项目征集培训会的通知》	四川省人民政府	行政规范性文件

续表

成文日期	文件名	发文机构	文件效力
2009-10-28	四川省人民政府发布《关于召开"2010中国西部高新技术产业与风险资本对接会暨科技金融论坛"筹备动员会的通知》	四川省人民政府	行政规范性文件
2013-05-06	四川省自贡市人民政府办公室印发《创建四川省科技金融结合创新示范区工作方案》的通知	四川省自贡市人民政府	行政规范性文件
2013-05-23	四川省德阳市人民政府发布《关于申报的样式科技金融贷款项目的通知》	四川省德阳市人民政府	行政规范性文件
2013-06-21	四川省科技厅发布《关于召开"四川省科技金融对接会暨百名创投精英中国（绵阳）科技城行"会议的通知》	四川省科学技术厅	行政规范性文件

表 2-38　2014 年四川省科技金融政策性文件梳理表

成文日期	文件名	发文机构	文件效力
2014-01-26	四川省人民政府发布《关于召开四川省"盈创动力"科技金融服务模式推广试点工作座谈会的通知》	四川省人民政府	行政规范性文件
2014-03-24	四川省乐山市人民政府发布《关于加快科技金融建设推进园区突变发展的决定》	四川省乐山市人民政府	行政规范性文件
2014-05-14	四川省人民政府《四川推进科技金融结合的探索与实践——刘捷副省长出席第四届中国（西部）高新技术产业与金融资本对接推进会作主题报告》	四川省人民政府	行政规范性文件
2014-09-11	四川省科学技术厅发布《关于2014川南高新技术成果交易暨科技金融对接推进会融资项目征集的通知》	四川省科学技术厅	行政规范性文件
2014-09-19	四川省科学技术厅发布《关于召开2014川南高新技术成果交易暨科技金融对接推进会的通知》	四川省科学技术厅	行政规范性文件
2014-11-17	四川省科学技术厅发布《关于召开节能环保装备专题融资对接暨科技金融培训会的通知》	四川省科学技术厅	行政规范性文件
2014-12-10	四川省科学技术厅发布《关于召开2014年攀西地区科技金融对接会的通知》	四川省科学技术厅	行政规范性文件

表 2-39　2015 年四川省科技金融政策性文件梳理表

成文日期	文件名	发文机构	文件效力
2015-05-18	四川省科学技术厅发布《关于召开 2015 年川南（泸州）科技金融对接与科技成果发布会议的预通知》	四川省科学技术厅	行政规范性文件
2015-05-18	四川省科学技术厅发布《关于征集四川银行业深化科技金融服务暨银科对接会议科技贷款需求项目的通知》	四川省科学技术厅	行政规范性文件
2015-05-21	四川省科学技术厅发布《关于召开四川省科技金融培训班（第二期）暨信息安全及电子信息产业与金融机构对接会的通知》	四川省科学技术厅	行政规范性文件
2015-07-02	四川省科学技术厅发布《关于召开 2015 年川南（泸州）科技金融对接暨科技成果发布会议的通知》	四川省科学技术厅	行政规范性文件
2015-07-17	四川省科学技术厅发布《关于召开四川省科技金融培训班（第三期）暨“互联网＋”专场对接会的通知》	四川省科学技术厅	行政规范性文件
2015-10-16	四川省科学技术厅发布《关于召开 2015 川南高新技术成果交易暨科技金融对接推进会的通知》	四川省科学技术厅	行政规范性文件
2015-10-22	四川省科学技术厅发布《关于召开四川省科技金融培训班（第四期）的通知》	四川省科学技术厅	行政规范性文件

表 2-40　2016—2023 年四川省科技金融政策性文件梳理表

成文日期	文件名	发文机构	文件效力
2016-04-13	四川省内江市人民政府办公室发布《关于进一步推进科技金融融合发展的实施意见》	四川省内江市人民政府办公室	行政规范性文件
2017-05-17	四川省科学技术厅发布《四川省金融工作局关于召开科技金融板挂牌融资培训会的通知》	四川省科学技术厅	行政规范性文件
2017-05-18	四川省科学技术厅发布《关于做好“科技金融板”企业挂牌融资工作的通知》	四川省科学技术厅	行政规范性文件

续表

成文日期	文件名	发文机构	文件效力
2017-08-10	四川省科学技术厅发布《关于第五届中国（绵阳）科技城国际科技博览会科技金融高峰论坛暨投融资对接会项目征集的通知》	四川省科学技术厅	行政规范性文件
2017-09-05	四川省科学技术厅发布《关于参加第五届中国（绵阳）科技城国际科技博览会科技金融高峰论坛暨投融资对接会的通知》	四川省科学技术厅	行政规范性文件
2018-07-24	四川省科学技术厅发布《关于征集推荐天府（四川）联合股权交易中心“科技金融板”挂牌企业的通知》	四川省科学技术厅	行政规范性文件
2020-03-19	四川省成都市科学技术局发布《关于开展“科技金融面对面——2010成都第二届优质科技项目与资本对接会”项目征集的通知》	四川省成都市科学技术厅	行政规范性文件
2020-10-27	四川省绵阳市科学技术局发布《关于组织召开科技金融（科技保险）政策宣讲会议的通知》	四川省绵阳市科学技术厅	行政规范性文件
2021-06-23	四川省科学技术厅发布《2021年四川省科技金融工作要点》	四川省科学技术厅	行政规范性文件
2022-08-23	四川省科学技术厅发布《关于面向社会公开征求《四川省科技金融示范基地管理办法（征求意见稿）》《四川省科技金融专员（顾问）管理办法（征求意见稿）》意见的公告》	四川省科学技术厅	行政规范性文件
2023-02-10	四川省科学技术厅发布《关于面向社会公开征求《关于促进科技金融“投贷服”融合发展的实施意见（征求意见稿）》意见的公告》	四川省科学技术厅	行政规范性文件
2023-03-28	四川省科学技术厅发布《四川省地方金融监督管理局关于第一批四川省科技金融创新基地的公示》。	四川省科学技术厅	行政规范性文件

1.1　2008—2014年四川省科技金融政策性文件梳理

2008年4月30日，四川省人民政府办公厅为进一步完善高新技术投融资政策与服务，探索建立科技与金融的互动机制，使创新要素尤其是资本要素向企业聚集，支持高新技术企业做大做强，发布《关于召开四川科技金融工作推进会的通知》。计划于2008年5月5日上午8：30召开“大力发展高新技术产业，建设科技创新产业化基地——2008四川科技金融工作推进会”。

2009年9月16日，四川省人民政府为强化四川省科技型企业科技金融意识，增强科技型企业综合竞争能力，提高省内中小企业经营、融资、管理水平，发布《关于召开四川省科技金融暨风险投资对接会项目征集培训会的通知》。培训内容为：第一，银行金融创新产品介绍及银行贷款操作实务。第二，风险投资操作实务。第三，2010 年中国（西部）高新技术企业与风险投资对接会项目征集辅导。第四，国家引导基金及省创业投资补助资金申报辅导。第五，冲刺创业板：企业改制、重组及 IPO（首次公开募股，Initial Public Offering）操作实务。第六，现代企业打造金牌团队的最有效方案。第七，企业核心知识产权的占有、转让与质押运作。第八，出口信用保险产品介绍和保单融资操作实务。第九，四川科技金融服务平台介绍。

2009 年 10 月 28 日，四川省人民政府发布《关于召开“2010 中国西部高新技术产业与风险资本对接会暨科技金融论坛”筹备动员会的通知》。2009 中国西部高新技术产业与风险资本对接推进会共引进风险投资 21 项 18 亿元，取得了圆满成功。经与民建中央、科技部、省政府和深圳证券交易所商定，将此会打造成中国西部高新技术产业与风险资本、金融资本对接平台，每年 4 月在成都举办。该会议议程为同胞 2009 年科技金融工作情况并部署 2010 年中国西部高新技术产业与风险资本对接会暨科技金融筹备工作。

2013 年 5 月 6 日，四川省自贡市人民政府办公室印发《创建四川省科技金融结合创新示范区工作方案》的通知。本方案旨在推进自贡市科技和金融结合试点，创建四川省科技金融结合创新示范区，引导金融资源向科技领域配置，加快科技成果转化，促进科技产业和金融产业良性互动发展，主要工作内容如下：第一，创新财政科技投入方式，发挥财政资金的引导作用。第二，大力发展直接融资，扩大科技型企业直接融资规模。第三，加大信贷支持力度，做好间接融资服务。第四，推动发展科技担保体系，培育科技租赁和科技保险市场。第五，加快服务平台建设，构建科技金融服务体系。

2013 年 5 月 23 日，四川省德阳市人民政府为鼓励商业银行等金融机构加大对德阳市科技型中小企业的信贷支持力度，缓解企业融资困难，提升企业自主创新能力，加快高新技术产业化和科技成果转化，促进中小企业发展，发布《关于申报的样式科技金融贷款项目的通知》。针对注册地和纳税地在德阳市辖区、符合本市产业政策，其主导产品技术含量高，有发展前景，并且可以提供相关知识产权作为融资抵押的轻资产的科技型中小企业，可以申请不超过 1000 万元的贷款。

2013 年 6 月 21 日，四川省科技厅为促进科技与金融结合，促使创业投资精英人才进一步了解四川及绵阳科技城产业发展、创业环境和人才激励政策，搭建创业投资精英与科技型企业沟通桥梁，提升金融支持科技型企业的贡献度，发布《关于召开“四川省科技金融对接会暨百名创投精英中国（绵阳）科技城行”会议的通知》。会议主要内容为科技与金融结合相关主题报告和高层论坛；高新技术企业与风险投资机构签约等；重大科技成果转化项目路演等。

2014 年 1 月 26 日，四川省人民政府发布《关于召开四川省“盈创动力“科技金融服务模式推广试点工作座谈会的通知》。该会议旨在进一步促进四川省科技和金融紧密结合，深入实施创新驱动发展战略，推动绵阳、自贡、乐山等国家高新区发展，总结交流“盈创动力”科技金融服务模式，学习借鉴成都高新区科技金融工作经验，研究讨论四川省国家高新区促进科技和金融结合试点推广工作。

2014 年 3 月 24 日，四川省乐山市人民政府发布《关于加快科技金融建设推进园区突变发展的决定》。该通知旨在贯彻落实《关于促进科技和金融结合加快实施自主创新战略的若干意见》(国科发财〔2011〕540号)、《关于加快乐山国家高新技术产业开发区发展的决定》(乐委发〔2013〕7号)、《关于实施“双千双百”培育工程加快推进新型工业化的意见》(乐府发〔2013〕17号)、《关于印发乐山金融业发展规划(2013—2017)的通知》(乐府办发〔2013〕29号)文件精神,鼓励金融创新、聚集金融资源、优化金融环境,促进科技与金融紧密结合,加快乐山高新区金融创新和投融资服务体系建设,推动产业升级和经济结构调整,推进园区突变发展。

2013年5月14日,四川省人民政府作出《四川推进科技金融结合的探索与实践——刘捷副省长出席第四届中国(西部)高新技术产业与金融资本对接推进会作主题报告》。该项报告系统阐述了近年四川在推进科技与金融结合方面的探索和实践。主要包括以下方面:第一,整合科技金融资源;第二,深化科技金融创新试点;第三,搭建科技金融服务平台;第四,创新科技金融协调推进机制。

2014年9月11日,四川省科学技术厅为深入实施创新驱动发展战略,充分发挥科技在转方式、调结构中的支撑引领作用,发布《关于2014川南高新技术成果交易暨科技金融对接推进会融资项目征集的通知》,决定在内江举办2014川南高新技术成果交易暨科技金融对接推进会。

2014年9月19日,四川省科学技术厅发布《关于召开2014川南高新技术成果交易暨科技金融对接推进会的通知》。该项会议是为深入实施创新驱动发展战略,充分发挥科技在转方式、调结构中的支撑引领作用,主要内容为项目签约、主题演讲、项目路演对接、成果转化项目推介、展览展示活动、企业与银行金融机构和风险投资机构及中介服务机构互动。

2014年11月17日,四川省科学技术厅发布《关于召开节能环保装备专题融资对接暨科技金融培训会的通知》。该会议是为促进经济转型升级,加速培育五大高端成长型产业,进一步推进四川省科技和金融结合工作。会议特设“节能环保装备专题对接会”专场活动,组织科技型企业进行融资路演和项目发布,优选节能环保装备领域的高成长企业,与银行金融机构和风险投资机构互动,促成科技与金融的有效对接。同时,并行科技金融理论专题培训与实地教学双向结合,旨在不断提高四川省全省各市州科技金融专业水平,做好科技金融服务工作。

2014年12月10日,四川省科学技术厅发布《关于召开2014年攀西地区科技金融对接会的通知》。该会议旨在帮助科技型中小微企业缓解融资难、融资贵问题,通过政府搭台、社会参与的方式,进一步加强银科合作,促进科技型中小企业与金融机构深度对接。对接会特组织攀西地区科技型企业进行融资路演和项目发布,优选当地的高成长科技型企业,与银行金融机构和风险投资机构互动,促成科技与金融有效对接。同时,并行开展科技金融理论专题培训和实地调研,旨在不断提高攀西地区科技金融专业水平,做好科技金融服务工作。

1.2 2015—2023年四川省科技金融政策性文件梳理

2015年5月18日,四川省科学技术厅发布《关于召开2015年川南(泸州)科技金融对接与科技成果发布会议的预通知》。该会议旨在深入实施创新驱动发展战略,积极引导金融资源向科技创新领域配置,加快科技成果转化,促进科技与金融更加紧密结合。会议主要内容为科技部资源配置司领导作主题演讲;各个融资项目签订融资协约及金融产品介绍。

2015年5月18日，四川省科学技术厅发布《关于征集四川银行业深化科技金融服务暨银科对接会议科技贷款需求项目的通知》。四川省科学技术厅、四川省银监局向四川省全省征集科技贷款需求项目，征集范围为包括：七大战略新兴产业、五大高端成长型产业、五大新兴先导型服务业及四川省科技型中小微企业，要求报送的项目或企业应有实际贷款融资需求，企业征信良好，填报材料真实有效。

2015年5月21日，四川省科学技术厅发布《关于召开四川省科技金融培训班（第二期）暨信息安全及电子信息产业与金融机构对接会的通知》。该对接会旨在为进一步健全四川省科技金融服务体系，提高各市（州）科技金融服务水平，加快盈创动力科技金融服务模式四川省全省推广步伐，加速培育五大高端成长型产业，进一步促进四川省科技和金融结合工作。

2015年7月2日，四川省科学技术厅发布《关于召开2015年川南（泸州）科技金融对接暨科技成果发布会议的通知》。该会议旨在为深入实施创新驱动发展战略，积极引导金融资源向科技创新领域配置，加快科技成果转化，促进科技与金融更加紧密结合。会议主要内容为：高校、科研院所和金融机构分别向川南四市企业推介科技成果和科技金融产品，开展对接和展览展示活动，签订科技金融合作协议。

2015年7月17日，四川省科学技术厅发布《关于召开四川省科技金融培训班（第三期）暨“互联网＋”专场对接会的通知》。“互联网＋”是驱动经济增长的新动力之源，要加大政策支持，积极营造良好的促进“互联网＋”发展的政策环境。该会议以互联网＋中国经济转型之路为主题，围绕两大创新系统、商业模式三大规律、五个角度去转型、商业模式七步法等内容进行了深入浅出的解读。

2015年10月16日，四川省科学技术厅发布《关于召开2015川南高新技术成果交易暨科技金融对接推进会的通知》。该会议为深入实施创新驱动发展战略，全面推进大众创业万众创新工作，充分发挥科技在转方式、调结构中的支撑引领作用，会议主要内容为：项目签约、主题演讲、项目路演对接、成果转化项目推介、展览展示活动、企业与银行金融机构和风险投资机构及中介服务机构互动。

2015年10月22日，四川省科学技术厅发布《关于召开四川省科技金融培训班（第四期）的通知》。该会议旨在为进一步健全四川省科技金融服务体系，提高各市（州）科技金融服务水平，加快盈创动力科技金融服务模式全省推广步伐，加速培育五大高端成长型产业，进一步促进四川省全省的科技和金融结合工作。

2016年4月13日，四川省内江市人民政府办公室为深入贯彻落实市委、市政府“工业强市、产业兴市”战略部署，充分发挥金融支持高新技术产业、战略性新兴产业和高端成长型产业发展的重要作用，推动金融和科技进一步深层结合，发布《关于进一步推进科技金融融合发展的实施意见》。

2017年5月17日，四川省科学技术厅发布《四川省金融工作局关于召开科技金融板挂牌融资培训会的通知》。该会议旨在为更好服务科技型中小微企业发展，充分整合科技金融资源，拓展科技型中小微企业融资渠道，进一步解决融资难困难，会议主要内容为：重点介绍四川省科技金融板建设相关情况，分别对企业挂牌融资在申请挂牌的条件、融资规则、挂牌流程、挂牌管理、相关政策等方面内容进行宣传培训。

2017 年 5 月 18 日，四川省科学技术厅发布《关于做好“科技金融板”企业挂牌融资工作的通知》。该通知旨在为更好服务科技型中小微企业发展，充分整合科技金融资源，拓展科技型中小微企业融资渠道，进一步解决融资难困难，为更好服务科技型中小微企业发展，充分整合科技金融资源，拓展科技型中小微企业融资渠道，进一步解决融资难困难。

2017 年 8 月 10 日，四川省科学技术厅发布《关于第五届中国（绵阳）科技城国际科技博览会科技金融高峰论坛暨投融资对接会项目征集的通知》。

2017 年 9 月 5 日，四川省科学技术厅发布《关于参加第五届中国（绵阳）科技城国际科技博览会科技金融高峰论坛暨投融资对接会的通知》。该会议本次活动将邀请著名经济学家、知名创投机构负责人作主（旨）题演讲，全国科技金融试点地区嘉宾互动。举行现场项目路演，组织机构与企业（项目）自由对接。

2018 年 7 月 24 日，四川省科学技术厅发布《关于征集推荐天府（四川）联合股权交易中心“科技金融板”挂牌企业的通知》。该通知旨在为更好地促进科技型中小企业发展，帮助科技型中小企业获得更多的融资支持和金融服务，按照省政府办公厅《推进成都（川藏）股权交易中心改革发展工作方案》工作部署，科技厅现面向四川省全省征集推荐天府（四川）联合股权交易中心“科技金融板”挂牌企业，支持四川省科技型中小企业在“科技金融板”挂牌融资。

2020 年 3 月 19 日，四川省成都市科学技术局发布《关于开展“科技金融面对面——2010 成都第二届优质科技项目与资本对接会”项目征集的通知》。该通知旨在为进一步营造成都地区创业投资环境，加快科技与金融结合的步伐，推动成都地区的创新创业和科技成果转化，面向新材料和新能源、生物医药、电子信息等高新技术项目征集。在收到项目需求表后，成都市科学技术局将委托成都生产力促进中心组织专业人员对优质项目进行辅导。对于重点项目，将纳入成都市科技金融服务平台项目数据库，平台将及时跟踪项目发展状况，并提供融资辅导、管理咨询等服务，帮助科技项目获得更多的融资机会。

2020 年 10 月 27 日，四川省绵阳市科学技术局发布《关于组织召开科技金融（科技保险）政策宣讲会议的通知》。该会议旨在为贯彻落实党中央国务院关于成渝地区双城经济圈建设和十四次部际协调会议有关指示精神，加快推进绵阳市科技保险、科技信贷等科技金融工作，为努力建设成渝绵“创新金三角”提供有力的科技金融保障。

2021 年 6 月 23 日，四川省科学技术厅发布《2021 年四川省科技金融工作要点》。该文件旨在为进一步促进四川省科技和金融深度融合，抓好“十四五”科技金融开局工作，推动科技要素和金融要素高效配置，不断完善金融支持创新体系，增强创新发展能力，促进经济高质量发展，并制定以下重点任务：第一，做好“十四五”开局工作，促进重大战略部署实施；第二，加强政府引导，推动创新主体培育；第三，拓宽科技企业融资渠道，打通融资“最后一公里”；第四，推进体制机制改革，深化科技金融改革试点；第五，加强服务体系建设，做好科技金融服务保障。

2022 年 8 月 23 日，四川省科学技术厅为进一步促进科技和金融深度融合，特发布《关于面向社会公开征求《四川省科技金融示范基地管理办法（征求意见稿）》、《四川省科技金融专员（顾问）管理办法（征求意见稿）》意见的公告》。

2023 年 2 月 10 日，四川省科学技术厅为进一步强化金融对科技创新的支持，促进科技金融“投贷服”融合发展，引导更多金融资源向科技企业汇聚，特发布《关于面向社会公开征求〈关于促进科技金融“投贷服”融合发展的实施意见（征求意见稿）〉意见的公告》。

2023 年 3 月 28 日，四川省科学技术厅根据《四川省科学技术厅重大科技创新基地建设工作指引》等要求，经单位申报、形式审查、专家评审、集体研究审议等程序，发布《四川省地方金融监督管理局关于第一批四川省科技金融创新基地的公示》。

2. 重庆市科技金融政策梳理

表 2-41　2016—2022 年重庆市科技金融政策性文件梳理表

成文日期	文件名	发文机构	文件效力
2016-04-18	重庆市科学技术委员会关于组织参加重庆市科技金融服务联盟成立仪式暨投融资对接会的通知	重庆市科学技术委员会（今重庆市科学技术局）	行政规范性文件
2017-05-16	重庆市科学技术委员会关于举办“2017 重庆科技金融嘉年华”活动的通知	重庆市科学技术委员会	行政规范性文件
2018-06-12	重庆市科学技术委员会关于参加科技金融创新发展论坛活动的通知	重庆市科学技术委员会	行政规范性文件
2018-12-03	重庆市北碚区科学技术委员会关于召开 2018 年北碚区民营科技型企业科技金融政策培训会的通知	重庆市北碚区科学技术委员会	行政规范性文件
2019-08-15	重庆市科学技术局关于参加中国（西部）科技金融峰会的通知	重庆市科学技术局	行政规范性文件
2021-09-07	重庆市科学技术局关于参加 2021 中国（西部）科技金融峰会的通知	重庆市科学技术局	行政规范性文件
2022-08-17	重庆市科学技术局关于参加 2022 中国（西部）科技金融峰会的通知	重庆市科学技术局	行政规范性文件

2016 年 4 月 18 日，重庆市科学技术委员会为有效整合重庆市科技创新资源，促进技术和资本高效对接，推动大众创业、万众创新，重庆科技金融集团有限公司和重庆高技术创业中心将在第十二届中国重庆高新技术成果交易会暨第八届中国国际军民两用技术博览会期间共同主办“重庆市科技金融服务联盟成立仪式暨投融资对接会”。成立科技金融服务联盟是重庆市为进一步完善科技金融结合服务体系的重要举措，旨在通过科技金融领域各种创新要素的集聚，创新科技金融服务产品，促进科技金融资源的有效对接互动，推动大众创业、万众创新，为高新技术产业和金融业的融合发展创造新的机遇，为后续中国（西部）科技金融峰会奠定了基础。

2017 年 5 月 16 日，承接 2016 年“重庆市科技金融服务联盟成立仪式暨投融资对接会”，重庆市科学技术委员会为促进科技金融领域各种创新要素的集聚，进一步完善科技金融服务体系，举办“2017 重庆科技金融嘉年华活动”。该嘉年华活动重点讨论了大力推进科技创新工作需要围绕解决的创新发展三大战略支撑问题——一是围绕解决技术供给不足问题，大力培育创新主体，尤其是企业创新主体；二是围绕优化创新生态问题，统筹布局创新平台建设，着力打造新型孵化平台和技术转移平台；三是围绕解决科技创新资本来源不足问题，加快建设“投保贷服”科技金融体系，大力推进科技金融三大体系一大平台建设。

2018 年 6 月 12 日，承接“2017 重庆科技金融嘉年华暨科技金融创新与发展论坛”，重庆市科学技术委员会为深入贯彻落实党的十九大精神，推动科技与金融有机融合，促进技术与资本高效对接，拟定在第十三届高交会暨第九届军博会期间，于 2018 年 6 月 21 日（星期四）举办科技金融创新发展论坛活动。本次论坛主题是“科技创新·现代金融·协同发展”。本次论坛将围绕推动科技与金融深度融合发展、推动科技金融创新发展，促进军民融合协同创新，构建创新创业创投生态、建设中国西部创投高地等议题邀请科技部有关领导，中国证券投资基金业协会领导，深圳证券交易所领导，知名投资大咖以及银行、证券等金融机构负责人进行主旨演讲和主题分享，是重庆市科技金融和创业投资领域的一次重要盛会。

2018 年 12 月 3 日，重庆市北碚区科学技术委员会为加快推进我区科技型企业知识价值信用体系建设工作，建立合理的金融风险分担机制，破解融资难、融资贵等问题，助推企业发展，拟组织召开北碚区民营科技型企业科技金融政策专题培训会。本次会议旨在探索与创新“科技金融”新模式，通过财政资金的功能导向作用和风险分担机制，提高银行对科技型中小企业贷款的参与度，扶持企业发展。会议有如下主要内容：重庆市科技融资担保有限公司明海军部长解读《重庆市科技型企业知识价值信用贷款体系建设方案》及《重庆市科技型企业知识价值信用贷款风险补偿基金管理办法》主要精神和重点内容；重庆农村商业银行、重庆银行等银行机构介绍具体工作情况及业务办理流程；光大证券公司进行企业上市业务培训；企业现场互动。

2019 年 8 月 15 日，重庆市科学技术局为助推将重庆建设成为西部创业投资高地和国家西部科技创新中心，于 2019 年 8 月 26 日至 28 日中国国际智能产业博览会期间举办中国（西部）科技金融峰会，峰会以“科技创新·现代金融·产业发展”为主题，围绕科技创新与创业投资及产业发展、全球视野下的中国科技创新机遇、人工智能与科创投资、创业投资基金战略与策略等主题展开论坛与对话。峰会作为“2017 重庆科技金融嘉年华暨科技金融创新与发展论坛”与“2018 科技金融创新发展论坛”的有力承接，在扩大了论坛规模的同时深化了论坛内容，并首次将“科技金融创新发展论坛”升级为“中国（西部）科技金融峰会”。此次峰会有国内外重要嘉宾、上海证券交易所、深圳证券交易所、中国基金业协会负责人，科技金融行业领军人才、创投界知名投资人和创业投资机构等代表 800 余人与会，峰会期间围绕科技创新与创业投资及产业发展、全球视野下的中国科技创新机遇、人工智能与科创投资、创业投资基金战略与策略等主题开展论坛、对话、路演对接等活动。

2021 年 9 月 7 日，重庆市科学技术局为创新助力、为经济赋能，2021 中国国际智能产业博览会专题论坛——2021 中国（西部）科技金融峰会将于 2021 年 9 月 15 日至 16 日在重庆举行。本届峰会以“科技创新・现代金融・产业发展”为主题，通过科技金融创新发展的主题演讲、高端对话、圆桌论坛、项目路演活动等形式，共同交流与分享科技新风向、科技金融新机会，推动成渝双城经济圈建设，努力把重庆建设成为具有全国影响力的科技创新中心和西部金融中心，打造高质量发展新引擎。本次峰会作为“2019 中国（西部）科技金融峰会”的延续，由中国国际智能产业博览会组委会主办，重庆市科学技术局、重庆市渝中区人民政府承办，重庆市渝中区科学技术局、重庆科技创新投资集团有限公司、重庆市科技创业投资协会协办，并有中国投资协会创业投资专业委员会、中国科技金融促进会风险投资专业委员会、中国国际科技促进会母基金分会作为峰会支持单位。本次峰会有国内科技金融行业领军人物、专家、创业投资大咖、创业投资机构代表等 200 余名嘉宾，通过主题演讲与圆桌论坛等多种方式，围绕上市挂牌、科技新风向、国际科技金融创新、医疗健康产业、数字经济创新与投资等主题展开论坛、交流与对话。

2022 年 8 月 17 日，重庆市科学技术局为创新助力、为经济赋能，2022 中国国际智能产业博览会专题论坛——2022 中国（西部）科技金融峰会将于 2022 年 8 月 22 日至 23 日在重庆举行。本届峰会延续“科技创新・现代金融・产业发展”主题，通过科技金融创新发展的主旨演讲、主题分享、高端对话、圆桌论坛、项目路演活动等形式，共同交流与分享科技新风向、科技金融新机会，推动成渝双城经济圈建设，助力重庆建设成为具有全国影响力的科技创新中心和西部金融中心，打造高质量发展新引擎。本次峰会作为“2019 中国（西部）科技金融峰会”、“2021 中国（西部）科技金融峰会”的延续，由中国国际智能产业博览会组委会主办，重庆市科学技术局、重庆市渝中区人民政府承办，重庆市渝中区科学技术局、重庆科技创新投资集团有限公司、重庆市科技创业投资协会协办，并有中国投资协会创业投资专业委员会、中国国际科技促进会母基金分会作为峰会支持单位。峰会有国家部委、重庆市领导，资本市场交易所、国内外知名创投机构等众多领导、院士专家、行业精英、科技金融机构、企业代表出席峰会，作为重庆市科技金融领域重要的活动，对于推动重庆市建设成为具有全国影响力的科技创新中心和西部金融中心，打造高质量发展新引擎具有重要意义。

3. 贵州省科技金融政策梳理

表 2-42　2014 年贵州省科技金融政策性文件梳理表

成文日期	文件名	发文机构	文件效力
2014-06-23	贵州省科学技术厅、中国银行贵州省分行关于印发《贵州省科学技术厅中国银行贵州省分行科技金融实施方案》的通知（黔科通〔2014〕86 号）	贵州省科学技术厅、中国银行贵州省分行	行政规范性文件
2014-09-17	贵州省科学技术厅关于征集科技金融贷款、贴息项目的通知（黔科通〔2014〕129 号）	贵州省科学技术厅	行政规范性文件

2014 年 6 月 23 日，贵州省科学技术厅、中国银行贵州省分行为深入贯彻国发 2 号文件精神和贵州省全省科技大会精神，贵州省科学技术厅与中国银行贵州省分行全面深入地开展银政合作，共同制定了《贵州省科学技术厅中国银行贵州省分行科技金融实施方案》

（黔科通〔2014〕86号，以下简称《实施方案》）。上文所述“银政合作”主要指：2013年8月，贵州省科学技术厅与中国银行贵州省分行签署的银政战略合作协议，以中国银行贵州省分行浙江商城支行为载体，成立了贵州省首家省级科技支行，并围绕科技支行业务，推出中国银行贵州“黔科通宝”科技金融产品服务，在中国银行贵州省分行中小企业业务中心与贵州省生产力促进中心、贵州省风险投资管理中心紧密配合下，作为贵州省科技金融服务的先驱和试验田为科技型中小企业提供科技金融服务。该《实施方案》从合作体系组织架构设置、“黔科通宝”业务体系、保障措施三个方面详细规定了“银政战略合作协议”的各项细则，充分发挥了财政科技资金杠杆作用，撬动和引导了金融机构和社会资本投入贵州科技创新创业的工作中，推动科技型中小企业发展壮大，已经成了贵州省科技金融融合发展的范本。

2014年9月17日，贵州省科学技术厅为深入贯彻国发2号文件精神和贵州省全省科技大会精神，加强贵州省科技资源与金融资源紧密结合，解决科技型中小企业在技术创新和成果转化、产业化过程中面临的融资难问题，充分发挥财政科技杠杆作用，撬动和引导金融机构和社会资本投入科技创新，贵州省科学技术厅拟对具有科技金融需求并达到补助条件的企业进行贷款利息补助。本次贷款利息补助对具有技术性、创新性和成长性较好的企业进行两大类利息补助：资产抵押/质押贷款类和无抵押担保法人信用贷款类，以抵押贷款与信用贷款两类完美涵盖了科技型中小企业的融资需求，针对性地解决了企业融资难、融资贵的相关问题，成了贵州省科技金融发展的先驱项目。

4. 广西壮族自治区科技金融政策梳理

表2-43　2017—2021年广西壮族自治区科技金融政策性文件梳理表

成文日期	文件名	发文机构	文件效力
2017-07-12	广西壮族自治区科学技术厅关于举办“‘互联网＋’科技金融与创新发展专题调研学习班”的通知	广西壮族自治区科学技术厅	行政规范性文件
2021-09-09	广西壮族自治区科学技术厅关于公开征求《自治区科技厅 农业银行广西分行关于印发提升现代农业科技金融服务水平 创新支撑乡村振兴有关措施》（征求意见稿）修改意见的函	广西壮族自治区科学技术厅	行政规范性文件

2017年7月12日，广西壮族自治区科学技术厅为学习借鉴浙江省全面深化“互联网＋”发展战略，推动互联网与科技金融创新融合的先进经验，帮助广西壮族自治区科技管理人员借助现代信息技术手段，创新科技金融工作的新思路、新模式和新方法，自治区科学技术厅定于2017年8月7日至11日在浙江大学举办“‘互联网＋’科技金融与创新发展专题调研学习班”。

2021年9月9日，广西壮族自治区科学技术厅为贯彻落实科技部、中国农业银行联合制定的《关于加强现代农业科技金融服务创新支撑乡村振兴战略实施的意见》（国科发农技〔2021〕95号），促进科技创新和金融服务创新结合，推动广西壮族自治区科技强农八大工程的深入实施，进一步发挥科技创新在支撑乡村振兴中的重要作用，按照“科技引领、金融扶持、产业兴旺”总要求，遵循“政府引导、市场运作、优势互补、互利共赢”

的原则，自治区科技厅起草了《自治区科技厅、农业银行广西分行关于印发提升现代农业科技金融服务水平创新支撑乡村振兴有关措施》（征求意见稿，以下简称《措施》）。《措施》共计谈及八项办法，分别是加大农业科技创新信贷支持力度、重点支持企业开展现代种业创新、探索在农业科技计划项目中引入信贷资金、提升农业科技园区等创新区域功能区金融服务水平、支持乡村科技特派员创新创业、探索农业科技投贷联动“1＋N”合作体系、搭建银企（机构、院所）对接平台和加强信息共建共享。《措施》将更多的金融资源引入县域、农业科技园区、科技型企业等，助力推进广西壮族自治区农业农村现代化，为科技金融促进乡村振兴工作做出了制度性保障。

5. 云南省科技金融政策梳理

表 2-44　2014—2020 年云南省科技金融政策性文件梳理表

成文日期	文件名	发文机构	文件效力
2014-12-15	云南省科学技术厅关于云南省科技金融结合专项补助资金管理暂行办法（云南省科学技术厅公告 第 41 号）	云南省科学技术厅	行政规范性文件
2015-07-15	云南省科学技术厅关于 2015 年科技金融结合专项资金补助项目第二批申报工作的通知	云南省科学技术厅	行政规范性文件
2016-12-13	云南省科学技术厅关于大力推进体制机制创新积极促进科技金融结合的意见（云科资发〔2016〕3 号）	云南省科学技术厅	行政规范性文件
2017-04-13	云南省科学技术厅关于 2018 年科技金融结合专项资金补助项目申报工作的补充通知	云南省科学技术厅	行政规范性文件
2018-04-12	云南省科学技术厅关于 2019 年科技金融结合专项资金补助项目申报工作的补充通知	云南省科学技术厅	行政规范性文件
2018-08-08	云南省科学技术厅关于 2019 年度云南省科技金融结合专项资金补助项目评审工作方案	云南省科学技术厅	行政规范性文件
2019-06-06	云南省科学技术厅关于申报 2020 年科技金融结合专项资金项目的通知	云南省科学技术厅	行政规范性文件
2020-03-25	云南省科学技术厅关于征求科技金融结合专项补助资金管理办法和科技保险保费补助资金实施细则意见的通知	云南省科学技术厅	行政规范性文件

表 2-45　2021—2022 年云南省科技金融政策性文件梳理表

成文日期	文件名	发文机构	文件效力
2021-11-08	云南省科学技术厅关于 2022 年度科技金融结合专项拟支持项目公示的通知	云南省科学科技厅	行政规范性文件
2022-12-12	云南省科学技术厅关于 2023 年度科技金融结合专项拟支持项目公示的通知	云南省科学技术厅	行政规范性文件

5.1　2014—2017 年云南省科技金融政策性文件梳理

2014 年 12 月 15 日，云南省科学技术厅为充分发挥财政资金的杠杆作用，鼓励和引导民间资本进入科技创新领域，促进科技和金融结合，提升云南省科技创新与金融创新水平，推动科技型中小企业成长，根据《关于印发促进科技和金融结合试点实施方案的通知》（国科发财〔2010〕720 号）、《中共云南省委、云南省人民政府关于加快实施创新驱动发展战略的意见》（云发〔2013〕8 号）等文件精神，结合云南省实际，制定本办法。科技金融结合专项补助资金（以下简称“专项补助资金”）支持的重点产业领域和方向：第一，重点支持领域包括云南省高新技术产业、战略性新兴产业、高原特色农业等；第二，重点支持方向包括云南省生物医药、新能源、高端装备制造、新能源汽车、新材料、节能环保、高原特色农业等战略性新兴产业或高新技术产业。省科技行政主管部门负责专项补助资金相关管理工作，对本省行政区域内符合条件的科技型中小企业、创业投资机构（包括创业投资企业、创业投资管理企业及具有投资功能的中小企业服务机构等）、担保机构、小额贷款公司及银行等给予专项资金补助，资金来源为省级财政科技经费。本办法中的科技型中小企业是指按照《云南省民营科技型中小企业认定管理办法》认定的科技型中小企业。专项补助资金实行后补助，主要用于以下四种补助类型：第一，科技创业投资风险补助；第二，科技贷款补助：包括科技型中小企业知识产权（特指专利权）质押贷款贴息和中间费用补助、小额贷款公司科技贷款风险补助、银行知识产权质押贷款风险补助；第三，科技贷款担保补助：包括科技型中小企业贷款担保费补助、担保公司担保风险补助；第四，科技型中小企业科技保险保费补助。

2015 年 7 月 15 日，云南省科学技术厅为深入实施创新驱动发展战略，推进新一轮建设创新型云南行动计划实施，鼓励和支持云南省科技型中小企业不断发展壮大，省科技厅设立了“科技金融结合专项资金补助”项目。根据《云南省科技金融结合专项补助资金管理暂行办法》（云南省科学技术厅公告第 41 号），现将 2015 年科技金融结合专项资金补助项目第二批申报事项通知如下：第一，支持的对象，一为科技型中小企业提供服务的投融资机构，创投机构（包括创业投资企业、创业投资管理企业、具有投资功能的中小企业服务机构等 3 类）、银行、科技担保机构、科技小额贷款公司等（具体条件见附件）。二为获得投融资机构支持的科技型中小企业。本通知中的科技型中小企业主要指在云南省境内工商管理部门注册登记和依法纳税，符合《中小企业划型标准规定》（工信部联企业〔2011〕300 号）相关标准，从事高新技术产品的研究、开发、生产或服务业务的高新技术企业、创新型（试点）企业，以及按照《云南省民营科技型中小企业认定管理办法》认定的中小企业。第二，支持的产业重点，一重点支持领域包括云南省高新技术产业、战略性新兴产业、高原特色农业等；二重点支持方向包括云南省生物医药、新能源、高端装备制造、新能源汽车、新材料、节能环保、高原特色农业等战略性新兴产业或高新技术产业。第三，专项资金采取后补助方式，主要用于科技创业投资风险补助、科技贷款补助（包括：知识产权质押贷款贴息和中间费用补助、科技小额贷款风险补助、银行知识产权质押贷款风险补助3类)、科技贷款担保补助（包括：科技型中小企业贷款担保费补助、担保公司担保风险补助)、科技保险保费补助。

2016年12月13日，云南省科学技术厅为贯彻落实中国人民银行、科技部、中国银监会、中国证监会、中国保监会、国家知识产权局《关于大力推进体制机制创新扎实做好科技金融服务的通知》（银发〔2014〕9号）以及中国银监会、科技部、中国人民银行《关于支持银行业金融机构加大创新力度开展科创企业投贷联动试点的指导意见》（银监发〔2016〕14号）等文件精神，抓住云南省建设沿边金融综合改革试验区的良好机遇，推动体制机制创新，深化促进科技和金融结合，支持云南省创新体系建设，主动服务和积极融入国家发展战略，做好南亚东南亚辐射中心建设服务工作，经2016年11月11日省委全面深化改革领导小组第二十五次会议审议同意，提出以下意见：第一，促进科技与金融结合工作的意义。科技与金融结合是科技进步与经济发展结合的重要手段，是催化创新型经济形成的重要战略举措，是创新驱动发展的必经之路。第二，促进科技与金融结合的工作原则及主要任务。按照“统筹部署、协同推进、突出重点、形成示范”原则推动科技与金融结合工作，逐步形成有利于促进科技创新与金融服务深层次结合的良性互动机制，构建较为完整的科技产业资金链条和科技投融资机制，有效形成解决金融资源与科技型企业融资脱节，融资难、融资贵等问题的高效运作机制。第三，创新财政科技资金使用方式，用活政府引导政策。进一步发挥财政科技资金杠杆作用，推动财政资金循环使用，提高财政科研资金使用效率和效益，建立“风险金池＋银行＋保险、担保或创业投资”等多种形式组合的科技金融风险补偿机制。第四，加强银行业金融机构支持科技型企业发展力度。鼓励银行业金融机构制定专门的科技型企业信贷管理办法，针对不同发展阶段的科技型企业，在客户准入、授信政策等方面加大倾斜力度。第五，积极推进科技保险工作。建立和完善科技保险体系。按照政府引导、商业保险机构运作、产寿险业务并重的原则，进一步建立和完善科技保险服务体系。根据云南省科技型企业发展需求，调整科技保险各险种补助比例。加大科技保险宣传力度，引导保险机构开展科技保险业务，鼓励更多的科技型企业参加科技保险。第六，利用资本市场融资。支持符合条件的科技型企业在境内外上市融资。支持科技型上市企业通过并购重组做大做强。鼓励科技型上市企业通过并购基金等方式实施兼并重组，拓宽融资渠道。第七，加强组织保障。健全由科技、财政、金融监管部门参加的跨部门、跨层级的协调沟通和分工负责机制，加强科技、知识产权、财政、金融等政策的协调，形成推进科技金融发展的政策合力。

2017年4月13日，云南省科学技术厅根据云南省科技厅《关于发布2018年云南省科技计划项目申报指南的通知》（云科创发〔2017〕2号）要求，为规范2018年度科技金融结合专项资金补助申报工作，现将具体申报事项补充如下：第一，支持的对象为科技型中小企业提供服务的投融资机构和获得投融资机构支持的科技型中小企业。第二，支持的产业重点，一重点支持领域包括云南省高新技术产业、战略性新兴产业、高原特色农业等；二重点支持方向包括云南省生物医药、新能源、高端装备制造、新能源汽车、新材料、节能环保、高原特色农业等战略性新兴产业或高新技术产业。

5.2 2018—2022年云南省科技金融政策性文件梳理

2018年4月12日，云南省科学技术厅根据《云南省科技厅云南省财政厅关于发布2019年科技计划项目申报指南的通知》（云科创发〔2018〕5号）要求，为规范2019年度科技金融结合专项资金补助申报工作，做出相关申报事项补充通知。

2018年8月8日，2019年云南省科技金融结合专项资金补助项目评审工作包括科技贷款类、科技贷款担保类、科技创业投资类的立项评审，共涉及55个项目评审工作。其中，科技型中小企业知识产权质押贷款贴息及中间费补助项目9项，科技型中小企业科技贷款担保费补助项目38项，创投机构风险补助项目5项，担保机构风险补助项目2项，银行专项风险准备金补助项目1项。项目评审工作在省科技厅资源配置与管理处指导下，通过科学的评审方法得出结果，为省科技厅2019年度云南省科技金融结合专项资金补助项目立项工作提供科学、客观的依据。

2019年6月6日，云南省科学技术厅根据科技金融结合专项要求，为规范2020年度科技金融结合专项资金补助申报工作，现将具体申报事项通知如下：第一，专项资金的支持重点为科技型企业提供服务的投融资机构和获得投融资机构支持的科技型企业。第二，重点支持领域，重点支持“两型三化”现代产业体系、八大重点产业、世界一流“绿色能源”“绿色食品”“健康生活目的地”“三张牌”、“数字云南”等领域项目。

2020年3月25日，云南省科学技术厅为充分发挥财政科技资金引导作用，激励社会资本加大力度支持创新创业，缓解科技型企业“融资难、融资贵”问题，构建新时期科技创新与创业投资、银行信贷、融资担保、科技保险等各种金融资本深度结合的模式和机制，按照《云南省人民政府办公厅关于财政支持和促进科技成果转化的实施意见》（云政办发〔2019〕86号）等文件精神，修订了原科技金融结合专项补助、科技保险保费补助相关管理办法。

2021年11月8日，云南省科学技术厅根据《关于2022年度科技金融结合专项资金项目申报的通知》，经公开申报、主管处室初审、专家评审、厅务会议审定等流程，拟立项55个项目，补助金额合计613.97万元。

2022年12月12日，云南省科学技术厅根据《关于2023年度科技金融结合专项资金项目申报的通知》，经公开申报、主管处室初审、专家评审、厅务会议审定等流程，拟立项50个项目，补助金额合计483.2万元。

6. 陕西省科技金融政策梳理

表2-46 2007—2019年陕西省科技金融政策性文件梳理表

成文日期	文件名	发文机构	文件效力
2007-03-26	陕西省西安市人民政府关于印发西安市中长期科学技术发展规划纲要（2006—2020年）的通知（市政发〔2007〕35号）	陕西省西安市人民政府	行政规范性文件

续表

成文日期	文件名	发文机构	文件效力
2009 年	陕西省西安市科学技术局关于进一步加强科技与金融合作 共同促进科技产业发展的指导意见（市科发〔2009〕16 号）	陕西省西安市科学技术局	行政规范性文件
2019-02-04	陕西省西安市人民政府办公厅关于印发《西安市科技金融产业发展规划（2019—2021 年）》的通知（市政办发〔2019〕10 号）	陕西省西安市人民政府办公厅	行政规范性文件

西安市，作为陕西省省会、国家中心城市、西安都市圈、关中平原城市群核心城市以及“一带一路”的枢纽城市，其科技金融发展在陕西省科技金融与产业融合发展工作中起到核心枢纽、支撑的作用。

西安市科技金融的相关政策性文件最早可追溯到于 2007 年 3 月 26 日制定的《西安市中长期科学技术发展规划纲要（2006—2020 年）》（市政发〔2007〕35 号，以下简称《纲要》）。《纲要》第六章第三节中就谈到“引导金融支持和社会资金投入”问题，《纲要》认为：要搭建多种形式的科技金融合作平台，引导各类金融机构和民间资金参与科技开发；鼓励金融机构改善和加强对高新技术企业，特别是对科技型中小企业的金融服务。

2009 年，西安市科学技术局为确保西安市“十一五”规划纲要顺利实施，制定了《关于进一步加强科技与金融合作共同促进科技产业发展的指导意见》（市科发〔2009〕16 号），并开展了西安市科技企业融资情况调查等工作。通过近十年的工作实践，西安初步形成科技金融产业功能布局，构建了“政府政策引导、利益机制主导、多元创新创业”的西安科技金融产业发展模式，搭建了科技金融政策体系、机构体系、产品体系与科技金融工作服务平台。

2019 年 2 月 4 日，西安市人民政府办公厅制定《西安市科技金融产业发展规划（2019—2021 年）》（市政办发〔2019〕10 号，以下简称《规划》）。《规划》针对西安市现阶段存在的四大主要问题，提出了要“围绕产业链部署创新链、围绕创新链完善资金链”的基本思路，打造“一个中心”、建好“两个平台”、完善“三个体系”，实现“三个 1000”目标（即“1233”体系）。《规划》为实施创新驱动发展战略，积极引导金融资源向科技领域配置，促进科技、金融与产业的深度融合，推动科技成果转化，培育战略性新兴产业，打造西安“硬科技之都”，提供了符合时代的新制度安排。

7. 甘肃省科技金融政策梳理

表 2-47　2014 年甘肃省科技金融政策性文件梳理表

成文日期	文件名	发文机构	文件效力
2014-03-31	搭建政策科技金融平台，推动产业园区做大做强	甘肃日报	电讯

白银高新技术产业开发区于 1991 年经甘肃省政府批准设立，2010 年 9 月经国务院批

准升级为国家级高新技术产业开发区，系甘肃省科技金融发展组件的重要组成部分；一直以来，该产业园区发展受到省内外多方位多部门的全面关注与大力支持。

甘肃日报 2014 年 3 月 31 日讯，2014 年 3 月 30 日，省委副书记、省长刘伟平在白银市国家高新技术产业开发区调研时强调，要坚持改革创新，进一步完善园区功能，积极为企业搭建政策、科技、金融、产业合作等平台，支持成长型好、科技含量高、市场竞争力强的中小企业抱团发展，推动产业园区不断做大做强。

8. 青海省科技金融政策梳理

表 2-48　2017 年青海省科技金融政策性文件梳理表

成文日期	文件名	发文机构	文件效力
2017-10-10	青海省科学技术厅发布《关于成立科技金融协调工作组的通知》	青海省科学技术厅	行政规范性文件

2017 年 10 月 10 日，青海省科学技术厅为贯彻落实《科技部办公厅、国家开发银行办公厅关于推进开发性金融支持重大科技创新项目实施有关工作的通知》(国科办资〔2017〕82 号) 精神，推动青海省科技与金融深度融合发展，大力推进开发性金融对青海省重大科技创新项目的支持，加速科技成果产业化发展，发布《关于成立科技金融协调工作组的通知》，决定成立科技金融协调工作组。

9. 宁夏回族自治区科技金融政策梳理

表 2-49　2012—2017 年宁夏回族自治区科技金融政策性文件梳理表

成文日期	文件名	发文机构	文件效力
2012-01-01	宁夏回族自治区科学技术厅发布《宁夏科技金融专项资金管理暂行办法》	宁夏回族自治区科学技术厅	行政规范性文件
2013-08-14	宁夏回族自治区科学技术厅发布《关于申报 2013 年度科技金融专项的通知》	宁夏回族自治区科学技术厅	行政规范性文件
2014-03-13	宁夏回族自治区科学技术厅发布《关于申报 2014 年度第一批科技金融专项的通知》	宁夏回族自治区科学技术厅	行政规范性文件
2014-06-16	宁夏回族自治区政府发布《关于征集宁夏科技金融专家库人选的函》	宁夏回族自治区人民政府	行政规范性文件
2015-05-08	宁夏回族自治区科学技术厅发布《关于申报 2015 年度科技金融专项的通知》	宁夏回族自治区科学技术厅	行政规范性文件
2016-03-04	宁夏回族自治区科学技术厅发布《关于申报 2016 年度科技金融专项的通知》	宁夏回族自治区科学技术厅	行政规范性文件

续表

成文日期	文件名	发文机构	文件效力
2017-02-08	宁夏回族自治区科学技术厅发布《关于申报 2017 年度科技金融专项的通知》	宁夏回族自治区科学技术厅	行政规范性文件
2017-08-14	宁夏回族自治区科学技术局发布《关于申报 2017 年第二批科技金融专项的通知》	宁夏回族自治区科学技术厅	行政规范性文件
2017-12-09	夏回族自治区科学技术厅发布《关于面向全区征集科技金融战略合作机构的通知》	宁夏回族自治区科学技术厅	行政规范性文件

表 2-50　2018—2022 年宁夏回族自治区科技金融政策性文件梳理表

成文日期	文件名	发文机构	文件效力
2018-03-26	宁夏回族自治区科学技术厅发布《关于对 2018 年科技金融专项资金第一批拟补助对象进行公示的通知》	宁夏回族自治区科学技术厅	行政规范性文件
2018-03-28	宁夏回族自治区科学技术厅发布《关于确定科技金融战略合作机构的通知》	宁夏回族自治区科学技术厅	行政规范性文件
2018-05-02	宁夏回族自治区科学技术厅发布《关于印发《宁夏科技金融创新行动实施方案（2018—2020）》的通知》	宁夏回族自治区科学技术厅	行政规范性文件
2018-05-10	宁夏回族自治区科学技术厅发布《关于申报 2018 年第二批科技金融专项的通知》	宁夏回族自治区科学技术厅	行政规范性文件
2018-06-07	宁夏回族自治区科学技术厅发布《关于开展自治区科技金融专项资金项目绩效评价工作的通知》	宁夏回族自治区科学技术厅	行政规范性文件
2018-06-22	宁夏回族自治区科学技术厅发布《关于对 2018 年科技金融专项资金第二批拟补助对象进行公示的通知》	宁夏回族自治区科学技术厅	行政规范性文件
2022-09-08	宁夏回族自治区科学技术厅发布《2022 年度自治区科技金融不住公示》，对拟补助企业予以公示	宁夏回族自治区科学技术厅	行政规范性文件
2022-09-16	宁夏回族自治区科学技术厅发布《关于组织申报 2023 年度自治区科技金融补助的通知》	宁夏回族自治区科学技术厅	行政规范性文件

2012 年 1 月 1 日，宁夏回族自治区科学技术厅发布《宁夏科技金融专项资金管理暂行办法》。该通知旨在确保自治区科技金融专项资金的规范运作，引导金融资本支持科技型中小企业，推动科技型中小企业成长，根据《国家科技成果转化引导基金管理暂行办法》（国财教〔2011〕289 号）和《自治区应用技术研究与开发资金管理暂行办法》（宁财（企）发〔2005〕182 号）等有关规定，结合我区实际，设立自治区科技金融专项资金。

2013 年 8 月 14 日，宁夏回族自治区科学技术厅发布《关于申报 2013 年度科技金融专项的通知》。该专项资金的设立旨在：为进一步做好宁夏回族自治区科技金融工作，支持科技型中小企业发展，科技厅在上半年科技型中小企业融资需求征集的基础上，建立了2013年度科技型中小企业融资需求库并推荐给了科技金融合作机构，根据《宁夏科技金融专项资金管理暂行办法》，将对入库企业的知识产权质押融资费用、贷款利息、担保费用等给予一定的补贴。

2014年3月13日，宁夏回族自治区科学技术厅发布《关于申报2014年度第一批科技金融专项的通知》。该专项自己的设立旨在：为进一步促进科技与金融结合，缓解科技型中小企业科技成果转化和产业化过程中的资金短缺难题，推进科技型中小企业快速发展，根据《自治区党委 人民政府关于加快推进科技创新的若干意见》（宁党发〔2013〕37号）和《自治区人民政府办公厅转发自治区科技厅等部门关于促进科技和金融结合加快科技型中小微企业发展的实施意见》（宁政办发〔2012〕225号）精神，按照《宁夏科技金融专项资金管理暂行办法》要求，将2013年入库但当年未获得补贴的企业知识产权质押融资费用、贷款利息、担保费用等给予一定的补贴。

2014年6月16日，宁夏回族自治区为进一步促进宁夏回族自治区科技与金融结合工作，完善项目评审制度，发挥专家咨询决策作用，拟补充建立宁夏科技金融专家库，发布《关于征集宁夏科技金融专家库人选的函》。

2015年5月8日，宁夏回族自治区科学技术厅发布《关于申报2015年度科技金融专项的通知》。该项目资金旨在：为进一步促进科技与金融结合，缓解科技型中小微企业科技成果转化和产业化过程中的融资难、融资贵问题，推动科技型中小微企业加速发展，按照《宁夏科技金融专项资金管理暂行办法》要求，将对已列入“宁夏科技型中小微企业融资需求库”、且未获得科技金融专项资金支持的项目的知识产权质押融资费用、贷款利息、担保费用等给予一定的补贴。

2016年3月4日，宁夏回族自治区科学技术厅发布《关于申报2016年度科技金融专项的通知》。该项目资金旨在：为进一步促进科技与金融结合，缓解科技型中小微企业科技成果转化和产业化过程中的融资难、融资贵问题，推动科技型中小微企业加速发展，按照《宁夏科技金融专项资金管理暂行办法》要求，将对已列入“宁夏科技型中小微企业融资需求库”、且未获得科技金融专项资金支持的项目的知识产权质押融资费用、贷款利息、担保费用等给予一定的补贴。

2017年2月8日，宁夏回族自治区科学技术厅发布《关于申报2017年度科技金融专项的通知》。该项目资金旨在：为贯彻落实全区科技创新大会精神，进一步降低科技型中小微企业科技成果转化和产业化过程中的融资成本，依据《宁夏科技金融专项资金管理暂行办法》要求，将对已列入“宁夏科技型中小微企业融资需求库”、且未获得科技金融专项资金支持的项目的知识产权质押融资费用、贷款利息、担保费用给予一定的补贴。

2017年8月14日，宁夏回族自治区科学技术局发布《关于申报2017年第二批科技金融专项的通知》。该项目资金设立旨在：为贯彻落实自治区第十二次党代会精神，创新财政科技投入方式，进一步降低科技型中小微企业融资成本，按照《宁夏科技金融专项资金管理暂行办法》（宁财（企）发〔2012〕833号）、《宁夏回族自治区推进科技保险试点工作实施细则（暂行）》（宁科财字〔2017〕5号）要求，将对符合科技金融专项资金支持条件的企业的知识产权质押融资费用、贷款利息、担保费用、科技保险费用等给予一定的补贴。

2017 年 12 月 29 日，宁夏回族自治区科学技术厅发布《关于面向全区征集科技金融战略合作机构的通知》。该通知旨在：为贯彻落实自治区十二次党代会精神和《自治区党委人民政府关于推进创新驱动战略的实施意见》（宁党发〔2017〕26 号）等文件精神，进一步推动科技与金融深度融合，科技厅决定重新面向社会公开征集科技金融战略合作机构，并按照自主申请、公开筛选的程序，确定科技金融战略合作机构，签订合作协议。

2018 年 3 月 26 日，宁夏回族自治区科学技术厅发布《关于对 2018 年科技金融专项资金第一批拟补助对象进行公示的通知》。为贯彻落实自治区第十二次党代会精神和《自治区党委人民政府关于推进创新驱动战略的实施意见》（宁党发〔2017〕26 号）要求，进一步降低科技型中小微企业科技成果转化和产业化过程中的融资成本，依据《宁夏科技金融专项资金管理暂行办法》要求和 2018 年自治区财政预算安排，宁夏回族自治区科学技术厅拟对 80 家科技型中小微企业的科技贷款利息或科技保险保费给予补贴。

2018 年 3 月 28 日，宁夏回族自治区科学技术厅发布《关于确定科技金融战略合作机构的通知》：按照自愿申报、公开答辩、专家评审的流程，最终确定了 32 家金融机构为“宁夏科技金融战略合作机构”、增补 1 家金融机构进入“宁夏科技型中小微企业风险补偿专项资金合作银行”。

2018 年 5 月 2 日，宁夏回族自治区科学技术厅发布《关于印发〈宁夏科技金融创新行动实施方案（2018—2020）〉的通知》。《宁夏科技金融创新行动实施方案》指出未来 3 年，自治区科技厅、财政厅将不断加大财政科技金融投入力度，引导和撬动金融资本和社会资本支持科技创新。到 2020 年，撬动金融资本、社会资本 60 亿元以上，支持科技企业 800 家以上，培育和组建科技金融中介或专营机构 10 家以上、科技金融战略合作机构达到 30 家以上。

2018 年 5 月 10 日，宁夏回族自治区科学技术厅发布《关于申报 2018 年第二批科技金融专项的通知》，该资金申报条件同《关于申报 2018 年第一批科技金融专项的通知》。

2018 年 6 月 7 日，宁夏回族自治区科学技术厅为加强和规范科技金融专项资金项目管理，提高资金使用效益，发布《关于开展自治区科技金融专项资金项目绩效评价工作的通知》。

2018 年 6 月 22 日，宁夏回族自治区科学技术厅发布《关于对 2018 年科技金融专项资金第二批拟补助对象进行公示的通知》。

2022 年 9 月 8 日，宁夏回族自治区科学技术厅发布《2022 年度自治区科技金融补助公示》。

2022 年 9 月 16 日，宁夏回族自治区科学技术厅发布《关于组织申报 2023 年度自治区科技金融补助的通知》。申报该补助企业条件为：第一，自治区内注册，具有独立法人资格，近两年未发生严重失信、违法行为；第二，有效期内的国家高新技术企业，自治区创新型示范企业等，近两年参加宁夏创新创业大赛获奖企业或宁夏创新挑战赛对接成功的企业；第三，2021 年度销售收入或利润增长率不低于 5%，或研发费用占销售收入比重不低于 2%。2022 年度取得上述第 2 条规定资质或奖项的企业可不受此条件限制；第四，申请补助的贷款、担保、知识产权评估、科技保险业务是在科技金融合作机构发生。

第五节　本章小结

各省市科技金融政策的发展具有多方面的重要意义。首先，科技金融政策通过提供资金支持和财务服务，可以促进科技创新和研发活动的开展。这对于推动高新技术产业的发展、提升技术水平和创新能力至关重要。科技金融政策可以为创新型企业提供风险投资、股权投资、创业贷款等多样化的融资支持，帮助企业渡过初创期的资金难关，加速创新成果的转化和商业化。

其次，科技金融政策的发展可以培育创业生态系统，促进创新创业活动的蓬勃发展。科技企业的兴起对于经济增长和就业创造具有重要推动作用，而科技金融政策可以为无论是初创企业还是成熟企业提供全方位的金融支持，鼓励更多的创业者参与科技创新、开展创业活动。通过创建良好的创新创业环境和提供多样化的金融服务，科技金融政策能够吸引创新人才和优秀企业落地，形成创新创业的良性循环。

此外，科技金融政策的发展还可以推动产业升级和优化，促进经济结构的转型和升级。通过科技金融政策的支持，可以推动高新技术产业和战略性新兴产业的发展，提升产业链的附加值和竞争力。科技金融政策可以引导资金流向战略性新兴产业，推动传统产业的转型升级，实现经济持续增长和更加可持续的发展。

最后，各省市科技金融政策的发展还有助于加强地区合作和创新网络的建立。不同省市之间的科技金融政策可以进行合作和协同，共享资源和优势，推动科技创新和经济发展的协同效应。通过加强跨地区之间的交流合作和技术转移，可以打破创新壁垒，促进科技成果的共享和互补发展，推动整个地区的创新能力和竞争力提升。

总之，各省市科技金融政策的发展对于推动科技创新、培育创业生态、推动产业升级和加强地区合作具有重要意义。通过提供资金支持和财务服务，促进科技成果转化和应用，吸引创新人才和企业落地，推动经济的集聚效应和产业结构优化，加强地区之间的合作与创新网络，科技金融政策能够推动地方经济的发展和可持续增长。

第三章　科技金融与科技创新发展现状分析

第一节　东部地区科技金融与科技创新发展现状分析

1. 北京市科技金融与科技创新发展现状分析

1.1　科技人员

高端人才是科技创新发展最关键的要素，因而产业发展在很大程度上依赖于从业人员的素质和潜能。北京市拥有丰富的高素质人才资源，远高于全国平均水平，高等教育资源在全国优势明显，吸引和培养了大量的高素质人才。如图 3-1 所示，北京市研究与试验发展（Research and Development，R&D）人员全时当量总体呈上涨趋势，说明了政府对科技创新的支持力度不断加大，相关政策环境也在不断改善。

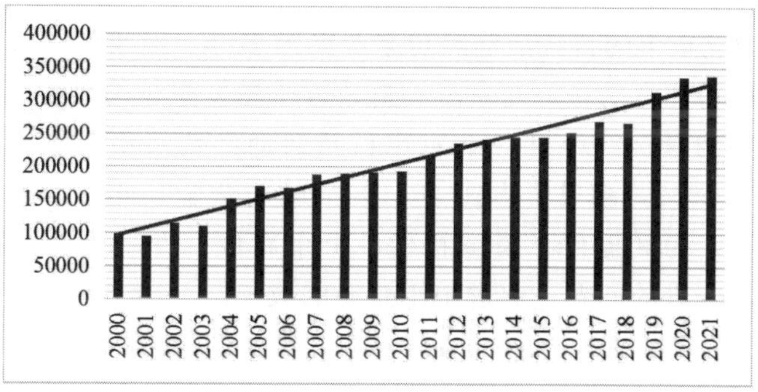

图 3-1　2000 年至 2021 年北京市 R&D 人员全时当量（单位：人年）

2000 年至 2010 年是北京市科技创新进入全面加速的成长阶段。自 2010 年以来，北京市科技创新产业体系逐步形成，科技创新进入高效发展阶段，相关规划和政策密集出台，扶持力度空前。2012 年 10 月，中关村示范区空间规模进一步扩大，总面积由 232.52 平方千米扩大到 488 平方千米，形成了包括海淀园、怀柔园、延庆园等 16 个园区的“一区多园”发展格局。由图表可以看出，北京市 R&D 人员全时当量从 2019 年开始飞速上涨，这与国家出台的一系列政策密不可分。2016 年国务院发布《北京加强全国科技创新中心建设总体方案》，2017 年颁布《北京加强全国科技创新中心建设重点任务实施方案》，提出以“三城一区”（中关村科学城、怀柔科学城、未来科技城等三大科技城、创新型产业集群与“2025”示范区）为主平台，在高校人才培养、科学研究、科技市场化和产业化方面进行有效的分工，推进产学研的紧密联系。

1.2 科技金融投入

在中央和地方政府的共同引导和推动下，北京市稳步增加了科技投入，已初步形成适合北京市情况的科技投入的稳定增长机制。其中包括政府企业双主型融资模式，研发机构和企业主体型的投资方式以及公共财政科技投入模式。

从图 3-2 可以看出，尽管由于金融危机的影响，2009 年的 R&D 资金投入出现了小幅下降，但总体而言，北京市的 R&D 资金投入仍然稳步增长。

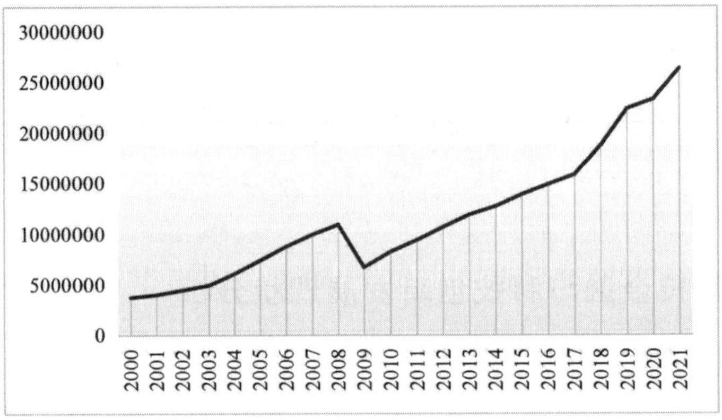

图 3-2 2000 年至 2021 年北京市 R&D 资金投入规模

2021 年，北京市科技活动经费筹集总额为 2629.3 亿元，较 2000 年增长了 7.06 倍。此外，R&D 经费投入强度总体呈增长趋势，从 2000 年的 7.13% 上升至 2021 年的 13.01%，远高于全国同期水平。

如图 3-3 所示，北京市的科技活动经费来源渠道多样，但政府资金的比例一直稳定在 40%～50%之间。值得注意的是，北京市一直致力于激发企业的科技投入动力，推动企业成为技术创新的主要力量。2021 年，北京市科技活动经费筹集总额上升至 2629.3 亿元，来自企业资金占比 47.5%，超过了占比 45.1%的政府资金。此外，北京市极其重视对中小企业的开发与扶持，为其提供了贷款担保、上市育成、专项资金、风险投资等融资平台，解决中小企业融资难的问题，促进中小企业的成长。

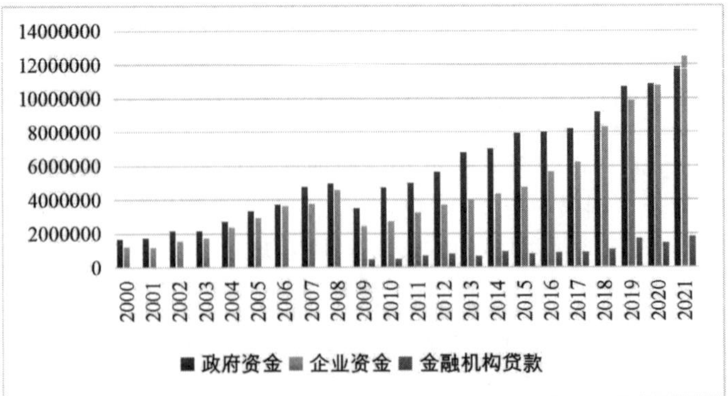

图 3-3 2000 年至 2021 年北京市 R&D 投入资金来源

1.3　科技成果

专利是重要的技术研发成果的载体，是一个国家或地区科技资产的核心和最富有经济价值的部分。随着市场竞争的加剧，北京市的科技创新成果也在稳步攀升。如图 3-4 所示，从 2000 年至 2021 年，北京市的国内专利申请数从 10344 项增加到 283134 项，国内专利授权数也从 5905 项增加到了 198778 项。

在 2000 年至 2010 年的初步发展阶段，北京市相继出台了《北京市知识产权保护条例》和《北京市科技成果转化条例》等法规文件。这些条例加强了知识产权的保护和科技成果的转化，为科技创新提供了制度和法律保障。同时，北京市还加大对高层次人才的吸引和培养力度，为创新提供了人才支持。

自 2010 年以来，北京市制定了重要的规划文件，如《北京市知识产权战略规划（2016—2020 年）》和《关于加快建设国家自主创新示范区的实施意见》。这些规划明确了推动科技创新、知识产权保护和转化发展的目标和举措。同时，北京市还加强了科技成果转化机构的建设，并优化了科技成果转化的评价和奖励机制。在“十二五”期间，北京市以邓小平理论和“三个代表”重要思想为核心，深入落实科学发展观，大力推进创新科技和文化中心建设，并加强知识产权工作部署。

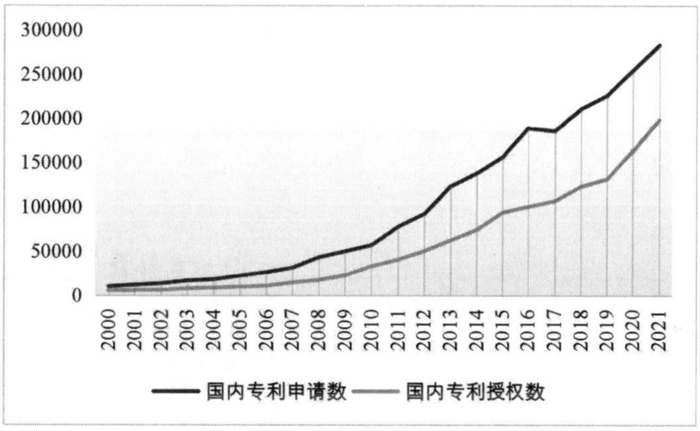

图 3-4　2000 年至 2021 年北京市科技创新产出水平

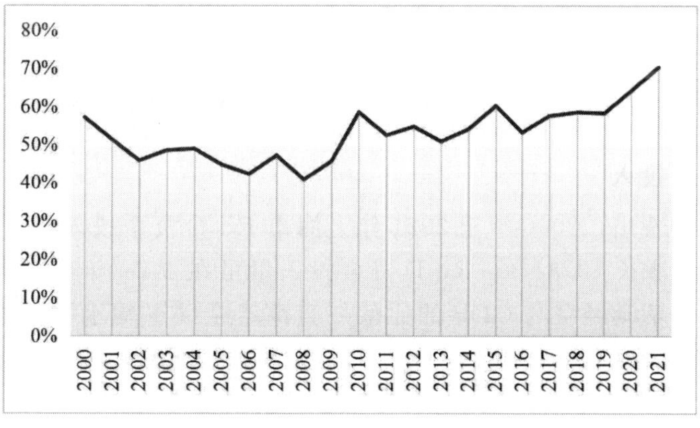

图 3-5　2000 年至 2021 年北京市成果转化率

2. 上海市科技金融与科技创新发展现状分析

2.1 科技人员

如图 3-6 所示，上海市 R&D 人员全时当量总体呈现上升态势，表明上海市在科技人力资源中对于 R&D 人员的建设较为重视，这也是上海市科技创新能力能一直保持在国内领先的水平的重要因素。上海市培养人才数量多、增速快、国际化水平高，这些因素都让上海市科技人才资源充沛。

此外，上海市也十分重视科技人才的培养与投入。为重点加强和完善各级各类学校的教育信息化体系和环境建设，上海市人民政府出台一系列工作举措。上海市人民政府于 2010 年发布《上海市中长期科技人才发展规划纲要（2010—2020 年）》，旨在培养和集聚一批世界一流人才，发挥各类人才在引领科技建设、支撑经济社会发展中的关键作用；于 2018 年出台《关于分类推进人才评价机制改革的指导意见》完善了科技人才的评价机制，健全了人才资源开发管理和使用的前提。2020 年起上海市人社局会同上海市财政局出台《上海市人力资源服务“伯乐”奖励计划实施办法（试行）》，鼓励上海市猎头机构引进高层次紧缺急需科技人才。2021 年上海市科技委构建了结构较为完整的科技人才培养体系——上海市优秀科技创新人才培育计划，覆盖了上海市各个科技创新领域的领军、杰出青年和优秀青年起步等主要的人才成长阶段。上海市不断为科技人才培养与科技人力资源投入做出努力，持续建设国际科技人才高地。

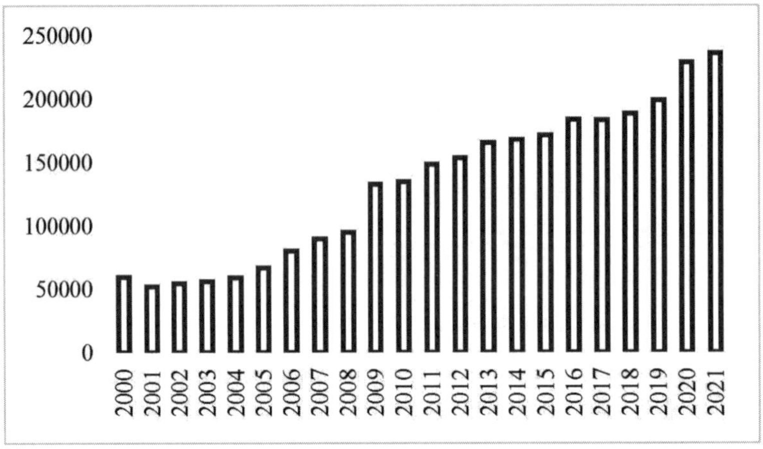

图 3-6　2000 年至 2021 年上海市 R&D 人员全时当量

2.2 科技金融投入

从图 3-7 中可以看出，2000 年至 2021 年上海市 R&D 资金投入从 233.09 亿元增加到 1819.77 亿元，年均增长 10.81%。R&D 资金投入量虽在 2009 年有所下降，但整体呈现上升趋势，且 R&D 活动经费与 GDP 的比值一直高于全国平均水平，这表明上海市对于科技建设的重视程度高、投入力度大，对于科技金融的利用程度较好。

即使在金融危机中，上海市人民政府也不忘科技金融建设。2009 年，《上海市推进国际金融中心建设条例》正式实施，使国际金融中心的建设从政策层面转向法制轨道。该条例首次以法律形式勾勒了上海市国际金融中心的空间布局，包括“一城、一带、一片、一面”。其中，“一城”指的是陆家嘴金融城，“一带”指的是外滩的金融聚集区，“一片”指的是一些信息服务产业区，“一面”指的是分散在各个区域的金融聚集区。

根据图 3-8 揭示的 R&D 经费占比情况来看，企业资金是 R&D 经费的主要来源，平均占据所有支出来源的 63.98%。其次，政府资金的平均占比约为 28.5%。与全国情况相比，上海市在 R&D 投资方面政府的投入相对较多，主要依靠财政投入来带动企业投资。在金融机构资金部分，从 2000 年的资金占比 0.44%增加到 2021 年的 2.37%，同样也属于全国领先水平，这表明上海市在科技金融建设方面取得较好的成绩。2010 年 12 月，上海市科委和上海市金融办联合推出了“上海市科技型中小企业履约保证保险贷款”的试点项目。2011 年 8 月，上海市科技创业中心与浦发银行共同推出“科技小巨人信用贷款”，该贷款提供纯信用贷款服务。2012 年 8 月，上海市浦东发展银行和美国硅谷银行正式成立了浦发硅谷银行，该银行专注于为科技创新型企业提供服务。同时，近年来上海市支持各商业银行推进设立或改建现有网点为科技金融服务专业特色支行，以满足科技型企业的金融服务需求。2021 年，上海市科学技术委员会发布《关于试点科创助力贷工作的通知》，持续优化科技金融生态。

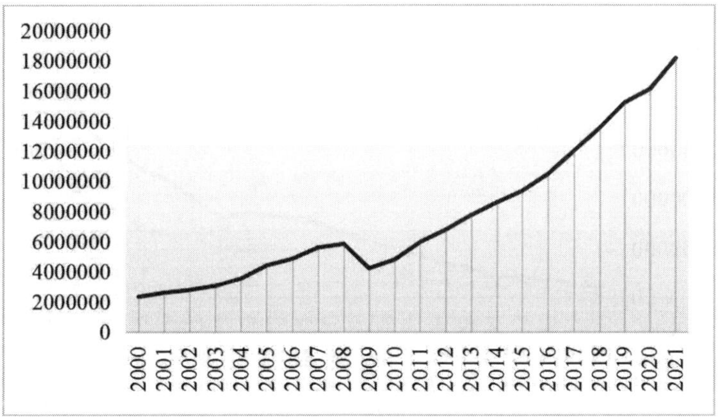

图 3-7　2000 年至 2021 年上海市 R&D 资金投入规模

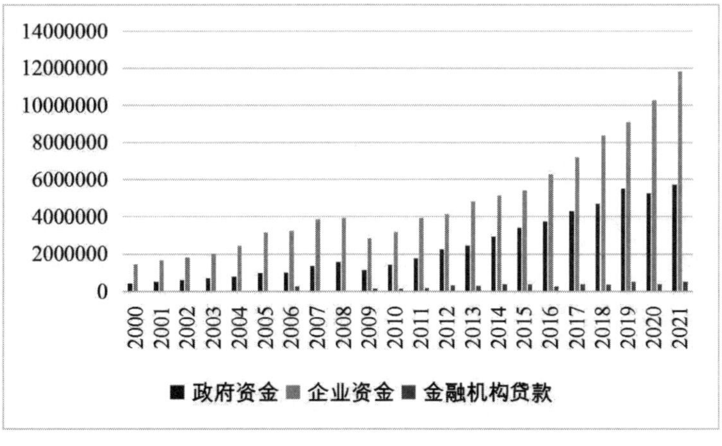

图 3-8　2000 年至 2021 年上海市 R&D 投入资金来源

2.3 科技成果

从图 3-9 中专利申请数和授权数来看，2000 年至 2021 年上海市专利申请数从 11337 项增加到 232918 项，专利授权数从 4050 项增加到 179317 项。从图 3-9 的科研成果转化效率方面来看，专利授权率平均水平 55.31％。就总量水平来说，上海市的专利数量表现良好，但是科技成果转化率不高，这或许是由于上海市 科技创新活力充沛，对各领域的先进尝试与试错较多。从发展走势看，在 2014 年以前，专利申请数量与授权数量维持增长态势但是增速缓慢，2014 年后专利的申请与授权数量增长势头明显上升。从图 3-10 成果转化来看，上海市科技成果的转化率处于震荡波动的状态，整体呈现微小的上升态势，不过 2019 年后转化率呈现明显的增长趋势。

上海市作为中国科技创新的领先省市之一，对于科技成果产出与转化的建设一直没有止步。为优化上海市科技创新环境，2011 年上海市工商管理局发布《关于积极支持企业创新驱动、转型发展的若干意见》；2015 年，上海市人民政府办公厅发布了《关于进一步加大财政支持力度加快建设具有全球影响力的科技创新中心的若干配套政策》；甚至 2016 年，国务院还印发了《上海系统推进全面创新改革试验加快建设具有全球影响力科技创新中心方案的通知》以支持上海市科技创新的建设发展。

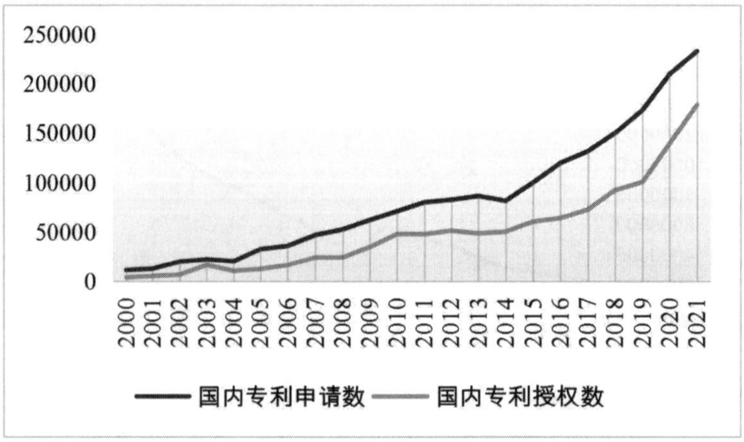

图 3-9　2000 年至 2021 年上海市科技创新产出水平

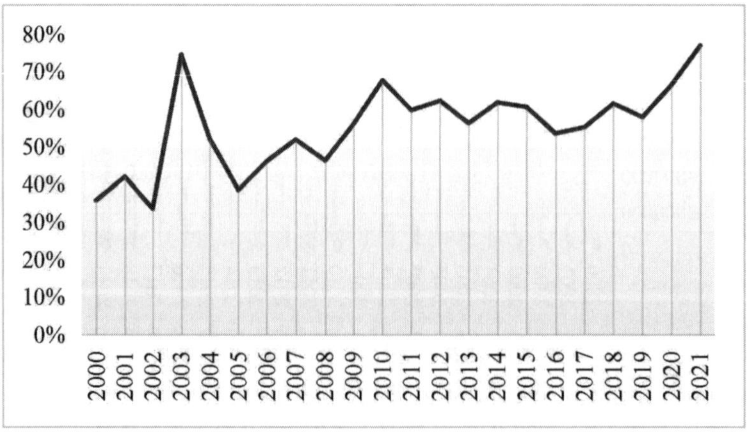

图 3-10　2000 年至 2021 年上海市成果转化率

3. 天津市科技金融与科技创新发展现状分析

3.1　科技人员

科技人才是科技发展的载体和主要推动力，是科技发展中最活跃的因素。一个地区的经济发展潜力和市场竞争力可以通过科技人才的拥有量和质量来衡量。因此，天津市要实现跨越式发展，必须打造自己的科技高地，即拥有丰富的科技人才。由图 3-11 可以看出，虽然在 2016 年至 2020 年受天津市产业结构调整的影响，一些传统产业面临困难或衰退，导致 R&D 人员需求减少。但总体来看，2000 年至 2021 年天津市 R&D 人员全时当量呈上涨态势，由 2000 年的 23237（人年）上涨到 2021 年的 102986（人年），增加了 4.43 倍。

由于党中央、国务院高度重视科技工作，2006 年初召开全国科技大会，发布国家中长期科学和技术发展规划纲要，实施《国家中长期科学和技术发展规划纲要（2006—2020 年）》，提出自主创新、重点跨越、支撑发展、引领未来的方针，营造激励自主创新的环境，推动企业成为技术创新的主体，努力建设创新型国家，并出台了促进科技发展的配套政策。天津市也积极响应号召，于六月份召开天津市科技大会，出台《天津市科技型中小企业高层次人才引进和培养办法》，旨在鼓励科技型中小企业引进高层次研究与试验发展人员，提供人才培养和资金支持。2010 年，天津市发布《关于实施人才强市工程的实施意见》，强调人才对城市发展的重要性，提出了多项措施来吸引和培养高层次的研究与试验发展人员。2012 年，天津市制定《天津市人才发展规划（2011—2020 年）》，明确人才发展的目标和措施，加强 R&D 人员队伍建设，R&D 人员全时当量上涨势头迅猛。2015 年，天津市发布了《关于加强创新驱动发展推动高技术企业发展的实施意见》，提出通过加强科技人才队伍建设、加大科研项目资金支持、加强知识产权保护等措施来促进 R&D 人员增长。

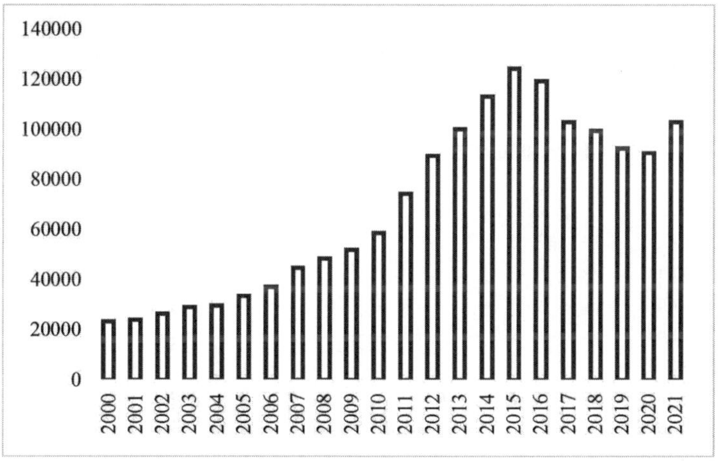

图 3-11　2000 年至 2021 年天津市 R&D 人员全时当量

3.2　科技金融投入

由图 3-12 可知，虽然 R&D 资金投入在 2009 年由于金融危机的影响出现小幅下降，但总体来看，天津市的 R&D 资金投入仍然稳步增长。2021 年天津市科技活动经费筹集总额为 574.33 亿元，是 2000 年的 10.57 倍。

由图 3-13 所示，天津市的科技活动经费来源渠道多元，但来自企业的资金投入一直占据主要地位，企业资金从 2000 年的约 37.67 万元到 2021 年的约 440.65 万元，企业对科技创新的投资力度不断加大，反映天津市企业对创新和技术进步的重视，以及他们对市场竞争力和可持续发展的需求。天津市政府在科技研发方面的资金投入也在逐年增加。从 2000 年的约 58.76 万元到 2021 年的约 110.58 万元，增长了近 1.9 倍，这表明天津市政府对科技创新的重视程度逐渐提高。

通过投资和支持新兴的科技企业和创新项目，企业资金可以帮助培育和发展有潜力的科技创新企业，促进科技创新生态系统的形成和壮大。通过投资研发成果的转化和应用，企业可以将科技成果转化为实际产品和服务，推动技术的商业化和市场化。另外，企业资金的投入可以用于吸引和培养高层次的科技人才。通过提供具有竞争力的薪酬和福利待遇，企业可以吸引到优秀的科技人才，并提供培训和发展机会，提升人才的创新能力和专业素质，这将为企业的科技创新提供坚实的人才基础。

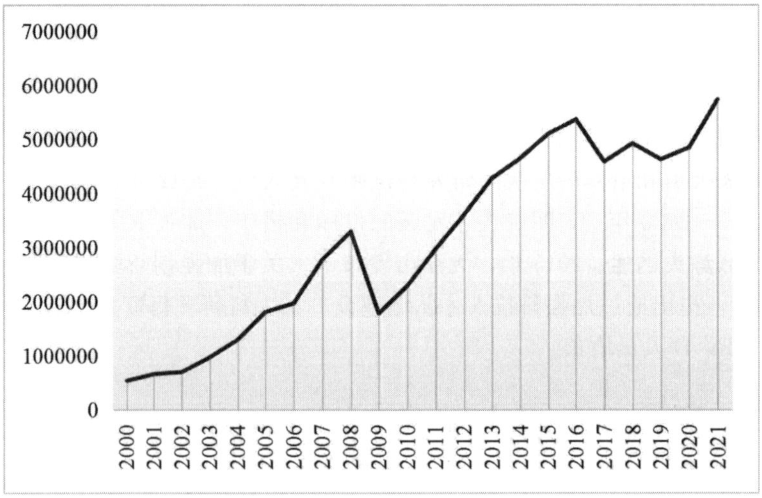

图 3-12　2000 年至 2021 年天津市 R&D 资金投入规模

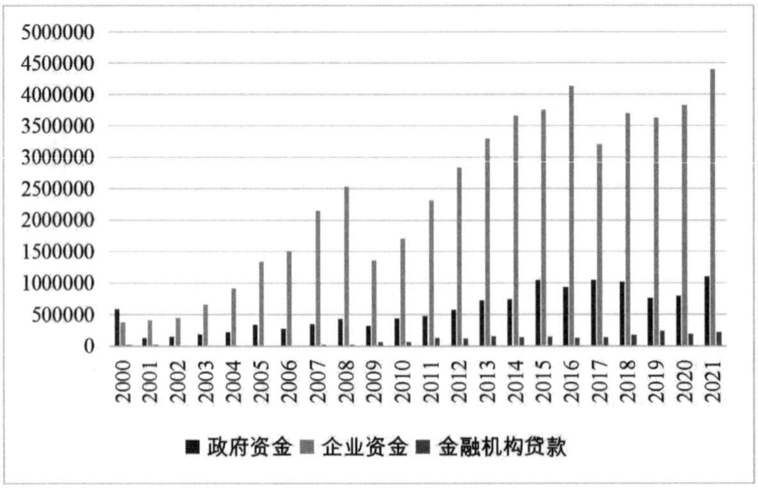

图 3-13　2000 年至 2021 年天津市 R&D 投入资金来源

3.3　科技成果

随着创新驱动发展战略的提出，创新在经济高质量发展中的地位不断提高。2002 年，《天津市科技成果转化促进条例》的出台加强了科技成果的转化和应用，促进科技创新与经济发展的结合；2005 年，《天津市科技企业孵化器管理办法》的发布规范了科技企业孵化器的建设和管理，极大地支持初创科技企业的孵化和发展。

由图 3-14 所示，2009 年至 2022 年，国家先后批准设立 21 个国家自主创新示范区，从而使得天津市的专利申请数和授权数在 2009 年开始显著上升。天津市专利授权量从 2000 年的 1611 件增长至 2021 年的 97910 件，天津市的专利数量逐年增长，科技创新发展势头强劲。2018 年，《天津市促进科技金融发展的若干措施》的发布旨在促进科技创新与金融服务的深度融合，以支持科技企业的融资和科技成果的转化。然而，近年来，天津市高新技术产业优势逐步缩小，产业结构优化不明显，因此天津市不断加强对科技创新的关注。通过《天津国家自主创新示范区发展规划纲要（2015—2020 年）》，天津市确定了国家自主创新示范区“一区二十一园”的战略发展布局，提出天津国家自主创新示范区要建设成为创新主体集聚区、产业发展先导区、转型升级引领区和开放创新自主区的战略目标。

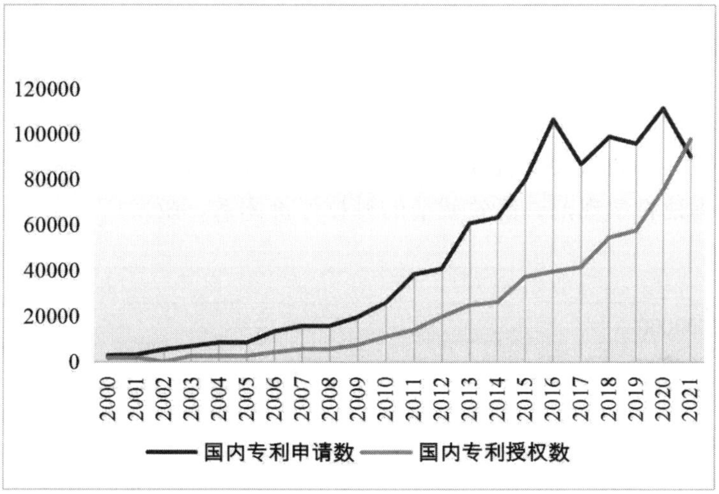

图 3-14　2000 年至 2021 年天津市科技创新产出水平

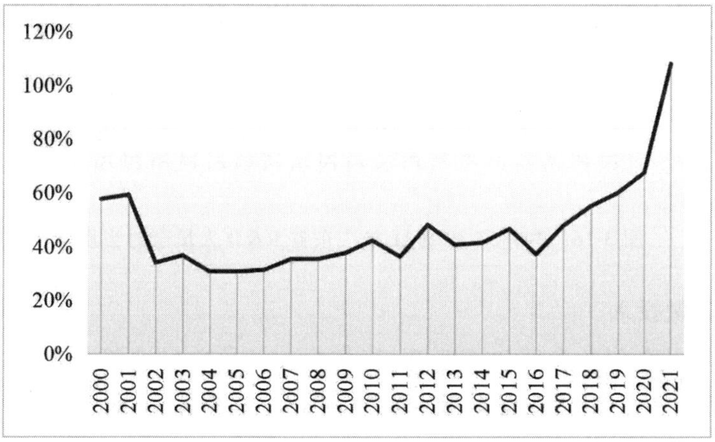

图 3-15　2000 年至 2021 年天津市成果转化率

4. 广东省科技金融与科技创新发展现状分析

4.1 科技人员

如图 3-16 所示，广东省的 R&D 人员全时当量总体呈现上升态势，这表明广东省对科技活动人才的投入和引进非常重视。从图表可以看出，2009 年至 2012 年广东省的 R&D 人员全时当量增长较为迅速，这体现了蓬勃的发展态势。2013 年至 2016 年，广东省的 R&D 人员全时当量增长动力不足，不再呈现上升态势。就政策发布的角度来看，2013 年前广东省的人才政策频繁出台，其中包括 2008 年中共广东省委、广东省人民政府发布的《关于加快吸引培养高层次人才的意见》。相关省级部门进行调研和论证后，2010、2011、2012 年连续三年的人才政策大幅增加，其中 2012 年一年就发布了 19 项政策。然而，到 2013 年，政策达到了饱和状态，政策颁布数量急剧下降，仅有一项政策出台。因此，从 2013 年至 2016 年，广东省在科技人才领域的发展动力不足，处于平稳阶段。

到 2018 年，广东省 R&D 人员全时当量出现大幅度增长，2018 年至 2020 年连续三年保持较高的增长势态。2017 和 2018 年是广东省科技人才政策全面优化阶段的开始。2017 年，广东省委印发《关于我省深化人才发展体制机制改革的实施意见》，围绕"建立具有全球竞争力的人才制度体系、加快建设人才高地"目标，提出深化人才管理体制改革的若干措施，标志着广东省人才工作进入深化体制机制改革阶段。2018 年 2 月和 7 月，国家陆续发布《关于分类推进人才评价机制改革的指导意见》、《关于深化项目评审、人才评价、机构评估改革的意见》和《关于优化科研管理提升科研绩效若干措施的通知》等"三评"改革系列文件，构建科学规范、高效诚信的科技评价体系，激发广大科技人员积极性和创造性。

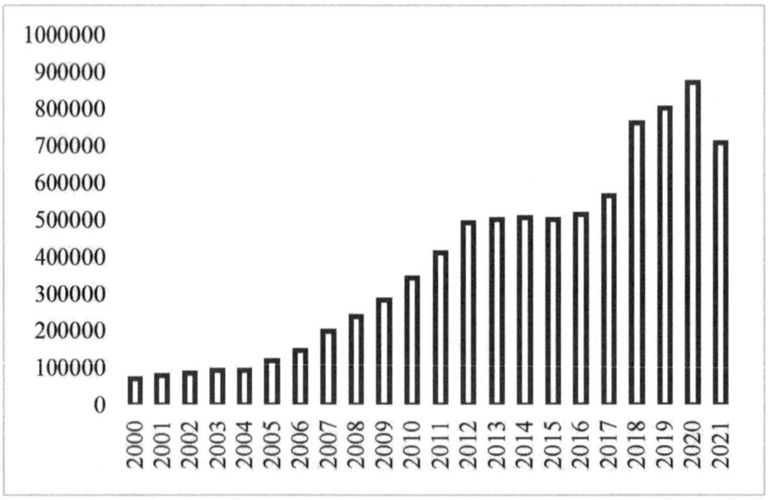

图 3-16 2000 年至 2021 年广东省 R&D 人员全时当量

4.2 科技金融投入

随着广东省科技创新的发展和产业升级的深入，R&D 经费投入总额逐年增加。从图 3-17 中可以看出，2000 年至 2021 年，广东省 R&D 资金投入从 240.81 亿元增加到

4002.18亿元，年均增长14.82%。广东省的R&D投入占GDP占比超过全国平均水平，但仍落后于江苏省，投入强度还有待提高。

值得注意的是，在一贯增长的态势中，2009年的R&D资金投入相对前一年有所下降，这可能是受国际金融危机的影响。在金融危机期间，广东省首次推出省部企业科技特派员行动计划，旨在帮助企业提升自主创新能力和实现产品升级。

从图3-18可以看出，在R&D经费来源构成中，其主要来源是企业自有资金，约占研发支出的80%。广东省作为改革开放的先行试验区，以其优越的地理位置和良好的营商环境吸了许多科技型企业落地生根。“十三五”期间，广东省的高新技术企业数量呈现高速发展的趋势，以科技型企业为主，连续五年保持第一。R&D经费来源构成中，其次要来源是政府与金融机构对R&D的资金投入。2000年至2021年广东省从金融机构获得的R&D资金平均保持在2.05%左右，这一水平相对较高，表明广东省政府在科技金融建设方面取得了良好的成绩。

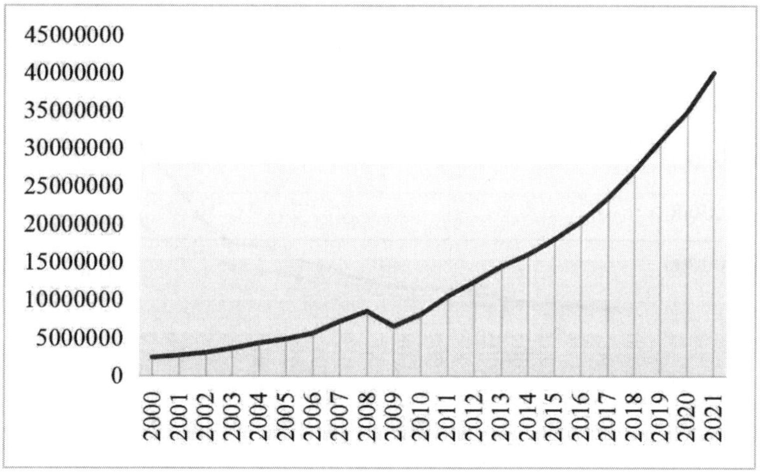

图3-17　2000年至2021年广东省R&D资金投入规模

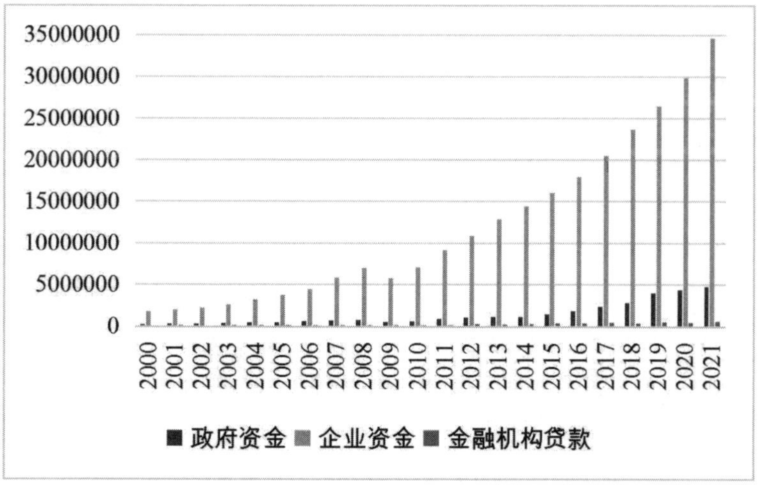

图3-18　2000至2021年广东省R&D投入资金来源

4.3 科技成果

从图 3-19 中专利申请数和授权数来看，2000 年至 2021 年广东省专利申请数从 21123 项增加到 980634 项，专利授权数从 15799 项增加到 872209 项。从科研成果转化效率方面来看，专利授权率均在 50%以上，平均水平近 65%。广东省作为企业密集地，企业对超额利润的追求使其快速展开科技创新活动，提高了科技创新效率，增加了科技创新产出，所以广东省依托大量高新技术企业实现了更高的专利产出。

广东省一直以来对于科技创新发展的支持力度都保持很高水平。从科技成果转化方面来看，2017 年后广东省的科技成果转化效率提升明显，说明科技创新的质量提高，广东省科技领域正在走向高质量发展。近年来广东省的成果转化显示出从“专利许可”方式逐步向“成果转让”和“技术入股”等方式的转变，表明成果转化过程中伴随的成果供需双方产学研合作深度和广度在不断加深。

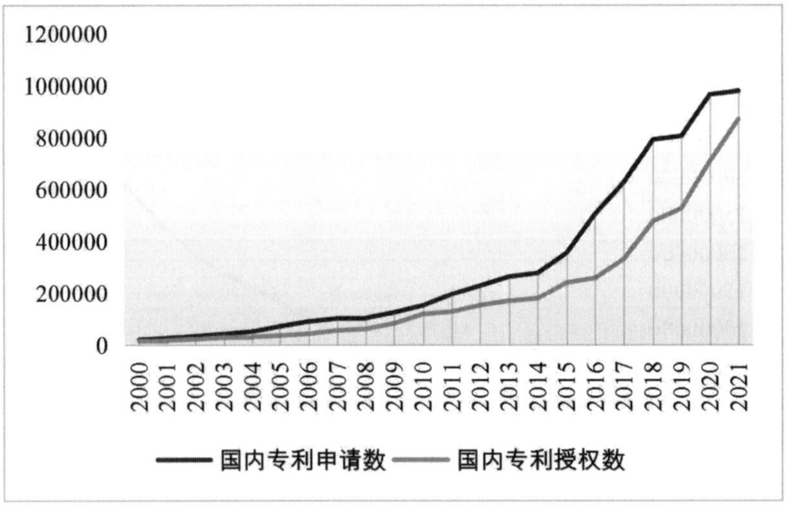

图 3-19　2000 年至 2021 年广东省科技创新产出水平

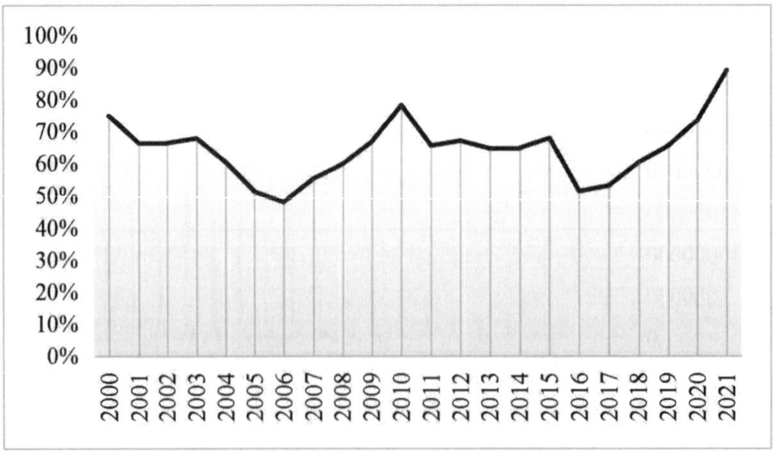

图 3-20　2000 年至 2021 年广东省成果转化率

5. 浙江省科技金融与科技创新发展现状分析

5.1　科技人员

如图 3-21 所示，浙江省的 R&D 人员全时当量总体呈现上升趋势，说明浙江省对 R&D 人员的培养非常重视，这也是浙江省科技创新能力一直保持较高水平的重要因素。浙江省为确保“十四五”科技创新开好局、起好步，出台了《2021 年科技体制改革与发展工作要点》、《关于深化项目评审、人才评价、机构评估改革提升科研绩效的实施意见》和《浙江省科学技术奖励办法》等多个政策文件，改革人才评价激励机制。具体体现在深化“三评”改革，开展“四唯”清理行动，建立以创新能力、质量、实效、贡献为导向的评价体系。在这样的改革调整时期，科技人员投入出现波动，但总体还是保持在较高水平。

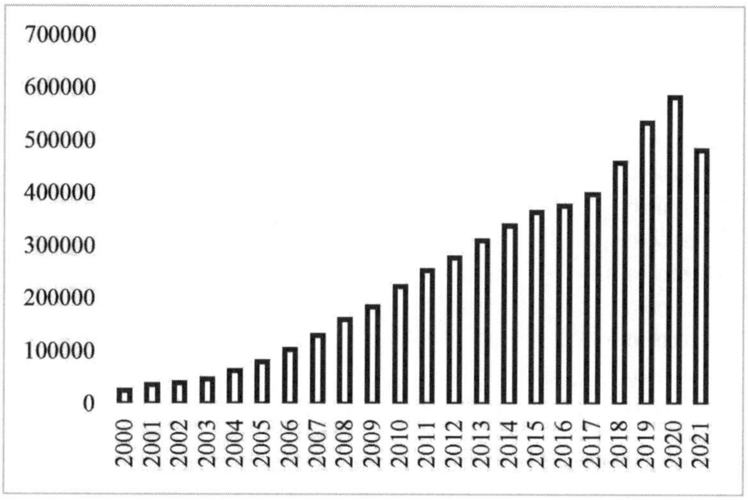

图 3-21　2000 年至 2021 年浙江省 R&D 人员全时当量

5.2　科技金融投入

从图 3-22 中可以看出，2000 年至 2021 年浙江省 R&D 资金投入从 103.75 亿元增加到 2157.69 亿元，年均增长 16.94%。R&D 资金投入量虽在 2009 年有所下降，但整体呈现上升趋势，且 R&D 活动经费与 GDP 的比值一直高于全国平均水平，这表明浙江省对于科技建设的重视程度高、投入力度大，对于科技金融的利用程度较好。

从研发经费占比情况来看，企业资金数额最大，是研发经费的主要来源，约占所有支出来源的 80%以上，且自 2014 年以来一直保持在 90%以上。这说明浙江省科技创新的主体是以民营中小企业为主，民营企业在研发中扮演积极的角色。其次，政府资金约占 10%左右，金融机构资金部分从 2000 年的 0.64%增加到 2021 年的 1.58%。

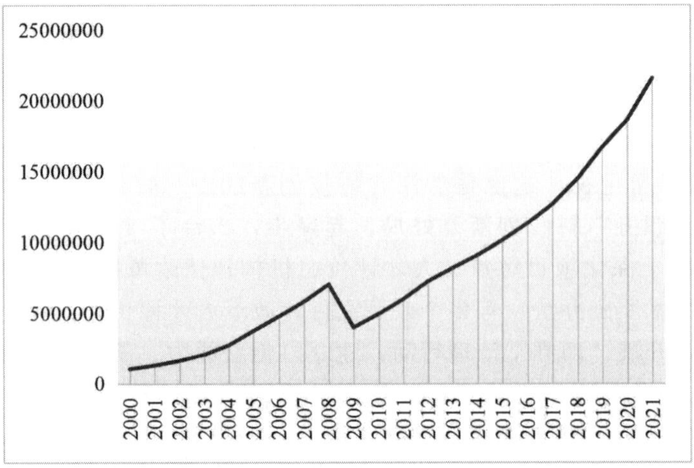

图 3-22　2000 年至 2021 年浙江省 R&D 资金投入规模

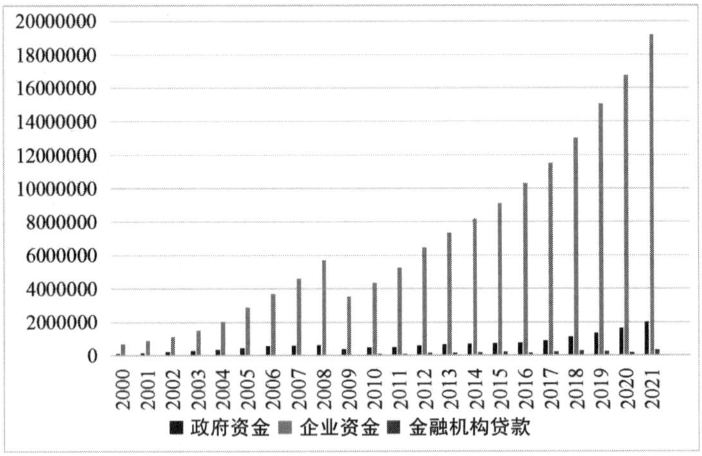

图 3-23　2000 年至 2021 年浙江省 R&D 投入资金来源

5.3　科技成果

从图 3-24 的专利申请数和授权数来看，2000 年至 2021 年浙江省专利申请数从 10316 项增加到 503197 项，专利授权数从 7495 项增加到 465468 项。从图 3-25 的科研成果转化效率方面来看，专利授权率均在 50%以上，平均水平近 70%。专利数量的增长与科技创新成果的转化大大促进了浙江省高新技术产业和战略性新兴产业的发展。

作为省域的国家科技成果转移转化示范区，近年来，浙江省紧扣成果产出、成果运用、成果转化和服务生态等四方面堵点、卡点，实施全链条全周期改革破题和制度重塑，取得一系列阶段性成效——浙江省科技成果“先用后转”、技术要素市场化配置等改革做法走在全国前列，获批建设国家科技成果评价改革综合试点省（全国仅 4 个省）；国家科技成果转移转化示范区建设以“优秀”等次通过验收，推动浙江省区域创新能力跃居全国第 4，为高质量发展提供了有力支撑。

从发展走势看，在 2010 年以前，专利申请数量与授权数量维持增长态势但是增速缓慢，2010 年后专利的申请与授权数量增长势头明显上升。从图 3-25 成果转化来看，2008 与 2017 年对比成果转化率提升显著，科技创新质量明显有所提高，而 2010—2016 年间浙江省科技成果转化率表现乏力，呈现震荡下降的走势。

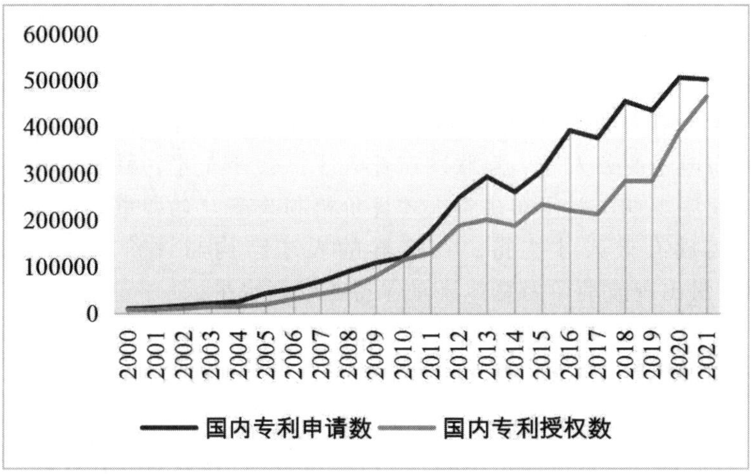

图 3-24　2000 年至 2021 年浙江省科技创新产出水平

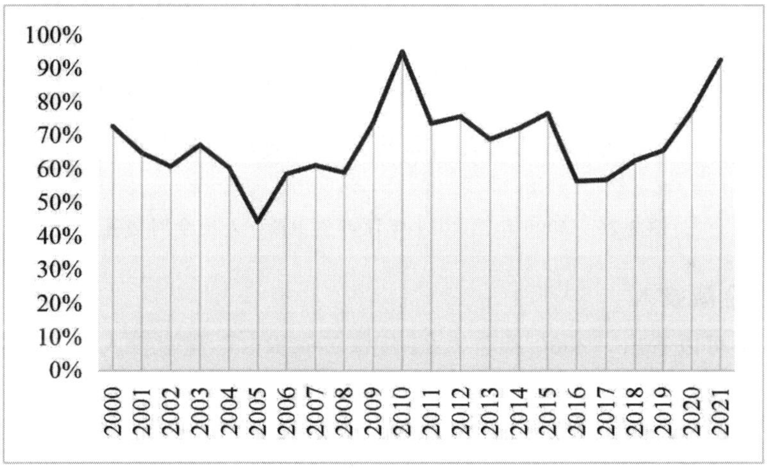

图 3-25　2000 年至 2021 年浙江省成果转化率

6. 江苏省科技金融与科技创新发展现状分析

6.1　科技人员

如图 3-26 所示，江苏省的 R&D 人员全时当量总体呈上升趋势，表明江苏省在科技人力资源方面对 R&D 人员的建设非常重视，优秀的人才培养与集聚能力构成了江苏省科技创新建设的一大优势。自 2006 年以来，江苏省的 R&D 人员增长势头明显，这是因为在 2006 年至 2009 年期间，连续实施了“高层次创新创业人才引进计划”和“江苏万名海外人才引进计划”，并建立了财政专项资金，面向全球引进人才。2015 年至 2020 年，江苏省 R&D 人员增速有所放缓，这是因为在“十三五”时期，江苏省提出要建立多元化人才评价体系，发挥用人单位评价主体作用，同时积极运用现代人才测评技术，提高人才评价科学化水平。

具体而言，《江苏省国民经济和社会发展第十三个五年规划纲要》强调要继续深入实施科教兴省战略，依托省内十大重点人才工程计划，加快建成人才强省和人力资源强省，以“高精尖缺”为导向，加大人才培养、强化国内外人才引进，并以创新人才发展体制机制为保障，构筑起人才驱动发展高地、人才环境建设高地和人才价值实现高地，把江苏省建设成为具有全球影响力和竞争力的国际化、高端化、特色化人才集聚中心。“十三五”期间，江苏省发布电子商务人才、互联网产业人才、会计人才、科技人才、知识产权人才等多类专业人才发展规划，并发布多条人才评价机制改革方案和意见，遵循不同类型人才成长发展规律，实现有效人才支持。在这样的人才结构与评价机制的改革调整期间，R&D人员虽然数量出现波动，但总体还是保持在较高水平。

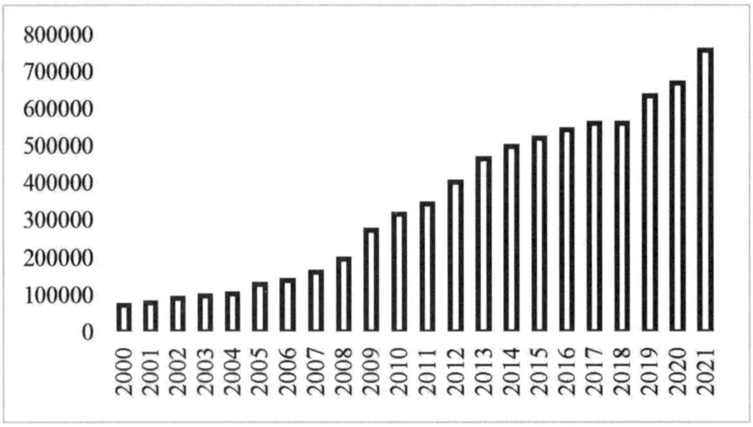

图 3-26　2000 年至 2021 年江苏省 R&D 人员全时当量

6.2　科技金融投入

从图 3-27 中可以看出，2000 年至 2021 年江苏省 R&D 资金投入从 201.47 亿元增加到 3438.56 亿元，年均增长 15.44%。R&D 资金投入量虽在 2009 年有所下降，但整体呈现上升趋势，且 R&D 活动经费与 GDP 的比值一直高于全国平均水平，这表明江苏省对于科技建设的重视程度高、投入力度大，对于科技金融的利用程度较好。2009 年的 R&D 资金投入波动较大的主要原因是受经济危机的影响河南省政府不得不削减部分财政支出，用于 R&D 资金投入的政府资金减少直接导致 R&D 资金投入降低，与此同时企业受金融危机的影响同样明显，河南省内大量高科技企业生存环境大幅恶化且融资困难，这直接导致企业降低科研投入致使 2009 年 R&D 资金投入出现明显下降。

从图 3-28 中的 R&D 经费占比情况来看，在三个来源中，企业资金数额最大，是 R&D 经费主要来源，约占所有支出来源的 80%，且 2011 年之后占比保持在 85% 以上。企业作为创新活动的主体，对江苏省的经济建设发挥巨大的作用。江苏省在《江苏省科技发展“十一五”规划纲要》就明确提出，“为了使企业提高自主创新能力，不断增强原始创新能力、集成创新能力、引进消化吸收再创新能力，推动‘江苏制造’向‘江苏创造’转变，必须加大企业的 R&D 投入”，未来几年，企业需要加大研发投入，以更好地推动科技创新活动。

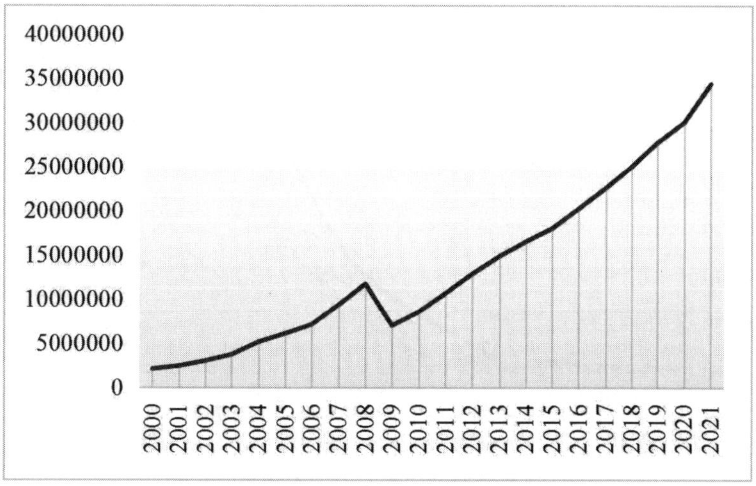

图 3-27　2000 年至 2021 年江苏省 R&D 资金投入规模

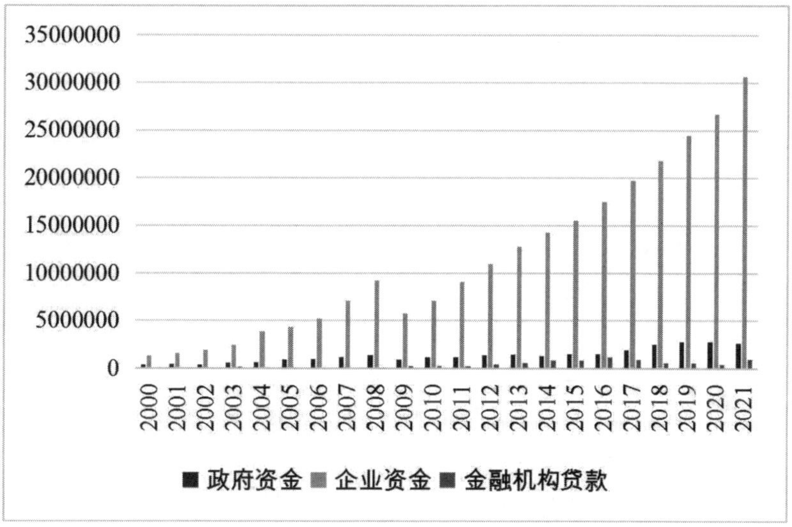

图 3-28　2000 至 2021 年江苏省 R&D 投入资金来源

6.3　科技成果

从图 3-29 可见，2000 年至 2021 年间，江苏省的专利申请数从 8211 项增加到 696693 项，授权数从 6432 项增加到 640917 项。从图 3-30 的科研成果转化效率来看，专利授权率始终保持在 30%以上，平均水平接近 60%。尤其是在 2019 年至 2021 年期间，江苏省的成果转化率呈现迅速增长的态势。这是因为近年来，江苏省坚持将科技成果的转移和转化作为实施创新驱动发展战略的有效途径，并在地方政府、高校院所和产业集群等多个方面进行积极努力。

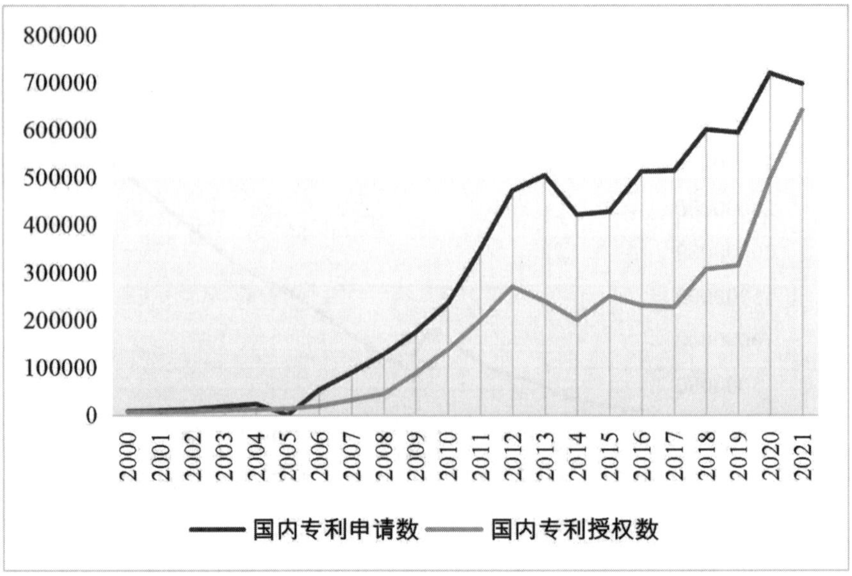

图 3-29　2000 年至 2021 年江苏省科技创新产出水平

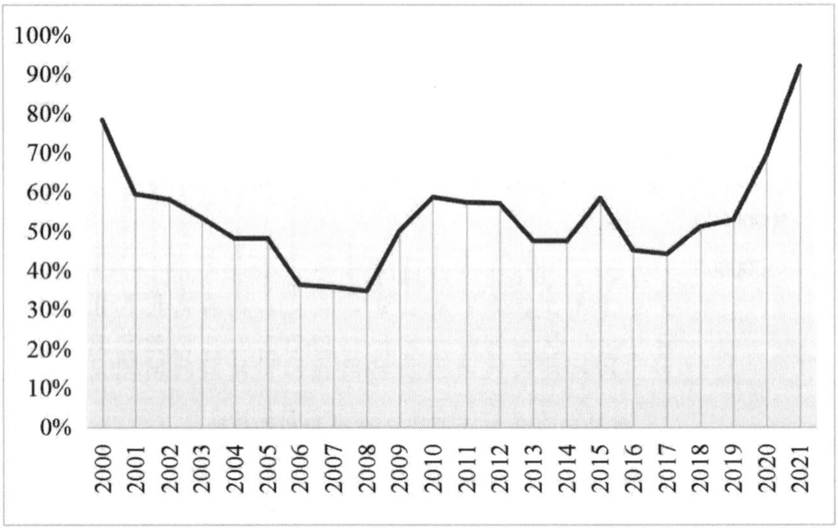

图 3-30　2000 年至 2021 年江苏省成果转化率

7. 河北省科技金融与科技创新发展现状分析

7.1　科技人员

河北省政府一直在积极推进科技金融产业的发展，特别是在京津冀协同发展的战略背景下，河北省加强与北京、天津的合作，积极引入科技金融资源和人才，加快科技金融产业的发展步伐。由图 3-31 所示，河北省 2000 年至 2021 年 R&D 人员全时当量虽然在 2018 年小幅下降但总体仍呈上涨趋势，从 2000 年的 28842（人年）增长到 2021 年的 125609（人年），增加了 4.36 倍，但同北京、天津两市相比，河北省的科技发展水平还有一定差距。

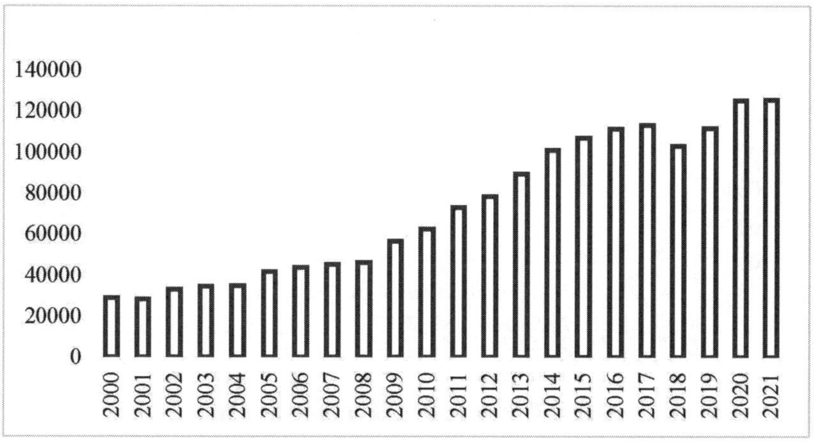

图 3-31　2000 年至 2021 年河北省 R&D 人员全时当量

7.2　科技金融投入

河北省是我国的重要产业基地和交通枢纽，通过金融支持河北省科技成果转化，可以加快科技成果的转化和应用，推动河北省经济的高质量发展，提高经济发展水平和竞争力。截至 2021 年底，河北省共有 9 家科技金融专营机构，其中包括 4 家银行、3 家担保公司、1 家小额贷款公司和 1 家产业基金公司。如图 3-32 所示，河北省从 2000 至今，除 2009 年受金融危机的影响有所下降外，总体呈不断增长态势，R&D 资金投入从 2000 年的 56.51 亿元增长到 2021 年的 745.49 亿元，由此可见，河北省在科技投入方面不断加大力度，依靠科技进步来发挥对经济高质量发展的杠杆作用。

由图 3-33 可以看出，河北省的科技活动经费来源渠道多元，但主要以企业资金为主。2019 年和 2020 年，河北省科技金融专营机构共为 800 多家科技企业提供融资支持，累计发放贷款金额近 30 亿元。2020 年，河北省担保公司推出“科技担保 ＋ 政府贴息”模式，为科技创新型中小企业提供更多的融资支持。河北省还建立科技金融创新发展基金，规模达到 100 亿元，用于支持科技金融专营机构的发展和科技创新项目的资金支持。

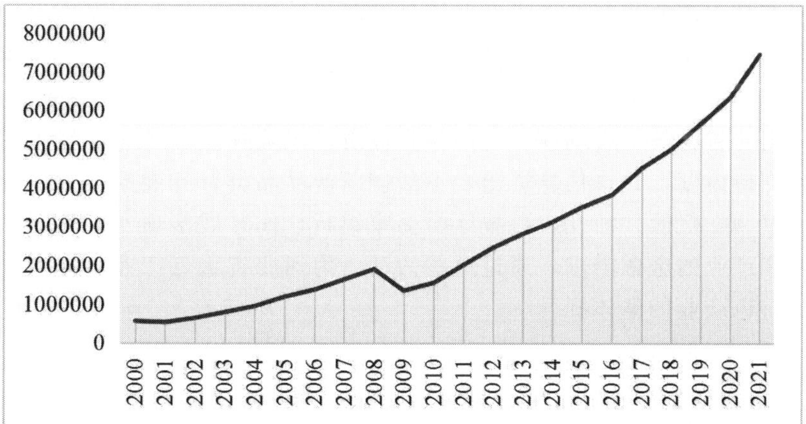

图 3-32　2000 年至 2021 年河北省 R&D 资金投入规模

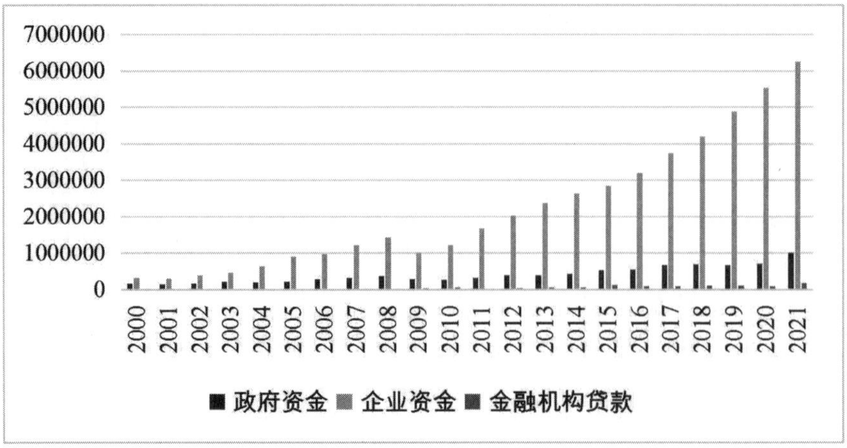

图 3-33　2000 年至 2021 年河北省 R&D 投入资金来源

7.3　科技成果

近年来，河北省技术市场保持着可持续发展的稳定增长态势。由图 3-34 可以看出，从 2000 年到 2021 年，河北省的国内专利申请数从 3848 项增加到 130705 项，国内专利授权数也从 2812 项增加到 120034 项。2018 年 3 月，河北省出台《河北省科技创新三年行动计划（2018—2020 年）》，指出应加快构建和完善以科技创新为目标，多区域互助、要素联动的综合科技创新系统。2019 年 1 月出台的《深化科技改革创新推动高质量发展意见》重要文件，强调坚持以科技创新为驱动力，优化和改革财政科技资金的投入方式、提高资源配置效率、加快科技成果向资本化与产业化的转变，是推动河北省经济高质量发展的重要途径。

但与京津两市相比，河北省的科技成果产出没有形成一个稳定且有规律的增长机制，科技成果转化水平相对较低，远远达不到其科技实力和发展潜力的要求。这不仅反映河北省在科技创新、技术应用等方面的薄弱环节，也意味着河北省的科技创新成果未能得到充分的应用和推广，影响河北省的科技创新能力和经济发展水平的提升。其中，保定、石家庄、秦皇岛、邢台四市的高新技术成果登记量较高，这表明它们在高新技术的生产领域具有相当的创新以及转化能力。而其他城市的科技成果登记数量相对较低，说明还需要加大技术转化生产的资金投入和力量。

近几年，河北省科技厅启动新一轮科技企业贷款风险补偿。通过加强与商业银行的合作，加大政策支持力度，共享信息资源，不断创新产品品类，开展系列活动，累计发放科技企业贷款超过 200 亿元。河北省科技厅与多家银行合作开展多项专题活动，旨在满足重点项目、区域和产业的金融需求。通过这些活动，为河北省重点产业链提供资金保障，有力地支持区域特色产业的整体提升。

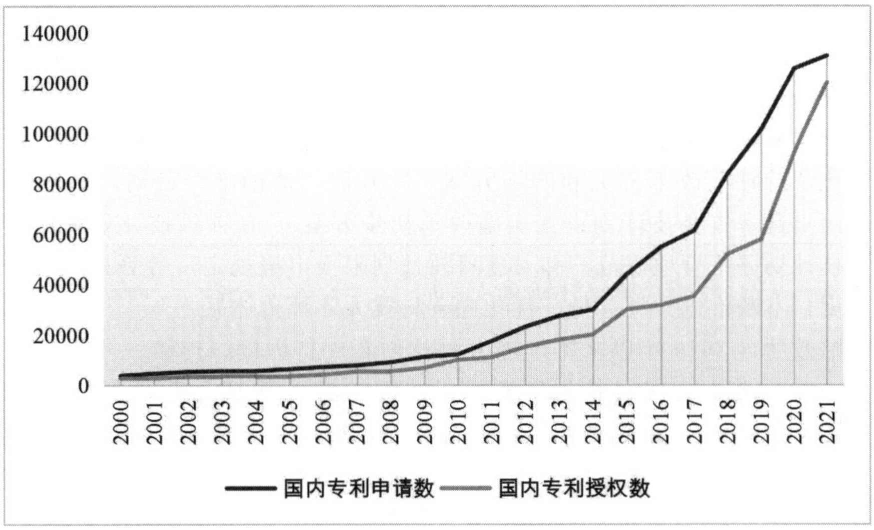

图 3-34　2000 年至 2021 年河北省科技创新产出水平

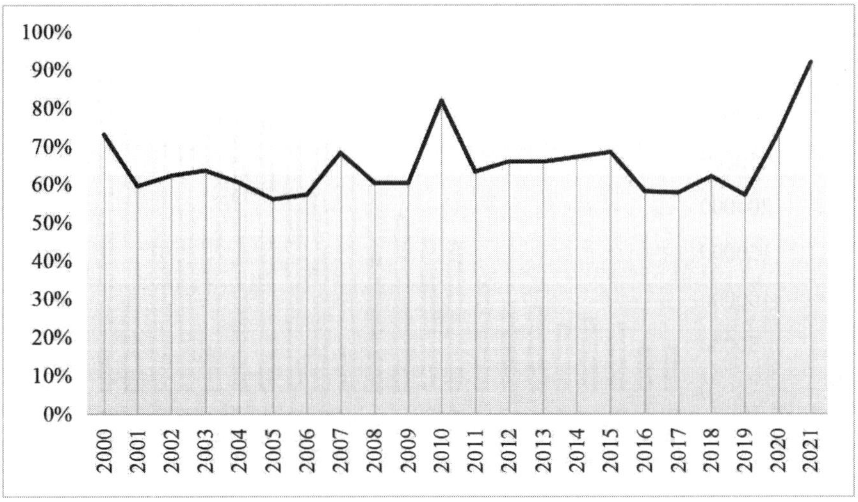

图 3-35　2000 年至 2021 年河北省成果转化率

8. 山东省科技金融与科技创新发展现状分析

8.1　科技人员

科技人员直接创造和应用科技成果，是科技投入最积极的因素，在科技活动中扮演着核心和骨干的角色。从图 3-36 中可以看出，山东省的科研人员全日制员工数量总体上呈上升趋势，反映出政府对科技创新研发的投入逐年增加。2006 年，山东省政府发布《山东省中长期科学和技术发展规划纲要（2006—2020 年）》等重大科技政策，为山东省创新型科技人才和团队的培养提供重要的政策保障。同时，于 2009 年出台《关于加快引进海外高层次人才的实施意见》，广泛吸引海外高层次创新型科技人才回鲁工作或者提供智力服务。故 2006 年后 R&D 人员全时当量增长势头明显。

2018年至2019年是山东省科技人才评价改革的调整期，故2019年R&D人员全时当量较2018年出现明显的下降，由308339人/年下降到278787人/年。在2018年两院院士大会上，习近平指出“要创新人才评价机制，建立健全以创新能力、质量、贡献为导向的科技人才评价体系，形成并实施有利于科技人才潜心研究和创新的评价制度”，随后，山东省出台深化“三评”改革意见和实施方案，并开展“清四唯”行动。2019年，山东省科技主管部门出台《省科技计划设置实施改革初步方案》、《省科技计划组织实施工作流程》、《省科技计划评审管理规范》和《省科技计划限项申报规定》等系列文件，不断加大信息公开力度，不断推进分类评价，优化完善科技人才评价体系。

山东省财政厅自2019年以来持续加大科技创新支持力度，连续三年保持大规模创新投入。2019—2020年，省级科技创新发展资金每年都达到120亿元，是2018年的3.75倍；在此基础上，2021年又增长10%，达到132亿元。在增加投入的同时，于2020年实施全方位资金整合，建立起了“统一集中、统一决策、统一分配、统一管理、统一考核”的项目资金管理新模式，集中财力支持重大科技创新，全面优化创新资源布局。因此，2019—2020年R&D人员全时当量出现明显的大幅增长。

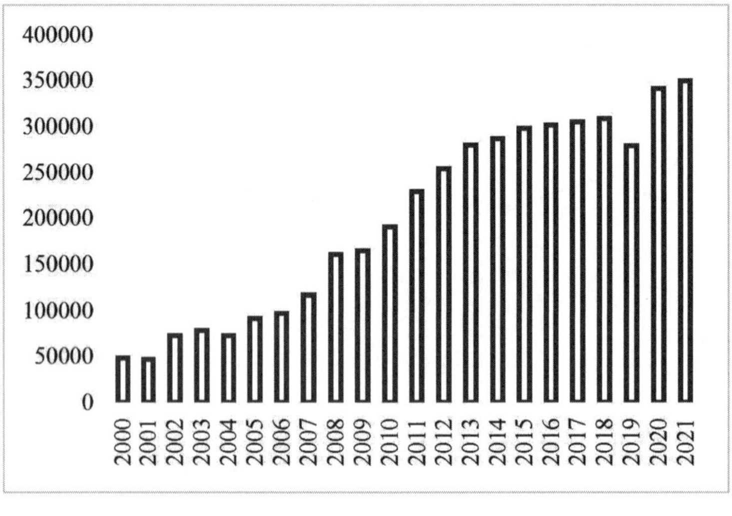

图3-36 2000年至2021年山东省R&D人员全时当量

8.2 科技金融投入

从图3-37可以看出，自2000年以来，山东省的R&D资金投入总体呈逐年增长趋势，从162.98亿元增长至1944.66亿元。2009年和2019年R&D资金投入明显下降。这是因为全球金融危机对企业R&D投入产生两方面的影响：一方面导致企业的生存环境恶化，产品需求和价格大幅下滑，营业收入显著减少，企业的经营绩效明显降低，直接削弱企业的盈利能力；另一方面，金融融资环境恶化增加企业获取R&D资金的难度。自2000年以来，尽管全国社会总体R&D经费投入逐年增长，但随着金融危机的爆发及其影响，自2006年以来增长幅度持续减小，2008年的增幅仅为6.47%，比上一年降低9个百分点。政府R&D经费总投入在2007年下降5个百分点，在2008年下降3个百分点，下降幅度非常显著。2019年则是由于存在融资总量与产业总体需求不适应，且融资结构不合理等问题，导致高科技企业融资困难，被迫削减科技研发投入。

从图 3-38 来看，R&B 的三种资金来源中，企业投入占比最高，占总资金投入的 80% 以上。其次为政府资金，约占 10%左右，这两种资金可以评价政府科技经费投入引导社会资源往科技研究倾斜的力度，从图中数据可以看到政府对社会资金的引导存在约 8-10 倍的关系，且近年二者倍数关系逐渐拉大。

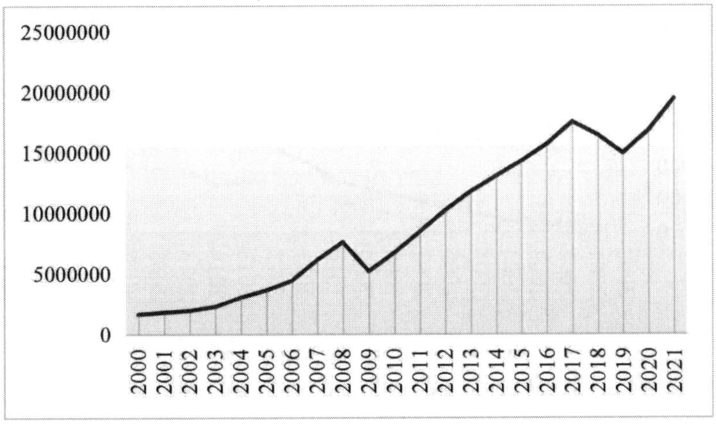

图 3-37　2000 年至 2021 年山东省 R&D 资金投入规模

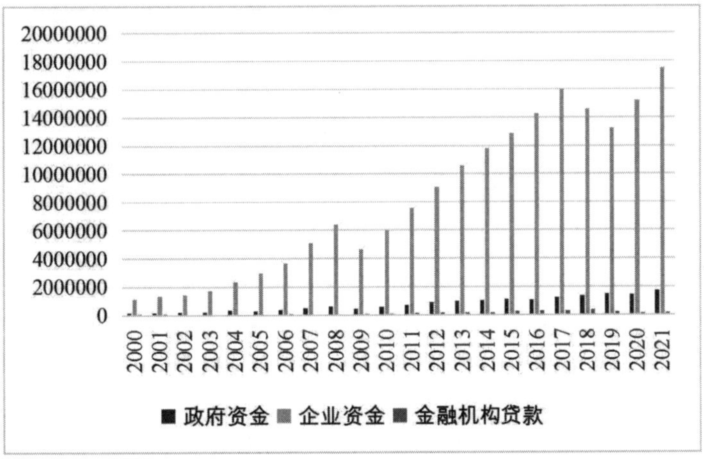

图 3-38　2000 年至 2021 年山东省 R&D 投入资金来源

8.3　科技成果

专利申请数是指特定时间段内提交的专利申请数量。在 2021 年，本省的专利申请授权数量为 239838 件，而 2000 年的数量为 6962 件，总计增加了 232876 件，年均增长率达到 21.61%。这表明山东省在专利领域的创新水平总体上较高。从总体趋势来看，近 19 年山东省的专利授权量逐年增加，显示出山东省的科学知识和技术研究正在不断发展。但是，专利申请授权数量远远不足，尤其是与南方三省的对比中显得尤为明显。这种不足直接反映出山东省的科学技术水平较低，顶尖人才素质不足。

从发展趋势来看，在 2017 年之前，专利申请数量和授权数量保持增长趋势，但增速缓慢。自 2017 年以来，山东省的专利申请和授权数量显著增加，科研力度加大，成果丰硕。在 2019 年之前，科研成果转化水平波动较大，但总体上没有明显提高。自 2019 年以来，科技成果转化效率明显增长，2021 年达到 90%。这表明山东省在推动科技发展方面做出了很大努力，科研质量也有显著提升。

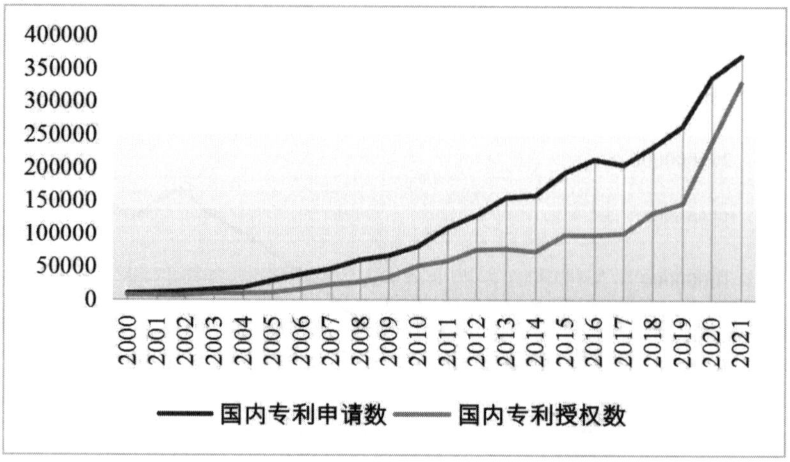

图 3-39　2000 年至 2021 年山东省科技创新产出水平

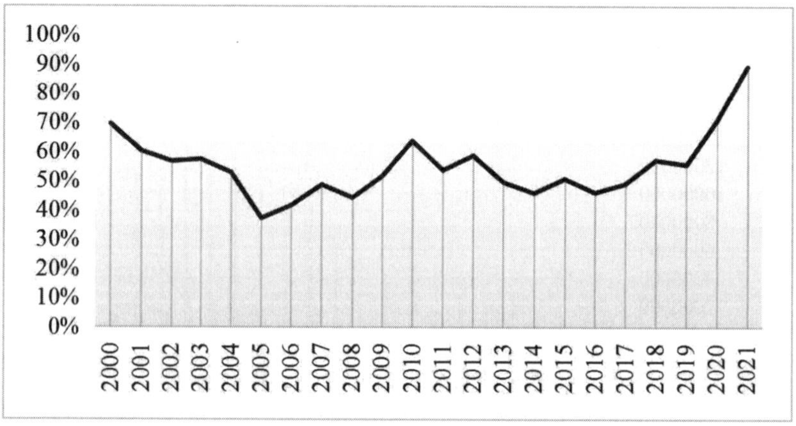

图 3-40　2000 年至 2021 年山东省成果转化率

9. 福建省科技金融与科技创新发展现状分析

9.1　科技人员

科技人员是科技投入最积极能动的因素。在科技活动人员中，R&D 人员作为科技成果转化的核心和骨干，直接创造和应用科技成果。根据图 3-41 显示，福建省 R&D 人员全时当量总体呈上升趋势，表明政府对科技创新研发投入逐年增加。因此，自 2006 年以来，R&D 人员全时当量呈明显增长势头。从图表可见，2015 年 R&D 人员全时当量减少，从 135866 人/年降至 126572 人/年。

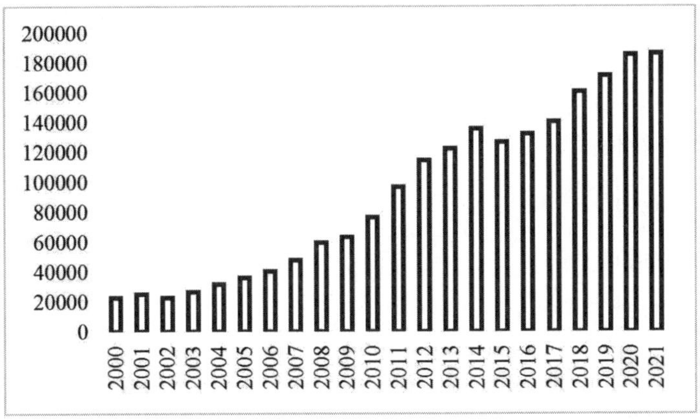

图 3-41 2000 年至 2021 年福建省 R&D 人员全时当量

9.2 科技金融投入

资金是科技金融研发重要的财力保障，科技金融的领先进步和持续发展提供重要的物质基础。从图 3-42 中可以看出，2000 年至 2021 年福建省 R&D 资金投入从 5. 15 亿元增加到 968. 13 亿元，年均增长 16. 39%。R&D 资金投入量虽在 2009 年有所下降，但整体呈现上升趋势，然而近 5 年来增长率有所下降。2009 年的波动情况主要是源于国际金融危机影响整体 GDP 与财政，福建省科技厅为应对金融危机的挑战，主动进入经济建设主战场，通过创新体制机制，调整科技金融投入。而近年的增长动能逐渐贫乏，说明福建省虽然逐年加大对科技领域的经费投入规模，但缺乏科技支出稳定增长机制，政府应以科技的长远发展为目标，不断加强科技支出的下沉力度。此外与华东其他地区省份比较，福建省 R&D 投入占 GDP 的比重较小，表示福建省政府科技投入强度较低，需要高度强化科技创新活动依赖政府财力支持的作用。

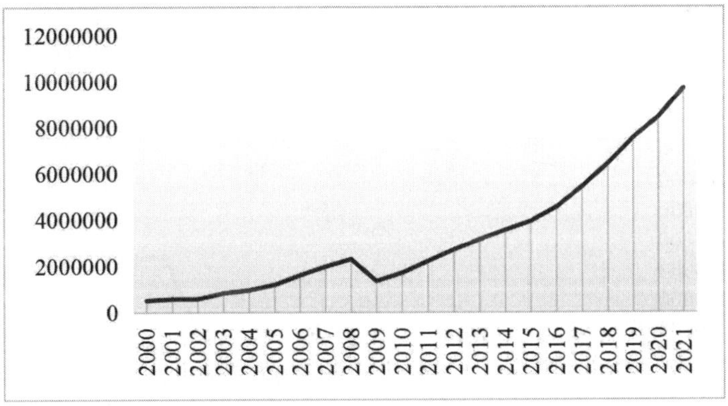

图 3-42 2000 年至 2021 年福建省 R&D 资金投入规模

从图 3-43 中的 R&D 经费占比情况来看，在三个来源中，企业资金数额最大，是 R&D 经费主要来源，约占所有支出来源的 80%以上。其次是政府，政府资金约占 10%左右。这两种资金可以评价政府科技经费投入引导社会资源往科技研究倾斜的力度，从图中数据可以看到政府对社会资金的引导存在约 8-10 倍的关系，且近年二者倍数关系逐渐拉大，福建省政府较好地发挥科技支出对全社会科技资源的引导作用。但是来源于金融机构贷款等方式的资金额度较小，说明福建省科技金融的发展有待提高，应当利用市场化的金融手段支持科技研发建设，发挥金融体系的集聚与筛选作用。而福建省近年确实在科技金融方面做出改革，从 2019 年以来大力实施“科技贷”，作为福建省支持科技型企业创新发展探索出的金融服务新模式，截至 2022 年已有 23 家金融机构加入其中。

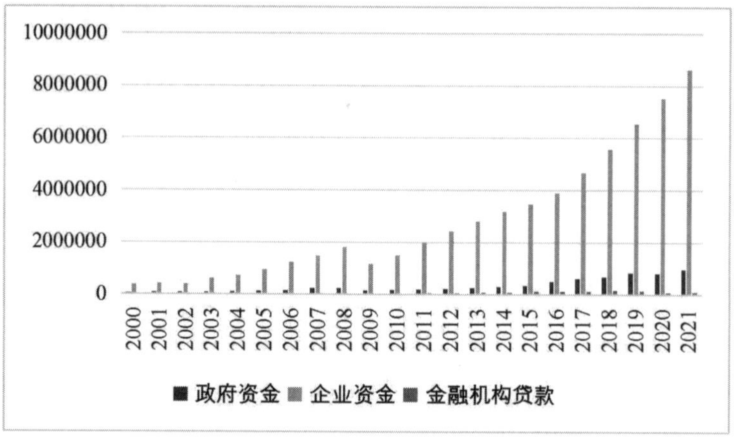

图 3-43　2000 年至 2021 年福建省 R&D 投入资金来源

9.3　科技成果

在科技人员、科创资金和管理导向等要素的大量投入支持下，福建省科技成果的转化数量和质量稳步提升。从专利申请数和授权数来看（如图 3-44），2000 年至 2021 年，专利申请数从 4211 项增加到 160703 项，专利授权数从 3003 项增加到 153814 项。从科研成果转化效率方面来看（如图 3-45），专利授权率均超过 50%，平均水平接近 70%。专利数量的增长与高新技术成果的转化应用大大促进福建省高新技术产业和战略性新兴产业的发展。2022 年，福建省高技术产业增加值同比增长 17.1%，高于规模以上工业 11.4 个百分点，对规模以上工业增长的贡献率达到 46.2%，整体呈现出增长快且具有韧性的良好发展态势。

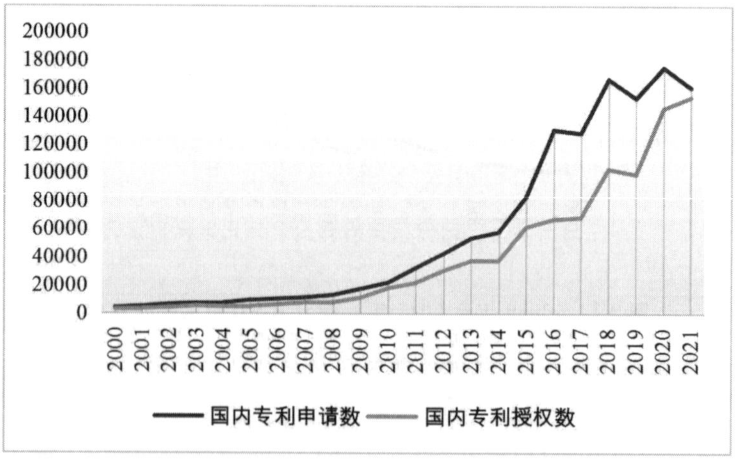

图 3-44　2000 年至 2021 年福建省科技创新产出水平

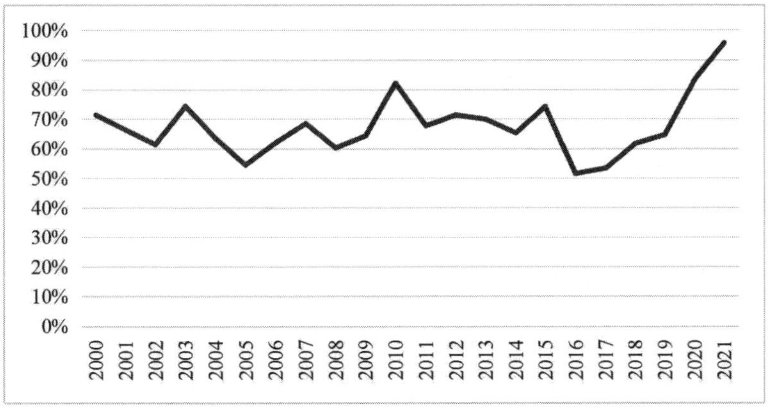

图 3-45　2000 年至 2021 年福建省成果转化率

从发展趋势看，在 2015 年之前，专利申请数量和授权数量呈现持续增长的态势，但增速缓慢。2015 年以后，福建省专利申请和授权数量明显增加，科研力度加大，成果丰硕。2016 年以前，科研成果转化的水平波动较大，但总体上没有明显提升。自 2016 年后，科技成果转化效率明显增长，2021 年达到 95%，这表明福建省在刺激科技发展方面取得明显的进展，并且科研质量有显著提升。

10. 辽宁省科技金融与科技创新发展现状分析

10.1　科技人员

随着科技创新步伐的加快，科技人才的重要性和紧缺性日益凸显。科技成果的创造、利用和增值，以及创新资源的合理配置，最终都要依靠科技人才来实现。为不断提高辽宁省的科技创新能力，使其不断为辽宁省的经济可持续发展提供强有力的科技支撑，就必须要运用科学合理的激励措施，最大限度地调动科技人才的创新积极性和创新能动性。由图 3-46 可见，2000 年至 2021 年，辽宁省的人员全时当量持续稳步增长，从 48545 人年增长到 116505 人年。

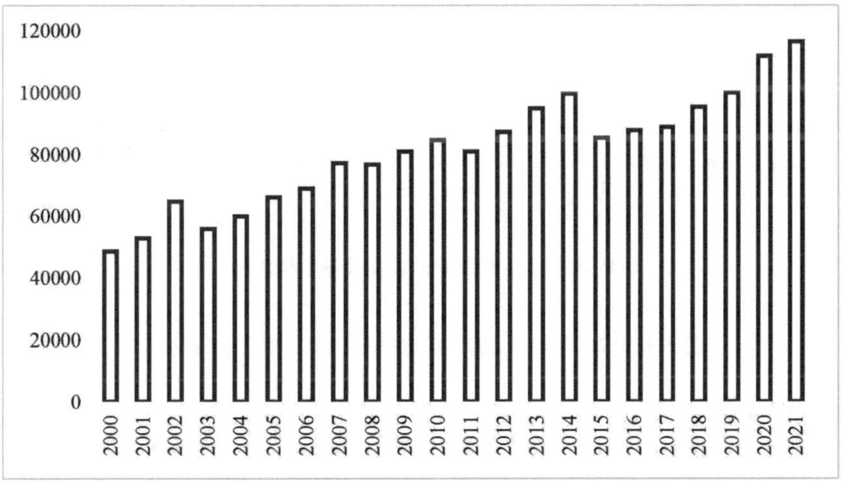

图 3-46　2000 年至 2021 年辽宁省 R&D 人员全时当量

10.2 科技金融投入

辽宁省科技创新在2000年至2021年期间取得了显著成果。根据图3-47显示，2021年，辽宁省的研发资金投入达到了600.4亿元，相较于2000年增长了5.73倍。党的十八大以来，尤其是近年来，辽宁省将创新作为推动振兴发展的主要动力，辽宁省科技创新生态持续优化，科技创新能力显著提升，科技创新动力加速集聚。如图3-48所示，辽宁省的研发投入资金来源渠道多元化，但主要以企业资金为主。近年来，辽宁省的科技型中小企业保持高速增长，得益于省内不断强化企业创新主体地位、培育壮大科技型企业群体。

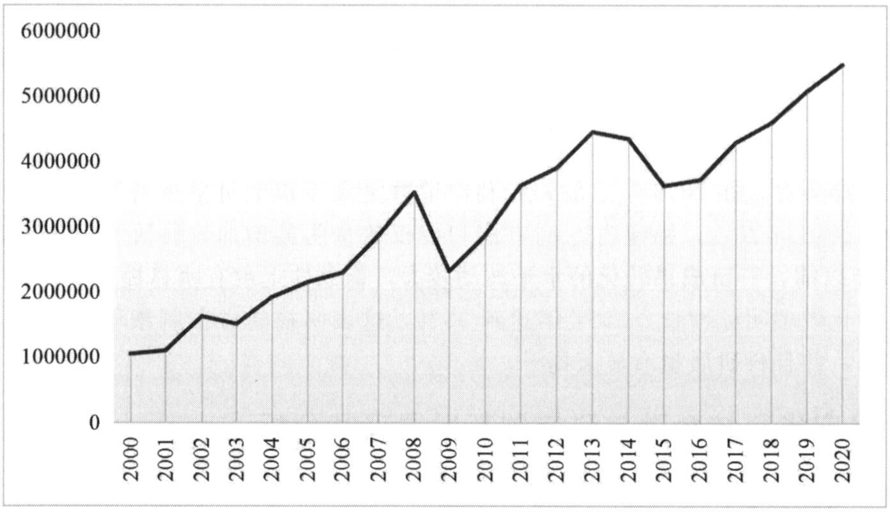

图3-47 2000年至2021年辽宁省R&D资金投入规模

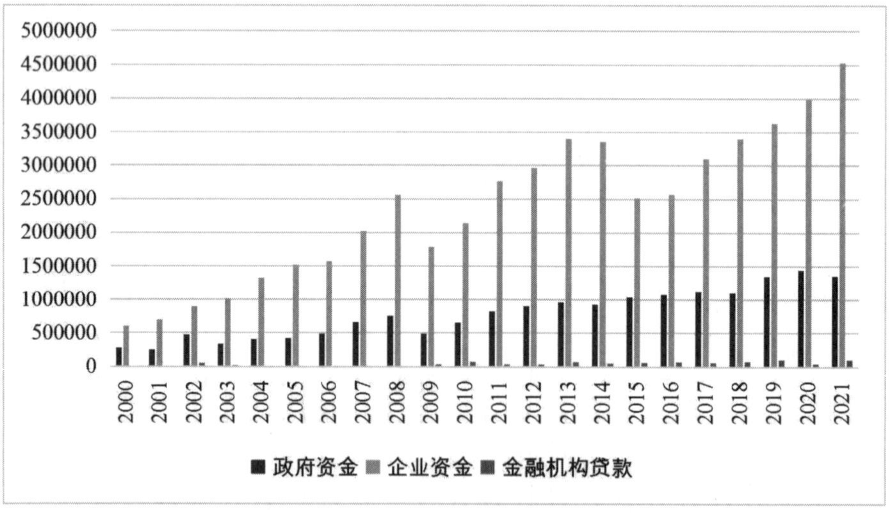

图3-48 2000年至2021年辽宁省R&D投入资金来源

10.3 科技成果

自“十三五”规划开始以来，辽宁省旨在提高辽宁省科技成果转化的数量、质量和本地化转化率，并通过完善科技成果转化机制政策、科技成果转化服务体系等方面的工作来优化科技成果转化环境，从而显著提高科技成果的创新转化率。如图 3-49 所示，辽宁省的科技成果在 2000 年至 2021 年逐渐增长。截至 2021 年，辽宁省国内专利申请数为 88504 件，专利授权数为 80191 件。科技成果转化工作取得新的突破。根据《中国区域科技创新能力综合评价报告 2021》，辽宁省在综合科技创新水平指数方面排名第 14，指数值为 66.32。图 3-49 展示了 2000 年至 2021 年期间辽宁省专利情况的变化趋势。

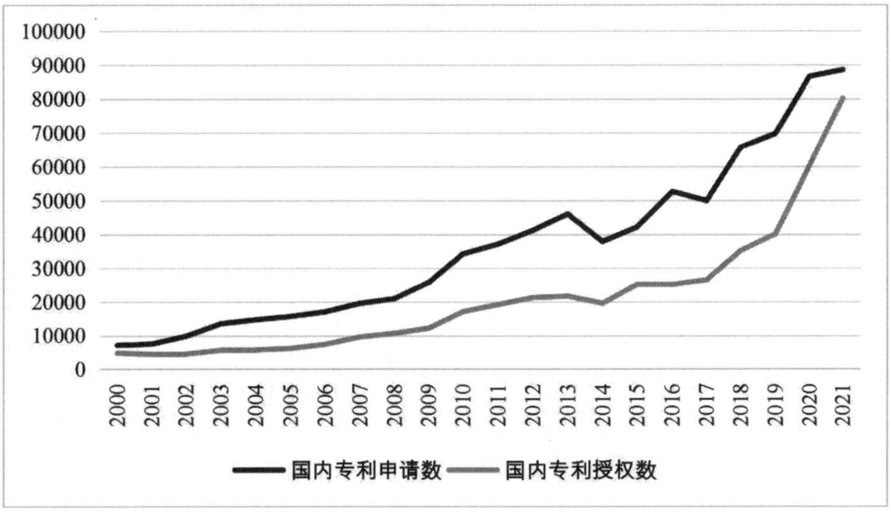

图 3-49 2000 年至 2021 年辽宁省科技创新产出水平

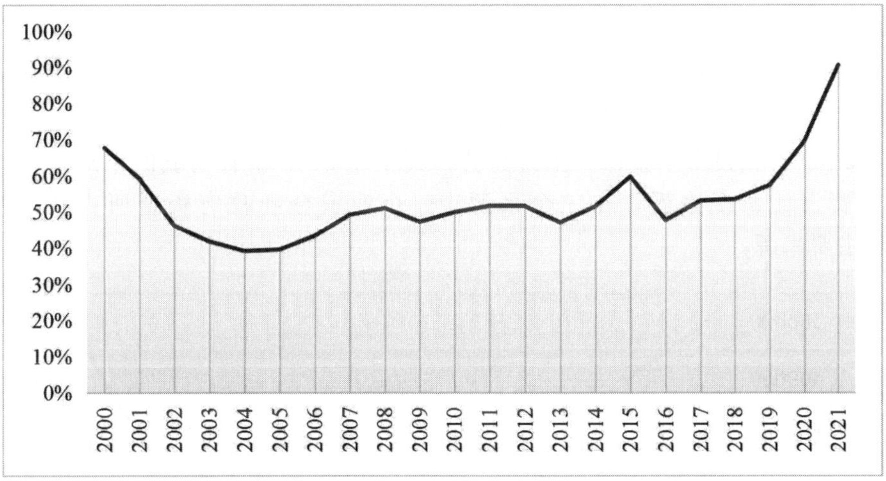

图 3-50 2000 年至 2021 年辽宁省成果转化率

11. 海南省科技金融与科技创新发展现状分析

11.1 科技人员

人才是经济社会发展最重要的决定力量，而科技人才更是其中的中坚力量。如图 3-51 所示，海南省的研发人员总体呈上升趋势。2008 年后，海南省的研发人员总数显著增加。

根据图表可知，2017 年，研发人员的总数较 2016 年减少，从 7840 人/年下降到 7715 人/年。2018 年 5 月 13 日，为深入贯彻落实习近平总书记在庆祝海南省建省办经济特区 30 周年大会上的重要讲话和《中共中央、国务院关于支持海南全面深化改革开放的指导意见》（中发〔2018〕12 号）精神，结合海南省的实际情况，海南省实施了《百万人才进海南行动计划》（2018—2025 年）。其中提出的“到 2020 年，吸引各类人才 20 万人左右”的初期目标已按计划完成。

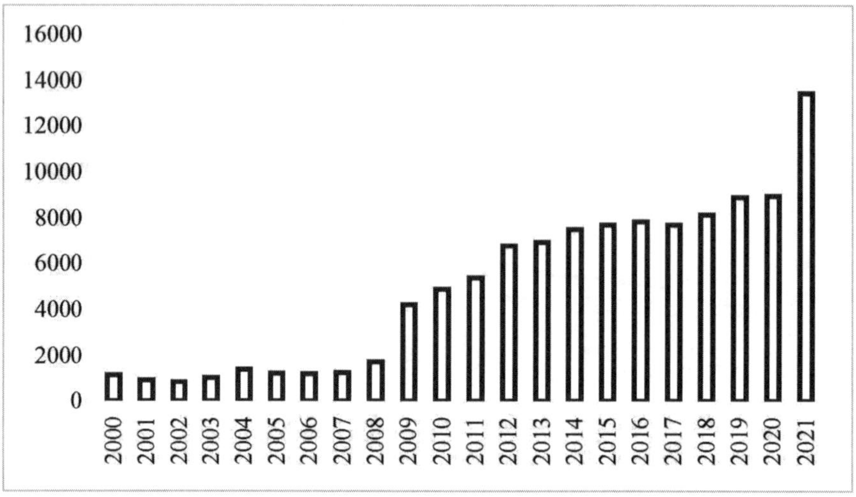

图 3-51　2000 年至 2021 年海南省 R&D 人员全时当量

11.2　科技金融投入

科学技术是第一生产力，科技投入是促进生产力发展的第一投入。从图 3-52 中可以看出，2000—2021 年海南省 R&D 资金投入从 3.78 亿元增加到 46.98 亿元，年均增长 16.65%。R&D 资金投入量整体呈上升趋势，其中在 2009 年有明显的下降。从图 3-53 中的 R&D 经费占比情况来看，在三个来源中，企业资金和政府资金所占比例最大，是 R&D 经费主要来源。

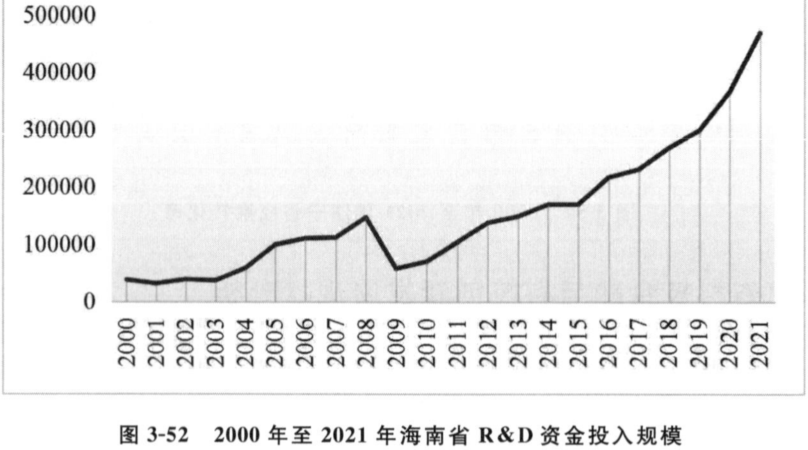

图 3-52　2000 年至 2021 年海南省 R&D 资金投入规模

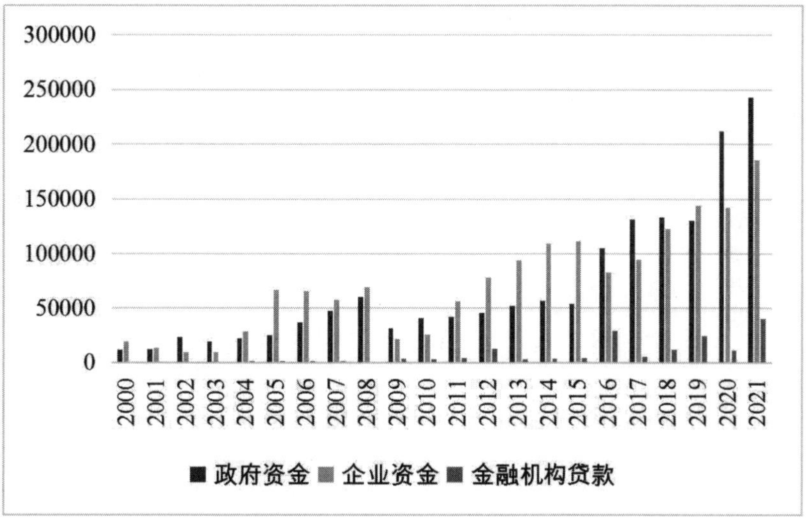

图 3-53　2000 年至 2021 年海南省 R&D 投入资金来源

11.3　科技成果

从图 3-54 来看，海南省 2000 年至 2021 年国内专利申请数和国内专利授权数稳步上升，国内专利申请数从 502 项上升到 17679 项、国内专利授权数从 320 项上升到 13632 项，尤其是在 2017 年以后，上升趋势显著。从科研成果转化效率方面来看（如图 3-55），成果转化率波动明显，但均保持在 35％以上，平均转化率为 57.10％。2001 年和 2021 年最高，分别为 77.69％和 77.11％。2002 年最低，仅为 36.45％。

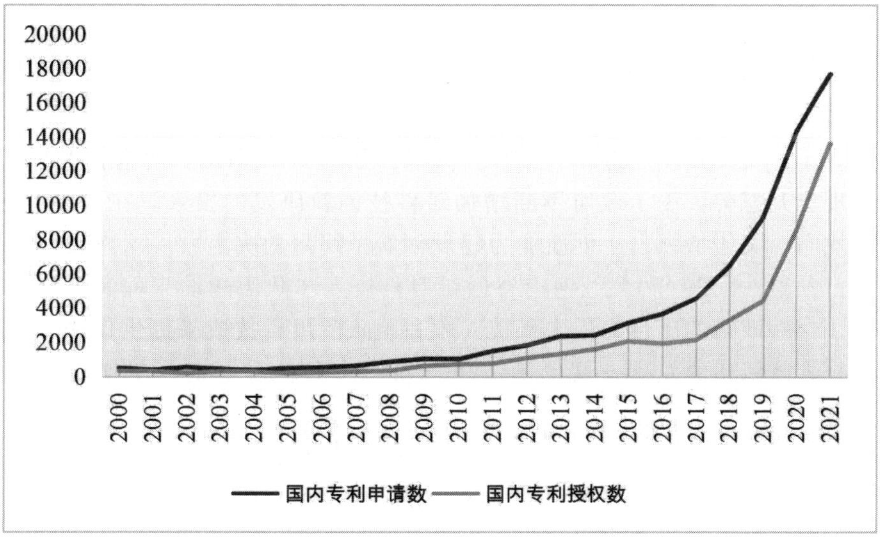

图 3-54　2000 年至 2021 年海南省科技创新产出水平

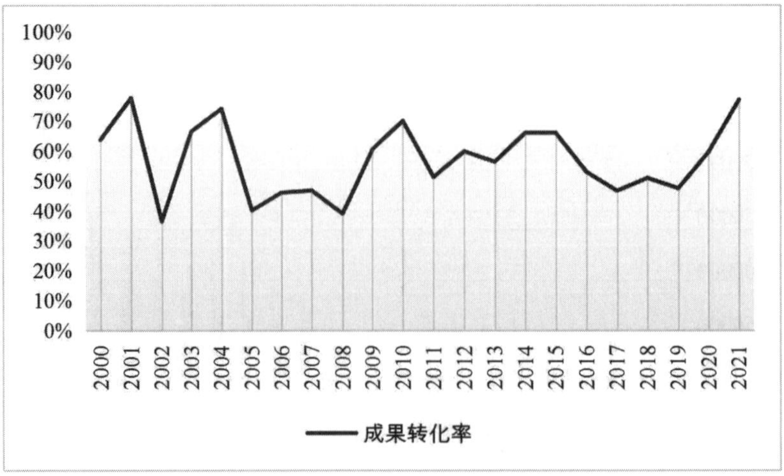

图 3-55　2000 年至 2021 年海南省成果转化率

第二节　中部地区科技金融与科技创新发展现状分析

1. 河南省科技金融与科技创新发展现状分析

1.1　科技人员

科技人员是科技投入最积极能动的因素，在科技活动中，R&D 人员作为科技成果转化的核心和骨干，负责直接创造和应用科技成果。如图 3-61 所示，河南省 R&D 人员全时当量总体呈现上升态势，表示政府不断增加对科技创新研发的投入。在“十一五”期间，河南省先后发布《关于增强自主创新能力建设创新型河南的决定》、《河南省科技人才发展中长期规划（2011—2020 年）》、《河南省创新型科技人才队伍建设工程实施方案》等行政规划性文件。这些政策的出台为顶尖科技人才和团队产出科技成果提供保障，推动了河南省创新型科技人才队伍的发展，这也是 2006 年后 R&D 人员全时当量增长势头明显的主要原因。

由图表可知，自 2018 年以后，R&D 人员全时当量增长明显。2018 年以来，河南省政府将以加强人才引进为导向将主要工作和重点工作聚焦在省级层面上，为不同行业、不同单位、不同领域的人才搭桥引线。如由河南省委省政府、欧美同学会、中国博士后科学基金会联合主办的“中国·河南省招才引智创新发展大会”每年 10 月中旬在郑州召开，为打造制造业强省、内陆开放高地等目标助力。而该时期另外一个重要特点是各地市人才引进政策不断涌现，如平顶山市 2018 至今的“鹰城英才”计划，对 A—E 五类人才分别给予配套福利政策；又如 2022 年 1 月 24 日洛阳市出台的《汇聚创新人才、集聚青年人才、加快人才强市若干举措》。

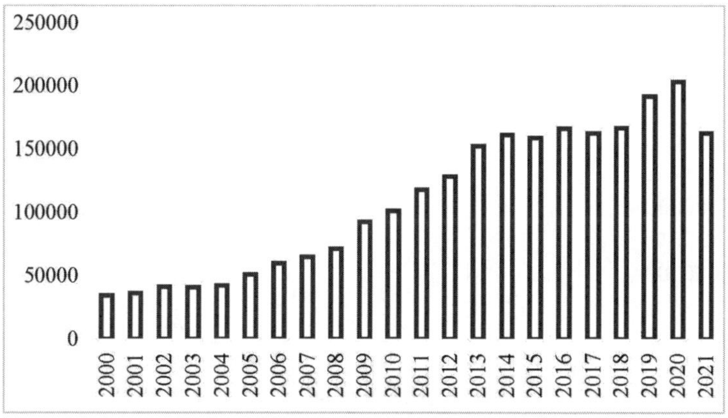

图 3-61　2000 年至 2021 年河南省 R&D 人员全时当量

河南省近年来生产总值已基本稳定在前五，但人均 GDP 排名则仍旧位于下游区间，对于吸引人才的多方位引力环境仍稍逊色。比如当前主要依赖的制造业高新技术产业占比不足 10%，整体高端供给缺乏，以能源和原材料为主的产业结构仍需进一步优化；第三产业发展不够完全，低于全国平均水平的局面仍需进一步改善；新时期经济发展主要核心创新能力不足的状况并未改变，2019 年统计数据显示专利数全国占比仅为 0.4%，技术市场成交额全国占比仅为 1%，研究与试验经费、研究与试验人员等多项指标均低于平均水平。河南省宏观经济发展仍需进一步提升，为人才聚集提供良好的基础保障。

1.2　科技金融投入

资金是科技金融研发重要的财力保障，科技金融的领先进步和持续发展提供重要的物质基础。从图 3-62 中可以看出，2000—2021 年福建省 R&D 资金投入从 6.01 亿元增加到 1018.84 亿元，年均增长 15.56%。R&D 资金投入量虽在 2009 年有所下降，但整体呈现上升趋势，然而近 5 年来增长率趋于稳定。2009 年的 R&D 资金投入波动较大的主要原因是受经济危机的影响河南省政府不得不削减部分财政支出，用于 R&D 资金投入的政府资金减少直接导致 R&D 资金投入降低，与此同时企业受金融危机的影响同样明显，河南省内大量高科技企业生存环境大幅恶化且融资困难，这直接导致企业降低科研投入致使 2009 年 R&D 资金投入出现明显下降。

近年来，河南省科技厅为增强企业的创新投入，充分发挥平台的信息资源优势，进一步强化与金融机构的协作，共同开展“科技贷”等业务，与十六家银行形成业务协作带动金融机构进一步加强了对高新技术中小企业的扶持力度。截至 2021 年 6 月底，累计扶持高新技术企业 1170 家（次），完成贷款 58.64 亿多元，有效缓解了河南省高新技术企业的融资难问题，有效促进了中小企业创新提质增效。

从图 3-63 来看，R&B 的三种资金来源中，企业投入占比最高，占总资金投入的 80% 以上。其次为政府资金，约占 10%左右，这两种资金可以评价政府科技经费投入引导社会资源往科技研究倾斜的力度，从图中数据可以看到政府对社会资金的引导存在约 8～10 倍的关系，且近年二者倍数关系逐渐拉大。河南省 R&D 投入资金来源是以企业为主导型，然而，亦不应忽视政府资金对研发活动的重要性，应增加政府资助比例，积极发挥政府的作用，以更好地促进河南省科技创新水平的提升，推动河南省经济增长。

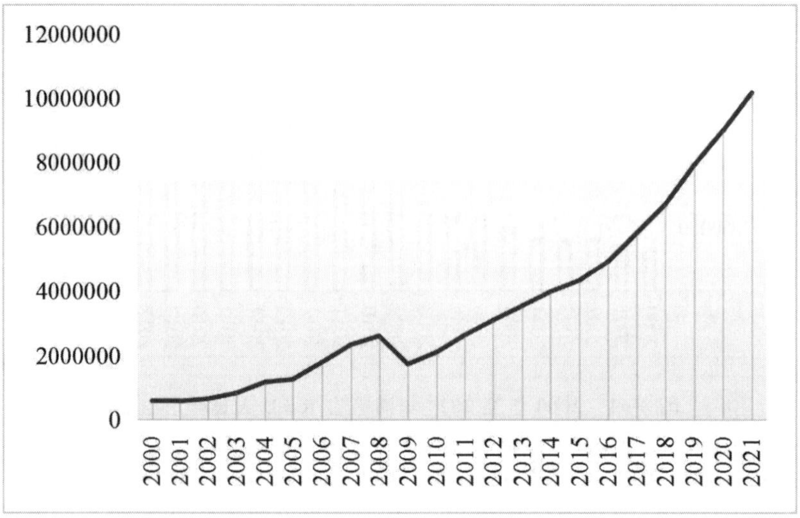

图 3-62　2000 年至 2021 年河南省 R&D 资金投入规模

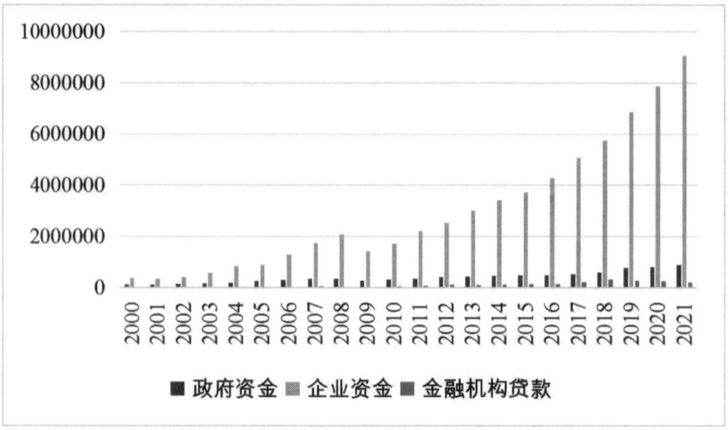

图 3-63　2000 年至 2021 年河南省科技创新产出水平

1.3　科技成果

专利是科技活动的重要成果之一，同时也是评估一个国家或地区科技创新能力和水平的重要指标。根据图 3-64 的数据显示，在 2000 年至 2021 年期间，河南省的专利授权数量持续增加。以 2021 年为例，河南省累计获得各类专利授权共计 158038 项，较 2020 年增加 35229 件。从科研成果转化效率方面来看，专利授权率均在 40%以上，平均水平接近 60%。近五年来河南省的科研成果转化率呈明显的上升趋势。总体来说，河南省近 20 年来专利授权量呈波动性稳步增长。

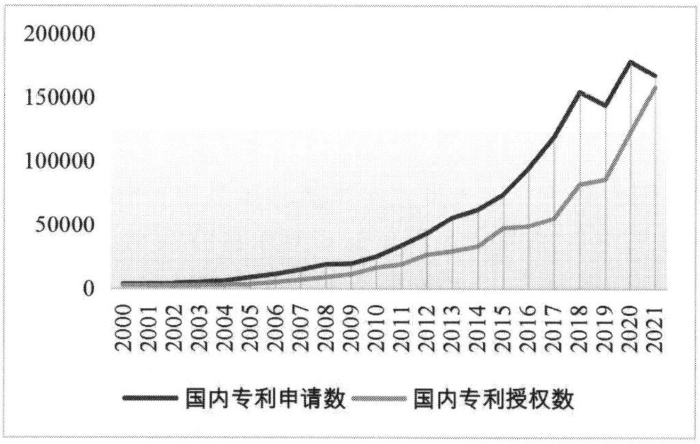

图 3-64　2000 年至 2021 年河南省科技创新产出水平

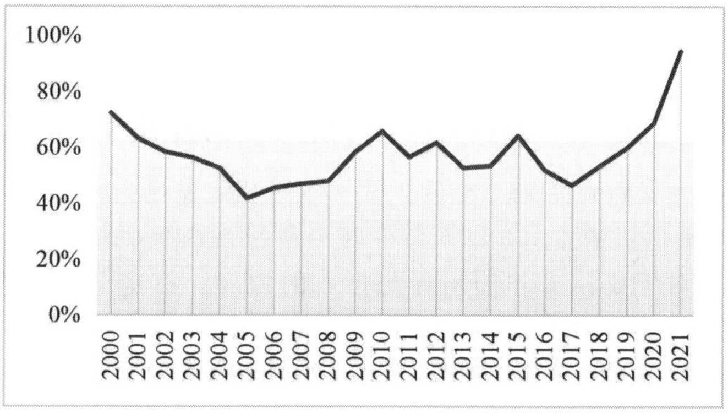

图 3-65　2000 年至 2021 年河南省成果转化率

2. 安徽省科技金融与科技创新发展现状分析

2013 年，安徽省被确定为全国第二个创新型建设试点省，其地区创新能力以及其他主要创新指标在中部地区保持领先水平。在“十二五”期间，安徽省高新技术产值年均增速达到 20.7%，增加值增速达到 17.8%。在经济下行压力的情况下，安徽省能够保持快速经济发展水平和高新技术产业增速，这主要归功于持续的金融创新建设对科技创新的有力支持。自从“十三五”规划将科技金融纳入国家发展战略以来，各地的科技金融事业蓬勃发展。要想继续保持经济的快速发展，并率先建成创新型省份，就必须依赖于科技金融体系的不断健全和科技金融的跨越式发展。为了实施创新驱动发展战略，推动安徽省科技事业发展，以及建设创新型省份，安徽省政府于 2017 年发布了《支持科技创新的若干政策》，其中详细列出一系列关于支持科技创新发展的政策。

近年来，安徽省以科技自立自强的国家发展战略为核心，致力于建设本省的科技金融体系。该体系以金融和创新资本的构建为重点，旨在打造具有重要影响力的科技创新策源地。通过引导各类金融要素资源向科创企业汇聚，支持科技型中小企业加快创新发展，并促进创新链、产业链和资金链的深度融合。为此，安徽省正在完善支持科技型企业的专业化组织机构体系，并鼓励金融机构设立专门部门或机构，为科技型企业提供定价、产品审批、绩效考核等方面的专属管理支持。完善支持科技型企业产品和服务体系，开展贷投联动试点。构建创新资本服务体系，推进科技型企业上市挂牌，支持皖仪科技、国盾量子、江航装备、科威尔等一大批“硬科技”企业在上交所科创板成功上市。

2.1 科技人员

如图 3-66 所示，安徽省 R&D 人员全时当量总体呈现上升态势，从 2000 年的 25355 人年增长到 2021 年的 170421 人年，表明安徽省对于科技活动人才投入及引进较为重视。从图表中可以看出，2000 年至 2006 年安徽省 R&D 人员全时当量增长不明显，处于平稳波动的阶段。这一时期，安徽省对于科技人员招揽建设方面处于刚刚开启体制改革，初步激发科研人才活力的阶段。2002 年，安徽省启动一项吸引学界精英、造就学术大师、带动学科建设的高层次创造性人才工程——“皖江学者计划”。2003 年 12 月，党中央、国务院召开中华人民共和国成立以来第一次全国人才工作会议，会后作出了《关于进一步加强人才工作的决定》，成为大力实施人才强国战略、建设宏大的高素质人才队伍的纲领性文件。2004 年 5 月，《中共安徽省委、安徽省人民政府关于贯彻〈中共中央、国务院关于进一步加强人才工作的决定〉的实施意见》出台，提出牢固树立人才资源是第一资源的观念，充分发挥人才资源开发在经济社会发展中的基础性、战略性、决定性作用。处于这一阶段的显著特征是，科技体制改革持续推进，科技成果向现实生产力加速转化，科技人员的积极性初步积累，为安徽省实施“科教兴皖”战略奠定基础。

2007 年至 2015 年，安徽省 R&D 人员全时当量呈现出蓬勃的上升态势，说明这段时期安徽省政府加大了对于科技人才的培养与投入的力度。在这个阶段安徽省实施人才战略，提升了科技人才的整体效能。2006 年 4 月，安徽省委省政府作出“走创新型崛起之路，建设创新型安徽”的战略部署，印发了《安徽省科技发展“十一五”规划纲要及 2020 年远景展望》，提出实施创新人才培养工程。2008 年，安徽省启动合芜蚌自主创新综合试验区建设，大力实施人才优先发展战略，以科技人才优先发展引领经济社会科学发展。2014 年 2 月，安徽省人民政府办公厅印发《安徽省扶持高层次科技人才团队来皖创新创业实施细则（试行）》。这一阶段的显著特征是，安徽省委省政府坚持把科教兴皖和人才强省作为经济社会发展和科技金融建设的核心战略，高度重视并切实加强科技人才工作，人才工作体制机制创新扎实推进，科技人才效能明显提高。

2016 年 4 月，习近平总书记考察安徽时对科技人员说，“合肥这个地方是‘养人’的，培养出了这么多优秀人才，是创新的天地。希望大家再接再厉、更上层楼。”自“十三五”规划开始以来，安徽省积极营造一种尊重知识、尊重人才、尊重创造的科研氛围，致力于吸引更多科研人才聚集于江淮地区，激发更多有创新创业潜力的人才在竞争激烈的创新创业赛道上腾飞。2019 年初，安徽省全面启动了以“比创新、比创业、比创造、增动能”为主题的专项行动，并实施新时代的“江淮英才计划”，为安徽省的创新驱动发展提供有力的人才支持，安徽省的人才政策升级成为一个更具综合性的版本。2021 年 9 月，《中共安徽省委、安徽省人民政府关于加快实施人才优先发展战略引领新阶段高质量发展的若干意见》出台，进一步破除障碍藩篱，创造才尽其能的条件。虽然 2021 年受到新冠疫情大的影响，科研人员的投入减少，使得当年 R&D 全时当量有所下降，但是总体来说，近年来安徽省还是保持上升趋势，营造起了科技人才集聚的良好环境。

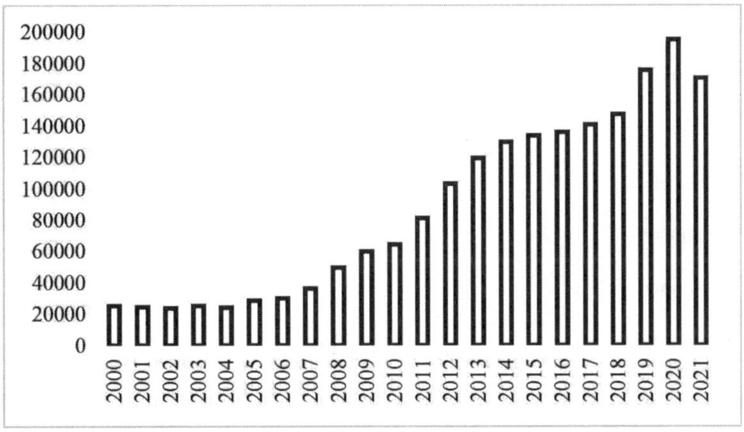

图 3-66 2000 年至 2021 年安徽省 R&D 人员全时当量

2.2 科技金融投入

安徽省作为科教大省，近年来不断增加科技投入，科技建设和科创产出已成为支撑安徽省经济社会发展的重要力量。随着安徽省对于安徽省特色的科技创新发展之路的建设，R&D 经费投入总额逐年增加，从图 3-67 中可以看出，2000—2021 年安徽省 R&D 资金投入从 49 亿元增加到 1006.12 亿元，年均增长 17.14%。这代表着安徽省政府重视科技研发的投入，科技创新安徽省最为宝贵的“金字招牌”和“遗传基因”，它将在很长一段时间成为安徽省发展的主旋律。R&D 资金投入量虽在 2009 年有所下降，但整体呈现上升趋势，2009 年的波动主要是源于国际金融危机的影响。为应对金融危机，安徽省科技厅制定十二项应对措施，依靠科技扩大内需、保障经济增长。安徽省科技厅领导班子成员带领团队，以合肥芜湖蚌埠试验区为重点，针对优势产业、新兴产业和骨干企业的技术需求，精选了重要攻关项目。及时挤出经费，提速一批重大科技项目，培育新的生长点。开展学习实践科学发展观“双百科技行动”，主动深入企业，切实帮助企业了解和落实相关政策，解决实际困难，克服金融危机的影响。建立“一帮一”联系服务制度，帮助企业了解政策条件，争取令安徽省成为全国高新技术企业数量排名前列的省份。安徽省在金融危机中做出这些措施，保持自主科技创新动力，为扩内需、保增长、调结构、增后劲做出努力，稳定住了 2009 年后续对于 R&D 资金投入的增长势头。

从图 3-68 中的 R&D 经费占比情况来看，在三个来源中，企业资金数额最大，是 R&D 经费主要来源，约占所有支出来源的 70%。其次，政府资金约占 20%，金融机构资金部分，从 2001 年占比 0.61%增加至 2021 年的 2.36%。

2011 年，合芜蚌国家自主创新示范区被确定为首批国家促进科技和金融结合试点地区后，通过工作试点，有效带动和促进了安徽省科技金融的结合。近年来，安徽省先后出台《安徽省人民政府办公厅关于修订印发实施创新驱动发展战略进一步加快创新型省份建设配套文件的通知（“1+6+2”配套政策）》、《合芜蚌自主创新综合试验区促进科技和金融结合试点实施方案》、《安徽省创业（风险）投资引导基金实施办法（试行）》和《关于推动科技创新型企业到省区域性股权交易市场挂牌发展的意见》等政策文件，不断完善科技贷款、天使投资、创业风险投资、资本市场融资、科技保险等扶持政策体系，为科技型企业投融资创造了良好环境。

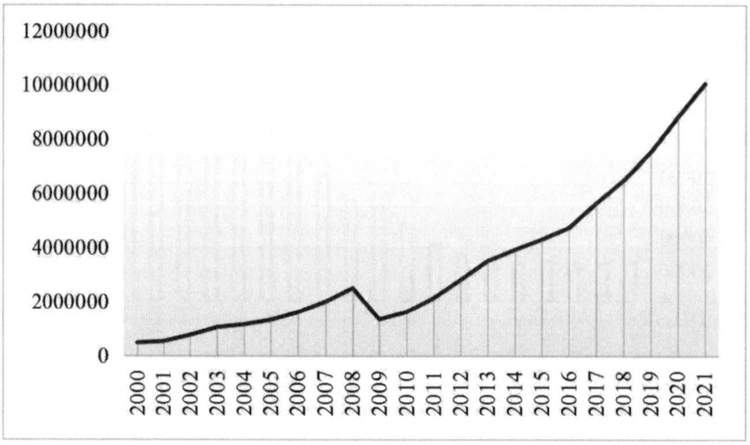

图 3-67　2000 年至 2021 年安徽省 R&D 资金投入规模

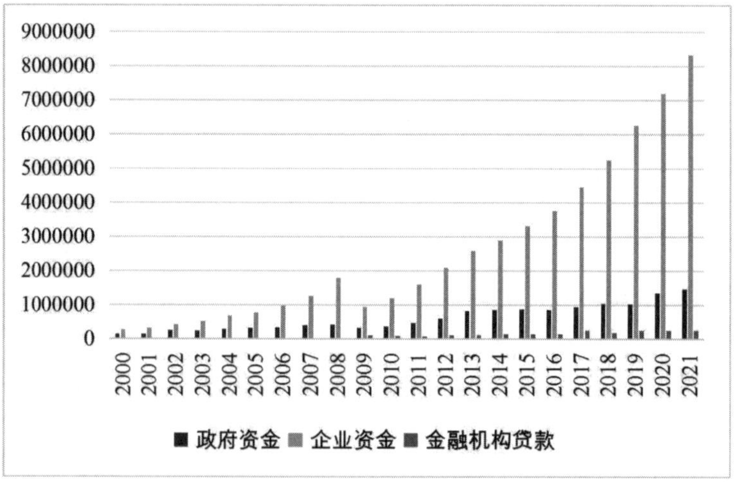

图 3-68　2000 年至 2021 年安徽省 R&D 投入资金来源

2.3　科技成果

根据图 3-69 中的数据，安徽省在 2000 年至 2021 年期间，专利申请数从 1877 项增加至 196427 项，专利授权数从 1482 项增加至 153475 项。从发展走势看，在 2009 年以前，专利申请数量与授权数量维持平稳态势，2009 年后专利的申请与授权数量增长势头明显上升。说明安徽省开始重视科技领域的建设，加大科技投入产出科技成果。

从图 3-70 的科研成果转化效率方面来看，成果转化率发展波动较大，平均水平为 53.23%。与其他省份对比来看，安徽省的成果转化效率还有待提高。尽管近年来安徽省政府在优化科技资源结构方面做出了巨大努力，但仍未从根本上解决高端成果接续难的问题。虽然安徽省是一个科技资源丰富的省份，但这些资源主要集中在基础研究和尖端科技领域，应用研发领域相对不足。此外，高校和企业的科研成果中创新性的高水平项目较少，许多都是低层次的重复研究，这也限制了科技成果的转化。不过，从 2017 年开始，安徽省的成果转化效率增长势头明显，有很大改善与提高。2021 年 5 月，《安徽创新型省份建设促进条例》发布。这是出台实施的全国首个创新型省份建设促进条例，从推进创新型省份建设的体制机制、重大措施、创新要素保障等方面予以制度化法治化，为建设科技强省提供法治保障，切实营造鼓励创造、追求卓越、宽容失败的创新氛围。所以，安徽省的科技创新发展应当会维持强劲势头，创新将会成为安徽省的发展之路，也会成为安徽省强而有力的经济增长动力。

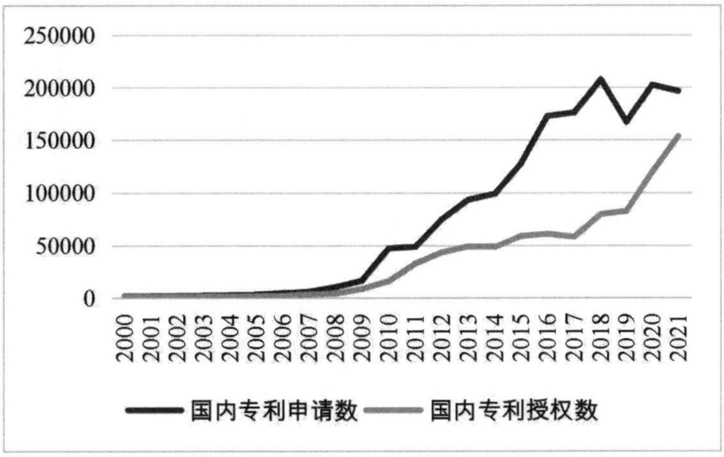

图 3-69　2000 年至 2021 年安徽省科技创新产出水平

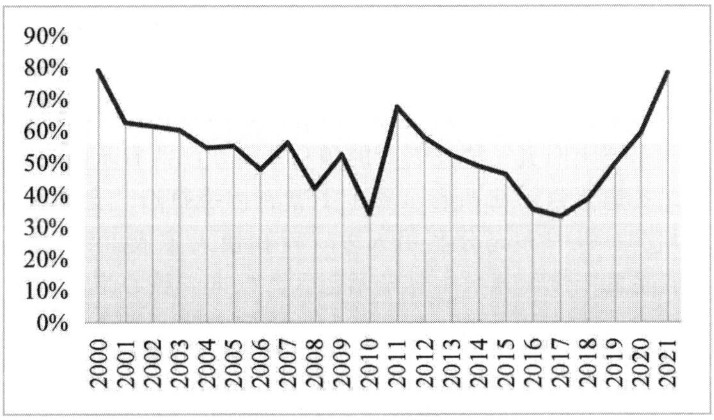

图 3-70　2000 年至 2021 年安徽省成果转化率

3. 江西省科技金融与科技创新发展现状分析

3.1　科技人员

如图 3-71 所示，江西省 R&D 人员全时当量近 20 年来呈持续上升趋势，其中 2000 年至 2015 年增速较缓，自 2015 年以来 R&D 人员增速明显上升，增长势头明显。这是因为近年来，江西省在实施人才强省战略和创新驱动发展战略方面做出不懈的努力。江西省不断加强高技能人才队伍的建设，推动创新链、产业链和科技人才的融合发展。江西省科技人才的数量持续增长，成长环境也在不断优化，他们在促进经济发展中的作用日益凸显。江西省以完善政策为重要抓手，紧密围绕“2＋6＋N”重点产业的发展制定了一系列文件。江西省从顶层设计上完善了技能人才培养、评价、使用和激励等各方面的政策措施。

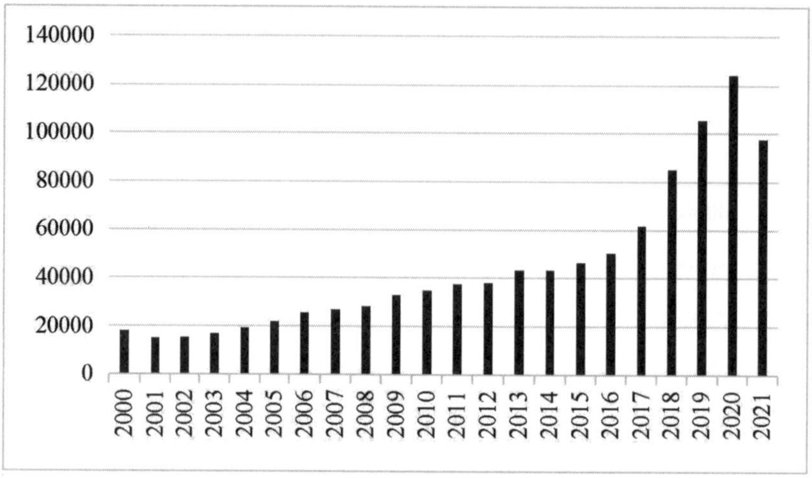

图 3-71　2000 年至 2021 年江西省 R&D 人员全时当量

2021 年 R&D 人员全时当量有所下降，说明江西省科技人员投入减少，人才增量下降。首先这是由于疫情影响，全国人才市场都受到冲击，财政紧缩后科技建设投入也同样下降。其次，江西省在 2021—2022 年期间坚持“突破刚性条件、避免唯一标准”的原则，加快推动职称制度改革向更深层次、更实际的方向发展。为此，制定《江西省职称评审管理办法》，并出台一系列改革举措，包括高校教师和工程技术人员职称申报条件的调整。在改革调整阶段，人员数量出现一定的波动，但整体仍保持在较高水平。

近年来，为了确保“十四五”科技创新的顺利开展，江西省政府将人才视为推进“一枢纽四中心”建设的关键要素。江西省全省上下紧密围绕打造“全国重要人才集聚中心”的目标要求，全面培养、吸引和充分利用人才，旨在使人才成就江西省，江西省成就人才。此外，还计划打造鄱阳湖国家自主创新示范区。根据“核心带动、两翼齐飞，整体推进，融合发展”的要求，构建“一核一圈一带”的空间布局，优化“一核十城多链”的空间布局。其中，南昌作为创新的“头雁”，赣江新区发挥示范引领作用，高标准建设中国（南昌）科学岛，吸引来自长三角、粤港澳大湾区等高端科技创新资源，打造中部地区以大南昌都市圈为核心的科技创新中心。另外，还将坚持“一市一城、因城施策”的原则，建设创新型市县。南昌、景德镇、萍乡等城市被视为实现科技自立自强、加快建设创新型省份的战略支点，同时支持新余、九江、赣州、抚州等地积极创建国家创新型城市。此外，还要加强科技创新平台的建设。计划着手构建以国家实验室、国家重点实验室、省实验室、省重点实验室为核心的实验室体系，统筹推进国家中药资源与制造、稀土技术创新中心的组建，以及国家制造业创新中心、产业创新中心、工程研究中心、临床医学研究中心、企业技术中心的建设，致力于打造一批重大科技创新平台。此外，还支持每个国家级园区新组建 1—2 个省级科技创新平台，并推动现有省级科技创新平台争创或参与创建国家级科技创新平台。

3.2　科技金融投入

从图 3-72 中可以看出，2000—2021 年浙江省 R&D 资金投入从 19.37 亿元增加到 502.17 亿元，年均增长 17.77%。R&D 资金投入量虽在 2009 年有所下降，但整体呈现上升趋势。

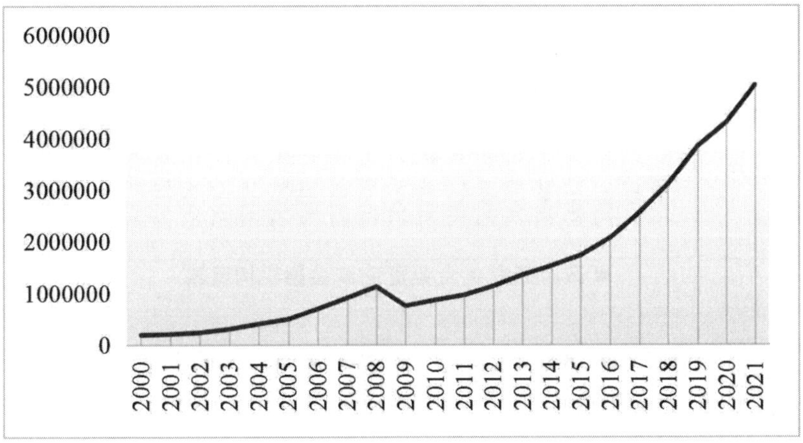

图 3-72　2000 年至 2021 年江西省 R&D 资金投入规模

2009 年的波动情况主要是源于国际金融危机影响。首先，针对企业而言，外部需求减少会导致企业经营上面临困难。受金融危机影响，企业的发展受到阻碍，尤其是面向外贸的企业，许多中小企业不得不关闭。由于有相当一部分中小企业以出口为主，产品技术含量较低，因此订单数量急剧减少，出口量下降，企业利润空间受到挤压，资金回流困难，流动资金紧缺。因此企业不得不缩减科技创新投入。此外，对于政府来说，金融危机致使经济增长减缓，同时政府为应对危机扶持企业所进行的减税、拨款等措施使得政府财政收入运行形势更加严峻，这直接导致政府科技投入的减少。但在经济危机过后，江西省政府通过多种方式激励科技创新的发展，召开两个大型国际国内科技合作会议，即“国际低碳与生态经济暨技术博览会”和“江西省科技项目、人才技术对接会”。

从图 3-73 中的研发经费来源分配情况来看，在三个资金来源中，企业投入资金最多，是主要的研发经费来源，占总支出的 80%左右。企业的研发投入是为了长期发展，利用自身的科研优势，开发满足消费者需求的科研产品，从而实现企业利润和发展的高度知识密集型活动。与高校等其他专业科研机构不同，企业的科研工作有两个主要特点：一是企业的科研工作在很大程度上依赖于过去的科研水平和成果，具有较强的承继性；二是企业的科研成果和产品直接面向市场和各种消费者，因此更加注重实用性。换句话说，企业的研发成果必须经过消费者的验证，否则就无法达到预期目标。就江西省而言，企业的研发水平相对较低，与发达的沿海地区和其他省份相比，仍有一定的差距，还需要一定的时间来迎头赶上。但是，幸运的是，近年来江西省的经济发展较好，取得了显著的成绩，这为增加研发投入提供了有利条件。可以预见，江西省的企业研发水平将会迈上一个新的台阶，相关投入力度将会增大。

在研发经费来源分布中，政府资金约占 10%左右；金融机构资金方面，则从 2000 年的 2239 万元增长至 2021 年的 6.38 亿元。这两部分资金的稳定增加主要得益于江西省政府鼓励和指导银行业金融机构将科技创新作为重点服务领域，并研究制定科技信贷专项产品支持措施，对科技型中小企业贷款实行内部资金转移定价优惠。

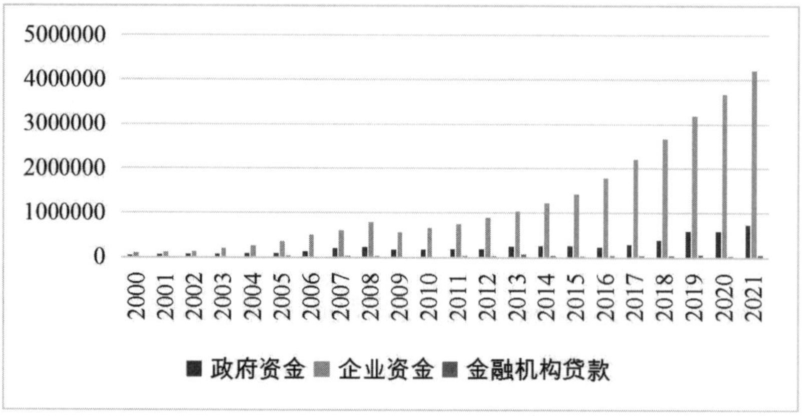

图 3-73　2000 年至 2021 年江西省 R&D 投入资金来源

3.3　科技成果

从图 3-74 中专利申请数和授权数来看，2000 年至 2021 年江西省专利申请数从 1557 项增加到 100930 项，专利授权数从 1072 项增加到 97372 项。从图 3-75 的科研成果转化效率方面来看，专利授权率均在 50%以上，平均水平近 60%。从科研成果数量的平均水平来看，科研成果产出较少，且成果转化率不高，说明科研成果创新性和应用价值凸显不足，江西省的科技创新发展水平较低。这是因为江西省科技成果的产权归属不明确，高校和科研院所主要以论文、项目和奖励的数量进行绩效考核和职称评定，但缺乏有效的成果转移转化激励机制，导致科研人员重视论文而忽略技术转化的现象，这不利于激发科研人员的积极性和促进科技成果的转化与技术的转移。同时，江西省科技成果的市场竞争力较弱，企业和高校之间缺乏顺畅的信息交流渠道，导致高校的科研模式与实际生产严重脱节，所产生的成果缺乏实际应用性，很难满足市场需求。此外，科技创新成果评价体系不完善，目前江西省仍主要依赖政府主导和行政运作的方式进行科技成果评价，缺乏市场化评价机构，如社会咨询评估等第三方机构的参与，难以实现优秀科研成果的转化并获得可观的经济效益。

从发展走势看，在 2013 年以前，专利申请数量与授权数量维持增长态势但是增速缓慢，2013 年后专利的申请与授权数量增长势头明显上升。从图 3-75 成果转化来看，江西省 2017 年以前成果转化率处于震荡波动的阶段，在 2017 年以后增长势头明显。这说明江西省在科技兴赣的背景下，重视江西省科技投入，为科技创新发展做出努力。

为缓解科技型中小微企业的融资难题，江西省于 2015 年推出“科贷通”计划。2016 年江西省启动实施创新驱动“5511”工程，提出“十三五”期间围绕江西省优势战略性新兴产业建立国家级创新平台和载体、国家级创新人才和团队，并实施重大科技专项。2017 年后，江西省的科技创新道路步入深化推进、提质增效的阶段，得益于江西省对于科技创新高质量发展做出的改革举措，江西省的科技成果成果转化率获得了较大提升。

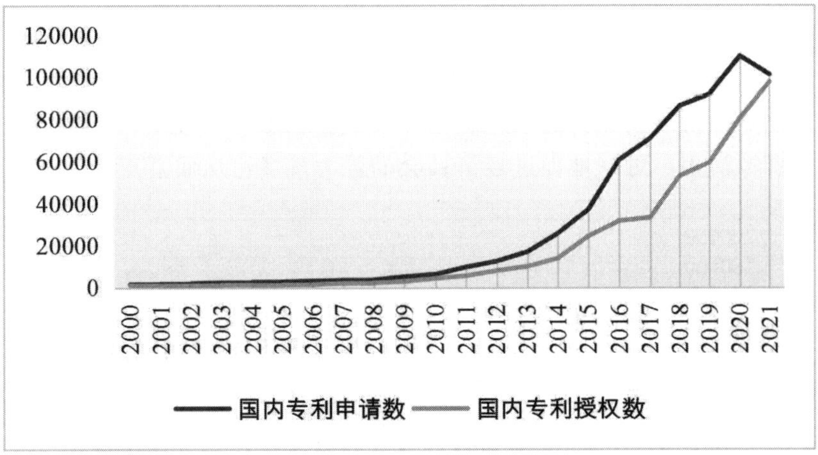

图 3-74　2000 年至 2021 年江西省科技创新产出水平

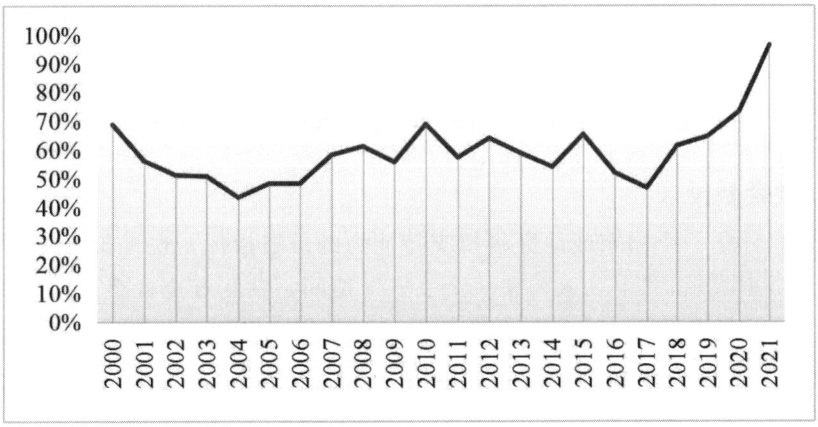

图 3-75　2000 年至 2021 年江西省成果转化率

4. 湖北省科技金融与科技创新发展现状分析

4.1　科技人员

由图 3-76 可知，自 2006 年以来，湖北省 R&D 人员全时当量整体呈上升态势，这是因为 2006 年湖北省以建设高素质科技人才队伍、健全人才体制机制为目标，根据省重点产业、战略性新兴产业的实际发展需要，大力吸引海外高素质人才、顶尖人才、稀缺人才来鄂发展；贯彻落实国家层面“千人计划”人才项目，积极推动湖北省“百人计划”施行，建立“人才＋项目＋平台”的人才培养开发体系。湖北省自 2016 年以来出台《湖北省科技创新“十三五”规划》，深入开展“创新创业战略团队”、“千名创新人才计划”和“万名创业人才计划”等重大人才工程，不断优化科技人才创新创业环境，吸引人才赴鄂，提高对青年拔尖人才的关注度，通过加强培养力度、打通人才发展路径，逐步建立阶梯型人才培育体系。因此自 2017 年以来，湖北省 R&D 人才当量增长势头明显。

纵观湖北省全省，湖北省的经济发展已位于全国的第一梯队，中高端产业发展初见成效，所以亟需大量优秀人才，同时湖北省的发展情况也能为人才提供广大的发展空间和展示的舞台。湖北省作为中国的一个中部省份，交通枢纽发达，地理位置优越，众所周知，湖北省尤其是武汉市的高校资源十分优越，有多所高校在全国也比较有名，然而人才外流现象却也十分严重，所以湖北省的引才、招才政策有利于推动改革，提高新经济的发展动能，激活人力资本活力，更好地促进经济社会的强力发展，从而真正实现人才强省。

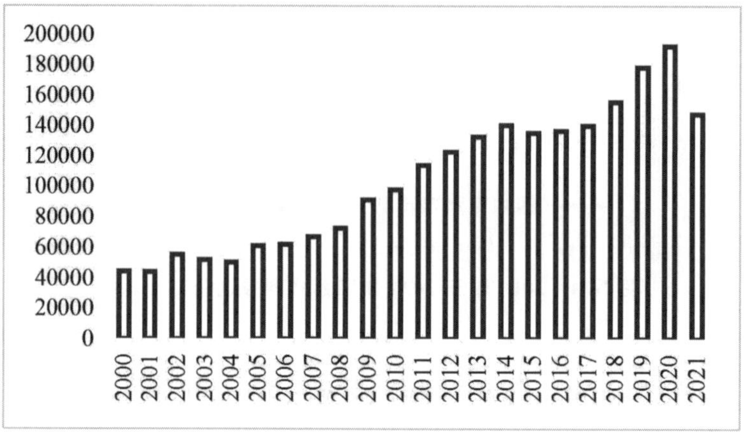

图 3-76　2000 年至 2021 年湖北省 R&D 人员全时当量

4.2　科技金融投入

研发投资是评估一个国家或地区科技支持能力的重要指标，也是提升综合竞争力的基石。根据年鉴数据显示，“十二五”和“十三五”期间，湖北省全社会研发经费持续增长。如图 3-77 所示，该省的研发经费总投入从 2011 年的 323.02 亿元增加到 2021 年的 1160.22 亿元，年均增长率达到 17.2%。虽然 2009 年的研发经费投入有所下降，但总体趋势仍呈持续增长，有效推动了湖北省的科技创新水平。近年来，湖北省的科技创新能力持续增强、科技实力稳步提升。2009 年的波动主要是由于金融危机导致经济状况恶化，企业和政府的科技研发资金大幅减少，湖北省在促进科技金融结合方面的财政专项经费规模相对较小。

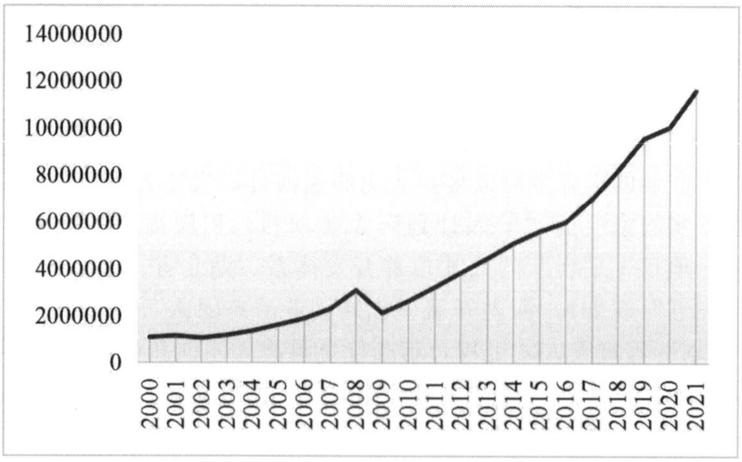

图 3-77　2000 年至 2021 年湖北省 R&D 资金投入规模

从图 3-78 可以看出，研发经费的三种资金来源中，企业投入占比最高，超过总资金投入的 80%。其次是政府资金，占比约为 20%左右。这两种资金反映了政府在引导社会资源向科技研究倾斜方面的力度。从图中数据可以看出，政府对社会资金的引导具有约 8～10 倍的倍数关系，且近年来这个倍数关系逐渐扩大。相较于其他省份，湖北省政府在研发资金中的政府资金占比较大，这是因为湖北省重视财政性金融支持。

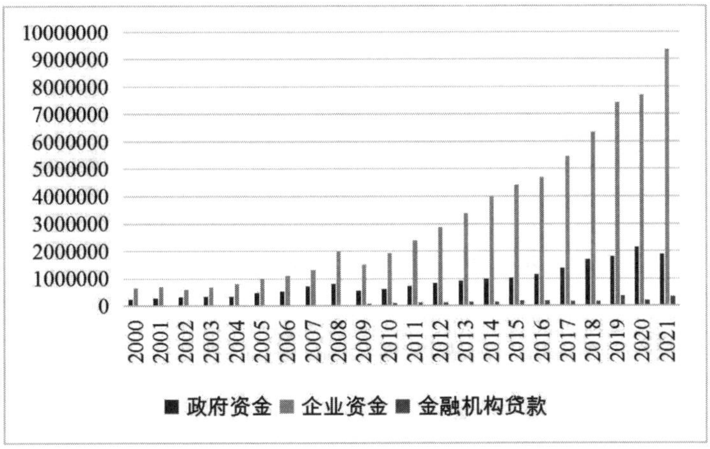

图 3-78 2000 年至 2021 年湖北省 R&D 投入资金来源

4.3 科技成果

从图 3-79 的专利情况来看，近 20 年来，湖北省专利申请数和授权数整体呈上升趋势，专利申请数由 2000 年的 3486 件增长至 2021 年的 175312 件，专利授权数由 2000 年的 2198 件增长至 2021 年的 155169 件。从图 3-80 的成果转化率来看，湖北省科技成果转化率均值约为 50%，近两年来，成果转化率呈较为明显的上升趋势，在 2021 年达到 80%。专利数量的增长与科技创新成果的转化应用大大促进了浙江省高新技术产业和战略性新兴产业的发展。

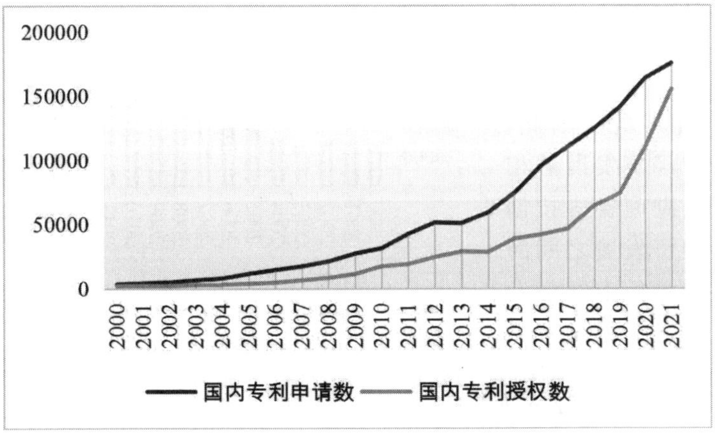

图 3-79 2000 年至 2021 年湖北省科技创新产出水平

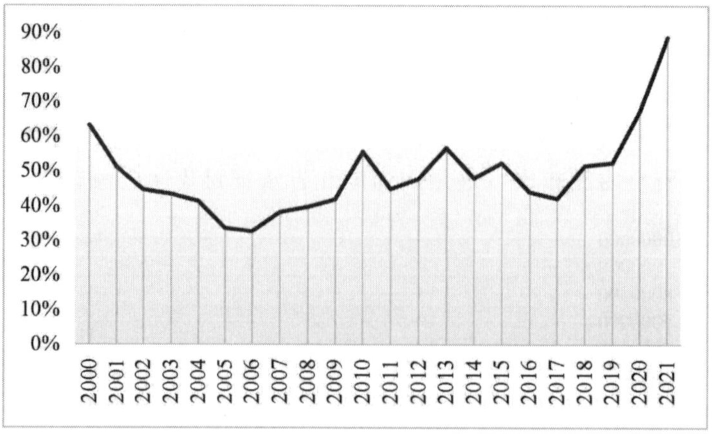

图 3-80　2000 年至 2021 年湖北省成果转化率

5. 湖南省科技金融与科技创新发展现状分析

5.1　科技人员

如图 3-81 所示，湖南省 R&D 人员全时当量总体呈现上升态势，表明湖南省重视 R&D 人员建设与科技人力资源投入。湖南省的 R&D 人员数量与同期湖南省的总人口相比，其增长速度远远大于人口增长速度，说明科技创新人才不断加入湖南省社会经济的发展建设，为湖南省经济社会建设提供强大的智力资源和发展动力。湖南省将人才工作置于核心位置，致力于加快“人才第一资源”向“创新第一动力”的传导。近年来，湖南省推出了一系列人才政策，不断完善科技创新人才制度。

湖南省政府对于科技人力资源建设做出许多努力，但目前科技人员投入的发展情况仍然存在一些问题。湖南省的研发人员数量尽管持续增长，但其增长速度相对于 GDP 增长速度较缓，与经济发展规模不相匹配。因此，从人才培养与区域经济发展的相关性角度来分析，湖南省科技创新人才的培养与经济发展之间的协调性不强，并且滞后于经济发展。此外，高层次科技创新人才在 R&D 活动人员中所占比例偏低，这说明湖南省科技创新人才队伍的实力有待提高，企业“引才难、用才难、留才难”的问题仍然突出，人才队伍的能级结构不尽合理。因此，湖南省应通过多种途径，尽快构建科技创新人才聚集平台，培育出一支能够支撑湖南省跨越式发展的高质量科技创新人才队伍。

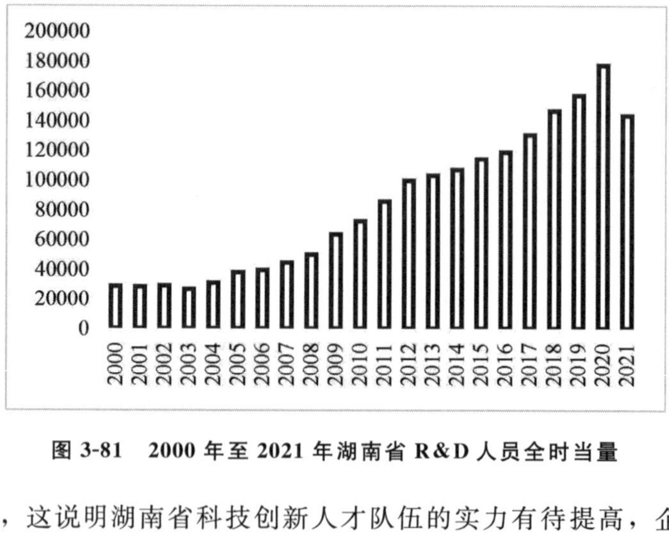

图 3-81　2000 年至 2021 年湖南省 R&D 人员全时当量

5.2　科技金融投入

从图3-82中可以看出，2000年至2021年湖南省R&D资金投入从61.72亿元增加到1028.91亿元，年均增长15.09%。R&D资金投入量虽在2009年有所下降，但整体呈现上升趋势，而R&D经费占GDP比重持续上升，这表明湖南省全省的科技投入强度不断增强。2009年的波动情况主要是源于国际金融危机从虚拟经济向实体经济蔓延，影响了整体GDP与财政。2009年初，作为中部落后地区的湖南省，对抗国际金融危机时提出了“弯道超车”的战略决策。这一策略是科学发展观在应对国际金融危机、保持经济平稳较快发展方面的创新性运用。虽然“弯道超车”是一种成功的方法，但是实施它必须具备相关的操作技巧，因此湖南省积极支持企业提升科技创新能力，以知识为基础，以技术为立身之本。湖南省在此期间专门颁布《关于发挥科技支撑作用促进经济平稳较快发展的实施意见》，明确支持重点科技产业集群、大力增强科技创新能力等六个方面的重要任务。即使在财政压力加大的情况下，湖南省仍决定设立5亿元的产学研结合专项资金。在这些应对金融危机措施的帮助下，湖南省的研发投资在2010年后恢复了增长的趋势。

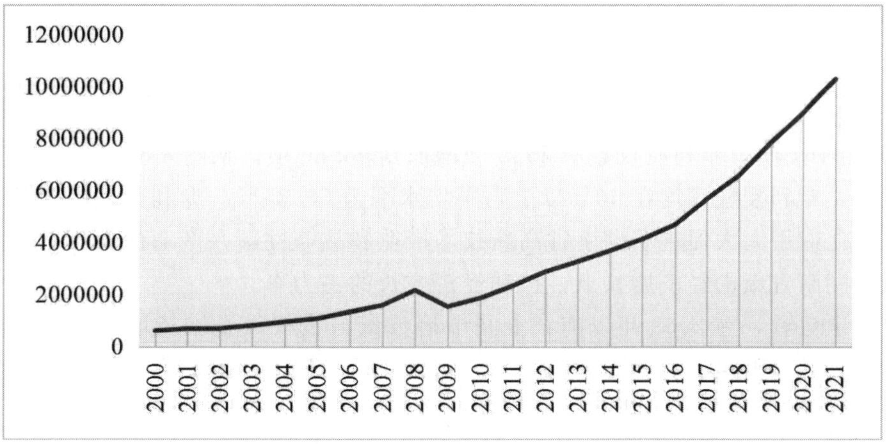

图3-82　2000年至2021年湖南省R&D资金投入规模

从图3-83中的R&D经费占比情况来看，在三个来源中，企业资金数额最大，是R&D经费主要来源，平均占所有支出来源的77.6%，且2015年之后占比保持在85%以上。湖南省高新技术领域依托一批民营科技企业的支撑，包括创智、湘计算机、湖南海利、隆平高科、银河信息产业集团等多家上市公司，这些企业独立开发和研制的科技产品显示了湖南省民营科技企业持续创新的强大能力，帮助R&D资金投入成为经费来源的主要力量。

此外，政府资金平均占15.07%，金融机构资金从2000年的占比0.26%增加至2021年的1.28%。湖南省政府对科技领域建设相对重视，财政对科技投入保持稳步增长。自2006年全国科技大会以来，湖南省委省政府着力增强自主创新能力，推动建设“创新型湖南”的重大战略部署，而该战略的一个重要特征就是高水平的科技投入。2010年至2016年期间，湖南省处于推进“科教兴湘、建设创新型湖南”的战略机遇期，科技政策发布数量呈指数增长。

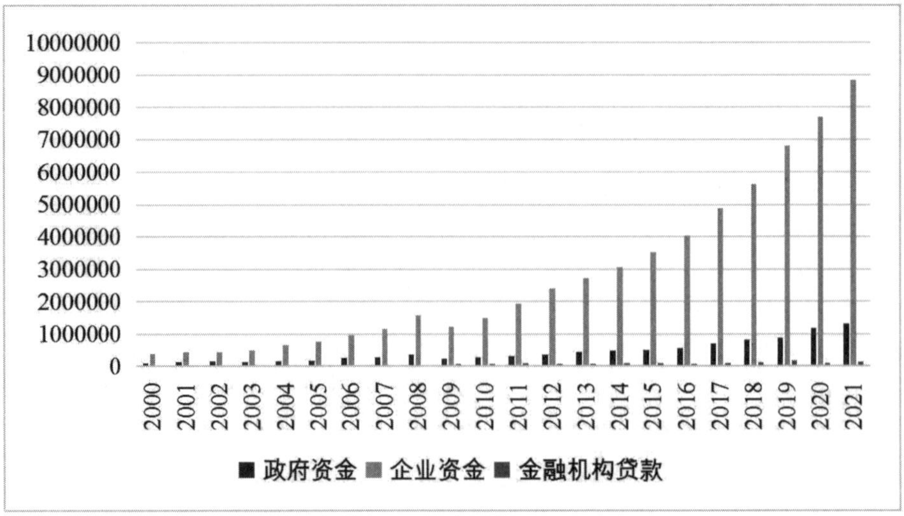

图 3-83　2000 年至 2021 年湖南省 R&D 投入资金来源

5.3　科技成果

从图 3-84 中专利申请数和授权数来看，2000 年至 2021 年湖南省专利申请数从 4117 项增加到 114167 项，专利授权数从 2555 项增加到 98936 项。从图 3-85 的科研成果转化效率方面来看，专利授权率均在 40%以上，平均水平为 55.35%。专利数量的增长与科技创新成果的转化应用大大促进了湖南省高新技术产业和战略性新兴产业的发展，高新技术产业已经成为湖南省新的经济增长点，拉动经济增长的主力军。

从发展走势看，在 2009 年以前，专利申请数量与授权数量维持增长态势但是增速缓慢，2010 年后专利的申请与授权数量增长势头有所上升。从图 3-85 成果转化来看，2019 年以前湖南省的科研成果转化率处于震荡波动的状态，没有明显的上升或下降趋势；但在 2019 年之后显示出高昂的上升态势，湖南省逐步建立起既适应市场经济体制又符合科技创新发展规律、顺应科技经济一体化趋势的科技成果转化与技术市场体制，促进了 2019 年后湖南省科技创新由量转质，走高质量发展道路的科技成果转化率升高趋势。

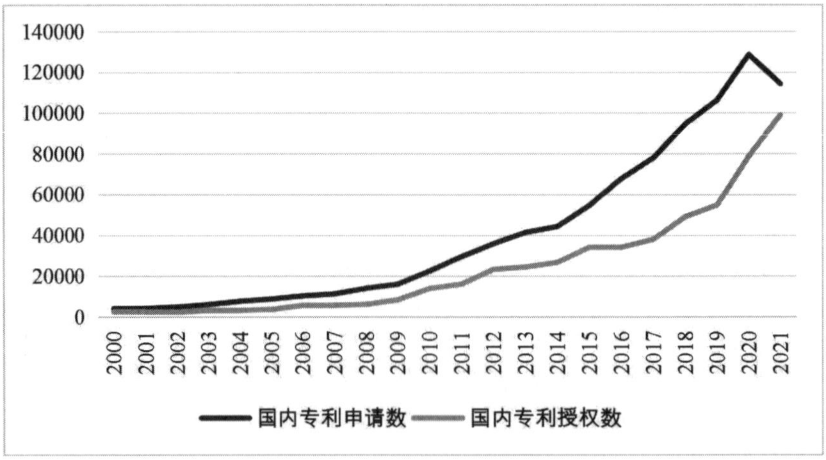

图 3-84　2000 年至 2021 年湖南省科技创新产出水平

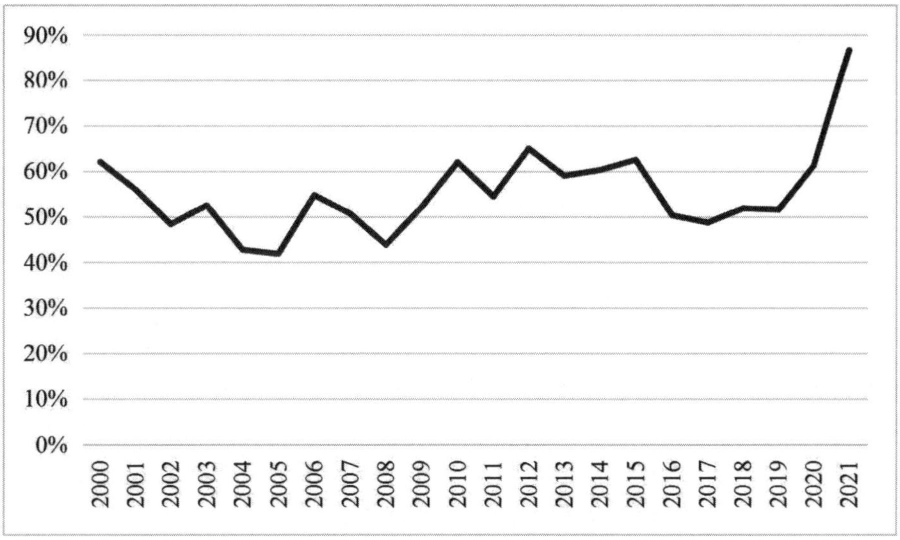

图 3-85　2000 年至 2021 年湖南省成果转化率

6. 山西省科技金融与科技创新发展现状分析

6.1　科技人员

科技人才的数量和质量对科技金融产业具有巨大影响，R&D 人员的全职当量是衡量科技金融人才规模和质量的重要指标。山西省的 R&D 人员全职当量已从 2000 年的 14333 人年增长至 2021 年的 57228 人年，总体呈缓慢增长趋势。具体而言，山西省的 R&D 人员全职当量在 2005 年增长迅速，增长了 2004 年的 2.25 倍。在 2008 年至 2021 年期间相对稳定。近年来，山西省科技人才队伍建设取得了巨大成就，但同时存在科技人才数量相对不足、科技人才布局不合理、高层次科技人才短缺、科技人才创新产出成果偏少等问题。

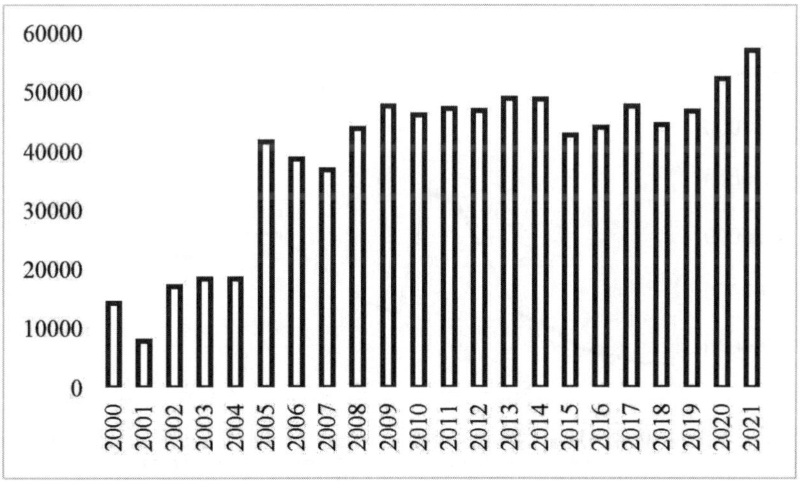

图 3-86　2000 年至 2021 年山西省 R&D 人员全时当量

2003 年，山西省进行了人才引进政策，该政策提供各种激励措施，如住房补贴、科研启动经费等，旨在吸引高层次人才回归山西省工作。2004 年，山西省进一步出台了科技创新人才工程，该项目培养和引进了高层次科技人才，并为他们提供了经费支持和科研项目扶持，完善政策环境，加强了科技创新能力。2017 年，山西省进行了人才引进与培养“五个一”工程，该工程旨在培养和引进一批创新团队、科技领军人才、高层次创新创业人才、高技能人才和高层次人才。2020 年山西省出台了高层次人才居住证管理办法，规定了高层次人才居住证的申请条件、发放程序和使用范围，方便了高层次人才在山西省享受相关福利和便利，加强了山西省科技人才队伍的建设，促进了山西省科技发展前进的道路。

6.2 科技金融投入

近年来，为了加快创新驱动发展，山西省不断增加研发经费支出。根据图 3-87 显示，山西省的研发资金投入已从 2000 年的 22.43 亿元增长至 2021 年的 251.89 亿元，尽管有轻微波动，但总体呈上升趋势。山西省的研发资金投入充当着良好的示范作用，促使更多企业投入科技创新中，为山西省科技和社会的发展提供了更强大的动力。但是，山西省的研发资金投入总额虽在 2000 年至 2021 年期间整体呈上升趋势，但波动性较大，这表明山西省的财政政策不够稳定，尚未形成稳定的财政科技支出增长机制。

由图 3-88 所示，山西省的科技活动经费主要来源于企业资金，政府资金占比较少。2000 年，山西省修订了科技计划管理条例，规定了山西省科技计划的组织、管理、实施和评估等方面的基本原则和制度。2008 年，山西省出台了科技型企业孵化器管理暂行办法，旨在推动科技型企业孵化器的发展，规定了孵化器的认定标准、服务内容和管理要求。在 2012 年，山西省推出了《科技型中小企业技术创新基金管理办法》，设立了科技型中小企业技术创新基金，旨在为中小企业提供科技创新资金支持和项目扶持。尽管《山西省“十三五”科技创新规划》指出，在“十二五”期间，山西省的科技工作取得了显著进步，但从总体上看，山西省的科技创新基础仍显薄弱，与东部发达省份甚至中部省份相比存在较大差距。此外，山西省财政科技支出资金在财政支出总额和 GDP 中所占比重仍相对较低，表明地方财政对科技发展的支持力度仍需进一步加强。

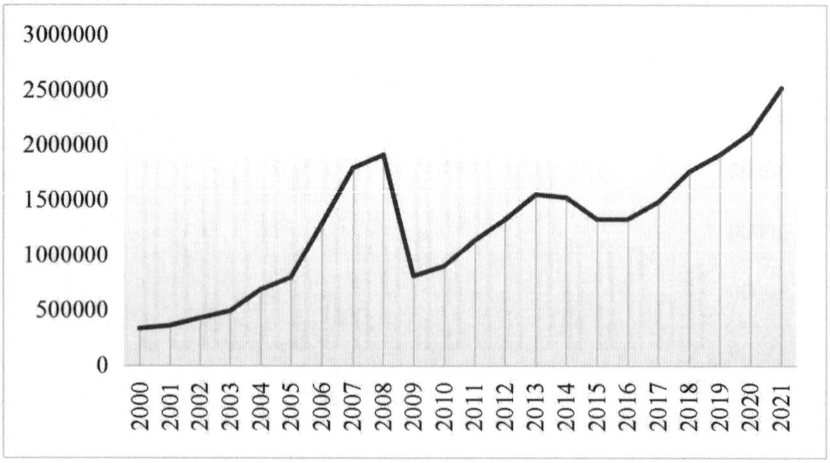

图 3-87　2000 年至 2021 年山西省 R&D 资金投入规模

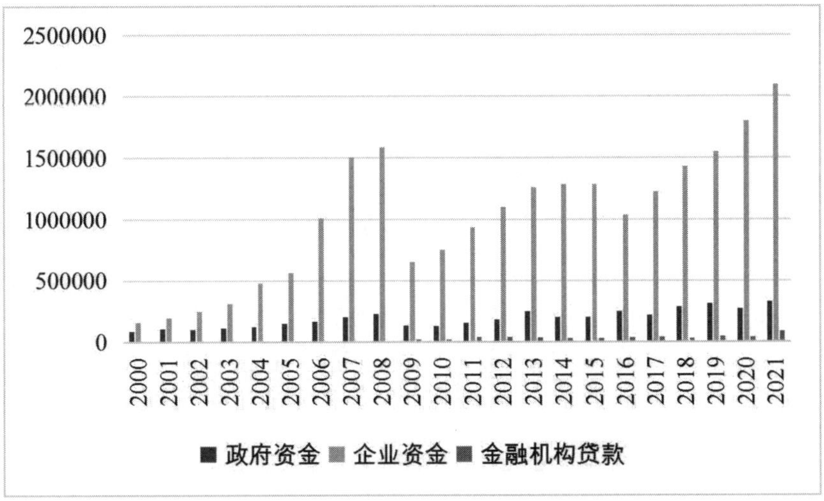

图 3-88　2000 年至 2021 年山西省 R&D 投入资金来源

6.3　科技成果

如图 3-89 所示，山西省的国内专利授权数由 2000 年的 968 项增长到了 2021 年的 27279 项，这表明随着山西省对科技金融重视程度的增加，作为科技创新的主要推动力量，企业主体对于发明专利的重视程度日益增加。近年来，山西省致力于实现经济结构的转型升级，力求摆脱“煤炭大省”的标签，专注于研发新材料并攻克关键领域的技术难题，这一努力取得了令人欣喜的成果。大量科技成果荣获国家科学技术奖，为山西省增添了科技创新的亮点。

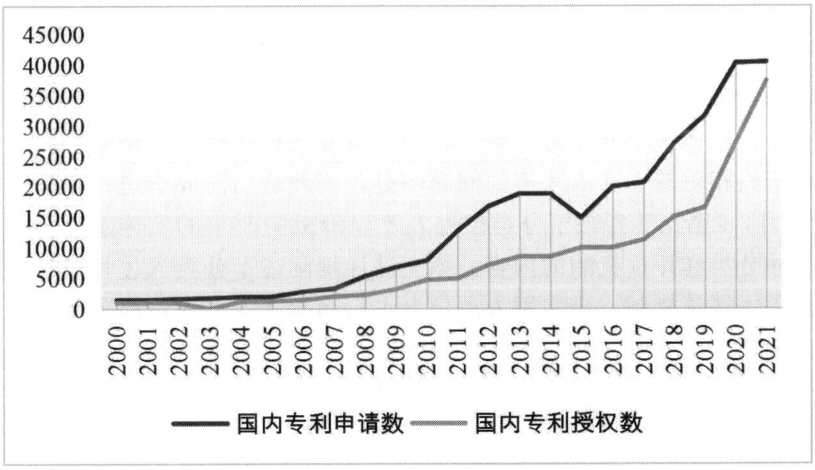

图 3-89　2000 年至 2021 年山西省科技创新产出水平

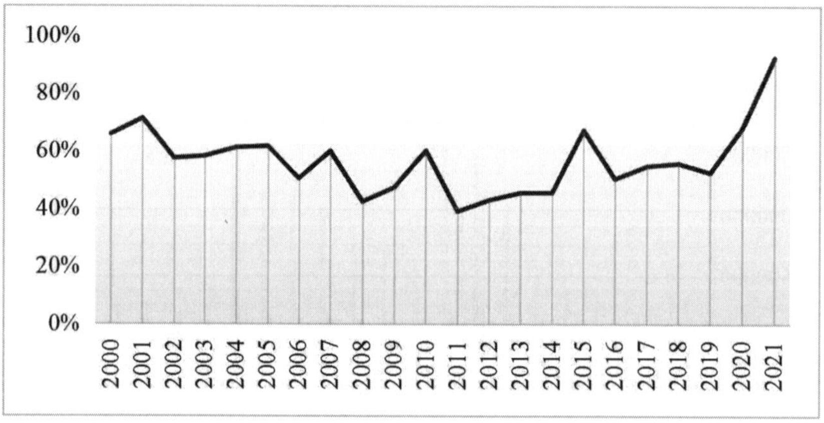

图 3-90 2000 年至 2021 年山西省成果转化率

7. 黑龙江省科技金融与科技创新发展现状分析

黑龙江省在科技金融发展方面确实取得了一定成效，并为科技产业发展提供了有力支持。作为老工业基地，黑龙江省具备强大的科研实力和完备的工业基础和体系，拥有优秀的科研院校如哈尔滨工业大学和哈尔滨工程大学等。然而，该省在科技创新方面仍面临创新主体活力不强、创新要素投入不足、创新环境亟待改善等问题。为促进科技金融发展，黑龙江省政府积极推动科技创新，各地区政府引导下，科技投资和融资服务与环境不断健全和优化，整体创新实力也在提高。这些举措有助于解决创新主体活力不强、创新要素投入不足和创新环境不足等问题，促进科技创新和金融的有机结合，推动黑龙江省科技产业的发展。

7.1 科技人员

如图 3-91 所示，黑龙江省的研发人员全时当量从 2016 年的 25634 人年增长到了 2019 年的 48639 人年，总体呈上升趋势。然而，与经济发达地区相比，该省的科技发展项目和科技人才数量仍然相对较少，人才流失问题明显，因此迫切需要引进、培养和留住科技人才。2019 年 6 月，《黑龙江省关于分类推进人才评价机制改革的实施意见》发布，进一步完善了科技人才分类和评价机制的内容。该文件详细阐述了分类人才评价标准、深化重点领域专业技术人才评价机制、落实用人单位自主权和提高人才评价服务管理水平等政策措施，同时补充完善了面向基层的科技人才评价激励机制，以支持科研人员到省内基层和艰苦边远地区开展技术推广、项目推进和科学指导服务。

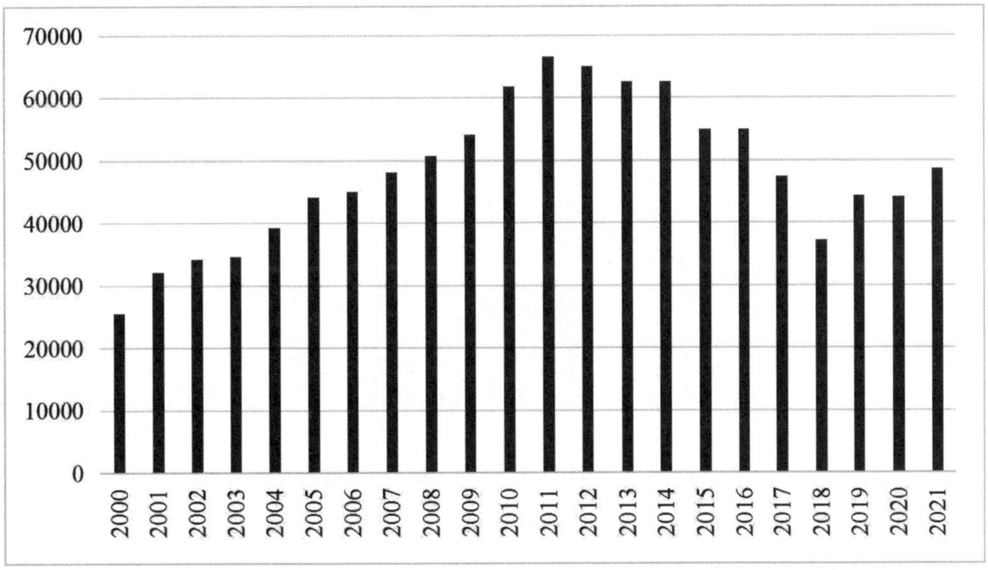

图 3-91　2000 年至 2021 年黑龙江省 R&D 人员全时当量

7.2　科技金融投入

R&D 资金投入往往是衡量一个经济体的核心竞争力的重要指标。由图 3-92 可以看出，2000 年至 2021 年黑龙江省 R&D 资金投入波动较大，且增长趋势缓慢，与其他发达区地区相比，R&D 资金投入和强度均存在较大差距。为了促进科技创新的发展，黑龙江省相继出台了《关于加快提升科技创新能力支撑引领高质量发展的意见》、《关于加强原创性科学研究等 4 项措施》等政策措施，形成了"1＋N"科技创新政策体系。在黑龙江省人民政府举行的新闻发布会上，黑龙江省科学技术厅副厅长刘爱丽表示，黑龙江省委、省政府坚持创新引领这个"第一动力"，确保到 2025 年，黑龙江省全省实现 R&D 经费投入强度达到 2.5%以上，高新技术企业数量突破 5000 家，技术合同成交额突破 500 亿元的目标任务。在加大基础研究支持力度方面，首次提出推动黑龙江省实验室建设，并构建黑龙江省引领性和综合性的研究基地，对于基础研究、人才聚集以及提升战略科技实力等方面具有重要意义。针对新批准的国家重点实验室和省部共建重点实验室，在建设期内每年提供 500 万元的资金补助。在黑龙江省自然科学基金项目中，试行经费使用"包干制"，不再编制项目经费预算，而由项目负责人自主决策经费分配。为了促进新型研发机构的发展，采取了前期资助和后期补助的方式。这些政策体现了黑龙江省对科技创新的高度重视，并且表明了大力发展科技金融的决心。由图 3-93 所示，黑龙江省 R&D 资金投入主要来源于企业资金和政府资金，其中企业资金所占比重最高。创新型黑龙江省的建设和经济转型都需要科技金融的支撑作用。

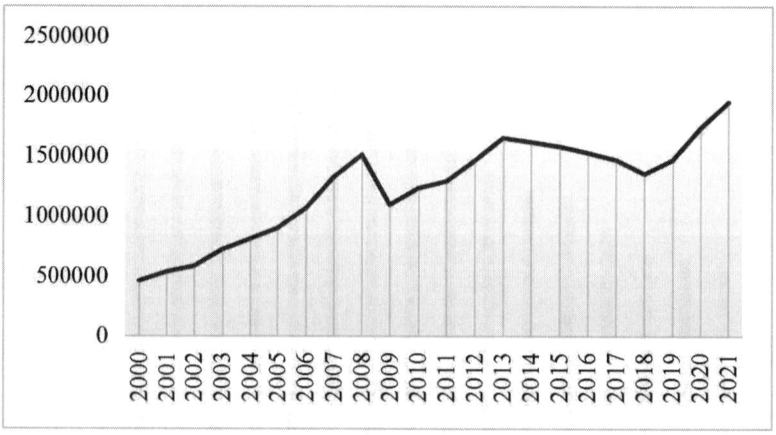

图 3-92　2000 年至 2021 年黑龙江省 R&D 资金投入规模

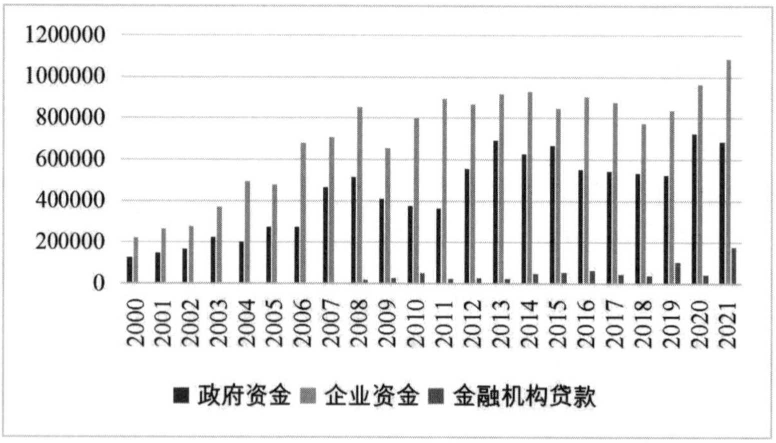

图 3-93　2000 年至 2021 年黑龙江省 R&D 投入资金来源

7.3　科技成果

黑龙江省促进科技成果转化条例于 2000 年 10 月 20 日黑龙江省第九届人民代表大会常务委员会第十九次会议通过。在促进科技成果转化与产业化方面，发挥政府投入带动牵引作用，促进省内外科技成果在黑龙江省加速产业化。为了大力促进高新技术成果产业化，黑龙江省自 2018 年起实施重大科技成果转化项目，重点支持以企业为主体，联合高校或科研机构实施具有前瞻性、能显著提升相关产业技术水平和核心竞争力的高新科技成果转化项目，推动尽快形成较大产业规模，带动产业加快发展。此外，黑龙江省积极发挥创投基金作用助力科技成果转化，省内科力高科技产业投资公司、龙江基金等创投机构，联合国内外创投基金，突出“投早投小投新投科技”，推动一大批“专精特新”“小巨人”企业茁壮成长。为了保证有限的科技投入能够产生最大效益，省财政厅与省科技主管部门将加强对科技创新、成果转化等相关政策执行情况的绩效评估。他们将对绩效目标的实现程度和预算执行进度进行“双监控”，同时建立与绩效评价结果挂钩的政策资金动态调整机制，从而进一步提高财政资金的使用效率。

由图 3-94 所示，2000 年至 2021 年黑龙江省专利申请数和专利授权数虽然存在一定波动，但总体上涨趋势明显。专利授权量由 2000 年的 2252 件增加到 2021 年的 38884 件，说明黑龙江省有较好的科研基础设施条件，但和一些发达地区相比，科技金融产出方面还有一定差距。近年来，黑龙江省助力企业形成了一批具有自主知识产权和核心竞争力的产品，促进了黑龙江省战略新兴产业的发展壮大，调动了企业科技成果转化积极性，充分发挥了企业创新主体作用，进一步畅通了研究开发、中间试验、成果转化的渠道，加快推进了科技成果转化为新产品，催生新产业，形成新的经济增长点。

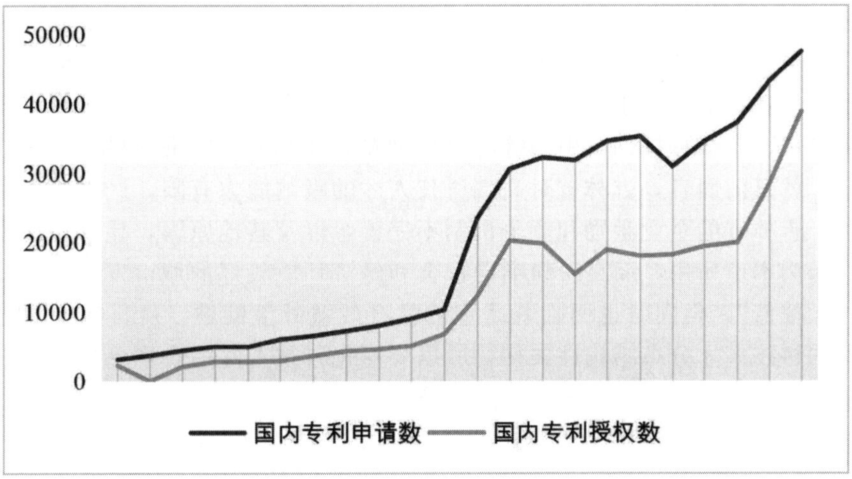

图 3-94　2000 年至 2021 年黑龙江省科技创新产出水平

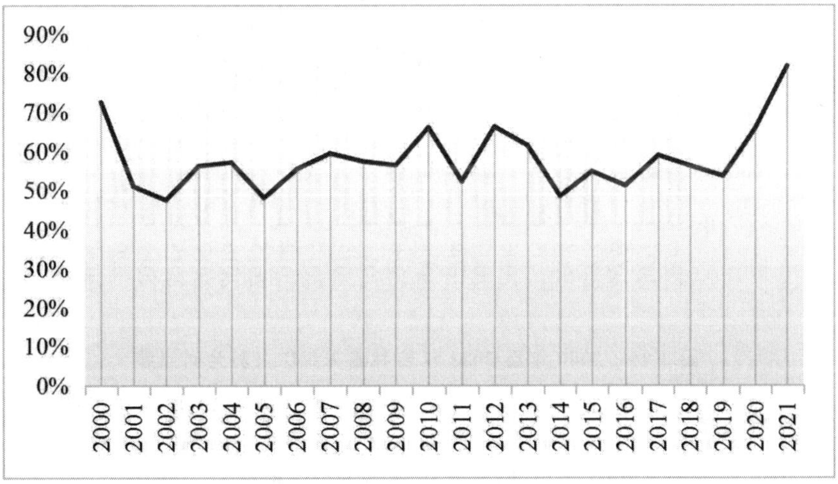

图 3-95　2000 年至 2021 年黑龙江省成果转化率

8. 吉林省科技金融与科技创新发展现状分析

8.1 科技人员

如图 3-96 所示，吉林省 R&D 人员全时当量总体呈现上升态势，表明吉林省在科技领域中的人力资源建设较为重视，但是在 2000—2001 年与 2014—2018 年出现下降趋势，于 2019 年开始恢复增长势头。吉林省面临着国家“振兴东北老工业基地”政策所带来的机遇和挑战。科技人才是实现吉林省经济和社会发展战略的重要基石之一。在 2000 年初，吉林省科技人才总量逐年减少，这一现象主要是由于大量科技人才向经济发展较快的地区如上海、广东以及沿海城市流动，导致 2000 年至 2001 年研发人员全时当量的下降。

吉林省虽然逐年加大对于科技人才建设方面的投入力度，建成国家级重点实验室、省部级重点实验室、省级科技创新中心等等科技创新人才基地，但是其科技人才方面还是存在一些问题。就目前而言，吉林省对高端科技人才的吸纳能力有限，严重制约了科技的创新发展。由于吉林省的企业激励和竞争机制不完善，以及其他原因，导致在该省培养的高层次人才尚未为本地所用，而是纷纷涌向社会和经济环境较好的城市发展。因此，吉林省被称为“人才摇篮”，但同时也面临着严重的教育效益外溢问题。从科技人才分布情况来看，吉林省的科技人才分布结构性失衡，所以要深化科技人才的合理分配制度改革，让科技人才充分发挥其作用，提升人才的利用效率。

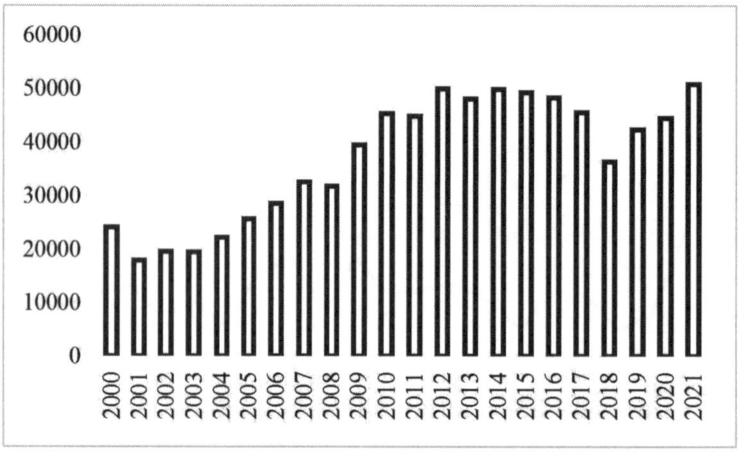

图 3-96 2000 年至 2021 年吉林省 R&D 人员全时当量

8.2 科技金融投入

从图 3-97 中可以看出，2000 年至 2021 年吉林省 R&D 资金投入从 34.77 亿元增加到 183.65 亿元，年均增长 9.9%。R&D 资金投入量整体呈现波动上升趋势，其中 2008—2010 年与 2016—2019 年都出现了较为明显的下降。2008 年后的科技投入下降主要是源于国际金融危机的影响，尽管吉林省经济外向度较低，相比沿海地区所受影响较小，但企业经营与财政资金仍然受到了负面波及。为摆脱上述困境，2009 年吉林省科技厅发布《吉林省人民政府关于发挥科技支撑作用促进经济平稳较快发展的意见》，旨在利用科技创新的动能推动吉林省的经济恢复，助力吉林省尽快走出金融危机的影响。同时，吉林省的一些科技型企业面对来势汹汹的金融危机，不仅没有收缩战略，反而主动出击抢占市场，独立的研发能力和自主知识产权让其形成倒逼效应，有利于企业快速实现产业升级。在这些举措下，吉林省2009—2010年的R&D资金投入下降减缓，且2010后的科技投入恢复了增长的趋势。

从图3-98中的R&D经费占比情况来看，在三个来源中，企业资金数额最大，是R&D经费主要来源，约占所有支出来源的60%。与全国省市横向对比来说，吉林省的企业科技资金投入较低，说明吉林省企业的科技创新动力不足，产业结构也还停留在传统模式，高新技术类型企业占比较小。以目前情况，吉林省的创新产业升级与企业科技转型还需进一步建设。

其次，政府资金约占33%左右，金融机构平均占比1.68%。近年来，为使企业扩大研发投入，吉林省政府以源头为出发点，不断颁布相应的政策法规，以完善对科技型企业的融资支持。2017年9月，吉林省科技金融服务中心正式挂牌，成为吉林省科技金融示范基地。吉林省科技型企业管理者的思想观念也发生了重大转变，从过去相对封闭的状态转变为现在更具开放和进取精神的态度，企业融资模式逐渐朝着“民间融资+银行+资本市场”的多元模式发展。

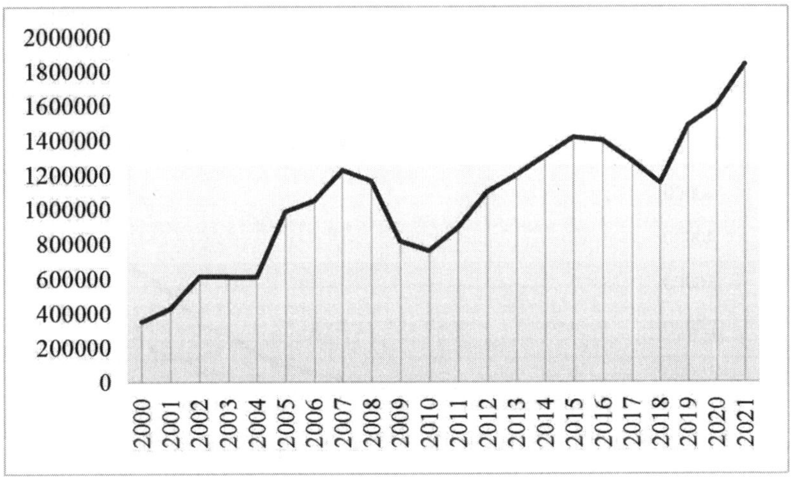

图3-97 2000年至2021年吉林省R&D资金投入规模

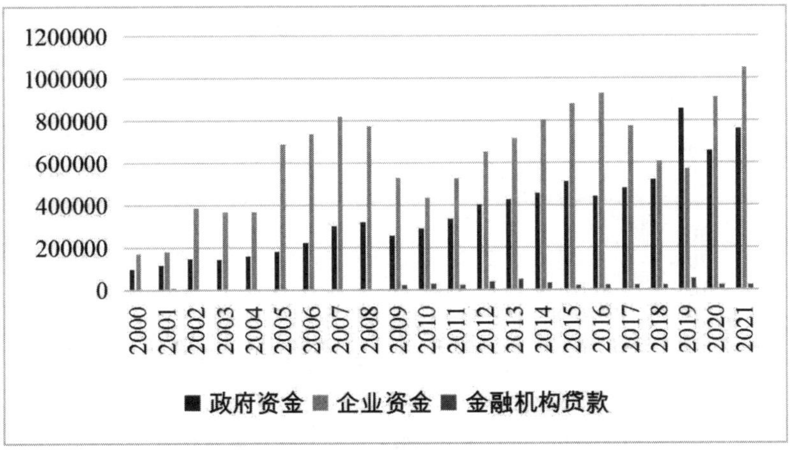

图3-98 2000年至2021年吉林省R&D投入资金来源

8.3 科技成果

从专利申请数和授权数来看（如图 3-99），2000 年至 2021 年，专利申请数从 2501 项增加到 38807 项，专利授权数从 1650 项增加到 29879 项；而从科研成果转化效率方面来看（如图 3-100），专利授权率均在 35%以上，平均水平近 60%。

从发展走势看，在 2014 年以前，专利申请数量与授权数量虽为上升趋势，但增长缓慢，2014 年以后，两者增长速度显著增加。2019 年前，成果转化率波动明显，2019 年后，成果转化率转为上升态势。

为了加速科技成果向现实生产力的转化，吉林省政府高度重视此事，并提出了一系列促进科技成果转化的政策和措施。该省先后发布了《吉林省促进科技成果转化条例》、《吉林省人民政府关于组织实施重大科技成果转化项目的意见》、《吉林省促进科技成果转移转化实施方案》和《吉林省技术转移体系建设方案》等文件，以在资金支持、税收优惠、收益分配和人员评价激励等方面推动和支持科技成果的转化。2014 年吉林省专门设立了科技创新与科技成果转化计划，其中包括“双十工程”重大科技成果转化项目、特色产业基地建设项目、重点科技成果转化项目、科技型中小企业创新资金项目、产业技术创新战略联盟项目、创新型企业科技创新资金项目、医药产业推进计划项目、专利转化与推进项目等 8 个类别的项目。另外，吉林省在《关于组织实施重大科技成果转化项目的意见》中明确了政府专项资金主要用于解决重大项目转化过程中的关键技术配套、批量生产环节的关键工艺、产品质量标准与控制、自主品牌创立以及企业融资贴息补助等。

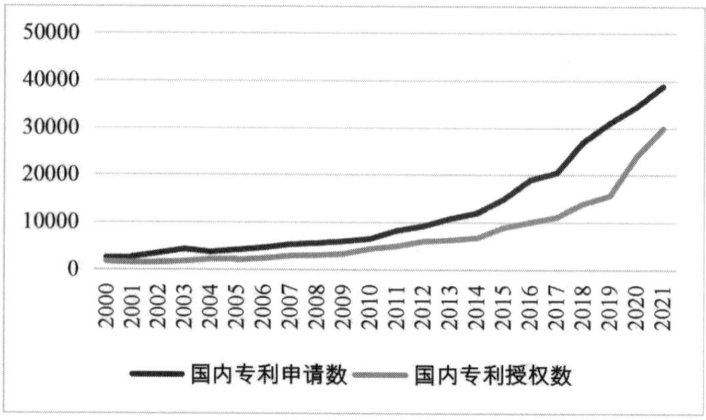

图 3-99　2000 年至 2021 年吉林省科技创新产出水平

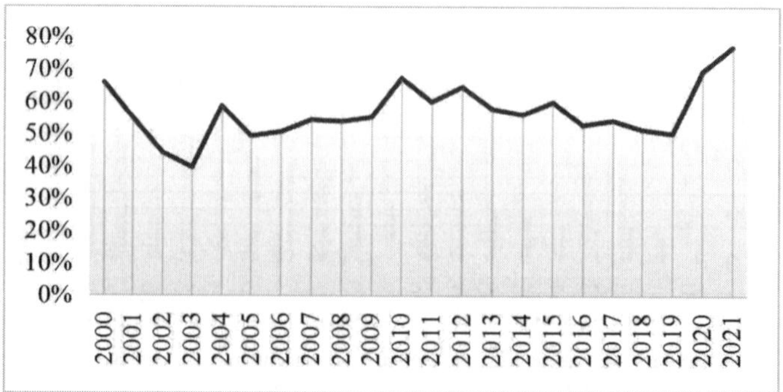

图 3-100　2000 年至 2021 年吉林省成果转化率

9. 内蒙古自治区科技金融与科技创新发展现状分析

近年来，内蒙古自治区不断推动科技金融与经济的有效结合，科技投入也呈现稳定增长的趋势。在具备相应条件的盟市和国家级高新区，开展科技成果融资试点，引导和推动地方政府增加对科技金融工作的支持和投资。通过设立当地科技成果质押融资风险补偿金等机制，与自治区形成相互协作、资源共享的模式，为当地企业争取科技贷款或投资提供帮助。

为推动科技创新和深化科技合作，内蒙古自治区在 2015 年颁布了《内蒙古自治区人民政府关于实施创新驱动发展战略的意见》。该文件旨在构建科技创新体系，加强科技合作创新，加大科技惠民和支持企业的力度，并优化科技创新环境。进一步发展科技创新，2020 年内蒙古自治区还发布了《加快推进“科技兴蒙”行动支持科技创新若干政策措施》，以增强科技有效供给，发挥企业的创新主体作用，注重推进创新平台建设，促进科技成果转化，构建开放合作格局，加大创新人才引进和培养力度，并深化“放管服”改革，释放科技人员的创新活力。

9.1　科技人员

由图 3-101 所示，内蒙古自治区 2000 年至 2021 年 R&D 人员全时当量由 8465 人年增长到了 26427 人年，增长了 3.12 倍。在 2016 年至 2018 年，由于经济结构的变化以及人口流动的影响，内蒙古自治区 R&D 人员全时当量出现了较大幅度下降，但从 2019 年开始已有逐渐回升的趋势。为深入实施科教兴国和人才强区战略，培养造就一大批青年拔尖科技创新人才。内蒙古自治区持续提升高等学校自主创新和人才培养质量，赋予科研人员更大技术路线决策权，加快引进重点产业、重点领域创新性领军人才和创新团队，促进科技创新的发展。

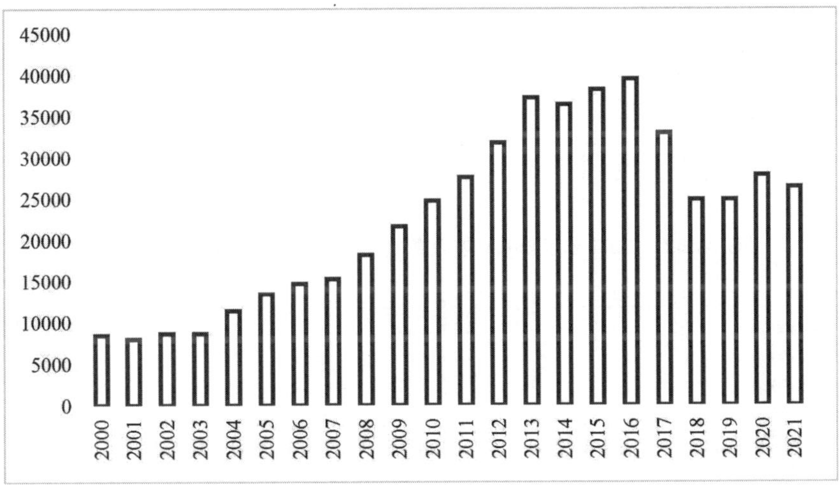

图 3-101　2000 年至 2021 年内蒙古自治区 R&D 人员全时当量

9.2　科技金融投入

科技部与内蒙古自治区政府于 2019 年正式确定了实施“科技兴蒙”行动。近年来，国家将发展落后地区的战略重心放在科技领域，通过国家层面传递了对科技创新工作的重视信号。党的十八大以来，财政资金支持力度持续加码，连续出台《关于加快推进“科技兴蒙”行动支持创新若干政策措施》、《内蒙古自治区企业研究开发投入财政后补助办法》、《内蒙古自治区高新技术企业奖补实施细则》等一系列利好政策。由图 3-102 可以看出，内蒙古自治区 2000 年至 2021 年 R&D 资金投入虽然在 2008 年由于金融危机的影响有小幅下降，但整体呈上升趋势，由 2000 年的 20.9 亿元增长到了 2021 年的 190.1 亿元。

在资金投入方面，内蒙古自治区的主要投资主体可分为政府、企业和金融机构三个方面。就内蒙古自治区的研发经费内部支出情况而言，政府资金所占比重自 2014 年以来一直稳步增长，而企业资金的比重则在 2017 年开始略有下降，不过幅度并不大，并在 2019 年有所回升。从图表中可以看出，企业投入已成为科技活动的核心和主要力量。同时，政府资金的引导和调控作用进一步加强，金融贷款在融资方面也具有更大的潜力。内蒙古自治区的科技经费投入结构进一步趋于合理，各项资金之间的协调更加显著。但内蒙古自治区科技经费投入总额占全国比重仍然较低，科技经费总额占 GDP 的比重也低于全国平均水平，科技财力较薄弱，与中、东部地区的差距很大，科技投入的自主增长机制还没有形成。《内蒙古自治区研发投入攻坚行动实施方案（2021—2025 年）》明确，到 2025 年，全区 R&D 经费投入达到 370 亿元左右，深入实施“科技兴蒙”行动，深化科技体制改革，扩大创新开放合作，不断完善及创新资源配置，塑造良好的创新氛围，建立特色优势区域创新体系，加快创新型内蒙古的全面实现，促进内蒙古自治区绿色生态发展。

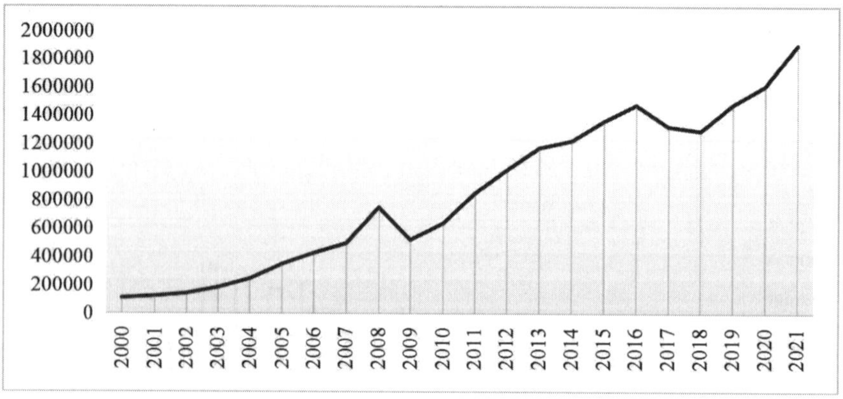

图 3-102　2000 年至 2021 年内蒙古自治区 R&D 资金投入规模

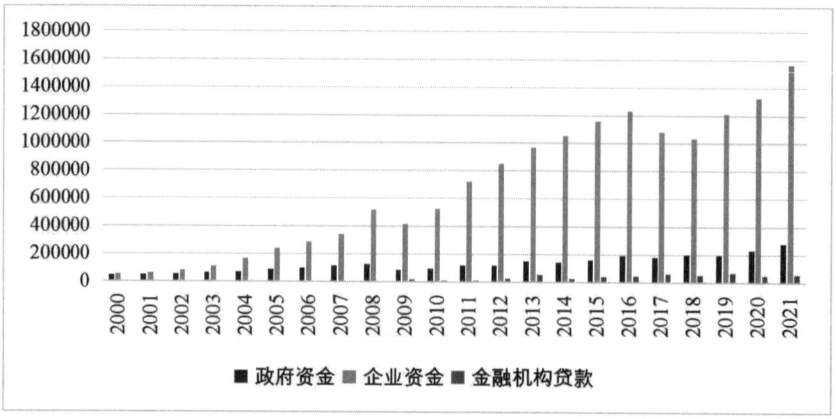

图 3-103　2000 年至 2021 年内蒙古自治区 R&D 投入资金来源

9.3　科技成果

创新是国家进步的核心，科技是经济发展的基石。自党的十八大以来，内蒙古自治区在新发展阶段奋发前行，秉持新发展理念，积极推进“科技兴蒙”行动，以创新引领转型，促进发展。在这一过程中，内蒙古自治区深化科技改革开放，激发科技创新主体的活力，聚集创新要素，持续增加研发投入，不断涌现科技成果，全面提升科技创新能力。2001 年，内蒙古自治区发布了《内蒙古自治区科技进步条例》，规定了内蒙古自治区科技进步的目标、原则和政策措施，以促进科技创新和科技成果转化。

内蒙古自治区地处我国内陆，区内自然资源富足，聚集了各种产业，但总体上来说，新兴产业较少、资源依赖型产业较多，而且高端科技型产业较少。习近平总书记强调，越是欠发达地区，越需要实施创新驱动发展战略。由图 3-104 可以看出，自 2010 年以来，内蒙古自治区专利申请数和专利授权数均逐年大幅增加。2000 年专利授权量为 775 件，2021 年增长到了 24362 件，增加了 3143 倍。但相比于西部地区的其他省市，内蒙古自治区的科技创新发展较为劣势，对于内蒙古自治区科技基础薄弱的问题，自治区党委书记石泰峰也强调，要坚持有所为有所不为，坚持问题导向、需求导向、市场导向，深化开放合作搞创新，突出特色搞创新，抓住关键搞创新，努力走出一条具有内蒙古特色和优势的科技创新之路。

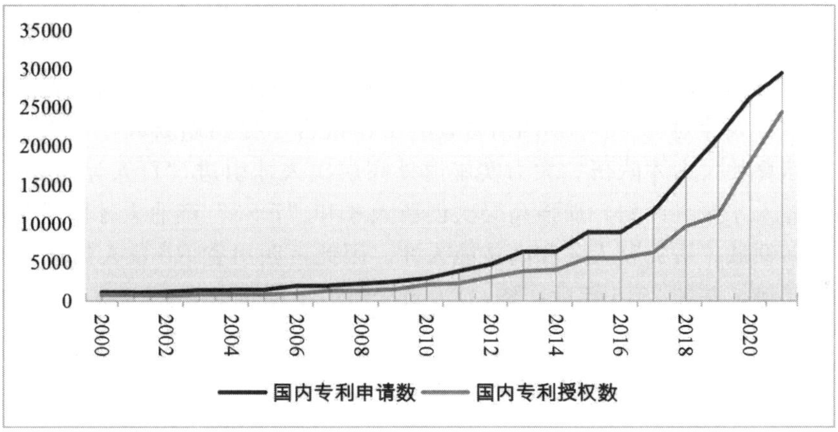

图 3-104　2000 年至 2021 年内蒙古自治区科技创新产出水平

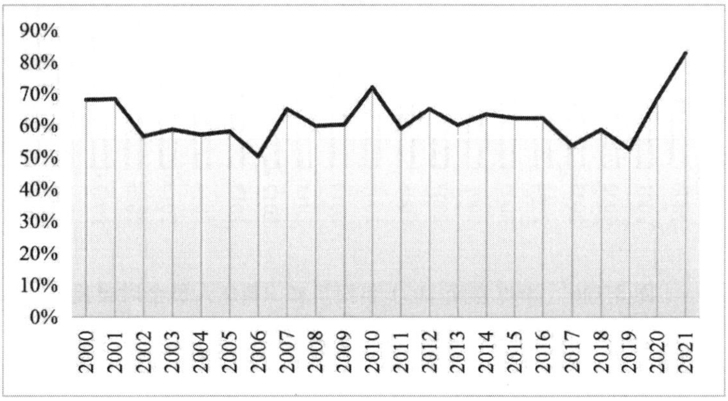

图 3-105　2000 年至 2021 年内蒙古自治区成果转化率

第三节 西部地区科技金融与科技创新发展现状分析

1. 四川省科技金融与科技创新发展现状分析

随着经济和社会的不断发展，科技和金融已成为经济活动中最活跃的因素，科技与金融的共存与融合不断加深，科技和金融的发展已经成为经济增长的重要推动力。近年来，四川省科技金融改革推陈出新，政策体系不断完善，财政引导作用持续加强，金融产品与服务加快创新，科技金融综合服务平台建设取得积极进展，为全面创新改革试验提供了有力支撑。

1.1 科技人员

四川省政府非常重视通过深度融合科技与金融来加速科技产业创新，并且高度重视人力资源作为科技创新的核心要素。从图 3-106 可以看出，四川省 R&D 人员全时当量在 2000 年至 2021 年这二十二年间总体呈现增长趋势，其中在 2008 年到 2011 年出现小幅回落，可能是受到了 2008 年金融危机和汶川地震的影响。为缓解这一情况，2009 年四川省实施了海外高层次人才引进“百人计划”。2011 年四川省政府工作报告中提到创新人才工作机制，优化人才发展环境，培育壮大人才队伍。大力实施海外高层次人才引进“百人计划”、天府科技英才计划和高技能人才振兴计划，加强高层次创新人才和“7+3”产业人才队伍建设，着力培养一批科技创新领域“塔尖”人才和高技能人才。因此，四川省 R&D 人员全时当量在 2011 年后转为上升趋势，并在 2016 年后，R&D 人员全时当量稳步上升。

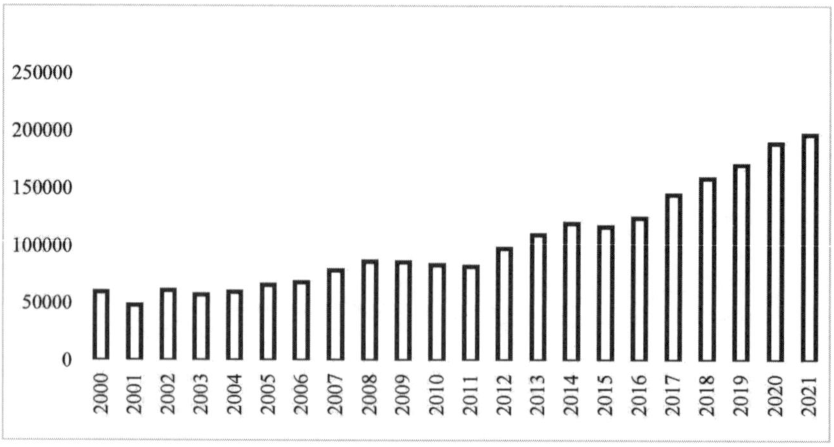

图 3-106 2000 年至 2021 年四川省 R&D 人员全时当量

1.2 科技金融投入

研发经费投入为科技创新活动的开展提供基本的资金保障，是科技创新投入的重要衡量指标。从四川省R&D资金投入中可以看出（如图3-107），自2000年到2021年R&D资金投入从102亿元上升到1214.52亿元，年均增长率为13.56%。R&D资金投入量虽在2009年有所下降，但整体呈现上升趋势。2009年R&D资金投入量下降的原因在于受到了特大地震灾害和国际金融危机影响。尽管特大地震灾害和国际金融危机对经济发展造成了一定的影响，但是政府采取了积极措施来恢复经济发展。四川省经济在2008年经历了明显的阶段性特征，但是通过政府的努力，经济在第三季度和第四季度取得了一定程度的增长。最后，四川省坚决贯彻落实中央进一步扩大内需的决策部署，推动经济平稳较快发展。

从图3-108的R&D投入资金来源来看，在绝大多数年份中，企业资金占比最多，政府资金次之。财政科研支出是衡量一个地区对科技创新支持的重要数据，如图3-108所示，政府资金投入同总体资金投入一样，整体呈上升趋势，仅在2009年有所下降。金融机构贷款虽然占比较小，但近年来，金融机构支持科研投入力度不断加大，一些商业银行相继推出“科创贷”、“科创通”等一系列科技金融新产品。

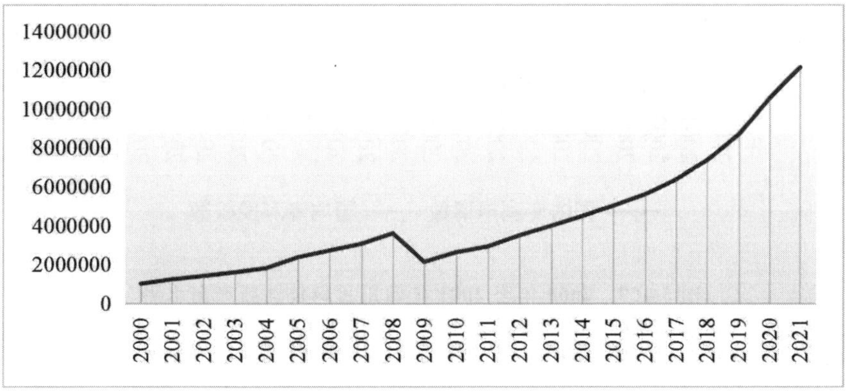

图3-107 2000年至2021年四川省R&D资金投入规模

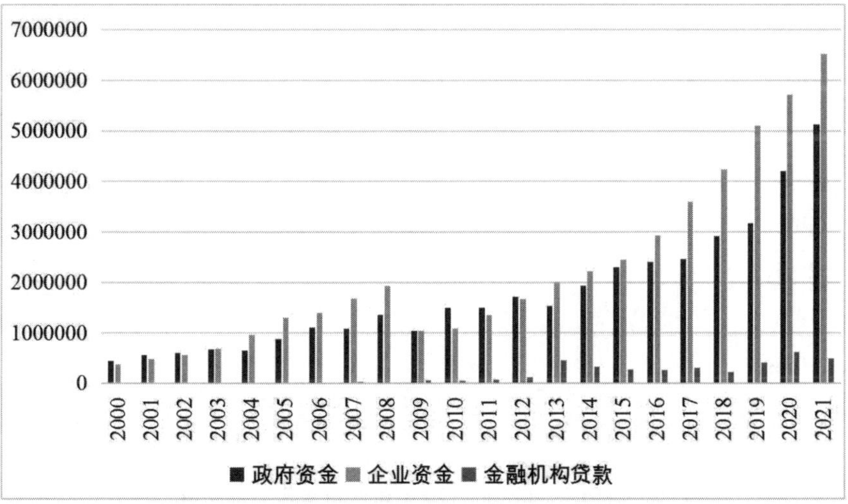

图3-108 2000年至2021年四川省R&D投入资金来源

1.3 科技成果

专利成果是科技创新能力评价的基本指标，从四川省专利相关数据可以看出（如图 3-109），国内专利申请数量整体呈上升趋势，从 4496 项增加到 163664 项，表现良好。在 2017 年专利申请数达到峰值 167484 项，到 2019 年转降为升，之后两年稳步上升。国内专利授权数从 2000 年到 2021 年虽小有波动，但整体呈上升趋势，从 3218 项增加到 146936 项。

从成果转化率来看（如图 3-110），平均专利授权率为 59.20%。从发展走势来看，2010 年前专利申请数和专利授权数虽然处于上升趋势，但增长缓慢，2010 年后，增长速度显著增加，专利申请和专利授权的数量都大幅增多。2017 年前，成果转化率波动明显，2017 年后，科技成果转化效率显著提升，2021 年到达 89.78%。

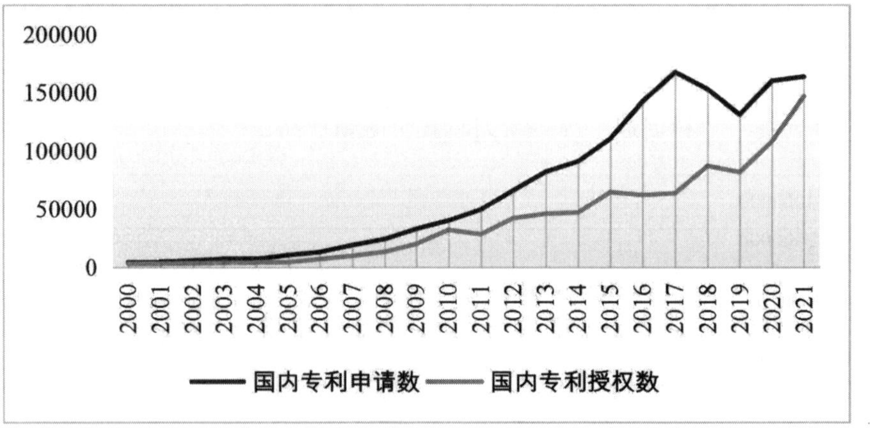

图 3-109　2000 年至 2021 年四川省科技创新产出水平

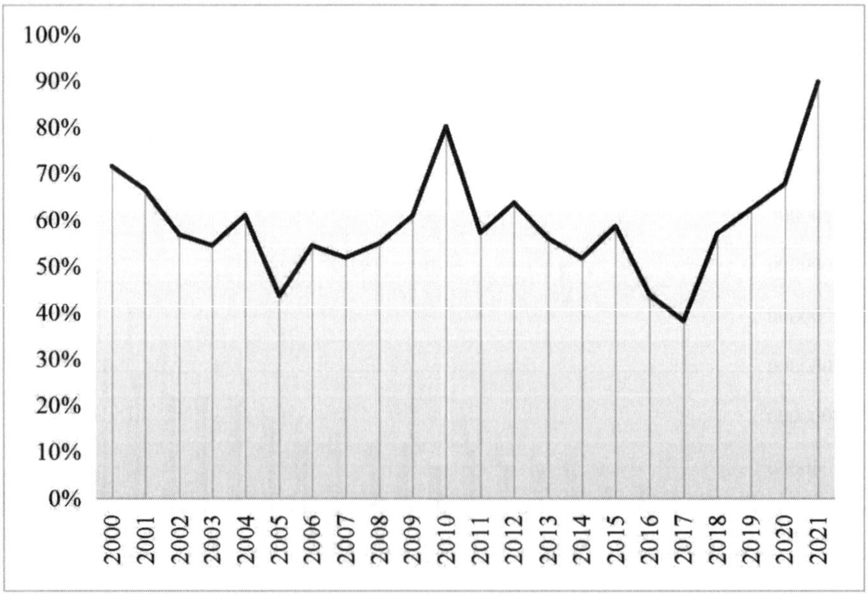

图 3-110　2000 年至 2021 年四川省成果转化率

2. 重庆市科技金融与科技创新发展现状分析

重庆市科技金融创新实践主要体现在两个方面，一是逐步完善科技金融体系，二是实现科技金融帮扶中小微企业的创新之举“多方参与、风险分担、合作共赢”。具体来看重庆市构建了多元化、全方位的科技金融服务体系，旨在支持科技型企业的发展。以下是该体系的一些主要组成部分：2008 年，重庆市政府设立了规模为 10 亿元的科技创业风险投资引导基金，用于支持创业项目的发展；2010 年，重庆市成立了国有控股的重庆科技融资担保有限公司，为科技企业提供担保服务；2013 年，重庆市成立了类似于 OTC 市场的重庆股份转让中心，为科技企业提供融资渠道；2015 年，重庆市政府设立了规模为 3 亿元人民币的天使基金，用于支持科技项目成果的转化。

2.1　科技人员

科技是第一生产力、人才是第一资源、创新是第一动力。人才在科技发展中发挥着不可或缺的作用。从图 3-111 中可以看出重庆市 R&D 人员全时当量 2000 年—2021 年整体呈上升趋势。重庆市实施了一系列人才引进政策，包括高层次人才引进计划、海外人才引进计划、青年人才引进计划等。这些政策为 R&D 人员提供了各种引进奖励、住房补贴、科研经费支持等福利待遇。此外，重庆市还设立了科技创新专项资金，用于支持 R&D 人员的科研项目。这些资金可以用于项目研究经费、设备购置、人员招聘等方面，帮助 R&D 人员开展科技创新工作。中共重庆市委五届十次全会通过《中共重庆市委关于深入推动科技创新支撑引领高质量发展的决定》，决定中指出要分别从加快优化创新发展布局、高质量推动产业创新、高效能激活创新主体活力、高标准完善科技创新体制机制、高品质营造创新环境等五个领域提出具体推进办法。

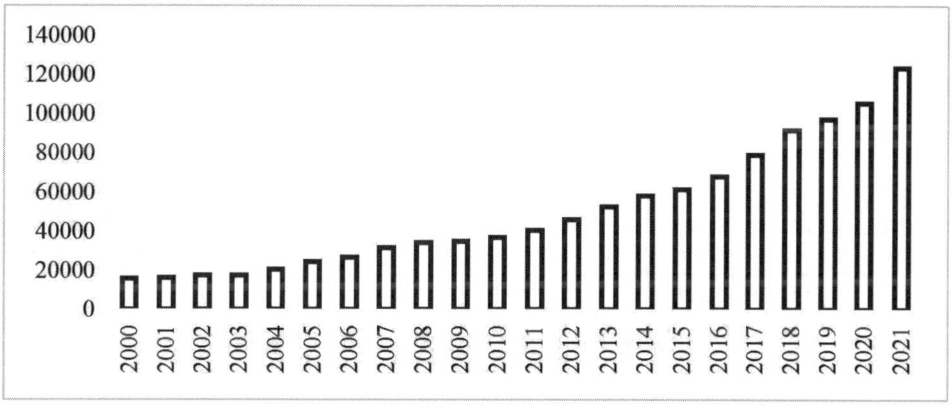

图 3-111　2000 年至 2021 年重庆市 R&D 人员全时当量

2.2　科技金融投入

重庆市的 R&D 资金投入从 2000 年的 33.51 亿元上升到 2021 年的 603.84 亿元，年均增长 16.21%。R&D 资金投入量整体呈上升趋势，仅在 2009 年有所下降，但在重庆市 2009 年人民政府工作报告中仍然提到要把科技创新作为提升发展质量的关键。

从 R&D 投入资金来源来看，在三个资金来源中，企业资金占比最多，说明企业创新意识强、自主研发能力强、注重科研发展。其次是政府资金，政府资金的投入证明了重庆市政府对于科技创新和 R&D 投入的高度重视。2019 年重庆市增加了 10 亿元资金提升科技研发投入强度，其中，市级和相关区将各新增 5 亿元用于研发投入。市财政局负责人介绍，该局将组合采取投资补助、重大项目奖励、政府购买等方式，调动各方面投入科技研发的积极性。金融机构贷款虽占比较小，但近年来，也在不断增加。

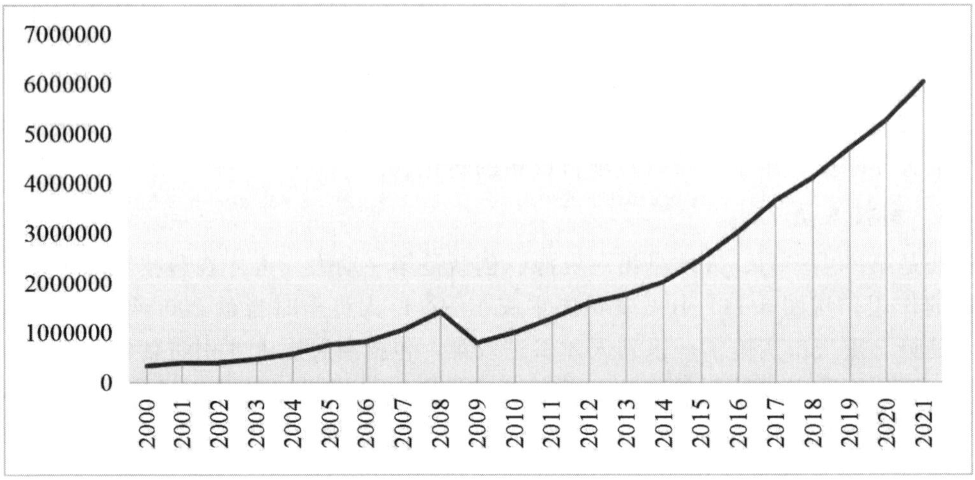

图 3-112　2000 年至 2021 年重庆市 R&D 资金投入规模

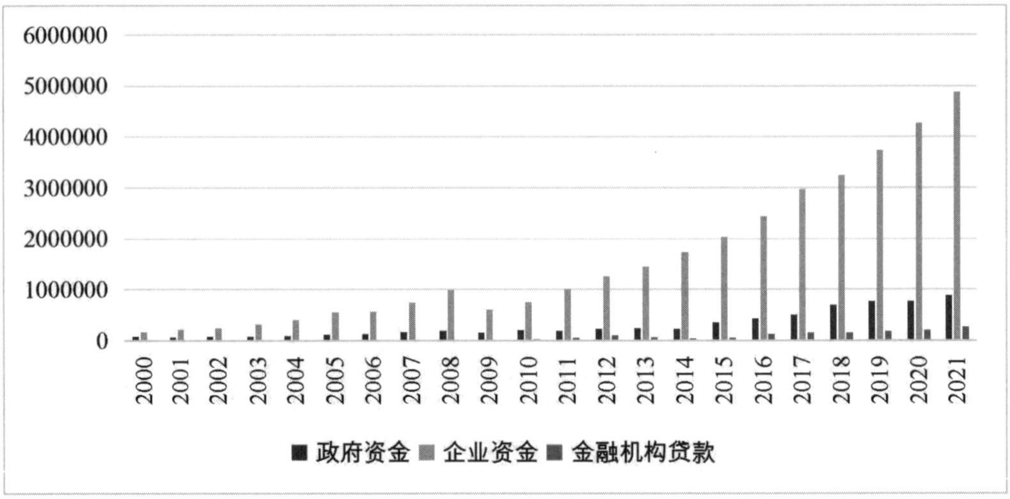

图 3-113　2000 年至 2021 年重庆市 R&D 投入资金来源

2.3　科技成果

科学技术是第一生产力，但只是一种潜在的生产力，要发挥现实生产力的作用，科技成果转化是其中的关键环节。重庆市科技成果方面，从国内专利申请数和国内专利授权数来看（如图 3-114），2000 年至 2021 年，国内专利申请数从 1780 项增加到 83555 项，国内专利授权数从 1158 项增加到 76206 项。从科研成果转化效率方面来看（如图 3-115），专利授权率虽波动明显，但均在 40%以上，平均水平 60.68%。

从发展走势看，国内专利申请数和国内专利授权数在2008年前增长缓慢，2008年后快速增长，在2015年出现明显的上升。2017年前，成果转化率波动明显，2017年后，转为上升趋势，2021年科技成果转化率达到91.20%。

1999年重庆市出台《重庆市促进科技成果转化条例》，旨在促进科技成果转化，规范科技成果转化活动，实施科教兴渝和可持续发展战略，推动经济建设和社会发展。2016年的《重庆市深入实施创新驱动发展战略工作方案》中明确，优化人才培养方式，实施科技领军人才培育计划，推动人才评价向科技型、创业型人才倾斜，完善个人股权激励和成果评价改革。2021年，重庆市出台《重庆市进一步促进科技成果转化的实施细则》，细则中指出要加快疏解重庆市科技成果转化链条中的现实堵点，促进科技成果快速转化为现实生产力。

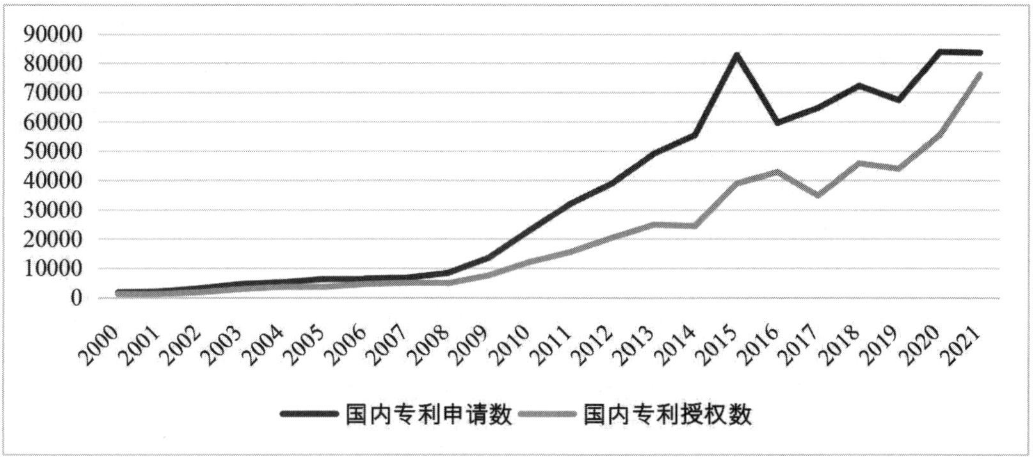

图 3-114　2000 年至 2021 年重庆市科技创新产出水平

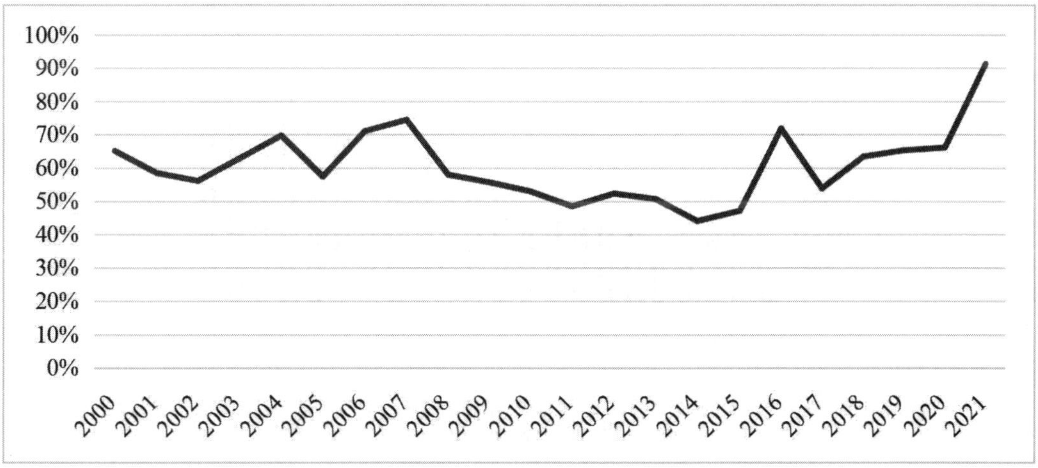

图 3-115　2000 年至 2021 年重庆市成果转化率

3. 贵州省科技金融与科技创新发展现状分析

科技金融是将金融创新和科技创新结合起来，以促进社会生产方式的转变。贵州省科技风险投资有限公司是贵州省在贵阳市科技风险投资有限公司基础上进行扩股并更名而成立的。贵州省科技风险投资机构利用财政资金杠杆，整合各类金融要素，提供多元化的科技融资服务。科技金融服务涉及科技风险投资、科技保险、科技担保、科技资产评估、科技创业信息和科技金融服务平台等。贵州省在科技金融服务体系建设方面的实践有：科技财力资源、创业风险投资、科技保险、科技信贷、科技资本市场、科技金融支撑环境。

3.1 科技人员

最可依赖的资源是人才资源，最持久的优势是人才优势，科技人才是创新的能源。如图 3-116 所示，贵州省 R&D 人员全时当量总体呈现上升态势。2010 年前，R&D 人员全时当量上升趋势不明显。2010 年，贵州省颁布了《贵州省中长期人才发展规划纲要》、《贵州省优秀青年科技人才培养对象选拔培养管理办法》等吸引和培养科技人才的政策法规，故在 2010 年后 R&D 人员全时当量上升趋势显著。在《贵州省中长期人才发展规划纲要》中提到人才投入优先保证，人才资本优先积累，健全多元化人才投入机制；加强人才资源能力建设，创新人才培养模式；创新人才工作体制机制，完善人才政策措施，加强人才公共服务体系建设，加快人才法制化建设。

此外，贵州省在科技人才方面采取的政策措施还有：人才培养计划，包括科技人才培训、科研项目资助等；人才引进计划，包括“千人计划”、“百人计划”等；人才住房保障，包括提供优惠的住房租金、购房补贴等；创新创业支持，包括提供创业资金、创业孵化器等。这些政策措施旨在吸引和培养优秀的科技人才，推动贵州省的科技创新和经济发展。

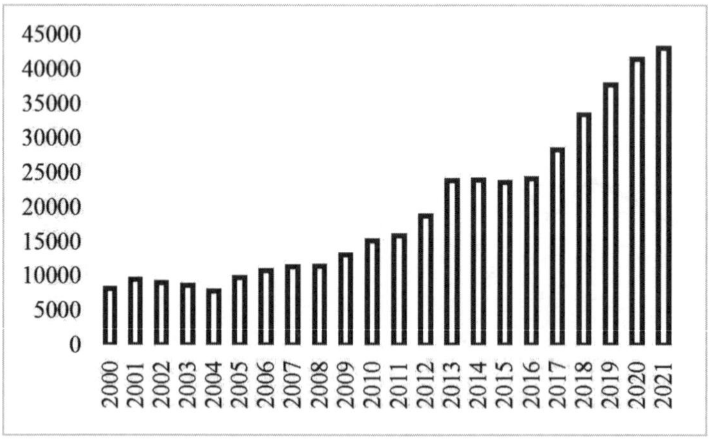

图 3-116 2000 年至 2021 年贵州省 R&D 人员全时当量

3.2 科技金融投入

R&D 资金投入被视为一种战略性投资，它对于推动科技进步和创新具有重要的影响。从图 3-117 中可以看出，2000 年至 2021 年贵州省 R&D 资金投入从 11.70 亿元增加到

180.35亿元，年均增长15.47%。贵州省R&D资金投入量从2000—2021年整体上呈上升趋势，仅在2009年有所下降，究其原因，或许是收到了金融危机的影响。

从图3-118中的R&D经费占比情况来看，在三个来源中，企业资金数额最大，其次是政府资金，这两项是R&D经费的主要来源。企业资金同整体R&D资金投入一样，虽然在2009年有所下降，但2000年至2021年整体上呈上升趋势。在R&D经费投入中，企业资金和政府资金都是不可或缺的。从严格的意义上来讲，在市场经济条件下，企业通常具有自主创新的内在动力，并且应该成为R&D投入的主要来源，但R&D成果具有非排他性，因此企业从事R&D活动的私人收益就会低于社会收益，对R&D活动的投入就会出现不足，从而带来效率损失，因此需要政府对R&D进行资助，并发挥其引导作用。

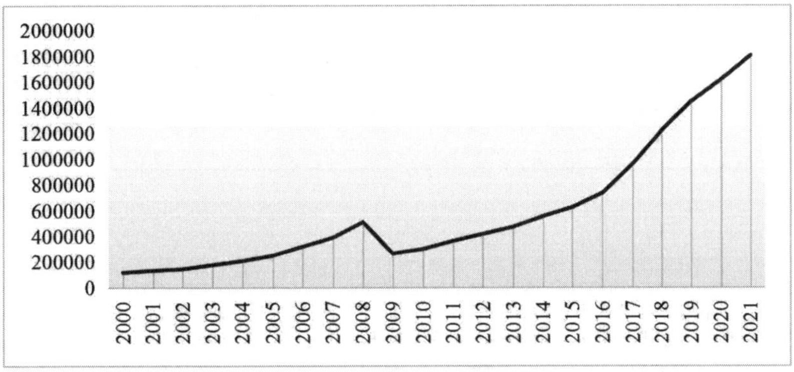

图3-117　2000年至2021年贵州省R&D资金投入规模

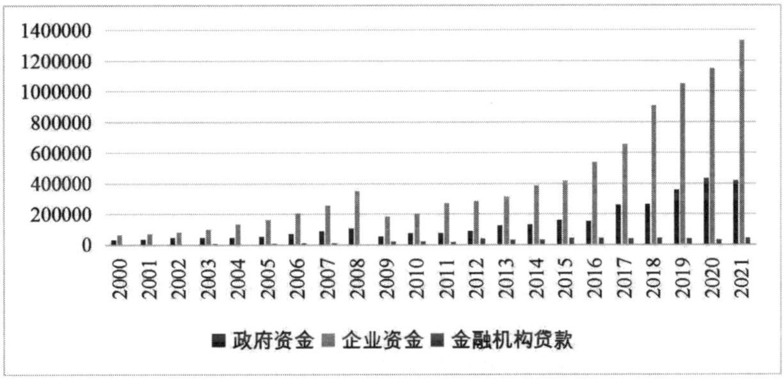

图3-118　2000年至2021年贵州省R&D投入资金来源

3.3　科技成果

贵州省2000年至2021年专利情况如图3-119所示，国内专利申请数从986项增加到41733项，国内专利授权数从710项增加到39267项。科研成果转化效率方面（如图3-120），专利授权率均在35%以上，平均为56.32%。

从发展走势看，在2010年以前，专利申请数和专利授权数虽为上升趋势，但增长缓慢，2010年后，两者增长速度加快。2017年前，贵州省成果转化率波动明显，极差为36.6%。2017年后，成果转化率快速上升，2021年达到94.09%，说明贵州省科技发展成果显著。

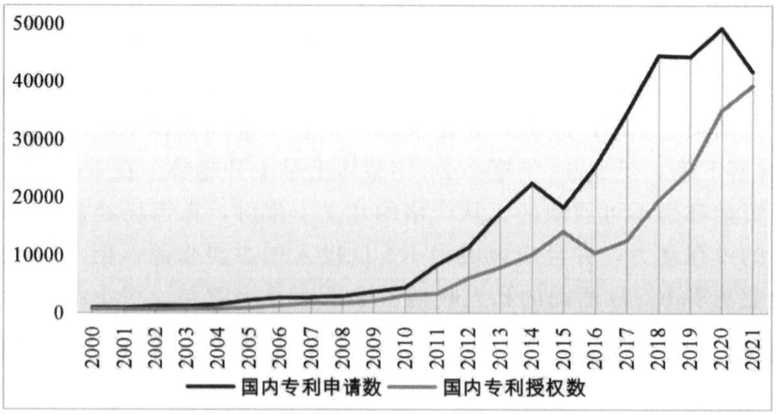

图 3-119　2000 年至 2021 年贵州省科技创新产出水平

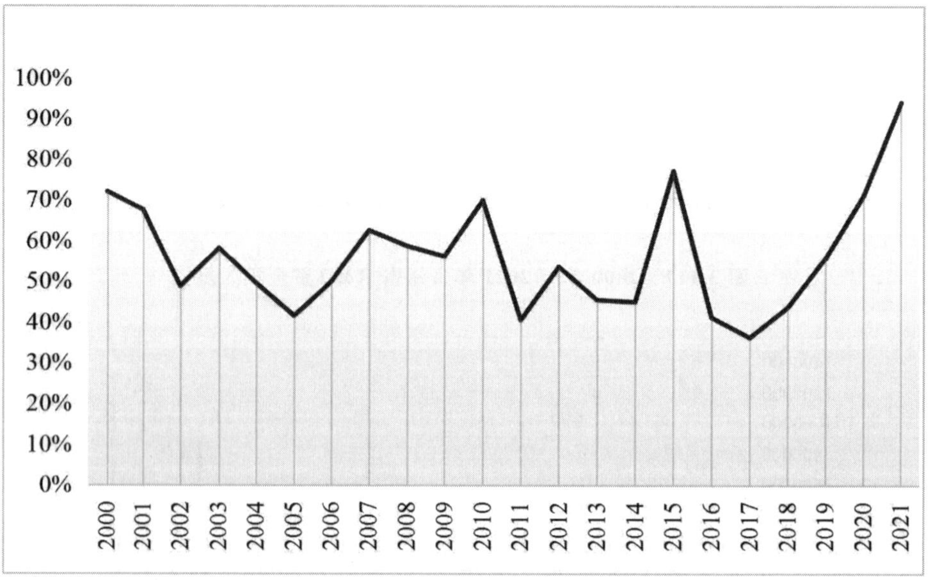

图 3-120　2000 年至 2021 年贵州省成果转化率

4. 云南省科技金融与科技创新发展现状分析

4.1　科技人员

人才是宝贵的资源和财富，做好人才工作，培养造就一批高层次科技人才，不断提升自主创新能力，为云南省经济社会又好又快发展提供强大的智力支持，是云南省人才队伍建设的重要战略任务之一。

如图 3-121 所示，云南省 R&D 人员整体呈上升态势，表明了云南省对科技发展的高度重视。由图表可知，2014 年前 R&D 人员全时当量增长缓慢，2014 年后增速显著增加。2015 年 R&D 人员全时当量相较 2014 年增加，由 30523 人/年上升到 39535 人/年。其原因在于 2014 年云南省出台了《云南省人民政府关于创新体制机制加强人才工作的意见》、

《云南省鼓励社会中介机构引进急需紧缺人才暂行办法的通知》等一系列支持云南省企业和人才引进、培养单位进行人才引进、培养工作的政策。此外，2016 年《云南省“十三五”科技创新规划》中将“加快科技人才队伍建设”作为一项重点任务，要求优化科技人才结构、加强科技人才引进培养载体建设、完善人才发展机制。

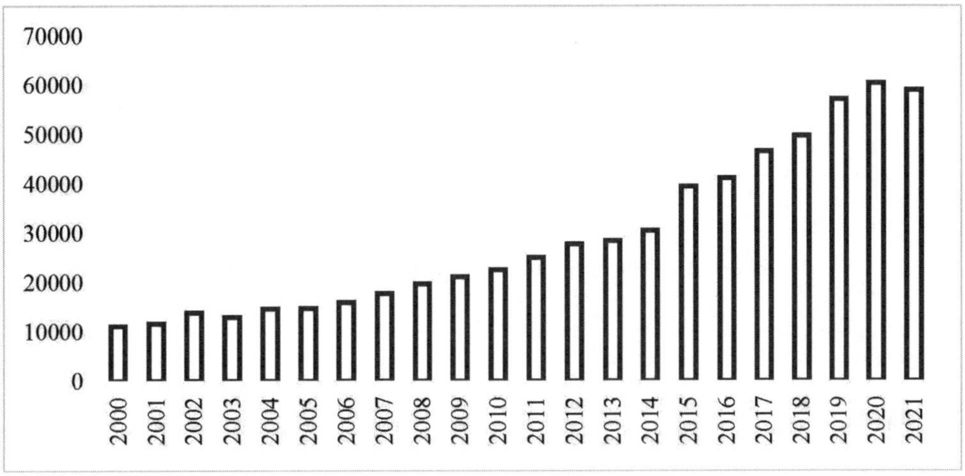

图 3-121　2000 年至 2021 年云南省 R&D 人员全时当量

4.2　科技金融投入

资金投入是科技发展和创新的重要物质基础。云南省 2000 年至 2021 年 R&D 资金投入量从 23.12 亿元增加到 281.94 亿元（如图 3-122），年均增长 14.74%。R&D 资金投入量虽在 2009 年有所下降，但整体呈现上升趋势。虽然受到了金融危机的影响，但云南省相应地采取了一些政策措施：建立金融协调机制等。总的来说，这些措施旨在促进云南省科技创新和金融发展的有机结合，支持科技型中小企业的发展，并提高科技成果的转化效率。通过加强金融支持和创新机制建设，云南省努力推动科技创新和经济发展的良性循环。

从图 3-123 的 R&D 投入资金来源来看，在三个资金来源中，企业资金最多，政府资金次之。2014 年以来，云南省设立了科技金融结合专项资金补助项目，通过财政资金后补助的方式对各项费用（如科技型中小企业知识产权质押贷款贴息及中间费，科技型中小企业科技贷款担保费，创投机构、担保机构、银行专项风险准备金和科技保险保费等）进行财政资金补助。

此外，政府可以发挥引导和监管职能，建立科技金融平台，促进专业机构与企业主体之间的直接衔接。然而，在平台建设过程中，确实存在道德风险和信息不对称等问题。在这方面，政府和市场都应发挥作用，确保资金的合理投入和成果转化的效率。政府可以制定相应的监管政策和标准，加强对平台运营和服务的监督，保证资源的合理配置和使用。市场机构也应加强自律，提高透明度，提供准确的信息和专业的服务。

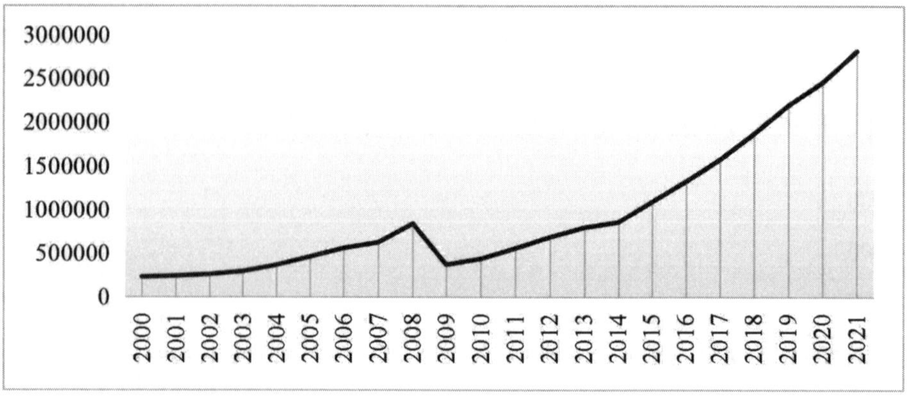

图 3-122　2000 年至 2021 年云南省 R&D 资金投入规模

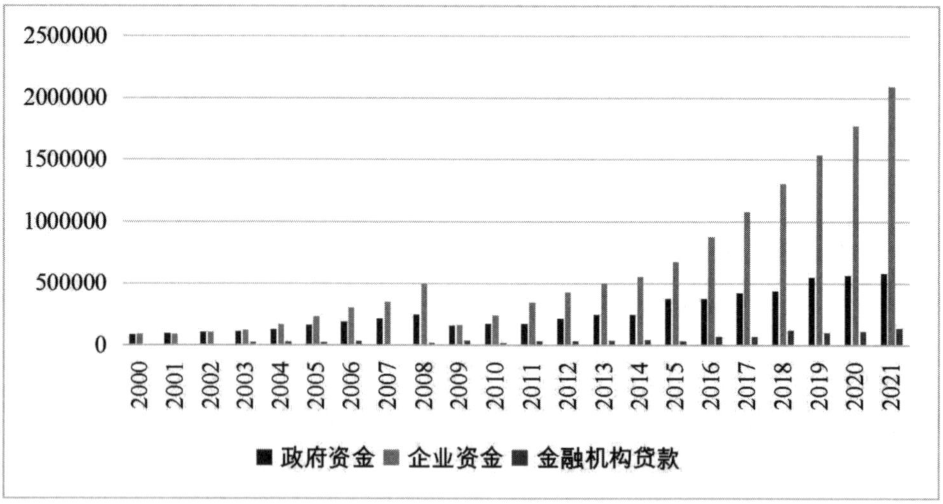

图 3-123　2000 年至 2021 年云南省 R&D 投入资金来源

4.3　科技成果

云南省 2000 年至 2021 专利情况如图 3-124 所示，国内专利申请数和国内专利申请数呈上升趋势，专利申请数从 2000 年的 1710 项增加到 2021 年的 47997 项，专利授权数从 2000 年的 1217 项增加到 2021 年的 41167 项。科技成果转化率如图 3-125 所示，专利授权率在 45％以上，平均水平为 62.01％。

从发展态势上来看，2011 年前国内专利申请数和授权数都增长缓慢，2011 年后两者增长速度显著增加。2018 年前，成果转化率波动明显，2018 年后，成果转化率持续上涨。

2006 年，云南省出台了《云南省科学技术进步条例》、《关于促进科技成果转化的若干规定》等，对科学技术发展进行政策上的鼓励与支持。2011 年，云南省在科技成果转化服务中心基础上组建“云南省科技金融结合服务中心”，2012 年省科技厅成立了“云南省科技型中小企业服务中心”。两个中心的成立将对科技金融结合工作给予有力支撑。

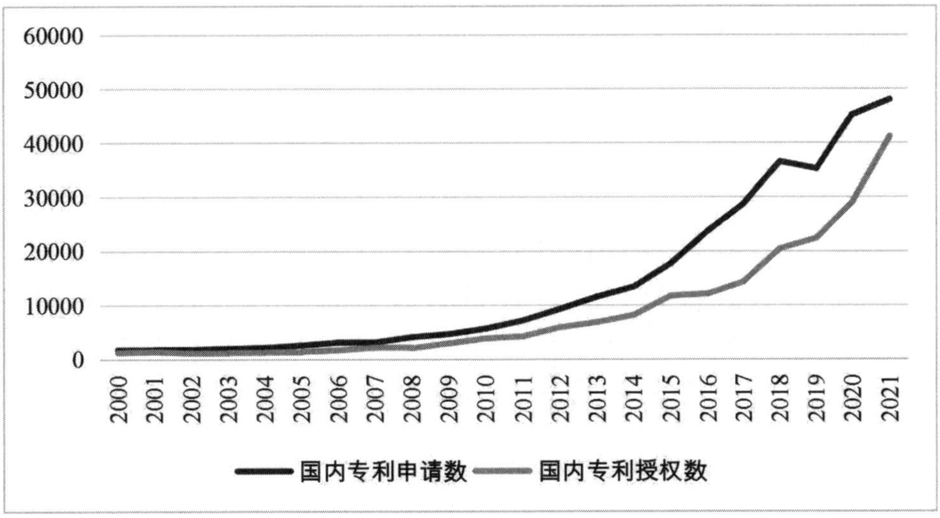

图 3-124　2000 年至 2021 年云南省科技创新产出水平

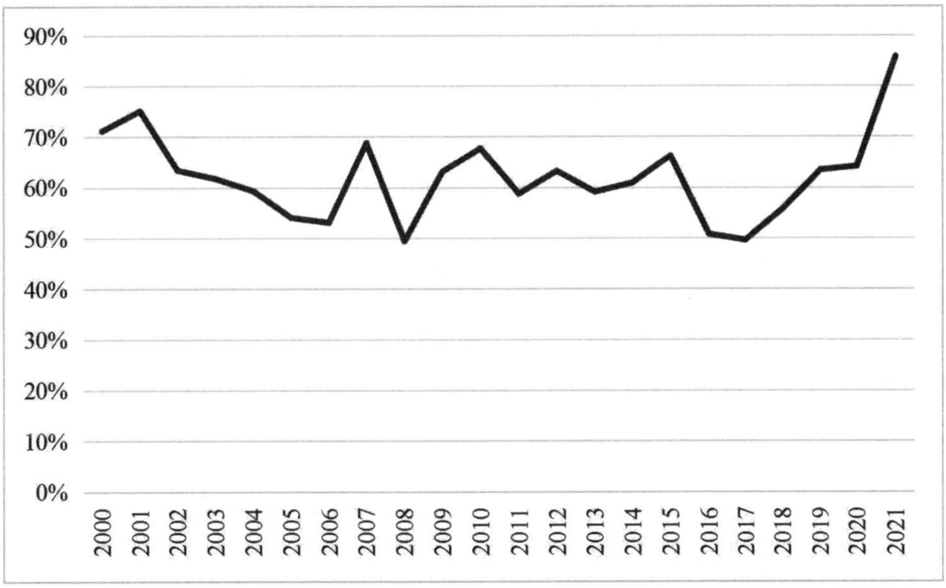

图 3-125　2000 年至 2021 年云南省成果转化率

5. 陕西省科技金融与科技创新发展现状分析

5.1　科技人员

科研人员是高新技术产业发展中最为核心的因素之一。陕西省 R&D 人员全时当量发展趋势如图 3-126 所示，自 2000 年的 64127 人年增至 2021 年的 125281 人年。这表明陕西省注重基础性研究的资金投入的同时，也更加注重自主创新能力的培育与建设。

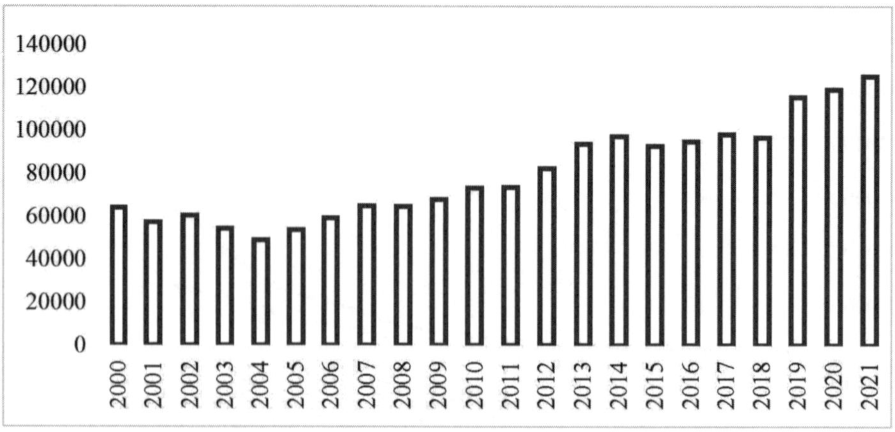

图 3-126　2000 年至 2021 年陕西省 R&D 人员全时当量

5.2　科技金融投入

从 R&D 资金投入情况（如图 3-127）可以看出，2000 年至 2021 年陕西省 R&D 资金投入从 86.90 亿元增加到 700.62 亿元，年均增长 11.05%。除在 2009 年有所下降外，陕西省 R&D 资金投入从 2000 到 2021 年整体呈上升趋势。

从 R&D 投入资金来源占比（如图 3-128）来看，R&D 经费来源组成在 2019 年发生了重要变化，2000 年至 2018 年，政府资金最多，企业资金次之，最后是金融机构贷款。2019 年至 2021 年，企业资金占比超过了政府资金。

财政支持方面，陕西省针对科技企业融资问题采取了一系列措施，以解决融资痛点。其中之一是设立风险补偿专项基金，采用财政引导和风险共担的方式，为发放科技贷款的银行提供风险补偿。这样可以降低风险，鼓励银行主动向科技企业提供贷款。此外，政府还提供了一些财政支持措施，如财政拨款、扶持基金、研发经费和创新性财政投入。比如，通过创业投资风险补偿、科技发展专项资金、贷款损失风险补偿和保险补贴资金等方式，为科技企业提供资金支持和风险保障。

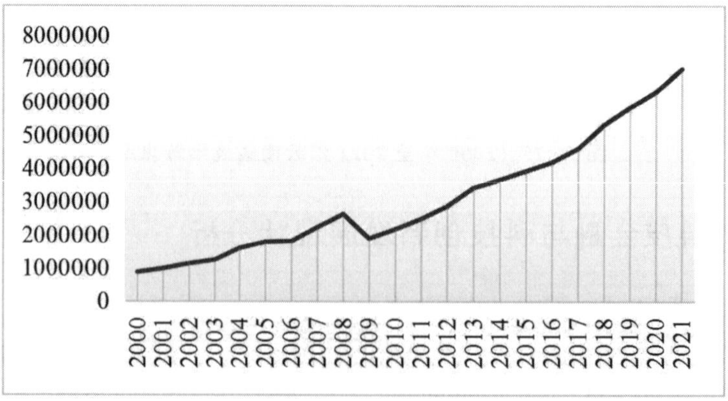

图 3-127　2000 年至 2021 年陕西省 R&D 资金投入规模

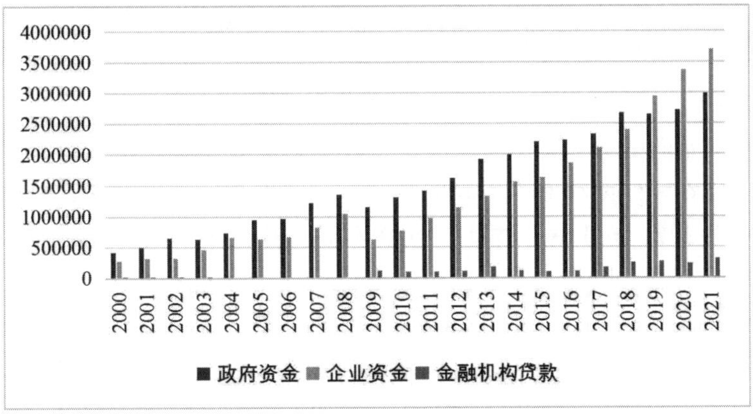

图 3-128　2000 年至 2021 年陕西省 R&D 投入资金来源

5.3　科技成果

陕西省 2000 年至 2021 年专利情况如图 3-129 所示，2000 年至 2021 年国内专利申请数和国内专利授权数整体呈上升趋势。专利申请数从 2080 项增加到 105652 项，专利授权数从 1462 项增加到 86272 项。科研成果转化率如图 3-130 所示，专利授权率均在 30％以上，平均水平为 49.47％。

从发展走势看，在 2009 年以前，专利申请数量与专利授权数量虽为上升趋势，但增长缓慢，2009 年以后，两者增长速度显著增加。成果转化率从 2000 年到 2021 年，一直处于波动状态。

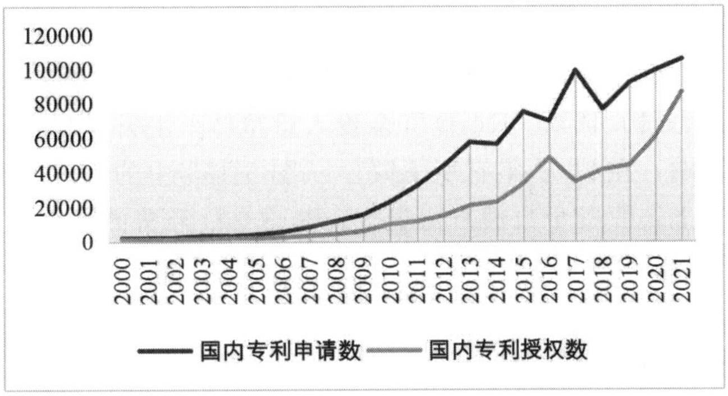

图 3-129　2000 年至 2021 年陕西省科技创新产出水平

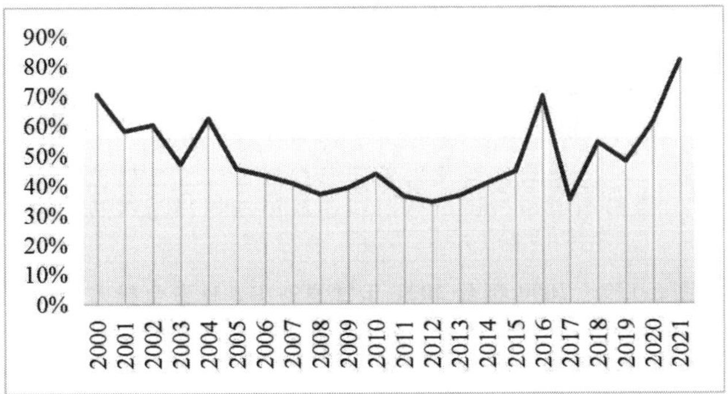

图 3-130　2000 年至 2021 年陕西省成果转化率

6. 甘肃省科技金融与科技创新发展现状分析

6.1 科技人员

人才是科技创新的主体，一个地区的腾飞以及经济的增长在很大程度上依赖于科技进步，而人才作用的有效发挥则取决于其所处的环境。如图 3-131 所示，甘肃省 R&D 人员全时当量在 2000—2021 年虽小有波动，但整体呈上升趋势，从 2000 年的 18429 人/年增加到 2021 年的 33255 人/年。

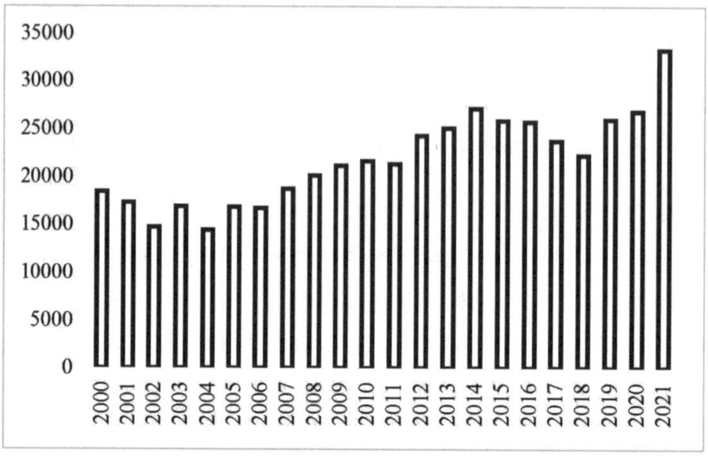

图 3-131　2000 年至 2021 年甘肃省 R&D 人员全时当量

6.2 科技金融投入

从图 3-132 中可以看出，2000 年至 2021 年甘肃省 R&D 资金投入从 22.40 亿元增加到 129.47 亿元，年均增长 10.42%。R&D 资金投入量整体呈上升趋势，同大多数省份一样，因受到金融危机的影响，在 2009 年有所下降。从图 3-133 中的 R&D 经费占比情况来看，在三个来源中，基本上企业资金数额占比最大，是 R&D 经费的最主要来源，其次是政府资金，最后是金融机构贷款。

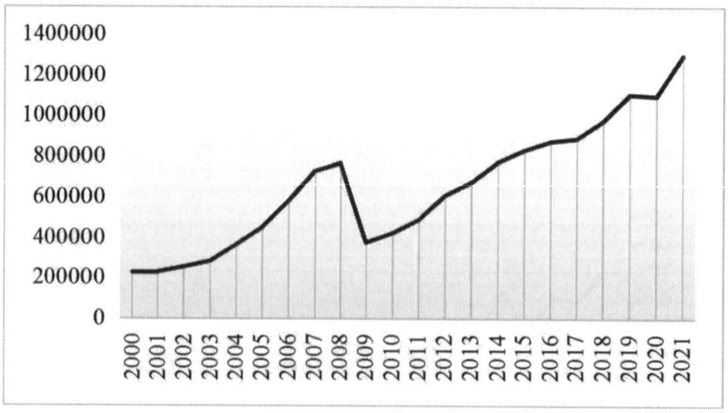

图 3-132　2000 年至 2021 年甘肃省 R&D 资金投入规模

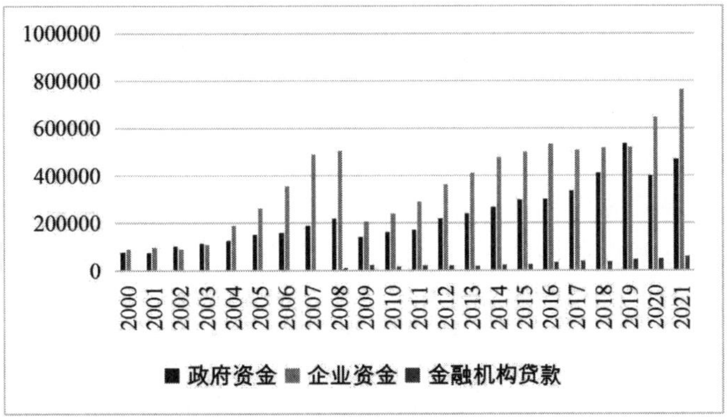

图 3-133　2000 年至 2021 年甘肃省 R&D 投入资金来源

6.3　科技成果

甘肃省专利情况如下图所示（图 3-134、图 3-135），从专利申请数和授权数来看，2000 年至 2021 年，专利申请数从 798 项增加到 30165 项，专利授权数从 493 项增加到 26056 项。从科研成果转化效率方面来看，专利授权率均在 30%以上，平均水平为 52.18%。从发展态势看，2010 年前，专利申请数量与授权数量虽为上升趋势，但增长缓慢，2010 年后，增长速度显著增加。2017 年前成果转化率波动明显，2017 年后成果转化率转为上升趋势，科技创新成果显著，科技创新工作取得了长足发展。

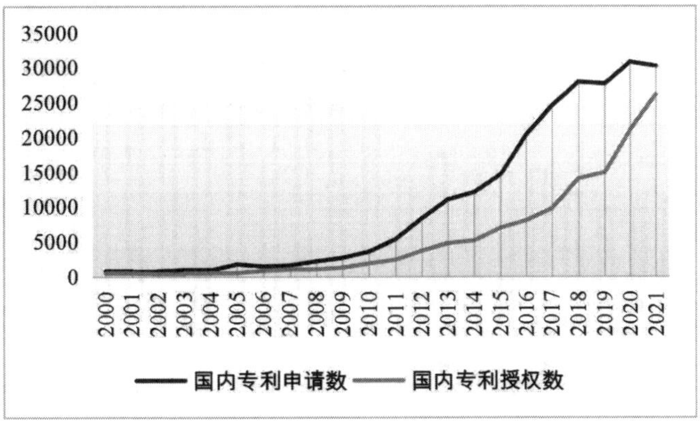

图 3-134　2000 年至 2021 年甘肃省科技创新产出水平

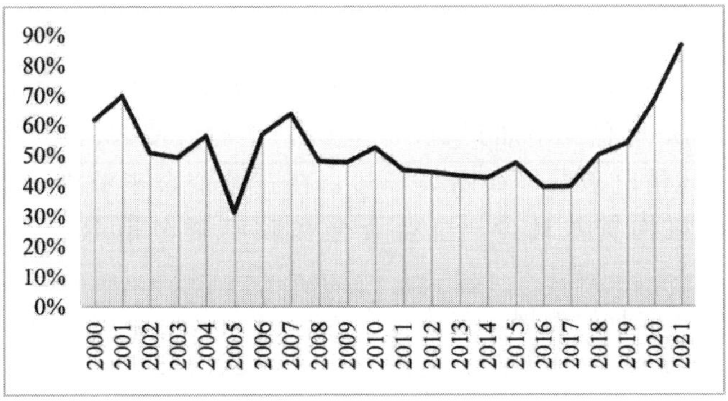

图 3-135　2000 年至 2021 年甘肃省成果转化率

7. 青海省科技金融与科技创新发展现状分析

科技金融是通过创新的金融模式和工具，为科技创新和创业提供资金支持和服务，促进科技成果的转化和商业化。它可以降低科技创新的风险和成本，提高科技创新企业的融资能力，推动科技成果的应用和产业化。科技金融的发展对促进科技创新和经济发展起到了重要的推动作用。青海省在推进科技金融发展方面采取了一系列政策措施，为科技创新和经济转型升级提供了支持和保障。

7.1 科技人员

科技人才是引领创新发展的核心动力，R&D 人员全时当量是衡量科技人力投入的重要指标。如图 3-136 所示，青海省 R&D 人员全时当量虽小有波动，但总体呈上升趋势。

青海省建立了高层次人才成果资源平台，旨在充分发挥高层次人才的科技服务作用。该平台可能为高层次人才提供科研合作、技术转移、成果转化等服务，以促进科技创新和社会经济发展；建立了高层次人才学术成果共享与资源服务平台：该平台旨在为高层次人才提供学术交流和资源服务的平台，特别是在青海省经济社会发展热点问题上。通过这个平台，高层次人才可以共享他们的研究成果，促进学术交流和合作，为青海省吸引人才提供了基础条件。

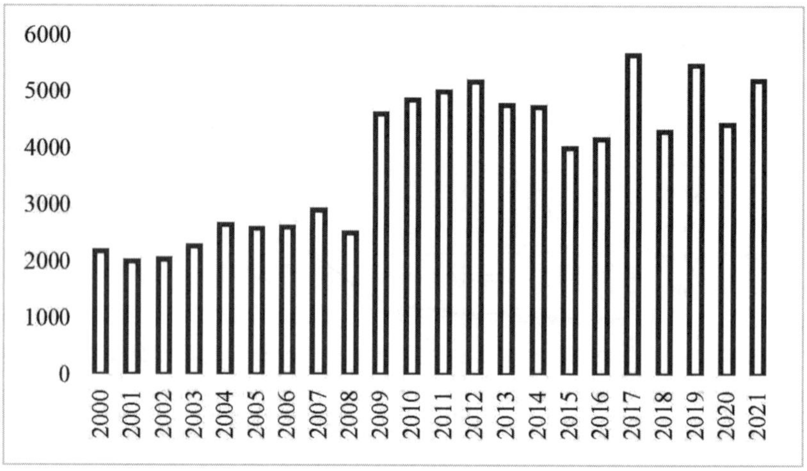

图 3-136　2000 年至 2021 年青海省 R&D 人员全时当量

7.2 科技金融投入

资金是促进科研发展的基础。青海省 R&D 科技投入 2000 年至 2021 年整体呈上升态势（如图 3-137），从 5.09 亿元增加到 26.77 亿元，年均增长 10.77%。

从 R&D 经费占比情况来看（如图 3-138），在三个资金来源中，企业资金占比最多，政府资金次之，金融机构贷款最少。企业资金和政府资金是 R&D 经费投入的最主要来源。

青海省为推进科技事业的发展，发布了《青海省科技创新引导基金管理办法》，并于 2009 年设立了青海省科技创新投资引导基金，包括青海科技创新投资基金、青海省科技创业孵化基金、青海汇富科技成果转化投资基金、兴业银行助保金、三江财险和青海省大学生创新创业投资引导基金等八个子产品。此外，青海省科技厅为了鼓励科技型企业增加科技研发资金的投入、加速科技创新，也出台了相应的政策和措施。2018 年青海省科技厅出台了《青海深化科技领域“放管服”改革二十条（暂行）》，提出要将科研项目的申报门槛相应降低，更便于一些初创的科技型企业的发展与科研项目的申报。

青海省政府为加强企业与金融机构的合作，为科创型企业搭建企业融资服务平台，协同青海省银监局制定出台《关于推动青海银行业支持科技企业发展的指导意见》，与国开行青海分行联合成立科技金融协调工作组，建立联合机制，进而推动科技金融对青海省科技创新的积极作用。2020 年 4 月，青海科创新专板开板，首批 15 家科创类企业在青海区域性股权市场集中挂牌：工商银行青海省分行、浦发银行西宁分行、青海省农信联社分别发布了针对科创专板挂牌企业的专属信贷产品，科技金融产品的研发在一定程度上缓解了科技型企业融资难的问题。

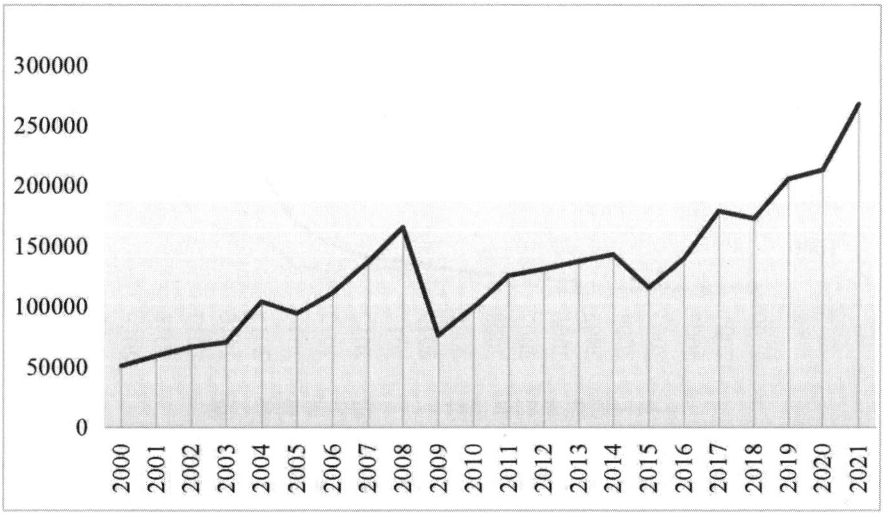

图 3-137　2000 年至 2021 年青海省 R&D 资金投入规模

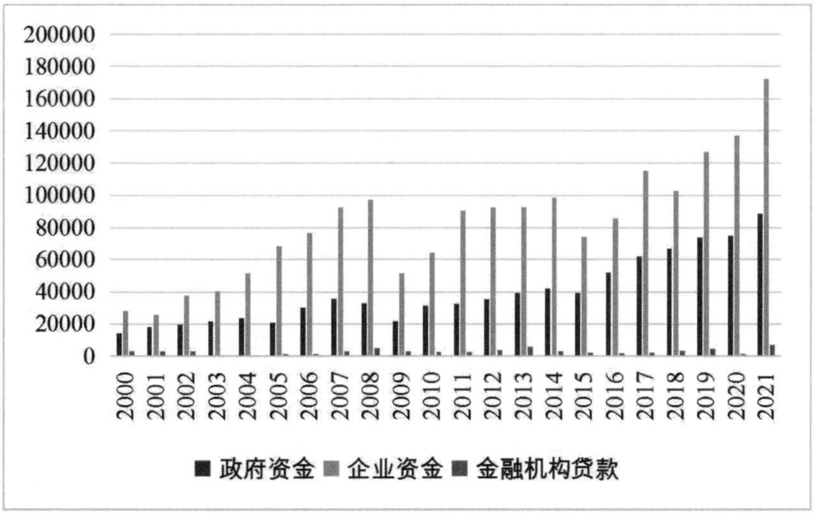

图 3-138　2000 年至 2021 年青海省 R&D 投入资金来源

7.3 科技成果

青海省2000年至2021年专利情况如图3-139、图3-140所示，从专利申请数和授权数来看，2000年至2021年，专利申请数从174项增加到7448项，专利授权数从117项增加到6591项。从科研成果转化效率方面来看，专利授权率最高值为2021年的88.49%，最低值为2006年的29.85%，平均水平为55.80%。

从发展走势看，2014年前专利申请数和专利授权数虽为上升趋势，但增长缓慢，2014年后，两者增长率显著增加。2016年前成果转化率波动明显，2016年后，转为稳步上升趋势，2021年，成果转化率达到88.49%。

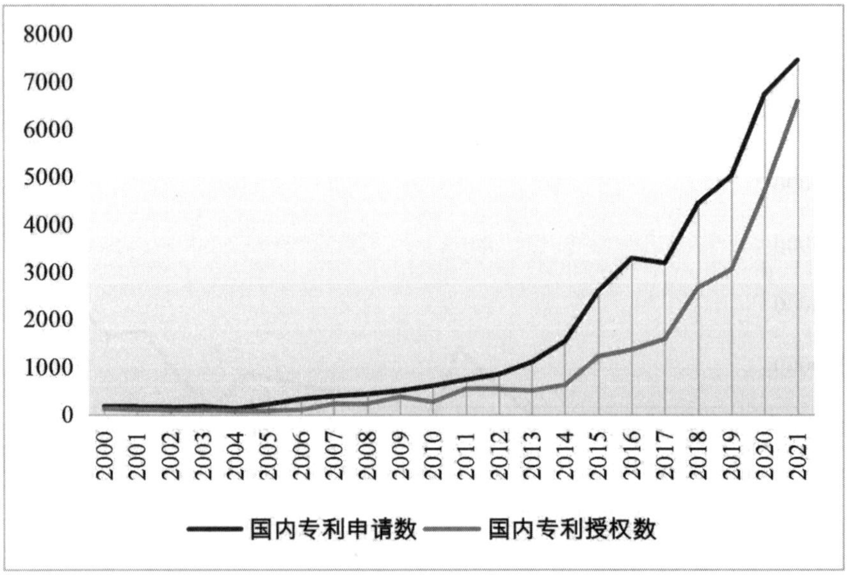

图3-139 2000年至2021年青海省科技创新产出水平

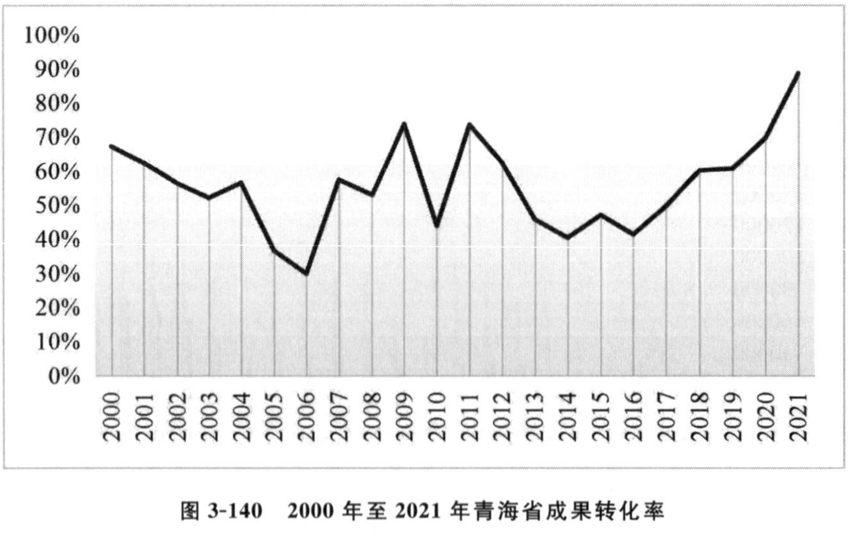

图3-140 2000年至2021年青海省成果转化率

8. 宁夏回族自治区科技金融与科技创新发展现状分析

科技金融作为一种新型金融手段，为科技创新和产业升级提供了重要的支持。它专注于为科技企业提供适用的金融产品和服务，以解决这些企业轻资产、高风险的特点。科技金融的主要目标是通过金融手段促进科技企业成果转化和产业化。习近平总书记视察宁夏回族自治区时强调，"要坚持不懈推动高质量发展，加快转变经济发展方式，加快产业转型升级，加快新旧动能转换，推动经济发展实现量的合理增长和质的稳步提升"，为宁夏回族自治区产业经济发展指明了前进方向、提供了根本遵循、作出了全面部署。因此，要想更好地推动宁夏回族自治区产业结构优化升级，亟须转变发展思路，进行技术创新。

8.1　科技人员

科技人员是科技投入最积极能动的因素，而在科技活动人员中，作为科技成果转化核心和骨干的研究与试验发展（R&D）人员是直接创造和应用科技成果的人员。如图 3-141 所示，宁夏回族自治区 R&D 人员全时当量总体呈现上升态势，表示政府对于科技创新研发投入逐年加大。由图 3-141 可知，自 2003 年以来，宁夏回族自治区的 R&D 人员增长势头明显，这是因为宁夏回族自治区政府于 2003 年印发《宁夏回族自治区鼓励留学人才来宁工作或服务的若干规定》（宁政发〔2003〕70 号），吸引留学人才来宁夏回族自治区工作，积极调整自治区人才结构，促进了经济社会发展和高素质人才队伍的建设。

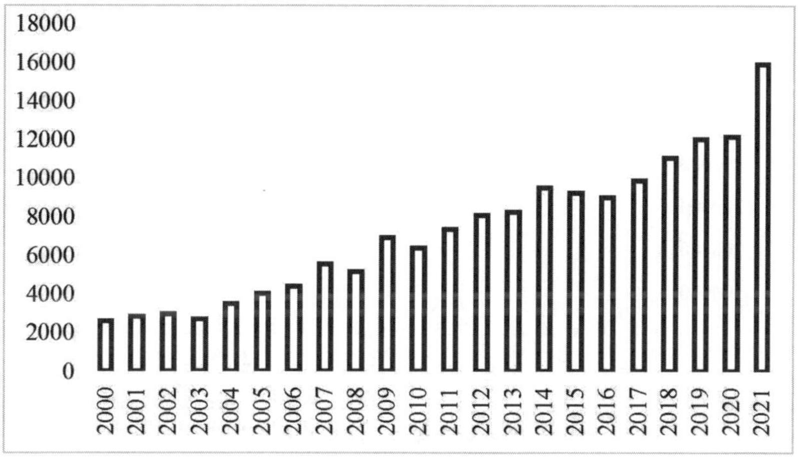

图 3-141　2000 年至 2021 年宁夏回族自治区 R&D 人员全时当量

8.2　科技金融投入

从图 3-142 中可以看出，2000 年至 2021 年宁夏回族自治区 R&D 资金投入从 5.54 亿元增加到 70.44 亿元，年均增长 14.62%。R&D 资金投入量虽在 2008 年和 2009 年有所下降，但整体呈现上升趋势，尤其是近五年，增长势头明显。2008 年至 2009 年的资金投入波动主要是由于受经济危机的影响，宁夏回族自治区是一个位于中国西部内陆的城市，由于产业结构过于单一，过度依赖自然资源，并且高耗能企业集中，外向型经济特征明显。在外需下滑和沿海企业开工不足的情况下，资源类产业受到价格和市场需求萎缩等因素的影响，规模工业经济效益增幅有所降低。

从图 3-143 中的 R&D 经费占比情况来看，在三个来源中，企业资金数额最大，是R&D 经费主要来源，约占所有支出来源的 70%。政府的研发投入对于国家的科技实力和经济增长具有重要影响。根据国际经验，创新型国家在工业化的中期和中后期，财政研发投入一般占全社会研发投入的 30%左右。这意味着，政府资金投入应该占整个研发投入的30%以上，才能发挥政府资金的带动作用。

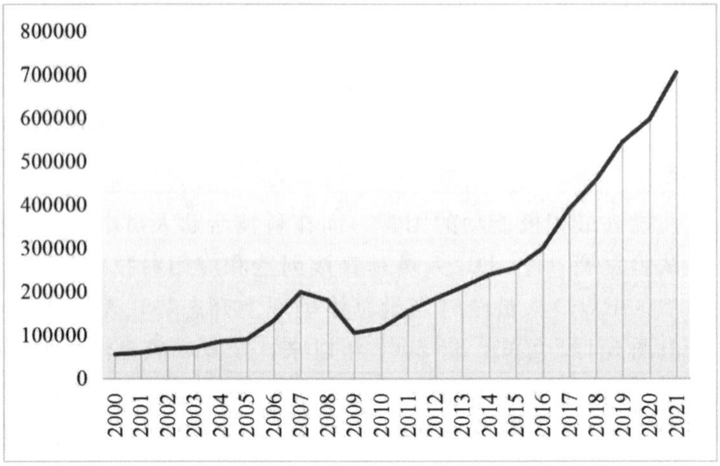

图 3-142　2000 年至 2021 年宁夏回族自治区 R&D 资金投入规模

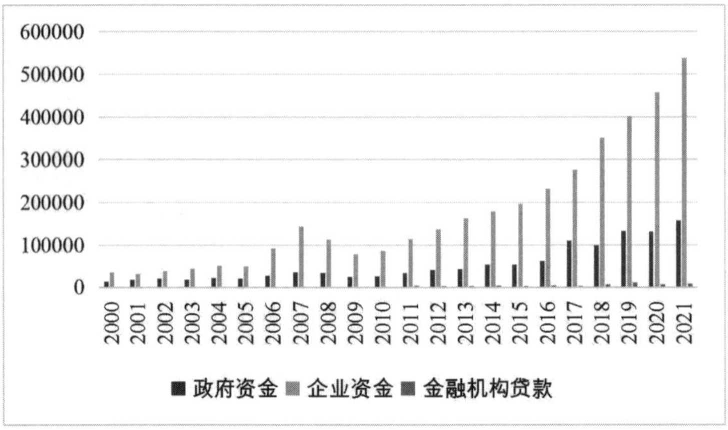

图 3-143　2000 年至 2021 年宁夏回族自治区 R&D 投入资金来源

8.3　科技成果

从图 3-144 中专利申请数和授权数来看，2000 年至 2021 年宁夏回族自治区专利申请数从 341 项增加到 14579 项，专利授权数从 224 项增加到 12885 项。从图 3-145 的科研成果转化效率方面来看，专利授权率均在 35%以上，平均水平近 60%。近年来，宁夏回族自治区专利授权量逐步攀升，成果转化率保持稳定增长，这是因为宁夏回族自治区科技金融工作启动以来，自治区先后颁布了《宁夏促进科技成果转化条例》、《宁夏技术市场促进条例》等 2 项相关地方性法规，出台了《关于促进科技和金融结合加快科技型中小微企业创新发展的实施意见》、《关于加快推进科技创新的若干意见》等 10 余项指导性政策，制定了《宁夏科技金融专项资金管理暂行办法》等 10 项规范性文件。同时引进北京连城资产评估事务所等外地专业的无形资产评估机构，与宁夏银行、石嘴山银行建立战略合作关系，采取“机构评估＋银行贷款＋政府补贴”的模式，共同开展知识产权质押贷款工作。截至 2020 年底，宁夏回族自治区内共有 8 家（次）科技企业通过知识产权质押取得贷款累计达 6900 万元。其中，5 家（次）企业仅以发明专利或实用新型专利质押获得纯专利质押贷款 3800 万元，3 家企业通过将专利与实物资产捆绑抵质押获得贷款 3100 万元。

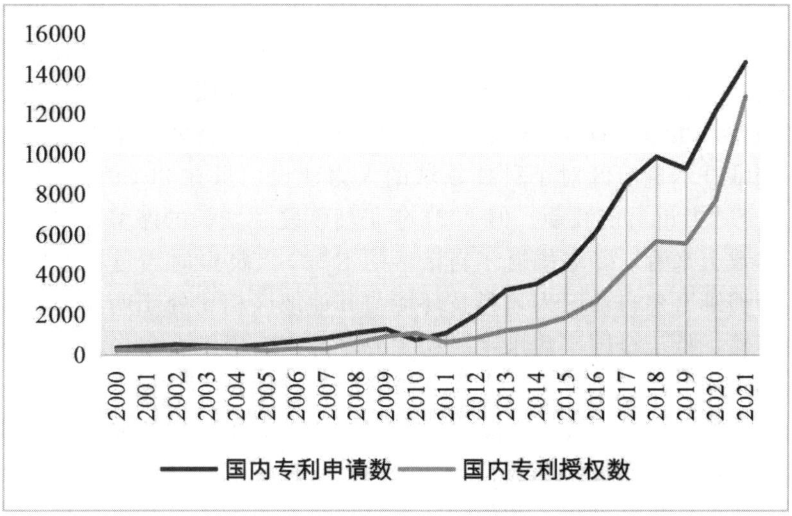

图 3-144　2000 年至 2021 年宁夏回族自治区科技创新产出水平

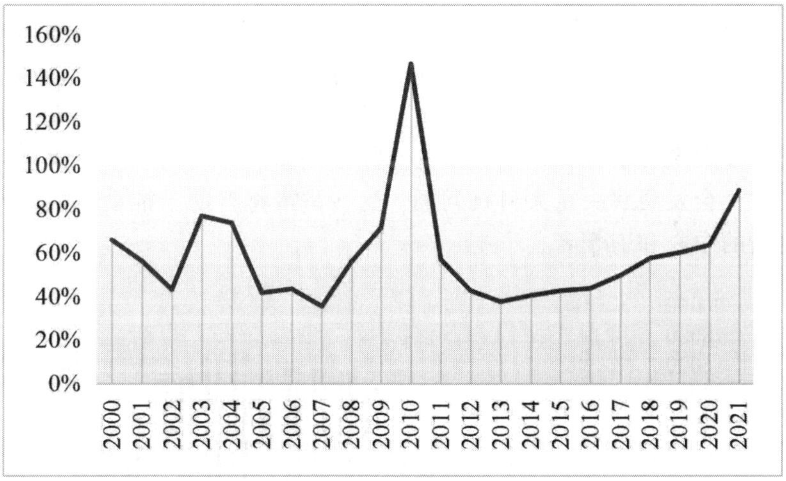

图 3-145　2000 年至 2021 年宁夏回族自治区成果转化率

9. 新疆维吾尔自治区科技金融与科技创新发展现状分析

9.1　科技人员

如图 3-146 所示，新疆维吾尔自治区 R&D 人员全时当量总体呈现上升态势，表明新疆维吾尔自治区在科技领域中的人力资源建设较为重视。自 1999 年提出“西部大开发”的战略思想之后，新疆维吾尔自治区的科技建设开启了新的征程。在“十一五”规划中新疆维吾尔自治区就明确提出实施科教兴新和人才强区战略，指出要“稳疆兴疆、强区富民、人才为本”，奠定了科技人力资源投入的思想。2007 年，国家外专局出台了《关于进一步促进新疆引智工作的意见》，标志着新疆维吾尔自治区引智工作进入了新的发展阶段，进一步为科技领域的人才投入做出贡献。2011 年 6 月，新疆维吾尔自治区颁布《新疆维吾尔自治区中长期人才发展规划纲要》。2014 年开始，新疆维吾尔自治区科技厅先后与新疆医科大学、新疆大学、伊犁师范学院等 8 家科研院所、大专院校设立联合基金，培养基础科技研究人才。此外，新疆维吾尔自治区还搭建了科技创新服务平台，如科创中国、新疆维吾尔自治区科技人才综合服务平台、天山科技云等，为科技领域培育、引入合格的科研人员。有了新疆维吾尔自治区对于科技领域的人力建设，虽在 2019—2020 年收到疫情影响，R&D 人员全时当量出现波动，但 2021 年仍然恢复了增长的态势。

不过，从总数上来看，新疆维吾尔自治区的 R&D 人员全时当量在全国范围内属于较低水平，说明新疆维吾尔自治区人才科技环境与其他地区相比处于明显劣势地位，对人才吸引的竞争力不够，低于全国平均水平。这主要是源于新疆维吾尔自治区经济环境明显落后，对科技人力资源的投入有待提高，这也导致新疆维吾尔自治区社会生活条件相对较差，人才吸引的竞争力较弱。此外，新疆维吾尔自治区对于科技领域的人才政策与教育文化投入比较重视，但与科研成果不成正比，这种投入转化成有利资源的比例较低、机制不畅通，对科技人员的积极性产生不利影响。在这种情况下，新疆维吾尔自治区下一步的科技人员发展应当以改善科技人才的经济环境为主，新疆维吾尔自治区目前的产业链条普遍偏短，导致人才链偏短，所以应当改善产业结构，并以产业链拉动人才链，以人才链推动产业链发展，是十分重要的。此外，对于新疆维吾尔自治区来说，应当加大对科研人员的放权力度，提高科研人员的自主权，鼓励他们进行科技创新，并激发转化科技成果的积极性和创造性。最后，可以充分利用科技援疆的后方力量，发挥优秀科研人员的团队效应和集聚效应，进一步集聚、培育和建设一批具有较强创新能力的高水平科研创新群体，他们能够为区域经济社会发展解决重大科技问题。这些举措将有助于推动新疆维吾尔自治区成为区域科技创新的中心和引领者。

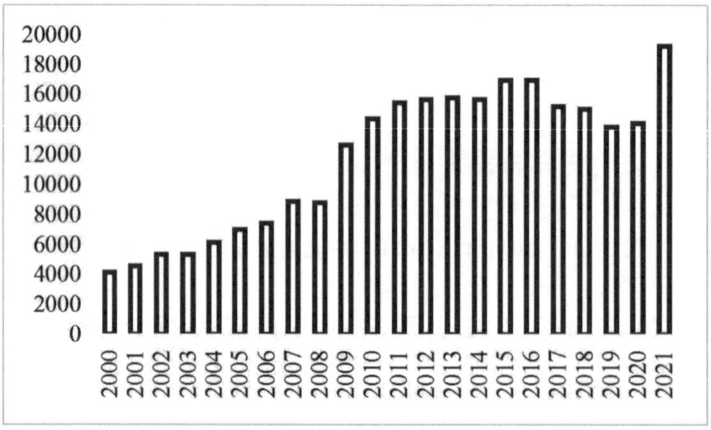

图 3-146　2000 年至 2021 年新疆维吾尔自治区 R&D 人员全时当量

9.2　科技金融投入

从图 3-147 中可以看出，2000 年至 2021 年新疆维吾尔自治区 R&D 资金投入从 14.93 亿元增加到 78.31 亿元，年均增长 10.88%。R&D 资金投入量虽在 2009 年有所下降，但整体呈现上升趋势。2009 年科技投入的下降主要是源于国际金融危机的影响，不过国家与新疆维吾尔自治区政府都做出了努力缓解金融危机对于新疆科技方面的影响。2009 年在新疆昌吉举办了第五届中国科学院—新疆科技合作洽谈会，会上表示要发挥中科院在科技成果和科技人才方面的优势，为新疆经济社会发展提供强大的科技支撑。此外，中科院新疆分院还编写了涵盖新疆维吾尔自治区科技发展中多项关键科技问题的《新疆渴求科技——项目对接手册（2009）》，方便企业与科研机构从中对接，推进科技服务企业，携手应对金融危机。通过实施各项举措，新疆维吾尔自治区 R&D 资金投入也在 2009 年后恢复了增长趋势。这也与《新疆十二五发展规划》中提出的“大力增强自主创新能力，将科技创新与经济社会发展紧密结合，依靠科技进步提升发展层次和水平，加快科技成果向现实生产力转化，推进经济发展方式的转变。”的目标相契合

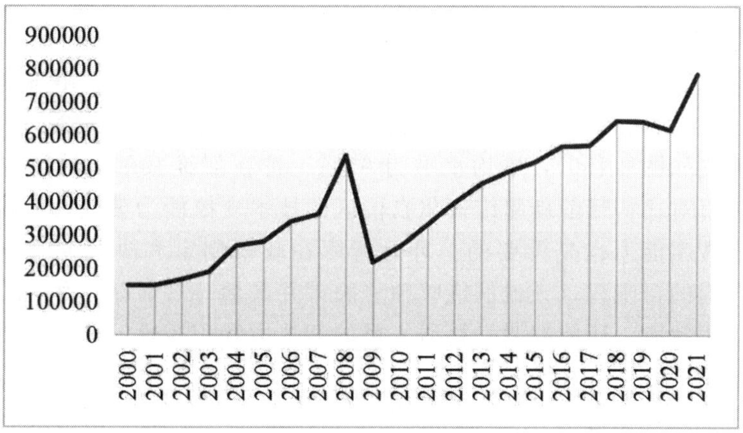

图 3-147　2000 年至 2021 年新疆维吾尔自治区 R&D 资金投入规模

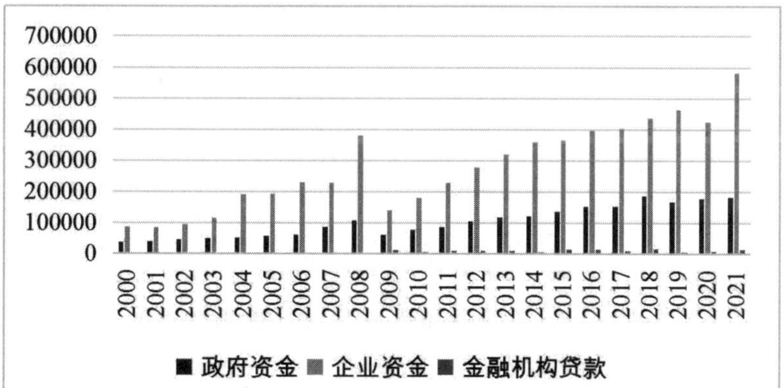

图 3-148　2000 年至 2021 年新疆维吾尔自治区 R&D 投入资金来源

从图 3-148 中的 R&D 经费占比情况来看，在三个来源中，企业资金数额最大，是

R&D 经费主要来源，约占所有支出来源的 67%。其次，政府资金约占 25%左右。将新疆维吾尔自治区 R&D 资金结构对比全国其他省市，可以得出新疆科技投入中的政府资金占比较大，整体科技领域的建设靠财政资金拉动。在新疆维吾尔自治区政府建设下，乌鲁木齐市、克拉玛依市、巴州和昌吉州成为国家知识产权试点和示范创建城市。2013 年开始，新疆维吾尔自治区就在建设中国—中亚科技合作中心，其被科技部认定为国家国际科技合作基地，是新疆维吾尔自治区首个国际创新园。最后，金融机构资金部分约占 2%，金融机构的占比较小，可见科技金融的发展状况落后。新疆维吾尔自治区金融机构做出许多努力，如 2013 年新疆维吾尔自治区科学技术厅与人民银行发布的《关于金融支持新疆科技创新发展的意见》、2014 年新疆维吾尔自治区知识产权局（现新疆维吾尔自治区市场监督管理局）与人民银行出台的《新疆维吾尔自治区中小微企业专利权质押贷款贴息办法》、2018 年新疆维吾尔自治区财政厅发布的《关于金融支持新疆高新技术企业发展的指导意见》和 2021 年人民银行乌鲁木齐中心支行牵头制定《关于强化科技创新金融服务措施的通知》等。但是，新疆维吾尔自治区的科技金融投入强度与建设完善程度仍低于全国平均水平，需要进一步发展。

9.3 科技成果

从专利申请数和授权数来看（如图 3-149），2000 年至 2021 年新疆维吾尔自治区专利申请数从 1088 项增加到 22221 项，专利授权数从 717 项增加到 21178 项。从科研成果转化效率方面来看（如图 3-150），平均水平为 61%。将新疆维吾尔自治区专利数量与成果转化率与全国省市对比，目前新疆维吾尔自治区的技术支撑能力偏弱，科技成果转化力度小。此外，增强智库能力也是重要的一环，智库在政策制定和决策支持方面具有重要作用。提高科研机构的自主权，让他们能够独立决策并灵活开展科研工作，不仅能够提高科技成果的转化应用效率，还能够激发科研人员的创造力和积极性，使他们更好地投身新疆现代化建设。从图 3-149 的发展走势看，在 2010 年以前，新疆维吾尔自治区的专利申请数量与授权数量维持增长态势但是增速缓慢，2010 年后专利的申请与授权数量增长势头明显上升，这说明新疆维吾尔自治区对于科技创新的投入较为重视。

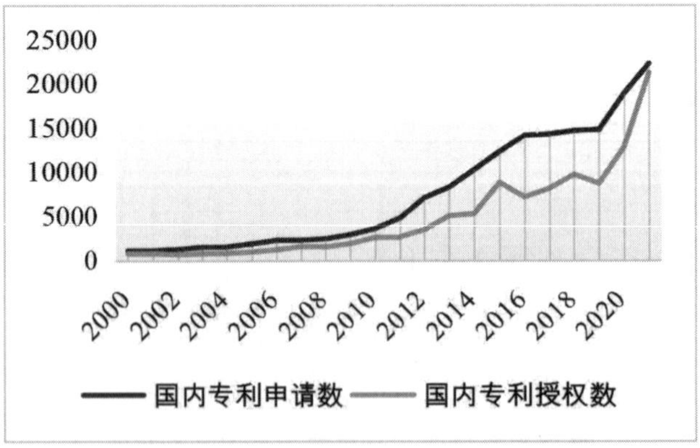

图 3-149　2000 年至 2021 年新疆维吾尔自治区科技创新产出水平

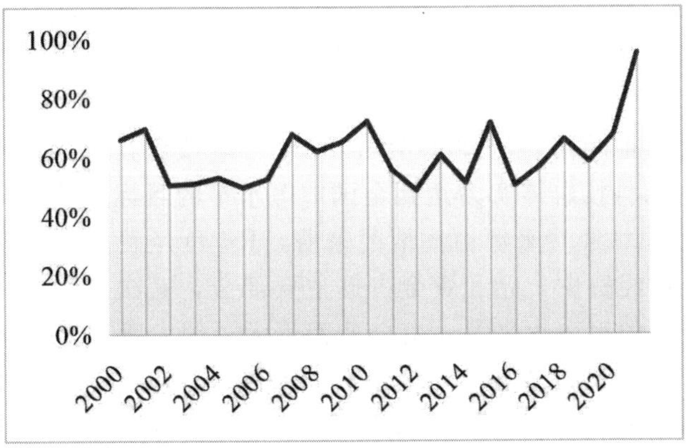

图 3-150 2000 年至 2021 年新疆维吾尔自治区成果转化率

10. 广西壮族自治区科技金融与科技创新发展现状分析

10.1 科技人员

如图 3-56 所示，广西壮族自治区 R&D 人员全时当量总体呈现上升态势，从 2001 年的 9532 人年增长到 2020 年的 45821 人年，表明广西壮族自治区对于科技活动人才投入及引进较为重视。从图表中可以看出，2000—2012 年广西壮族自治区 R&D 人员全时当量增长迅速，表明这时期广西对于科技领域的人才投入较大。2003 年 12 月，首次全国人才工作会议上颁布《中共中央、国务院关于进一步加强人才工作的决定》，同时提出“人才强国”战略，标志着我国人才工作进入新时期。广西高层次人才工作进入积极探索时期，对于科技人员投入增大，这一阶段，广西颁布相关政策文件共计 20 份。

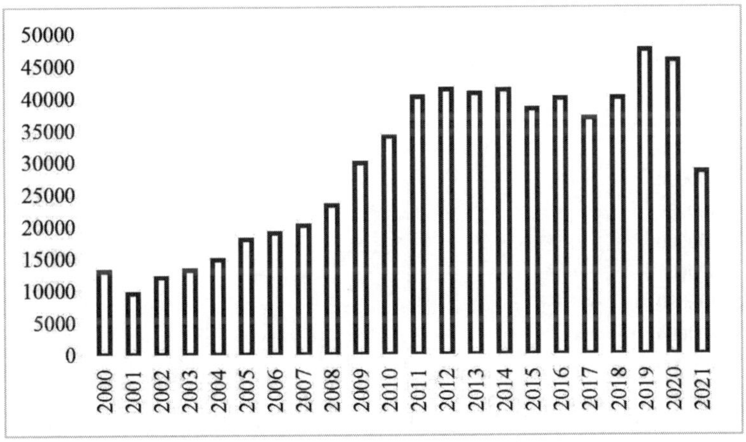

图 3-56 2000 年至 2021 年广西壮族自治区 R&D 人员全时当量

10.2 科技金融投入

从图 3-57 中可以看出，2000 年至 2021 年广西壮族自治区 R&D 资金投入从 22.33 亿元增加到 199.46 亿元，年均增长 12.82%。需要注意的是，虽然广西壮族自治区 R&D 经费支出实现了年均增长，广西政府对于科技投入的总体规模也呈现扩大趋势，但增长速度依然上下波动不稳定。2009年的大幅下降主要源于国际金融危机的影响，科技投入有所紧缩。不过除了总体态势波动之外，广西占全国的R&D资金投入量比重始终没有超过1%。从横向视角来看，广西壮族自治区R&D经费支出占全国的比重呈现下降的趋势，增速相对缓慢。由此可推断出，从2000年至2021年，或者在未来几年，广西仍然缺乏科技创新能力，与其追求科技总体实力达到全国中等水平的目标相差很远。

从图3-58中的R&D经费来源占比情况来看，R&D经费主要来源于政府、企业和金融机构。在总的R&D经费中，企业资金占据主要部分，其次是政府的资金投入。企业资金作为广西R&D经费的第一大来源，资金数额最大，约占所有支出来源的70%。来源于政府的资金和来源于企业的资金相比仍属于较低来源，约占20%，但表现出连年上涨的态势，尤其2009年后与2015年后增长趋势明显。其次，金融机构资金部分，从2001年占比0.27%增加至2021年的2.96%。说明广西政府对于科技投入与科技金融建设逐渐重视，并且做出了一系列努力。

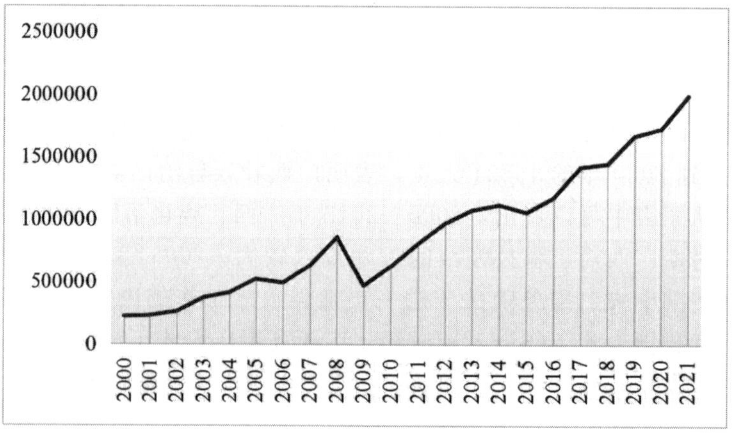

图3-57 2000年至2021年广西壮族自治区R&D资金投入规模

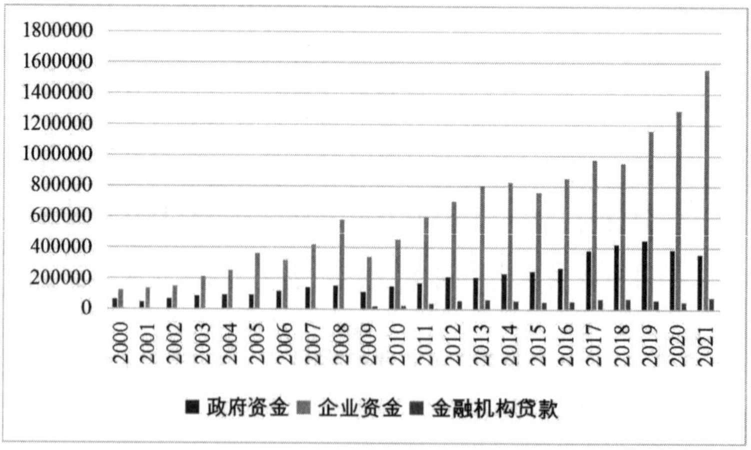

图3-58 2000年至2021年广西壮族自治区R&D投入资金来源

10.3　科技成果

从图 3-59 中专利申请数和授权数来看，2000 年至 2021 年广西壮族自治区专利申请数从 1762 项增加到 55987 项，专利授权数从 1191 项增加到 46804 项。从图 3-60 的科研成果转化效率方面来看，成果转化率发展波动较大，平均水平为 67.9%。从发展走势看，在 2010 年以前，专利申请数量与授权数量维持平稳态势，成果转化率也处在震荡状态。2010 年至 2016 年专利的申请与授权数量增长势头明显上升，而成果转化率呈现下降趋势。这一阶段可以说是广西科技创新的优化提高阶段，先刺激科技创新的动力，将科技成果产出数量提上去。

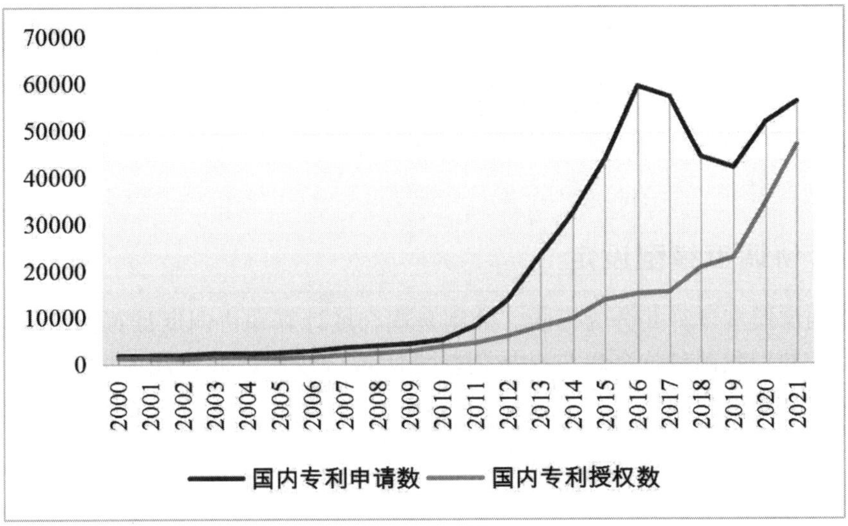

图 3-59　2000 年至 2021 年广西壮族自治区科技创新产出水平

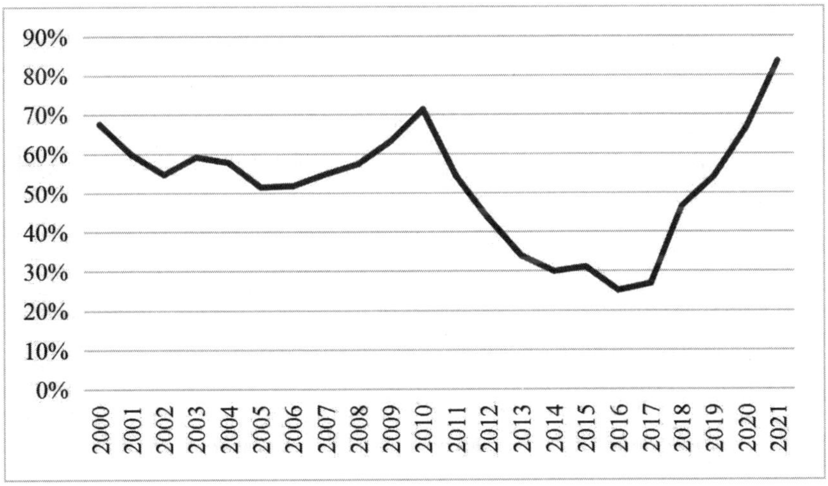

图 3-60　2000 年至 2021 年广西壮族自治区成果转化率

第四章　科技金融与科技创新的耦合协调发展关系分析

第一节　全国科技金融与科技创新的耦合协调度分析

1. 耦合协调度模型设定

耦合协调度模型计算共分为两步，分别是耦合度计算和协调度计算。耦合度模型的使用，主要是为判别我国科技金融与科技创新之间耦合效应，即相互促进相互发展的程度。所使用耦合度计算模型如下：

$$C=\sqrt[3]{\frac{f(x)\times f(y)}{[f(x)+f(y)]^2}}$$

其中，C 是系统耦合度，$C\in[0,1]$，$f(x)$、$f(y)$ 分别代表科技金融系统和科技创新系统。在进一步的协调度计算中，需依据计算公式如下：

$$D=\sqrt{C\times T}$$

其中 D 为耦合协调度，C 为系统耦合度，T 为耦合协调发展水平的综合评价指数，令 $T=\alpha f(x)\times\beta f(y)$。

为充分评价各省范围内科技金融与科技创新之间的耦合协调关系，将通过耦合协调度模型进行分别判别。其中耦合协调度判别标准，借鉴舒小林等人的研究，构建判别标准如下表所示。

表 4-1　耦合协调度等级划分标准

耦合协调度 D 值区间	协调等级	耦合协调程度
(0.0～0.1)	1	极度失调
[0.1～0.2)	2	严重失调
[0.2～0.3)	3	中度失调
[0.3～0.4)	4	轻度失调
[0.4～0.5)	5	濒临失调
[0.5～0.6)	6	勉强协调

续表

耦合协调度 D 值区间	协调等级	耦合协调程度
[0.6～0.7)	7	初级协调
[0.7～0.8)	8	中级协调
[0.8～0.9)	9	良好协调
[0.9～1.0)	10	优质协调

2. 东部地区耦合协调度分析

2.1　北京市耦合协调度分析

表 4-2 等借助耦合协调度方法对北京市的科技金融系统（科研经费总额、政府财政拨款、金融机构贷款、企业自有资金）和科技创新系统（专利权授权量）进行耦合协调度分析，通过表 4-2 等分析可得到北京市科技金融与科技创新耦合协调度的结论：（1）关于科研经费总额与科技创新耦合协调度方面，在 2000 年至 2021 年期间的耦合协调度由中度失调上升为初级协调，并且是在 2017 年以后，北京市科技金融与科技创新开始出现协调状态。（2）关于政府财政拨款与科技创新耦合协调度方面，两者在 2014 年后，进入勉强协调状态。（3）关于金融机构贷款与科技创新耦合协调度方面，是在 2016 年之后首次达到勉强协调状态。（4）关于企业自有资金与科技创新耦合协调度方面，直到 2021 年，两者才达到勉强协调状态。

究其原因可知，北京市科技金融尚未完全适应科技创新的需要，科技企业在获得资金支持方面面临困难。科技创新项目需要大量资金投入，但传统金融机构对科技企业的风险评估和融资支持相对较保守，难以满足科技企业的资金需求，导致科技创新与企业自有资金之间的耦合协调关系只能勉强达到初级协调。科技创新项目具有不确定性和风险性，传统金融机构对于创新项目的评估存在一定的难度。缺乏有效的风险评估和监测机制，很难形成科技金融机构与科技创新企业之间更紧密的合作关系，从而影响到企业自有资金与科技创新的耦合协调度。北京市科技创新生态系统缺乏完善的支持体系，包括科技创新创业孵化平台、科技成果转化机构等。缺乏这些支持机构的配套服务和资源支撑，使得科技企业在创新过程中面临更多的困难，企业自有资金与科技创新之间的协调关系较为薄弱。

表 4-2　北京市科研经费总额的耦合协调度结果①

年份	耦合度 C 值	协调指数 T 值	耦合协调度 D 值	协调等级	耦合协调程度
2000	0.697	0.059	0.202	3	中度失调
2001	0.687	0.062	0.206	3	中度失调
2002	0.664	0.068	0.212	3	中度失调
2003	0.670	0.075	0.223	3	中度失调

① 本书对相关数据进行处理时进行了修约，计算时可能产生一定误差，特此说明，下同。

续表

年份	耦合度 C 值	协调指数 T 值	耦合协调度 D 值	协调等级	耦合协调程度
2004	0.634	0.089	0.237	3	中度失调
2005	0.603	0.105	0.252	3	中度失调
2006	0.578	0.123	0.266	3	中度失调
2007	0.588	0.140	0.287	3	中度失调
2008	0.594	0.153	0.301	4	轻度失调
2009	0.753	0.104	0.280	3	中度失调
2010	0.775	0.129	0.316	4	轻度失调
2011	0.784	0.147	0.340	4	轻度失调
2012	0.797	0.168	0.366	4	轻度失调
2013	0.817	0.190	0.394	4	轻度失调
2014	0.837	0.207	0.416	5	濒临失调
2015	0.865	0.232	0.448	5	濒临失调
2016	0.864	0.248	0.463	5	濒临失调
2017	0.863	0.263	0.477	5	濒临失调
2018	0.856	0.308	0.514	6	勉强协调
2019	0.830	0.357	0.545	6	勉强协调
2020	0.866	0.386	0.578	6	勉强协调
2021	0.881	0.443	0.625	7	初级协调

表 4-3　北京市政府财政拨款的耦合协调度结果

年份	耦合度 C 值	协调指数 T 值	耦合协调度 D 值	协调等级	耦合协调程度
2000	0.601	0.082	0.223	3	中度失调
2001	0.598	0.085	0.226	3	中度失调
2002	0.554	0.102	0.238	3	中度失调
2003	0.580	0.103	0.245	3	中度失调
2004	0.539	0.127	0.262	3	中度失调
2005	0.510	0.152	0.279	3	中度失调
2006	0.497	0.170	0.291	3	中度失调
2007	0.483	0.215	0.322	4	轻度失调
2008	0.498	0.224	0.334	4	轻度失调
2009	0.618	0.167	0.321	4	轻度失调

续表

年份	耦合度 C 值	协调指数 T 值	耦合协调度 D 值	协调等级	耦合协调程度
2010	0.617	0.223	0.371	4	轻度失调
2011	0.643	0.238	0.392	4	轻度失调
2012	0.656	0.272	0.422	5	濒临失调
2013	0.658	0.326	0.463	5	濒临失调
2014	0.689	0.341	0.485	5	濒临失调
2015	0.711	0.390	0.526	6	勉强协调
2016	0.723	0.398	0.536	6	勉强协调
2017	0.731	0.410	0.547	6	勉强协调
2018	0.737	0.459	0.582	6	勉强协调
2019	0.715	0.525	0.613	7	初级协调
2020	0.761	0.549	0.646	7	初级协调
2021	0.786	0.612	0.693	7	初级协调

表 4-4　北京市金融机构贷款的耦合协调度结果

年份	耦合度 C 值	协调指数 T 值	耦合协调度 D 值	协调等级	耦合协调程度
2000	0.991	0.019	0.138	2	严重失调
2001	0.995	0.015	0.124	2	严重失调
2002	0.969	0.014	0.115	2	严重失调
2003	0.999	0.020	0.142	2	严重失调
2004	0.998	0.021	0.146	2	严重失调
2005	0.983	0.018	0.133	2	严重失调
2006	0.955	0.017	0.129	2	严重失调
2007	0.921	0.019	0.133	2	严重失调
2008	0.891	0.021	0.135	2	严重失调
2009	0.639	0.154	0.314	4	轻度失调
2010	0.709	0.161	0.338	4	轻度失调
2011	0.665	0.221	0.383	4	轻度失调
2012	0.673	0.256	0.415	5	濒临失调
2013	0.768	0.224	0.414	5	濒临失调
2014	0.723	0.304	0.469	5	濒临失调
2015	0.812	0.278	0.475	5	濒临失调

续表

年份	耦合度 C 值	协调指数 T 值	耦合协调度 D 值	协调等级	耦合协调程度
2016	0.809	0.298	0.491	5	濒临失调
2017	0.816	0.309	0.502	6	勉强协调
2018	0.804	0.367	0.543	6	勉强协调
2019	0.706	0.542	0.618	7	初级协调
2020	0.792	0.496	0.626	7	初级协调
2021	0.786	0.612	0.693	7	初级协调

表 4-5　北京市企业自有资金的耦合协调度结果

年份	耦合度 C 值	协调指数 T 值	耦合协调度 D 值	协调等级	耦合协调程度
2000	0.891	0.030	0.164	2	严重失调
2001	0.899	0.030	0.165	2	严重失调
2002	0.857	0.035	0.174	2	严重失调
2003	0.860	0.039	0.184	2	严重失调
2004	0.811	0.048	0.198	2	严重失调
2005	0.779	0.057	0.211	3	中度失调
2006	0.745	0.068	0.225	3	中度失调
2007	0.780	0.071	0.236	3	中度失调
2008	0.763	0.084	0.254	3	中度失调
2009	0.928	0.057	0.230	3	中度失调
2010	0.957	0.067	0.253	3	中度失调
2011	0.957	0.079	0.274	3	中度失调
2012	0.965	0.090	0.295	3	中度失调
2013	0.978	0.102	0.315	4	轻度失调
2014	0.985	0.113	0.334	4	轻度失调
2015	0.994	0.130	0.359	4	轻度失调
2016	0.987	0.146	0.380	4	轻度失调
2017	0.985	0.158	0.394	4	轻度失调
2018	0.970	0.197	0.437	5	濒临失调
2019	0.956	0.224	0.462	5	濒临失调
2020	0.971	0.253	0.496	5	濒临失调
2021	0.976	0.298	0.539	6	勉强协调

2.2　上海市耦合协调度分析

通过表 4-6 等可得到，上海市科技金融与科技创新耦合协调度的结论：(1) 关于科研经费总额与科技创新耦合协调度方面，在 2000 年至 2021 年的耦合协调度都呈现增长趋势，并在 2020 年达到勉强协调状态。(2) 关于政府财政拨款与科技创新耦合协调度方面，在 2020 年达到勉强协调状态。(3) 关于金融机构贷款与科技创新耦合协调度方面，在 2000 年至 2021 年期间的耦合协调度一直处于失调状态。(4) 关于企业自有资金与科技创新耦合协调度方面，上海市直到 2021 年达到勉强协调状态。

金融机构在贷款时可能对科技创新项目的风险持保守态度，对于创新性较高的科技项目缺乏专门的贷款政策和支持措施。这可能导致科技创新企业难以获得足够的资金支持，进一步限制了创新的发展。并且，金融机构在科技贷款方面可能缺乏对科技创新项目的评估和风险管理能力。由于科技创新项目具有高风险和不确定性，金融机构可能难以准确评估项目的潜在回报和风险水平，从而导致在贷款决策时保守或激进的情况出现。科技创新企业往往面临着技术专业性强、信息不对称的问题。金融机构可能难以准确了解和评估科技创新企业的价值和潜力，而科技创新企业也可能缺乏与金融机构有效沟通和对接的能力。这种信息不对称可能导致金融机构对科技创新项目的投资和贷款决策不准确或保守。结合上海市科技金融和科技创新发展现状，上海作为中国的经济中心和科技创新重要区域，拥有丰富的科技资源和金融机构。然而，科技金融与科技创新之间的耦合协调度不足，可能是由于上述原因导致的。

表 4-6　上海市科研经费总额的耦合协调度结果

年份	耦合度 C 值	协调指数 T 值	耦合协调度 D 值	协调等级	耦合协调程度
2000	0.767	0.040	0.176	2	严重失调
2001	0.768	0.044	0.185	2	严重失调
2002	0.775	0.047	0.192	2	严重失调
2003	0.871	0.056	0.222	3	中度失调
2004	0.777	0.059	0.214	3	中度失调
2005	0.751	0.071	0.231	3	中度失调
2006	0.772	0.078	0.246	3	中度失调
2007	0.805	0.092	0.272	3	中度失调
2008	0.795	0.095	0.275	3	中度失调
2009	0.919	0.081	0.273	3	中度失调
2010	0.944	0.096	0.301	4	轻度失调
2011	0.908	0.110	0.316	4	轻度失调
2012	0.896	0.122	0.330	4	轻度失调
2013	0.860	0.132	0.337	4	轻度失调
2014	0.844	0.144	0.348	4	轻度失调

续表

年份	耦合度 C 值	协调指数 T 值	耦合协调度 D 值	协调等级	耦合协调程度
2015	0.862	0.158	0.369	4	轻度失调
2016	0.849	0.174	0.385	4	轻度失调
2017	0.844	0.198	0.409	5	濒临失调
2018	0.865	0.228	0.444	5	濒临失调
2019	0.858	0.253	0.466	5	濒临失调
2020	0.909	0.286	0.510	6	勉强协调
2021	0.931	0.333	0.557	6	勉强协调

表 4-7　上海市政府财政拨款的耦合协调度结果

年份	耦合度 C 值	协调指数 T 值	耦合协调度 D 值	协调等级	耦合协调程度
2000	0.865	0.029	0.159	2	严重失调
2001	0.850	0.034	0.169	2	严重失调
2002	0.832	0.039	0.181	2	严重失调
2003	0.915	0.048	0.210	3	中度失调
2004	0.838	0.048	0.201	3	中度失调
2005	0.814	0.058	0.216	3	中度失调
2006	0.848	0.061	0.227	3	中度失调
2007	0.850	0.079	0.259	3	中度失调
2008	0.816	0.089	0.269	3	中度失调
2009	0.936	0.076	0.266	3	中度失调
2010	0.944	0.096	0.300	4	轻度失调
2011	0.910	0.109	0.315	4	轻度失调
2012	0.874	0.132	0.339	4	轻度失调
2013	0.846	0.138	0.342	4	轻度失调
2014	0.815	0.159	0.360	4	轻度失调
2015	0.817	0.184	0.388	4	轻度失调
2016	0.807	0.200	0.402	5	濒临失调
2017	0.802	0.228	0.427	5	濒临失调
2018	0.831	0.256	0.462	5	濒临失调
2019	0.814	0.293	0.488	5	濒临失调
2020	0.891	0.306	0.522	6	勉强协调
2021	0.921	0.346	0.565	6	勉强协调

表 4-8　上海市金融机构贷款的耦合协调度结果

年份	耦合度 C 值	协调指数 T 值	耦合协调度 D 值	协调等级	耦合协调程度
2000	0.999	0.015	0.123	2	严重失调
2001	0.995	0.015	0.120	2	严重失调
2002	0.988	0.015	0.122	2	严重失调
2003	0.923	0.021	0.138	2	严重失调
2004	0.996	0.020	0.141	2	严重失调
2005	0.964	0.019	0.135	2	严重失调
2006	0.719	0.094	0.260	3	中度失调
2007	0.857	0.025	0.145	2	严重失调
2008	0.875	0.025	0.148	2	严重失调
2009	0.951	0.071	0.260	3	中度失调
2010	0.990	0.074	0.271	3	中度失调
2011	0.958	0.089	0.293	3	中度失调
2012	0.884	0.128	0.336	4	轻度失调
2013	0.888	0.120	0.326	4	轻度失调
2014	0.837	0.147	0.351	4	轻度失调
2015	0.877	0.150	0.363	4	轻度失调
2016	0.948	0.120	0.338	4	轻度失调
2017	0.912	0.155	0.376	4	轻度失调
2018	0.956	0.161	0.392	4	轻度失调
2019	0.909	0.211	0.438	5	濒临失调
2020	0.991	0.193	0.437	5	濒临失调
2021	0.987	0.252	0.498	5	濒临失调

表 4-9　上海市企业自有资金的耦合协调度结果

年份	耦合度 C 值	协调指数 T 值	耦合协调度 D 值	协调等级	耦合协调程度
2000	0.831	0.033	0.165	2	严重失调
2001	0.828	0.036	0.174	2	严重失调
2002	0.832	0.039	0.181	2	严重失调
2003	0.916	0.048	0.209	3	中度失调
2004	0.826	0.050	0.204	3	中度失调
2005	0.794	0.061	0.221	3	中度失调

续表

年份	耦合度 C 值	协调指数 T 值	耦合协调度 D 值	协调等级	耦合协调程度
2006	0.828	0.065	0.232	3	中度失调
2007	0.853	0.078	0.258	3	中度失调
2008	0.850	0.079	0.259	3	中度失调
2009	0.956	0.070	0.258	3	中度失调
2010	0.976	0.082	0.283	3	中度失调
2011	0.951	0.092	0.296	3	中度失调
2012	0.953	0.097	0.305	4	轻度失调
2013	0.922	0.105	0.312	4	轻度失调
2014	0.917	0.111	0.319	4	轻度失调
2015	0.936	0.120	0.336	4	轻度失调
2016	0.920	0.135	0.353	4	轻度失调
2017	0.917	0.153	0.374	4	轻度失调
2018	0.929	0.181	0.410	5	濒临失调
2019	0.929	0.195	0.426	5	濒临失调
2020	0.958	0.234	0.473	5	濒临失调
2021	0.971	0.278	0.519	6	勉强协调

2.3 天津市耦合协调度分析

通过耦合协调度分析可得到天津市科技金融与科技创新耦合协调度的结论：(1) 关于科研经费总额与科技创新耦合协调度方面，在2018年达到轻度失调状态。(2) 关于政府财政拨款与科技创新耦合协调度方面，在2021年达到轻度失调状态。(3) 关于金融机构贷款与科技创新耦合协调度方面，在2000年至2021年期间的耦合协调度都呈现增长趋势，并在2019年达到轻度失调状态。(4) 关于企业自有资金与科技创新耦合协调度方面，在2000年至2021年期间的耦合协调度都呈现增长趋势，并在2018年达到轻度失调状态。

根据上述分析得出的结论，天津市科技金融与科技创新之间的耦合协调度存在一些失调现象。下面将结合天津市科技金融和科技创新发展现状来分析这些现象的原因。对于科研经费总额与科技创新耦合协调度方面的结论，在2018年达到轻度失调状态，可能是由于科研经费分配不够合理导致的。天津市在科研经费投入方面可能存在一些问题，比如在支持基础研究和应用研究之间的平衡上存在偏差，或者科研经费分配不够公平等。这可能导致科研经费无法满足科技创新的需求，从而影响了二者之间的耦合协调度。

关于政府财政拨款与科技创新耦合协调度方面的结论，在2021年达到轻度失调状态，可能是因为政府在财政拨款方面的分配方式有待改进。可能存在政府拨款过于集中于特定领域或企业，或者政府拨款的审批程序烦琐等问题。这些因素可能导致科技创新的资源分配不够均衡，影响了耦合协调度的实现。

关于金融机构贷款与科技创新耦合协调度方面的结论，从2000年至2021年期间耦合协调度呈增长趋势并在2019年达到轻度失调状态，可能是由于金融机构在贷款方面对科技创新的支持还不够充分。虽然在这段时间内有增长趋势，但可能存在金融机构对科技创新项目的审查标准过高、风险意识较强等问题，导致科技创新项目难以获得足够的贷款支持。

关于企业自有资金与科技创新耦合协调度方面的结论，从2000年至2021年期间耦合协调度呈增长趋势并在2018年达到轻度失调状态，这可能反映出企业自身在科技创新方面的投入不足。尽管企业自有资金增长，但可能存在一些问题，如企业对研发投入的认识不足、管理不善或利润分配不合理等。这些因素都可能导致企业无法充分发挥自有资金对科技创新的支持作用。

总体而言，存在科技金融与科技创新耦合协调度失调的原因可能是多方面的，包括科研经费、政府财政拨款、金融机构贷款和企业自有资金等各个方面的问题。为了改善这种失调状态，需要进一步优化科研经费分配机制、改进财政拨款制度、加强金融机构对科技创新的支持以及激励企业加大对科技创新的投入。这样可以提高天津市科技金融与科技创新的耦合协调度，促进科技创新和经济发展的良性循环。

表4-10　天津市科研经费总额的耦合协调度结果

年份	耦合度 C 值	协调指数 T 值	耦合协调度 D 值	协调等级	耦合协调程度
2000	0.949	0.017	0.128	2	严重失调
2001	0.932	0.019	0.132	2	严重失调
2002	0.926	0.019	0.133	2	严重失调
2003	0.896	0.023	0.143	2	严重失调
2004	0.851	0.027	0.152	2	严重失调
2005	0.799	0.033	0.164	2	严重失调
2006	0.803	0.036	0.170	2	严重失调
2007	0.757	0.047	0.188	2	严重失调
2008	0.739	0.054	0.199	2	严重失调
2009	0.873	0.036	0.176	2	严重失调
2010	0.871	0.044	0.195	2	严重失调
2011	0.851	0.054	0.214	3	中度失调
2012	0.864	0.065	0.237	3	中度失调
2013	0.865	0.076	0.256	3	中度失调
2014	0.858	0.081	0.264	3	中度失调
2015	0.897	0.093	0.289	3	中度失调
2016	0.897	0.098	0.296	3	中度失调
2017	0.931	0.089	0.288	3	中度失调
2018	0.957	0.101	0.310	4	轻度失调

续表

年份	耦合度 C 值	协调指数 T 值	耦合协调度 D 值	协调等级	耦合协调程度
2019	0.970	0.099	0.310	4	轻度失调
2020	0.989	0.111	0.332	4	轻度失调
2021	0.994	0.135	0.366	4	轻度失调

表 4-11 天津市政府财政拨款的耦合协调度结果

年份	耦合度 C 值	协调指数 T 值	耦合协调度 D 值	协调等级	耦合协调程度
2000	0.975	0.015	0.121	2	严重失调
2001	0.971	0.016	0.124	2	严重失调
2002	0.959	0.017	0.127	2	严重失调
2003	0.951	0.018	0.132	2	严重失调
2004	0.933	0.020	0.137	2	严重失调
2005	0.883	0.025	0.149	2	严重失调
2006	0.926	0.023	0.147	2	严重失调
2007	0.916	0.027	0.157	2	严重失调
2008	0.899	0.031	0.168	2	严重失调
2009	0.946	0.027	0.160	2	严重失调
2010	0.939	0.034	0.178	2	严重失调
2011	0.952	0.037	0.188	2	严重失调
2012	0.960	0.045	0.207	3	中度失调
2013	0.956	0.053	0.226	3	中度失调
2014	0.959	0.055	0.230	3	中度失调
2015	0.955	0.074	0.265	3	中度失调
2016	0.974	0.071	0.262	3	中度失调
2017	0.967	0.076	0.271	3	中度失调
2018	0.991	0.082	0.286	3	中度失调
2019	1.000	0.074	0.271	3	中度失调
2020	0.994	0.085	0.291	3	中度失调
2021	0.996	0.110	0.331	4	轻度失调

表 4-12　天津市金融机构贷款的耦合协调度结果

年份	耦合度 C 值	协调指数 T 值	耦合协调度 D 值	协调等级	耦合协调程度
2000	0.997	0.013	0.113	2	严重失调
2001	0.998	0.013	0.113	2	严重失调
2002	1.000	0.012	0.108	2	严重失调
2003	0.999	0.012	0.110	2	严重失调
2004	1.000	0.013	0.112	2	严重失调
2005	0.998	0.014	0.119	2	严重失调
2006	1.000	0.015	0.121	2	严重失调
2007	0.990	0.019	0.137	2	严重失调
2008	0.998	0.019	0.137	2	严重失调
2009	0.906	0.032	0.169	2	严重失调
2010	0.932	0.035	0.181	2	严重失调
2011	0.862	0.052	0.212	3	中度失调
2012	0.921	0.053	0.220	3	中度失调
2013	0.900	0.067	0.246	3	中度失调
2014	0.926	0.064	0.242	3	中度失调
2015	0.963	0.071	0.261	3	中度失调
2016	0.984	0.066	0.255	3	中度失调
2017	0.980	0.071	0.264	3	中度失调
2018	0.981	0.089	0.295	3	中度失调
2019	0.953	0.107	0.320	4	轻度失调
2020	0.995	0.106	0.324	4	轻度失调
2021	0.999	0.124	0.353	4	轻度失调

表 4-13　天津市企业自有资金的耦合协调度结果

年份	耦合度 C 值	协调指数 T 值	耦合协调度 D 值	协调等级	耦合协调程度
2000	0.974	0.015	0.122	2	严重失调
2001	0.958	0.017	0.127	2	严重失调
2002	0.951	0.017	0.128	2	严重失调
2003	0.924	0.021	0.138	2	严重失调
2004	0.881	0.024	0.146	2	严重失调
2005	0.827	0.031	0.159	2	严重失调

续表

年份	耦合度 C 值	协调指数 T 值	耦合协调度 D 值	协调等级	耦合协调程度
2006	0.826	0.033	0.166	2	严重失调
2007	0.779	0.043	0.184	2	严重失调
2008	0.764	0.050	0.194	2	严重失调
2009	0.892	0.033	0.172	2	严重失调
2010	0.896	0.040	0.190	2	严重失调
2011	0.871	0.050	0.210	3	中度失调
2012	0.880	0.061	0.232	3	中度失调
2013	0.887	0.070	0.250	3	中度失调
2014	0.876	0.076	0.259	3	中度失调
2015	0.924	0.084	0.279	3	中度失调
2016	0.917	0.091	0.288	3	中度失调
2017	0.960	0.079	0.275	3	中度失调
2018	0.973	0.093	0.301	4	轻度失调
2019	0.980	0.094	0.303	4	轻度失调
2020	0.994	0.106	0.325	4	轻度失调
2021	0.998	0.127	0.356	4	轻度失调

2.4 广东省耦合协调度分析

广东省科技金融与科技创新耦合协调度的结论如下：(1) 关于科研经费总额与科技创新耦合协调度方面，2013 年开始进入勉强协调状态，并于 2020 达到优质协调状态。(2) 关于政府财政拨款与科技创新耦合协调度方面，2018 年进入初级协调，2020 年达到中级协调。(3) 关于金融机构贷款与科技创新耦合协调度方面，在 2000 年至 2021 年期间的耦合协调度都呈现增长趋势，于 2021 年达到中级协调。(4) 关于企业自有资金与科技创新耦合协调度方面，2021 年仍处于轻度失调状态。

下面结合广东省科技金融和科技创新发展现状来分析这些现象的原因。首先，关于科研经费总额与科技创新耦合协调度方面，从 2013 年开始进入勉强协调状态，并于 2020 年达到优质协调状态。这可能是由于广东省逐渐增加对科技创新的重视，提高了科研经费的投入。随着科研经费的增加，科技创新能够得到更好的支持和发展，从而提高了协调度。其次，关于政府财政拨款与科技创新耦合协调度方面，2018 年进入初级协调，2020 年达到中级协调。这表明广东省政府在近年来逐渐增加对科技创新的财政拨款，但仍需要进一步提高拨款的规模和效率，以更好地支持科技创新。此外，政府还需要加强对科技创新项目的管理和评估，确保拨款能够有效地用于推动科技创新。关于金融机构贷款与科技创新耦合协调度方面，在 2000 年至 2021 年期间的耦合协调度都呈现增长趋势，并于 2021 年达到中级协调。这可能是由于广东省积极推动科技金融发展，提供了更多的贷款支持给科技创新企业。然而，仍需要进一步加强金融机构对科技创新项目的风险评估和支持力度，以满足不同阶段、不同类型的科技创新企业的需求。最后，关于企业自有资金与科技创新耦合协调度方面，2021 年处于轻度失调状态。这可能是由于部分企业在科技创新方面投入不足，导致依赖外部资金的程度较高。为了提高协调度，企业需要加大对科技创新的自主投入，提高自有资金的利用效率，减少对外部资金的依赖。综上所述，广东省科技金融与科技创新耦合协调度的不同状态和趋势是由政府财政拨款、科研经费投入、金融机构贷款和企业自有资金等多个因素共同影响的结果。为了进一步提高协调度，需要政府、金融机构和企业共同努力，加大对科技创新的支持和投入，提高资源配置的效率和精准度，推动广东省科技金融与科技创新的良性发展。

表 4-14　广东省科研经费总额的耦合协调度结果

年份	耦合度 C 值	协调指数 T 值	耦合协调度 D 值	协调等级	耦合协调程度
2000	0.906	0.048	0.208	3	中度失调
2001	0.906	0.053	0.219	3	中度失调
2002	0.914	0.060	0.234	3	中度失调
2003	0.919	0.070	0.255	3	中度失调
2004	0.900	0.080	0.269	3	中度失调
2005	0.904	0.090	0.285	3	中度失调
2006	0.904	0.103	0.305	4	轻度失调
2007	0.902	0.129	0.341	4	轻度失调
2008	0.886	0.149	0.363	4	轻度失调
2009	0.971	0.137	0.364	4	轻度失调
2010	0.984	0.176	0.416	5	濒临失调
2011	0.964	0.210	0.450	5	濒临失调
2012	0.965	0.247	0.489	5	濒临失调
2013	0.958	0.282	0.520	6	勉强协调
2014	0.951	0.307	0.541	6	勉强协调
2015	0.973	0.365	0.596	6	勉强协调
2016	0.967	0.404	0.625	7	初级协调
2017	0.978	0.484	0.688	7	初级协调
2018	0.995	0.610	0.779	8	中级协调
2019	0.993	0.686	0.825	9	良好协调
2020	0.999	0.835	0.913	10	优质协调
2021	1.000	0.990	0.995	10	优质协调

表 4-15　广东省政府财政拨款的耦合协调度结果

年份	耦合度 C 值	协调指数 T 值	耦合协调度 D 值	协调等级	耦合协调程度
2000	1.000	0.028	0.168	2	严重失调
2001	0.999	0.032	0.178	2	严重失调
2002	1.000	0.036	0.189	2	严重失调
2003	1.000	0.042	0.204	3	中度失调
2004	1.000	0.045	0.212	3	中度失调
2005	1.000	0.050	0.225	3	中度失调
2006	1.000	0.059	0.242	3	中度失调
2007	0.998	0.069	0.263	3	中度失调
2008	0.998	0.075	0.274	3	中度失调
2009	0.955	0.080	0.277	3	中度失调
2010	0.921	0.104	0.309	4	轻度失调
2011	0.960	0.121	0.340	4	轻度失调
2012	0.954	0.140	0.366	4	轻度失调
2013	0.949	0.153	0.381	4	轻度失调
2014	0.942	0.159	0.387	4	轻度失调
2015	0.930	0.205	0.437	5	濒临失调
2016	0.955	0.232	0.471	5	濒临失调
2017	0.955	0.296	0.531	6	勉强协调
2018	0.926	0.397	0.606	7	初级协调
2019	0.959	0.470	0.672	7	初级协调
2020	0.930	0.590	0.741	8	中级协调
2021	0.906	0.696	0.794	8	中级协调

表 4-16　广东省金融机构贷款的耦合协调度结果

年份	耦合度 C 值	协调指数 T 值	耦合协调度 D 值	协调等级	耦合协调程度
2000	0.996	0.030	0.174	2	严重失调
2001	0.970	0.040	0.197	2	严重失调
2002	0.951	0.051	0.221	3	中度失调
2003	0.913	0.072	0.257	3	中度失调
2004	0.912	0.077	0.265	3	中度失调
2005	0.995	0.047	0.216	3	中度失调

续表

年份	耦合度 C 值	协调指数 T 值	耦合协调度 D 值	协调等级	耦合协调程度
2006	0.987	0.051	0.224	3	中度失调
2007	0.967	0.058	0.238	3	中度失调
2008	0.964	0.063	0.246	3	中度失调
2009	0.989	0.090	0.299	3	中度失调
2010	0.956	0.111	0.326	4	轻度失调
2011	0.991	0.136	0.367	4	轻度失调
2012	0.998	0.173	0.415	5	濒临失调
2013	0.991	0.178	0.420	5	濒临失调
2014	1.000	0.206	0.453	5	濒临失调
2015	0.990	0.247	0.495	5	濒临失调
2016	0.994	0.271	0.518	6	勉强协调
2017	0.987	0.330	0.571	6	勉强协调
2018	0.920	0.393	0.601	7	初级协调
2019	0.933	0.443	0.643	7	初级协调
2020	0.859	0.534	0.677	7	初级协调
2021	0.872	0.665	0.762	8	中级协调

表 4-17　广东省企业自有资金的耦合协调度结果

年份	耦合度 C 值	协调指数 T 值	耦合协调度 D 值	协调等级	耦合协调程度
2000	0.974	0.015	0.122	2	严重失调
2001	0.958	0.017	0.127	2	严重失调
2002	0.951	0.017	0.128	2	严重失调
2003	0.924	0.021	0.138	2	严重失调
2004	0.881	0.024	0.146	2	严重失调
2005	0.827	0.031	0.159	2	严重失调
2006	0.826	0.033	0.166	2	严重失调
2007	0.779	0.043	0.184	2	严重失调
2008	0.764	0.050	0.194	2	严重失调
2009	0.892	0.033	0.172	2	严重失调
2010	0.896	0.040	0.190	2	严重失调
2011	0.871	0.050	0.210	3	中度失调

续表

年份	耦合度 C 值	协调指数 T 值	耦合协调度 D 值	协调等级	耦合协调程度
2012	0.880	0.061	0.232	3	中度失调
2013	0.887	0.070	0.250	3	中度失调
2014	0.876	0.076	0.259	3	中度失调
2015	0.924	0.084	0.279	3	中度失调
2016	0.917	0.091	0.288	3	中度失调
2017	0.960	0.079	0.275	3	中度失调
2018	0.973	0.093	0.301	4	轻度失调
2019	0.980	0.094	0.303	4	轻度失调
2020	0.994	0.106	0.325	4	轻度失调
2021	0.998	0.127	0.356	4	轻度失调

2.5 浙江省耦合协调度分析

浙江省科技金融与科技创新耦合协调度的结论如下：(1) 关于科研经费总额与科技创新耦合协调度方面，2015 年开始进入勉强协调状态，2019 年进入初级协调状态，最后于 2021 年达到中级协调。(2) 关于政府财政拨款与科技创新耦合协调度方面，2020 年达到勉强协调状态。(3) 关于金融机构贷款与科技创新耦合协调度方面，于 2021 年进入勉强协调状态。(4) 关于企业自有资金与科技创新耦合协调度方面，于 2015 年进入勉强协调状态，并于 2021 年达到中级协调。

下面结合浙江省科技金融和科技创新发展现状来分析这些现象的原因。首先，关于科研经费总额与科技创新耦合协调度方面，从 2015 年开始进入勉强协调状态，2019 年进入初级协调状态，最后于 2021 年达到中级协调。这可能是由于浙江省在科技创新方面取得了显著成就，特别是在信息技术、生物医药、新材料等领域具有较强的创新实力，这也促使政府增加对科研经费的投入。其次，关于政府财政拨款与科技创新耦合协调度方面，2020 年达到勉强协调状态。这表明浙江省政府积极推动科技创新政策的落实，鼓励企业加大研发投入，并提供财政支持和税收优惠等激励措施，以促进科技创新的发展。关于金融机构贷款与科技创新耦合协调度方面，于 2021 年进入勉强协调状态。这可能是由于浙江省积极推动与金融机构的合作，建立科技金融服务平台，提供专门的金融支持和咨询服务，帮助科技创新企业解决融资难题。最后，关于企业自有资金与科技创新耦合协调度方面，于 2015 年进入勉强协调状态，并于 2021 年达到中级协调。这可能是由于浙江省鼓励企业加大研发投入，并提供税收优惠和其他激励政策，以促进企业自主创新；积极推动产学研合作，加强企业与高校、科研院所的合作交流，促进科技成果转化和应用。

表 4-18　浙江省科研经费总额的耦合协调度结果

年份	耦合度 C 值	协调指数 T 值	耦合协调度 D 值	协调等级	耦合协调程度
2000	0.951	0.027	0.159	2	严重失调
2001	0.933	0.030	0.168	2	严重失调
2002	0.922	0.035	0.181	2	严重失调
2003	0.919	0.043	0.199	2	严重失调
2004	0.880	0.052	0.213	3	中度失调
2005	0.850	0.066	0.237	3	中度失调
2006	0.880	0.085	0.274	3	中度失调
2007	0.892	0.104	0.305	4	轻度失调
2008	0.895	0.125	0.335	4	轻度失调
2009	0.999	0.103	0.321	4	轻度失调
2010	1.000	0.135	0.367	4	轻度失调
2011	1.000	0.156	0.395	4	轻度失调
2012	0.996	0.204	0.451	5	濒临失调
2013	0.998	0.223	0.472	5	濒临失调
2014	1.000	0.227	0.476	5	濒临失调
2015	0.999	0.265	0.515	6	勉强协调
2016	0.999	0.273	0.522	6	勉强协调
2017	0.993	0.285	0.532	6	勉强协调
2018	0.999	0.347	0.588	6	勉强协调
2019	0.993	0.374	0.610	7	初级协调
2020	1.000	0.458	0.676	7	初级协调
2021	1.000	0.535	0.732	8	中级协调

表 4-19　浙江省政府财政拨款的耦合协调度结果

年份	耦合度 C 值	协调指数 T 值	耦合协调度 D 值	协调等级	耦合协调程度
2000	0.999	0.019	0.138	2	严重失调
2001	0.996	0.021	0.145	2	严重失调
2002	0.994	0.024	0.156	2	严重失调
2003	0.996	0.029	0.169	2	严重失调
2004	0.985	0.033	0.180	2	严重失调
2005	0.980	0.039	0.196	2	严重失调

续表

年份	耦合度 C 值	协调指数 T 值	耦合协调度 D 值	协调等级	耦合协调程度
2006	0.994	0.050	0.224	3	中度失调
2007	1.000	0.058	0.242	3	中度失调
2008	0.999	0.066	0.257	3	中度失调
2009	0.901	0.070	0.250	3	中度失调
2010	0.877	0.094	0.287	3	中度失调
2011	0.868	0.104	0.301	4	轻度失调
2012	0.815	0.140	0.338	4	轻度失调
2013	0.817	0.151	0.351	4	轻度失调
2014	0.846	0.145	0.350	4	轻度失调
2015	0.810	0.173	0.374	4	轻度失调
2016	0.832	0.166	0.372	4	轻度失调
2017	0.869	0.167	0.382	4	轻度失调
2018	0.852	0.216	0.429	5	濒临失调
2019	0.887	0.226	0.448	5	濒临失调
2020	0.859	0.298	0.506	6	勉强协调
2021	0.863	0.354	0.553	6	勉强协调

表 4-20　浙江省金融机构贷款的耦合协调度结果

年份	耦合度 C 值	协调指数 T 值	耦合协调度 D 值	协调等级	耦合协调程度
2000	0.989	0.016	0.126	2	严重失调
2001	0.990	0.017	0.129	2	严重失调
2002	0.977	0.018	0.132	2	严重失调
2003	0.999	0.025	0.159	2	严重失调
2004	0.993	0.024	0.155	2	严重失调
2005	0.996	0.029	0.169	2	严重失调
2006	0.968	0.036	0.186	2	严重失调
2007	0.947	0.043	0.202	3	中度失调
2008	0.931	0.051	0.217	3	中度失调
2009	0.916	0.071	0.255	3	中度失调
2010	0.885	0.095	0.289	3	中度失调
2011	0.911	0.111	0.317	4	轻度失调

续表

年份	耦合度 C 值	协调指数 T 值	耦合协调度 D 值	协调等级	耦合协调程度
2012	0.904	0.155	0.375	4	轻度失调
2013	0.896	0.164	0.384	4	轻度失调
2014	0.931	0.162	0.389	4	轻度失调
2015	0.937	0.203	0.436	5	濒临失调
2016	0.895	0.179	0.400	5	濒临失调
2017	0.945	0.188	0.422	5	濒临失调
2018	0.933	0.242	0.476	5	濒临失调
2019	0.928	0.241	0.473	5	濒临失调
2020	0.776	0.276	0.463	5	濒临失调
2021	0.885	0.363	0.567	6	勉强协调

表 4-21　浙江省企业自有资金的耦合协调度结果

年份	耦合度 C 值	协调指数 T 值	耦合协调度 D 值	协调等级	耦合协调程度
2000	0.972	0.024	0.153	2	严重失调
2001	0.956	0.027	0.161	2	严重失调
2002	0.948	0.032	0.174	2	严重失调
2003	0.942	0.039	0.192	2	严重失调
2004	0.905	0.047	0.206	3	中度失调
2005	0.873	0.061	0.231	3	中度失调
2006	0.899	0.079	0.267	3	中度失调
2007	0.908	0.099	0.299	3	中度失调
2008	0.906	0.120	0.330	4	轻度失调
2009	0.999	0.105	0.324	4	轻度失调
2010	1.000	0.136	0.369	4	轻度失调
2011	1.000	0.157	0.396	4	轻度失调
2012	0.997	0.207	0.454	5	濒临失调
2013	0.999	0.227	0.477	5	濒临失调
2014	0.999	0.231	0.481	5	濒临失调
2015	1.000	0.271	0.520	6	勉强协调
2016	0.997	0.281	0.529	6	勉强协调
2017	0.989	0.293	0.538	6	勉强协调

续表

年份	耦合度 C 值	协调指数 T 值	耦合协调度 D 值	协调等级	耦合协调程度
2018	0.998	0.354	0.594	6	勉强协调
2019	0.990	0.383	0.616	7	初级协调
2020	0.999	0.467	0.683	7	初级协调
2021	1.000	0.543	0.737	8	中级协调

2.6 江苏省耦合协调度分析

江苏省科技金融与科技创新耦合协调度的结论如下：(1) 关于科研经费总额与科技创新耦合协调度方面，2011 年开始进入勉强协调状态，并于 2020 年达到良好协调。(2) 关于政府财政拨款与科技创新耦合协调度方面，2018 年进入勉强协调状态，并于 2020 年达到初级协调。(3) 关于金融机构贷款与科技创新耦合协调度方面，呈现出先上升后下降再上升的态势。耦合协调度从 2012 年达到勉强协调并于 2015 年进入初级协调状态，但是在 2018 年耦合协调度又下降到勉强协调状态，并于 2020 年恢复至初级协调状态，最终在 2021 年达到中级协调状态。(4) 关于企业自有资金与科技创新耦合协调度方面，于 2011 年进入勉强协调状态，并于 2020 年达到良好协调。

下面结合浙江省科技金融和科技创新发展现状来分析这些现象的原因。首先，在科研经费总额与科技创新耦合协调度方面，尽管在 2020 年达到良好协调状态，但江苏省因为科研经费的分配存在不均衡的情况，导致某些领域或企业无法充分获得支持。所以江苏省政府可以优化科研经费的分配机制，确保资源更加公平地流向各个科技创新领域和企业。其次，关于政府财政拨款与科技创新耦合协调度方面，江苏省在 2020 年才达到初级协调状态，这可能是因为江苏省财政拨款的审批和发放过程烦琐，导致科技创新项目无法及时获得资金支持。江苏省政府可以简化审批程序，加快资金拨付速度，提高财政拨款的灵活性，以更好地满足科技创新的资金需求。在金融机构贷款与科技创新耦合协调度方面，关于金融机构贷款与科技创新耦合协调度方面，呈现出先上升后下降再上升的态势。从 2012 年达到勉强协调并于 2015 年进入初级协调状态，但在 2018 年耦合协调度又下降到勉强协调状态，并于 2020 年恢复至初级协调状态，最终在 2021 年达到中级协调状态。这可能是由于金融机构对科技创新项目的贷款支持存在波动性。为了提高协调度，需要金融机构加大对科技创新项目的贷款支持力度，并提供更稳定和可持续的金融服务，以满足不同阶段、不同类型的科技创新企业的需求。关于企业自有资金与科技创新耦合协调度方面，企业自有资金是推动科技创新的重要驱动力之一。进入勉强协调状态可能意味着一些企业在科技创新方面的自有资金投入不足。然而，随着时间的推移，企业对科技创新的重视程度增加，自有资金的投入也逐渐增加，使得在 2021 年达到了中级协调状态。

表 4-22 江苏省科研经费总额的耦合协调度结果

年份	耦合度 C 值	协调指数 T 值	耦合协调度 D 值	协调等级	耦合协调程度
2000	0.828	0.039	0.180	2	严重失调
2001	0.794	0.043	0.185	2	严重失调

续表

年份	耦合度 C 值	协调指数 T 值	耦合协调度 D 值	协调等级	耦合协调程度
2002	0.770	0.051	0.198	2	严重失调
2003	0.756	0.061	0.214	3	中度失调
2004	0.701	0.079	0.235	3	中度失调
2005	0.687	0.092	0.252	3	中度失调
2006	0.708	0.108	0.276	3	中度失调
2007	0.734	0.142	0.323	4	轻度失调
2008	0.747	0.178	0.365	4	轻度失调
2009	0.967	0.145	0.374	4	轻度失调
2010	0.990	0.192	0.437	5	濒临失调
2011	0.997	0.252	0.502	6	勉强协调
2012	1.000	0.319	0.565	6	勉强协调
2013	0.989	0.326	0.568	6	勉强协调
2014	0.961	0.324	0.558	6	勉强协调
2015	0.977	0.371	0.602	7	初级协调
2016	0.952	0.388	0.608	7	初级协调
2017	0.933	0.414	0.622	7	初级协调
2018	0.962	0.489	0.686	7	初级协调
2019	0.951	0.527	0.708	8	中级协调
2020	0.991	0.658	0.808	9	良好协调
2021	0.997	0.791	0.888	9	良好协调

表 4-23 江苏省政府财政拨款的耦合协调度结果

年份	耦合度 C 值	协调指数 T 值	耦合协调度 D 值	协调等级	耦合协调程度
2000	0.916	0.029	0.162	2	严重失调
2001	0.889	0.031	0.166	2	严重失调
2002	0.926	0.030	0.166	2	严重失调
2003	0.897	0.038	0.184	2	严重失调
2004	0.891	0.042	0.192	2	严重失调
2005	0.844	0.054	0.214	3	中度失调
2006	0.885	0.059	0.229	3	中度失调
2007	0.913	0.077	0.265	3	中度失调

续表

年份	耦合度 C 值	协调指数 T 值	耦合协调度 D 值	协调等级	耦合协调程度
2008	0.940	0.091	0.292	3	中度失调
2009	0.992	0.096	0.308	4	轻度失调
2010	0.973	0.135	0.362	4	轻度失调
2011	0.927	0.170	0.397	4	轻度失调
2012	0.901	0.219	0.444	5	濒临失调
2013	0.926	0.203	0.433	5	濒临失调
2014	0.945	0.177	0.409	5	濒临失调
2015	0.931	0.213	0.446	5	濒临失调
2016	0.944	0.203	0.437	5	濒临失调
2017	0.974	0.217	0.459	5	濒临失调
2018	0.972	0.287	0.528	6	勉强协调
2019	0.977	0.300	0.541	6	勉强协调
2020	0.914	0.406	0.609	7	初级协调
2021	0.850	0.478	0.638	7	初级协调

表 4-24 江苏省金融机构贷款的耦合协调度结果

年份	耦合度 C 值	协调指数 T 值	耦合协调度 D 值	协调等级	耦合协调程度
2000	0.999	0.017	0.129	2	严重失调
2001	0.995	0.015	0.124	2	严重失调
2002	0.972	0.024	0.153	2	严重失调
2003	0.942	0.032	0.173	2	严重失调
2004	0.995	0.025	0.158	2	严重失调
2005	0.909	0.043	0.198	2	严重失调
2006	0.992	0.036	0.190	2	严重失调
2007	0.968	0.061	0.243	3	中度失调
2008	0.981	0.050	0.222	3	中度失调
2009	0.999	0.114	0.337	4	轻度失调
2010	0.990	0.145	0.379	4	轻度失调
2011	0.975	0.192	0.432	5	濒临失调
2012	0.988	0.272	0.518	6	勉强协调
2013	0.998	0.297	0.544	6	勉强协调

续表

年份	耦合度 C 值	协调指数 T 值	耦合协调度 D 值	协调等级	耦合协调程度
2014	0.947	0.345	0.572	6	勉强协调
2015	0.977	0.370	0.601	7	初级协调
2016	0.916	0.449	0.642	7	初级协调
2017	0.954	0.378	0.601	7	初级协调
2018	0.998	0.333	0.576	6	勉强协调
2019	0.996	0.334	0.577	6	勉强协调
2020	0.925	0.413	0.618	7	初级协调
2021	0.988	0.632	0.790	8	中级协调

表 4-25　江苏省企业自有资金的耦合协调度结果

年份	耦合度 C 值	协调指数 T 值	耦合协调度 D 值	协调等级	耦合协调程度
2000	0.885	0.032	0.168	2	严重失调
2001	0.852	0.035	0.174	2	严重失调
2002	0.834	0.041	0.185	2	严重失调
2003	0.815	0.050	0.202	3	中度失调
2004	0.734	0.071	0.228	3	中度失调
2005	0.732	0.079	0.240	3	中度失调
2006	0.746	0.095	0.266	3	中度失调
2007	0.766	0.128	0.313	4	轻度失调
2008	0.771	0.165	0.357	4	轻度失调
2009	0.973	0.140	0.369	4	轻度失调
2010	0.993	0.188	0.432	5	濒临失调
2011	0.998	0.251	0.500	6	勉强协调
2012	1.000	0.317	0.563	6	勉强协调
2013	0.990	0.326	0.568	6	勉强协调
2014	0.961	0.324	0.558	6	勉强协调
2015	0.977	0.371	0.602	7	初级协调
2016	0.953	0.387	0.607	7	初级协调
2017	0.932	0.417	0.623	7	初级协调
2018	0.961	0.491	0.687	7	初级协调
2019	0.948	0.533	0.711	8	中级协调

续表

年份	耦合度 C 值	协调指数 T 值	耦合协调度 D 值	协调等级	耦合协调程度
2020	0.989	0.668	0.813	9	良好协调
2021	0.996	0.804	0.895	9	良好协调

2.7 河北省耦合协调度分析

河北省科技金融与科技创新耦合协调度的结论如下：科研经费总额与科技创新耦合协调度、政府财政拨款与科技创新耦合协调度、金融机构贷款与科技创新耦合协调度和企业自有资金与科技创新耦合协调度在2000年至2021年间一直处于失调状态。其中科研经费总额与科技创新耦合协调度在2021年处于濒临失调状态；政府财政拨款与科技创新耦合协调度于2021年进入轻度失调状态；金融机构贷款与科技创新耦合协调度在2021年进入轻度失调状态；企业自有资金与科技创新耦合协调度于2021年进入濒临失调状态。

河北省科技金融与科技创新的协调度失调状态可能存在多个原因。首先，科研经费总额与科技创新耦合协调度一直处于失调状态，其中在2021年进入濒临失调状态。这可能是由于科研经费总额无法满足科技创新的需求，导致创新活动受到限制，从而影响了协调度的平衡。其次，政府财政拨款与科技创新耦合协调度于2021年进入轻度失调状态，金融机构贷款与科技创新耦合协调度也在同一时期进入轻度失调状态。这可能是由于政府财政拨款和金融机构的贷款在科技创新方面的分配不够合理，导致了资源的浪费或不足，进而影响了协调度的实现。另外，企业自有资金与科技创新耦合协调度在2021年进入濒临失调状态。可能的原因是企业自有资金投入不足，无法支持充分的科技创新活动，从而导致协调度的失调。这些失调状态的存在可能与河北省科技金融和科技创新发展现状有关。科技创新需要大量的投入和支持，包括充足的科研经费、政府财政拨款、金融机构的贷款以及企业自有资金。然而，河北省可能面临着科技创新资源不足、分配不均等问题，导致了协调度的失衡。

表 4-26　河北省科研经费总额的耦合协调度结果

年份	耦合度 C 值	协调指数 T 值	耦合协调度 D 值	协调等级	耦合协调程度
2000	0.961	0.018	0.132	2	严重失调
2001	0.965	0.018	0.131	2	严重失调
2002	0.956	0.019	0.136	2	严重失调
2003	0.938	0.021	0.141	2	严重失调
2004	0.914	0.023	0.145	2	严重失调
2005	0.884	0.026	0.152	2	严重失调
2006	0.870	0.029	0.158	2	严重失调
2007	0.859	0.033	0.168	2	严重失调
2008	0.833	0.036	0.173	2	严重失调
2009	0.911	0.030	0.165	2	严重失调

续表

年份	耦合度 C 值	协调指数 T 值	耦合协调度 D 值	协调等级	耦合协调程度
2010	0.925	0.034	0.178	2	严重失调
2011	0.895	0.040	0.190	2	严重失调
2012	0.899	0.048	0.208	3	中度失调
2013	0.897	0.054	0.221	3	中度失调
2014	0.893	0.059	0.230	3	中度失调
2015	0.929	0.069	0.254	3	中度失调
2016	0.922	0.074	0.262	3	中度失调
2017	0.910	0.085	0.278	3	中度失调
2018	0.948	0.100	0.308	4	轻度失调
2019	0.945	0.111	0.325	4	轻度失调
2020	0.983	0.139	0.370	4	轻度失调
2021	0.990	0.168	0.408	5	濒临失调

表 4-27 河北省政府财政拨款的耦合协调度结果

年份	耦合度 C 值	协调指数 T 值	耦合协调度 D 值	协调等级	耦合协调程度
2000	0.967	0.018	0.130	2	严重失调
2001	0.974	0.017	0.128	2	严重失调
2002	0.970	0.018	0.133	2	严重失调
2003	0.951	0.020	0.138	2	严重失调
2004	0.951	0.020	0.138	2	严重失调
2005	0.947	0.021	0.139	2	严重失调
2006	0.924	0.024	0.148	2	严重失调
2007	0.924	0.026	0.154	2	严重失调
2008	0.903	0.028	0.160	2	严重失调
2009	0.952	0.025	0.156	2	严重失调
2010	0.980	0.026	0.161	2	严重失调
2011	0.973	0.029	0.168	2	严重失调
2012	0.979	0.034	0.182	2	严重失调
2013	0.989	0.036	0.188	2	严重失调
2014	0.988	0.038	0.195	2	严重失调
2015	0.995	0.049	0.220	3	中度失调

续表

年份	耦合度 C 值	协调指数 T 值	耦合协调度 D 值	协调等级	耦合协调程度
2016	0.996	0.050	0.224	3	中度失调
2017	0.991	0.057	0.239	3	中度失调
2018	1.000	0.067	0.258	3	中度失调
2019	0.998	0.070	0.264	3	中度失调
2020	0.968	0.091	0.297	3	中度失调
2021	0.976	0.119	0.341	4	轻度失调

表 4-28　河北省金融机构贷款的耦合协调度结果

年份	耦合度 C 值	协调指数 T 值	耦合协调度 D 值	协调等级	耦合协调程度
2000	1.000	0.013	0.115	2	严重失调
2001	0.997	0.012	0.110	2	严重失调
2002	0.988	0.012	0.108	2	严重失调
2003	0.997	0.013	0.114	2	严重失调
2004	0.996	0.013	0.112	2	严重失调
2005	0.992	0.012	0.111	2	严重失调
2006	0.988	0.013	0.112	2	严重失调
2007	0.985	0.014	0.116	2	严重失调
2008	0.984	0.014	0.116	2	严重失调
2009	0.954	0.025	0.155	2	严重失调
2010	0.943	0.032	0.173	2	严重失调
2011	1.000	0.022	0.149	2	严重失调
2012	0.995	0.030	0.174	2	严重失调
2013	0.989	0.035	0.187	2	严重失调
2014	0.989	0.038	0.194	2	严重失调
2015	0.966	0.059	0.239	3	中度失调
2016	0.995	0.051	0.225	3	中度失调
2017	0.996	0.055	0.233	3	中度失调
2018	1.000	0.068	0.261	3	中度失调
2019	1.000	0.073	0.270	3	中度失调
2020	0.951	0.087	0.287	3	中度失调
2021	0.992	0.128	0.357	4	轻度失调

表 4-29　河北省企业自有资金的耦合协调度结果

年份	耦合度 C 值	协调指数 T 值	耦合协调度 D 值	协调等级	耦合协调程度
2000	0.984	0.016	0.125	2	严重失调
2001	0.985	0.016	0.125	2	严重失调
2002	0.979	0.017	0.130	2	严重失调
2003	0.970	0.018	0.134	2	严重失调
2004	0.940	0.021	0.140	2	严重失调
2005	0.901	0.025	0.149	2	严重失调
2006	0.898	0.026	0.153	2	严重失调
2007	0.882	0.030	0.163	2	严重失调
2008	0.858	0.033	0.168	2	严重失调
2009	0.928	0.028	0.161	2	严重失调
2010	0.936	0.033	0.175	2	严重失调
2011	0.901	0.040	0.189	2	严重失调
2012	0.906	0.047	0.207	3	中度失调
2013	0.901	0.054	0.220	3	中度失调
2014	0.896	0.059	0.229	3	中度失调
2015	0.938	0.067	0.251	3	中度失调
2016	0.928	0.073	0.260	3	中度失调
2017	0.917	0.083	0.275	3	中度失调
2018	0.952	0.098	0.306	4	轻度失调
2019	0.945	0.111	0.324	4	轻度失调
2020	0.982	0.140	0.371	4	轻度失调
2021	0.992	0.166	0.405	5	濒临失调

2.8　山东省耦合协调度分析

山东省科技金融与科技创新耦合协调度的结论如下：(1) 关于科研经费总额与科技创新耦合协调度方面，2018 年开始进入勉强协调状态，并于 2021 年达到初级协调。(2) 关于政府财政拨款与科技创新耦合协调度方面，在 2000—2021 年间一直处于失调状态，在 2020 年进入濒临失调状态。(3) 关于金融机构贷款与科技创新耦合协调度方面，在 2000 年至 2021 年间一直处于失调状态，在 2021 年进入轻度失调状态。(4) 关于企业自有资金与科技创新耦合协调度方面，在 2000 年至 2021 年一直处于失调状态，并于 2021 年进入濒临失调状态。

山东省科技金融与科技创新耦合协调度存在多个方面的失调状态，这些失调状态的原因可以归结为以下几点。首先，科研经费总额相对较低，无法满足科技创新项目的需求。

其次，政府财政拨款和金融机构贷款对科技创新的支持力度不足，导致科技创新项目难以获得充分的资金支持。此外，部分企业缺乏科技创新的意识和能力，对自有资金的科技创新投入不足。为了改善这种失调状态，需要采取一系列措施。首先，政府应增加科研经费的投入，提高科研经费总额，以满足科技创新项目的需求。其次，政府可以加大对科技创新的财政拨款，并优化资金分配策略，确保资金更加公平地流向科技创新领域。同时，金融机构应加强对科技创新项目的贷款支持，提供更灵活和定制化的金融产品，满足科技创新企业的融资需求。此外，政府还可以通过培训和指导等方式，提高企业对科技创新的认识和重视程度，鼓励企业增加对科技创新的自主投入，提升企业的创新能力和竞争力。

表 4-30　山东省科研经费总额的耦合协调度结果

年份	耦合度 C 值	协调指数 T 值	耦合协调度 D 值	协调等级	耦合协调程度
2000	0.883	0.033	0.172	2	严重失调
2001	0.863	0.035	0.175	2	严重失调
2002	0.856	0.037	0.179	2	严重失调
2003	0.851	0.042	0.190	2	严重失调
2004	0.799	0.052	0.204	3	中度失调
2005	0.773	0.060	0.216	3	中度失调
2006	0.787	0.073	0.239	3	中度失调
2007	0.773	0.097	0.274	3	中度失调
2008	0.750	0.118	0.297	3	中度失调
2009	0.880	0.093	0.286	3	中度失调
2010	0.898	0.121	0.330	4	轻度失调
2011	0.878	0.146	0.358	4	轻度失调
2012	0.885	0.177	0.396	4	轻度失调
2013	0.860	0.197	0.411	5	濒临失调
2014	0.826	0.210	0.417	5	濒临失调
2015	0.867	0.240	0.456	5	濒临失调
2016	0.847	0.257	0.466	5	濒临失调
2017	0.827	0.281	0.482	5	濒临失调
2018	0.896	0.285	0.506	6	勉强协调
2019	0.931	0.275	0.506	6	勉强协调
2020	0.979	0.350	0.585	6	勉强协调
2021	0.993	0.433	0.656	7	初级协调

表 4-31　山东省政府财政拨款的耦合协调度结果

年份	耦合度 C 值	协调指数 T 值	耦合协调度 D 值	协调等级	耦合协调程度
2000	0.994	0.020	0.141	2	严重失调
2001	0.990	0.020	0.142	2	严重失调
2002	0.984	0.022	0.147	2	严重失调
2003	0.992	0.023	0.151	2	严重失调
2004	0.963	0.028	0.166	2	严重失调
2005	0.976	0.028	0.166	2	严重失调
2006	0.981	0.035	0.184	2	严重失调
2007	0.984	0.043	0.206	3	中度失调
2008	0.977	0.051	0.223	3	中度失调
2009	1.000	0.047	0.218	3	中度失调
2010	0.997	0.063	0.250	3	中度失调
2011	0.999	0.072	0.269	3	中度失调
2012	0.999	0.090	0.300	3	中度失调
2013	0.999	0.093	0.306	4	轻度失调
2014	1.000	0.092	0.304	4	轻度失调
2015	0.996	0.110	0.332	4	轻度失调
2016	0.995	0.109	0.329	4	轻度失调
2017	0.998	0.116	0.341	4	轻度失调
2018	0.991	0.140	0.373	4	轻度失调
2019	0.989	0.152	0.388	4	轻度失调
2020	0.931	0.204	0.435	5	濒临失调
2021	0.904	0.266	0.491	5	濒临失调

表 4-32　山东省金融机构贷款的耦合协调度结果

年份	耦合度 C 值	协调指数 T 值	耦合协调度 D 值	协调等级	耦合协调程度
2000	1.000	0.013	0.115	2	严重失调
2001	0.997	0.012	0.110	2	严重失调
2002	0.988	0.012	0.108	2	严重失调
2003	0.997	0.013	0.114	2	严重失调
2004	0.996	0.013	0.112	2	严重失调
2005	0.992	0.012	0.111	2	严重失调

续表

年份	耦合度 C 值	协调指数 T 值	耦合协调度 D 值	协调等级	耦合协调程度
2006	0.988	0.013	0.112	2	严重失调
2007	0.985	0.014	0.116	2	严重失调
2008	0.984	0.014	0.116	2	严重失调
2009	0.954	0.025	0.155	2	严重失调
2010	0.943	0.032	0.173	2	严重失调
2011	1.000	0.022	0.149	2	严重失调
2012	0.995	0.030	0.174	2	严重失调
2013	0.989	0.035	0.187	2	严重失调
2014	0.989	0.038	0.194	2	严重失调
2015	0.966	0.059	0.239	3	中度失调
2016	0.995	0.051	0.225	3	中度失调
2017	0.996	0.055	0.233	3	中度失调
2018	1.000	0.068	0.261	3	中度失调
2019	1.000	0.073	0.270	3	中度失调
2020	0.951	0.087	0.287	3	中度失调
2021	0.992	0.128	0.357	4	轻度失调

表 4-33　山东省企业自有资金的耦合协调度结果

年份	耦合度 C 值	协调指数 T 值	耦合协调度 D 值	协调等级	耦合协调程度
2000	0.984	0.016	0.125	2	严重失调
2001	0.985	0.016	0.125	2	严重失调
2002	0.979	0.017	0.130	2	严重失调
2003	0.970	0.018	0.134	2	严重失调
2004	0.940	0.021	0.140	2	严重失调
2005	0.901	0.025	0.149	2	严重失调
2006	0.898	0.026	0.153	2	严重失调
2007	0.882	0.030	0.163	2	严重失调
2008	0.858	0.033	0.168	2	严重失调
2009	0.928	0.028	0.161	2	严重失调
2010	0.936	0.033	0.175	2	严重失调
2011	0.901	0.040	0.189	2	严重失调

续表

年份	耦合度 C 值	协调指数 T 值	耦合协调度 D 值	协调等级	耦合协调程度
2012	0.906	0.047	0.207	3	中度失调
2013	0.901	0.054	0.220	3	中度失调
2014	0.896	0.059	0.229	3	中度失调
2015	0.938	0.067	0.251	3	中度失调
2016	0.928	0.073	0.260	3	中度失调
2017	0.917	0.083	0.275	3	中度失调
2018	0.952	0.098	0.306	4	轻度失调
2019	0.945	0.111	0.324	4	轻度失调
2020	0.982	0.140	0.371	4	轻度失调
2021	0.992	0.166	0.405	5	濒临失调

2.9　福建省耦合协调度分析

福建省科技金融与科技创新耦合协调度的结论如下：科研经费总额与科技创新耦合协调度、政府财政拨款与科技创新耦合协调度、金融机构贷款与科技创新耦合协调度和企业自有资金与科技创新耦合协调度在2000年至2021年间一直处于失调状态。其中科研经费总额与科技创新耦合协调度在2020年进入濒临失调状态；政府财政拨款与科技创新耦合协调度于2018年进入轻度失调状态；金融机构贷款与科技创新耦合协调度在2018年进入轻度失调状态；企业自有资金与科技创新耦合协调度于2020年进入濒临失调状态。

福建省科技金融与科技创新的协调度失调状态可能存在多个原因：科研经费总额与科技创新耦合协调度的失调可能部分原因是科研经费的分配不合理或不足。科研经费在支持科技创新方面发挥着关键作用，但如果投入不均衡或分配不当，就可能导致科技创新活动的耦合协调度出现失衡。政府财政拨款与科技创新耦合协调度轻度失调的原因可能是政府在科技创新上的投资不够充分。政府财政拨款在支持科技创新方面起到重要作用，但如果投入不足，可能会导致科技创新的耦合协调度受到限制。金融机构贷款与科技创新耦合协调度轻度失调的原因可能是金融机构对科技创新项目的融资支持不足。如果科技创新项目难以获取足够的贷款资金，就可能限制科技创新的发展，并导致耦合协调度失衡。企业自有资金与科技创新耦合协调度的失调可能部分原因在于企业自身对科技创新的投资不足。如果企业自有资金用于其他方面，而不是用于科技创新活动，就可能导致耦合协调度失衡。

表 4-34　福建省科研经费总额的耦合协调度结果

年份	耦合度 C 值	协调指数 T 值	耦合协调度 D 值	协调等级	耦合协调程度
2000	0.970	0.018	0.131	2	严重失调
2001	0.964	0.019	0.134	2	严重失调

续表

年份	耦合度 C 值	协调指数 T 值	耦合协调度 D 值	协调等级	耦合协调程度
2002	0.971	0.019	0.136	2	严重失调
2003	0.953	0.023	0.148	2	严重失调
2004	0.931	0.024	0.150	2	严重失调
2005	0.907	0.027	0.157	2	严重失调
2006	0.878	0.033	0.170	2	严重失调
2007	0.860	0.038	0.181	2	严重失调
2008	0.832	0.042	0.188	2	严重失调
2009	0.952	0.033	0.176	2	严重失调
2010	0.966	0.041	0.198	2	严重失调
2011	0.955	0.049	0.216	3	中度失调
2012	0.965	0.060	0.240	3	中度失调
2013	0.969	0.069	0.259	3	中度失调
2014	0.956	0.074	0.267	3	中度失调
2015	0.990	0.092	0.302	4	轻度失调
2016	0.985	0.103	0.319	4	轻度失调
2017	0.970	0.114	0.333	4	轻度失调
2018	0.990	0.146	0.380	4	轻度失调
2019	0.973	0.158	0.391	4	轻度失调
2020	0.994	0.195	0.440	5	濒临失调
2021	0.989	0.215	0.461	5	濒临失调

表 4-35　福建省政府财政拨款的耦合协调度结果

年份	耦合度 C 值	协调指数 T 值	耦合协调度 D 值	协调等级	耦合协调程度
2000	0.999	0.014	0.118	2	严重失调
2001	0.999	0.014	0.120	2	严重失调
2002	0.999	0.015	0.122	2	严重失调
2003	1.000	0.016	0.127	2	严重失调
2004	0.996	0.017	0.129	2	严重失调
2005	0.995	0.018	0.132	2	严重失调
2006	0.995	0.019	0.138	2	严重失调
2007	0.981	0.023	0.151	2	严重失调

续表

年份	耦合度 C 值	协调指数 T 值	耦合协调度 D 值	协调等级	耦合协调程度
2008	0.980	0.024	0.152	2	严重失调
2009	0.999	0.022	0.148	2	严重失调
2010	0.992	0.027	0.163	2	严重失调
2011	0.984	0.029	0.170	2	严重失调
2012	0.970	0.036	0.186	2	严重失调
2013	0.965	0.041	0.200	2	严重失调
2014	0.976	0.043	0.205	3	中度失调
2015	0.932	0.058	0.233	3	中度失调
2016	0.966	0.068	0.256	3	中度失调
2017	0.983	0.073	0.268	3	中度失调
2018	0.950	0.095	0.301	4	轻度失调
2019	0.977	0.100	0.312	4	轻度失调
2020	0.921	0.125	0.340	4	轻度失调
2021	0.937	0.135	0.356	4	轻度失调

表 4-36　福建省金融机构贷款的耦合协调度结果

年份	耦合度 C 值	协调指数 T 值	耦合协调度 D 值	协调等级	耦合协调程度
2000	0.994	0.012	0.109	2	严重失调
2001	0.999	0.014	0.120	2	严重失调
2002	0.974	0.019	0.135	2	严重失调
2003	0.999	0.017	0.130	2	严重失调
2004	0.987	0.018	0.134	2	严重失调
2005	0.977	0.020	0.140	2	严重失调
2006	0.969	0.023	0.149	2	严重失调
2007	0.962	0.026	0.157	2	严重失调
2008	0.999	0.018	0.135	2	严重失调
2009	0.995	0.025	0.158	2	严重失调
2010	1.000	0.029	0.172	2	严重失调
2011	1.000	0.035	0.187	2	严重失调
2012	0.999	0.043	0.206	3	中度失调
2013	1.000	0.053	0.229	3	中度失调

续表

年份	耦合度 C 值	协调指数 T 值	耦合协调度 D 值	协调等级	耦合协调程度
2014	1.000	0.053	0.230	3	中度失调
2015	0.999	0.076	0.276	3	中度失调
2016	0.998	0.080	0.283	3	中度失调
2017	0.999	0.082	0.287	3	中度失调
2018	0.992	0.111	0.332	4	轻度失调
2019	0.991	0.106	0.325	4	轻度失调
2020	0.865	0.116	0.316	4	轻度失调
2021	0.884	0.125	0.332	4	轻度失调

表 4-37　福建省企业自有资金的耦合协调度结果

年份	耦合度 C 值	协调指数 T 值	耦合协调度 D 值	协调等级	耦合协调程度
2000	0.979	0.017	0.128	2	严重失调
2001	0.976	0.017	0.130	2	严重失调
2002	0.982	0.018	0.132	2	严重失调
2003	0.967	0.021	0.144	2	严重失调
2004	0.944	0.023	0.147	2	严重失调
2005	0.919	0.026	0.154	2	严重失调
2006	0.895	0.031	0.166	2	严重失调
2007	0.884	0.035	0.176	2	严重失调
2008	0.850	0.040	0.184	2	严重失调
2009	0.951	0.033	0.176	2	严重失调
2010	0.965	0.041	0.199	2	严重失调
2011	0.951	0.050	0.218	3	中度失调
2012	0.960	0.061	0.243	3	中度失调
2013	0.965	0.070	0.261	3	中度失调
2014	0.951	0.076	0.269	3	中度失调
2015	0.988	0.093	0.304	4	轻度失调
2016	0.985	0.103	0.318	4	轻度失调
2017	0.970	0.114	0.333	4	轻度失调
2018	0.990	0.146	0.380	4	轻度失调
2019	0.972	0.158	0.392	4	轻度失调

续表

年份	耦合度 C 值	协调指数 T 值	耦合协调度 D 值	协调等级	耦合协调程度
2020	0.993	0.198	0.443	5	濒临失调
2021	0.987	0.218	0.464	5	濒临失调

2.10　辽宁省耦合协调度分析

辽宁省科技金融与科技创新耦合协调度的结论如下：科研经费总额与科技创新耦合协调度、政府财政拨款与科技创新耦合协调度、金融机构贷款与科技创新耦合协调度和企业自有资金与科技创新耦合协调度在2000年至2021年间一直处于失调状态。其中科研经费总额与科技创新耦合协调度在2020年进入轻度失调状态；政府财政拨款与科技创新耦合协调度于2020年进入轻度失调状态；金融机构贷款与科技创新耦合协调度在2016年进入并支持保持中度失调状态；企业自有资金与科技创新耦合协调度于2020年进入轻度失调状态。

科研经费总额与科技创新耦合协调度失调：科研经费总额与科技创新的耦合协调度在2020年进入轻度失调状态。可能的原因是科研经费分配不合理，重点领域和重要项目得到的经费不足以支持其科技创新需求。此外，也有可能存在科研经费管理不规范或效率低下的问题。政府财政拨款与科技创新耦合协调度失调：政府财政拨款与科技创新的耦合协调度在2020年进入轻度失调状态。这可能是由于政府在科技创新方面的投入不足，或者拨款机制存在一定的问题，导致资金无法充分支持科技创新活动。此外，政府拨款的分配方式可能存在不合理或不透明的情况。金融机构贷款与科技创新耦合协调度失调：金融机构贷款与科技创新的耦合协调度在2016年进入并支持保持中度失调状态。这可能由于科技创新项目的风险较高，金融机构对于提供贷款的意愿较低。再次，金融机构在科技创新贷款方面的审批和评估标准可能存在缺陷，难以满足科技创新需求的多样性和特殊性。企业自有资金与科技创新耦合协调度失调：企业自有资金与科技创新的耦合协调度在2020年进入轻度失调状态。可能的原因是企业在科技创新投入方面存在一定的困难，一方面是由于经营压力和盈利要求导致对科技创新的投入不足，另一方面是企业内部对于科技创新的重视程度不够。

表4-38　辽宁省科研经费总额的耦合协调度结果

年份	耦合度 C 值	协调指数 T 值	耦合协调度 D 值	协调等级	耦合协调程度
2000	0.921	0.025	0.152	2	严重失调
2001	0.910	0.026	0.152	2	严重失调
2002	0.847	0.032	0.165	2	严重失调
2003	0.877	0.031	0.166	2	严重失调
2004	0.835	0.036	0.174	2	严重失调
2005	0.820	0.039	0.180	2	严重失调
2006	0.825	0.042	0.186	2	严重失调

续表

年份	耦合度 C 值	协调指数 T 值	耦合协调度 D 值	协调等级	耦合协调程度
2007	0.810	0.050	0.202	3	中度失调
2008	0.779	0.059	0.214	3	中度失调
2009	0.881	0.045	0.199	2	严重失调
2010	0.886	0.054	0.219	3	中度失调
2011	0.857	0.065	0.236	3	中度失调
2012	0.858	0.069	0.244	3	中度失调
2013	0.834	0.076	0.252	3	中度失调
2014	0.823	0.074	0.246	3	中度失调
2015	0.898	0.068	0.248	3	中度失调
2016	0.893	0.069	0.249	3	中度失调
2017	0.874	0.077	0.260	3	中度失调
2018	0.906	0.086	0.279	3	中度失调
2019	0.908	0.094	0.293	3	中度失调
2020	0.954	0.111	0.325	4	轻度失调
2021	0.976	0.128	0.354	4	轻度失调

表 4-39　辽宁省政府财政拨款的耦合协调度结果

年份	耦合度 C 值	协调指数 T 值	耦合协调度 D 值	协调等级	耦合协调程度
2000	0.939	0.023	0.148	2	严重失调
2001	0.943	0.022	0.145	2	严重失调
2002	0.853	0.031	0.164	2	严重失调
2003	0.921	0.027	0.157	2	严重失调
2004	0.896	0.029	0.162	2	严重失调
2005	0.894	0.031	0.165	2	严重失调
2006	0.887	0.034	0.173	2	严重失调
2007	0.860	0.042	0.191	2	严重失调
2008	0.847	0.047	0.199	2	严重失调
2009	0.936	0.036	0.185	2	严重失调
2010	0.929	0.046	0.207	3	中度失调
2011	0.908	0.054	0.222	3	中度失调
2012	0.906	0.059	0.230	3	中度失调

续表

年份	耦合度 C 值	协调指数 T 值	耦合协调度 D 值	协调等级	耦合协调程度
2013	0.896	0.062	0.235	3	中度失调
2014	0.889	0.059	0.229	3	中度失调
2015	0.905	0.067	0.245	3	中度失调
2016	0.896	0.068	0.248	3	中度失调
2017	0.898	0.071	0.252	3	中度失调
2018	0.940	0.075	0.266	3	中度失调
2019	0.928	0.088	0.285	3	中度失调
2020	0.969	0.103	0.316	4	轻度失调
2021	0.995	0.111	0.332	4	轻度失调

表 4-40　辽宁省金融机构贷款的耦合协调度结果

年份	耦合度 C 值	协调指数 T 值	耦合协调度 D 值	协调等级	耦合协调程度
2000	0.994	0.014	0.117	2	严重失调
2001	0.989	0.013	0.113	2	严重失调
2002	0.902	0.026	0.155	2	严重失调
2003	0.995	0.018	0.134	2	严重失调
2004	0.977	0.013	0.115	2	严重失调
2005	0.984	0.014	0.119	2	严重失调
2006	0.966	0.014	0.118	2	严重失调
2007	0.952	0.016	0.123	2	严重失调
2008	0.959	0.017	0.128	2	严重失调
2009	0.990	0.027	0.165	2	严重失调
2010	0.971	0.038	0.193	2	严重失调
2011	1.000	0.031	0.175	2	严重失调
2012	0.998	0.032	0.178	2	严重失调
2013	0.990	0.040	0.199	2	严重失调
2014	0.997	0.034	0.185	2	严重失调
2015	0.999	0.040	0.200	2	严重失调
2016	0.996	0.042	0.204	3	中度失调
2017	0.999	0.041	0.203	3	中度失调
2018	0.999	0.052	0.227	3	中度失调

续表

年份	耦合度 C 值	协调指数 T 值	耦合协调度 D 值	协调等级	耦合协调程度
2019	0.997	0.060	0.244	3	中度失调
2020	0.915	0.055	0.225	3	中度失调
2021	0.978	0.083	0.284	3	中度失调

表 4-41 辽宁省企业自有资金的耦合协调度结果

年份	耦合度 C 值	协调指数 T 值	耦合协调度 D 值	协调等级	耦合协调程度
2000	0.962	0.021	0.143	2	严重失调
2001	0.945	0.022	0.145	2	严重失调
2002	0.917	0.025	0.152	2	严重失调
2003	0.915	0.027	0.158	2	严重失调
2004	0.875	0.032	0.167	2	严重失调
2005	0.857	0.035	0.173	2	严重失调
2006	0.868	0.036	0.177	2	严重失调
2007	0.850	0.044	0.193	2	严重失调
2008	0.815	0.052	0.206	3	中度失调
2009	0.899	0.042	0.194	2	严重失调
2010	0.910	0.050	0.213	3	中度失调
2011	0.881	0.060	0.229	3	中度失调
2012	0.883	0.064	0.237	3	中度失调
2013	0.859	0.070	0.245	3	中度失调
2014	0.846	0.068	0.240	3	中度失调
2015	0.933	0.060	0.236	3	中度失调
2016	0.930	0.060	0.237	3	中度失调
2017	0.907	0.069	0.249	3	中度失调
2018	0.931	0.078	0.269	3	中度失调
2019	0.939	0.084	0.280	3	中度失调
2020	0.974	0.100	0.312	4	轻度失调
2021	0.987	0.119	0.343	4	轻度失调

3. 中部地区耦合协调度分析

3.1　河南省耦合协调度分析

河南省科技金融与科技创新耦合协调度的结论如下：科研经费总额与科技创新耦合协调度、政府财政拨款与科技创新耦合协调度、金融机构贷款与科技创新耦合协调度和企业自有资金与科技创新耦合协调度在2000年至2021年间一直处于失调状态。其中科研经费总额与科技创新耦合协调度在2020年进入濒临失调状态；政府财政拨款与科技创新耦合协调度于2020年进入轻度失调状态；金融机构贷款与科技创新耦合协调度在2017年进入并支持保持轻度失调状态；企业自有资金与科技创新耦合协调度于2020年进入濒临失调状态。

河南省科技金融与科技创新耦合协调度存在多个方面的失调状态，这些失调状态的原因可以归结为以下几点。首先，科研经费总额与科技创新耦合协调度在2020年进入濒临失调状态。这可能是由于科研经费的分配方式不够灵活，无法满足科技创新的需求。科研经费应该更加注重对科技创新项目的支持，以推动科技创新发展。其次，政府财政拨款与科技创新耦合协调度于2020年进入轻度失调状态。可能的原因之一是政府财政拨款在科技创新方面的投入不够，无法满足科技创新的需求。政府应该加大对科技创新的财政支持，以提高耦合协调度。再次，金融机构贷款与科技创新耦合协调度在2017年进入并支持保持轻度失调状态。这可能是由于金融机构对科技创新项目的融资支持不够充分，导致科技创新项目难以获得足够的资金支持。金融机构应该制定更加灵活的融资政策，并积极支持科技创新企业的发展。最后，企业自有资金与科技创新耦合协调度于2020年进入濒临失调状态。这可能是由于企业自身对科技创新的投资不足，无法满足科技创新的需求。企业应该加大对科技创新的投资力度，提高自有资金与科技创新耦合的协调度。

表4-42　河南省经费总额的耦合协调度结果

年份	耦合度 C 值	协调指数 T 值	耦合协调度 D 值	协调等级	耦合协调程度
2000	0.955	0.018	0.133	2	严重失调
2001	0.955	0.018	0.132	2	严重失调
2002	0.944	0.019	0.134	2	严重失调
2003	0.923	0.022	0.141	2	严重失调
2004	0.881	0.026	0.151	2	严重失调
2005	0.877	0.027	0.154	2	严重失调
2006	0.840	0.035	0.170	2	严重失调
2007	0.815	0.042	0.186	2	严重失调
2008	0.822	0.047	0.196	2	严重失调
2009	0.920	0.037	0.186	2	严重失调
2010	0.932	0.045	0.204	3	中度失调
2011	0.916	0.053	0.220	3	中度失调

续表

年份	耦合度 C 值	协调指数 T 值	耦合协调度 D 值	协调等级	耦合协调程度
2012	0.932	0.063	0.242	3	中度失调
2013	0.924	0.070	0.254	3	中度失调
2014	0.922	0.077	0.267	3	中度失调
2015	0.957	0.090	0.293	3	中度失调
2016	0.943	0.098	0.304	4	轻度失调
2017	0.935	0.112	0.324	4	轻度失调
2018	0.966	0.138	0.365	4	轻度失调
2019	0.950	0.155	0.384	4	轻度失调
2020	0.976	0.189	0.430	5	濒临失调
2021	0.987	0.223	0.469	5	濒临失调

表 4-43　河南省政府财政拨款的耦合协调度结果

年份	耦合度 C 值	协调指数 T 值	耦合协调度 D 值	协调等级	耦合协调程度
2000	0.977	0.017	0.127	2	严重失调
2001	0.976	0.016	0.126	2	严重失调
2002	0.966	0.017	0.129	2	严重失调
2003	0.965	0.018	0.132	2	严重失调
2004	0.951	0.020	0.137	2	严重失调
2005	0.931	0.022	0.144	2	严重失调
2006	0.932	0.025	0.152	2	严重失调
2007	0.932	0.028	0.161	2	严重失调
2008	0.953	0.029	0.166	2	严重失调
2009	0.986	0.027	0.164	2	严重失调
2010	0.994	0.032	0.178	2	严重失调
2011	0.997	0.034	0.185	2	严重失调
2012	0.999	0.042	0.205	3	中度失调
2013	1.000	0.044	0.210	3	中度失调
2014	1.000	0.047	0.217	3	中度失调
2015	0.992	0.056	0.236	3	中度失调
2016	0.991	0.058	0.239	3	中度失调
2017	0.988	0.062	0.248	3	中度失调

续表

年份	耦合度 C 值	协调指数 T 值	耦合协调度 D 值	协调等级	耦合协调程度
2018	0.963	0.081	0.279	3	中度失调
2019	0.983	0.090	0.298	3	中度失调
2020	0.944	0.111	0.324	4	轻度失调
2021	0.920	0.135	0.352	4	轻度失调

表 4-44　河南省金融机构贷款的耦合协调度结果

年份	耦合度 C 值	协调指数 T 值	耦合协调度 D 值	协调等级	耦合协调程度
2000	1.000	0.013	0.115	2	严重失调
2001	0.994	0.012	0.107	2	严重失调
2002	0.997	0.012	0.109	2	严重失调
2003	1.000	0.013	0.115	2	严重失调
2004	0.989	0.012	0.108	2	严重失调
2005	0.996	0.013	0.114	2	严重失调
2006	0.998	0.017	0.130	2	严重失调
2007	0.940	0.027	0.159	2	严重失调
2008	1.000	0.020	0.141	2	严重失调
2009	0.984	0.028	0.165	2	严重失调
2010	0.970	0.038	0.191	2	严重失调
2011	0.955	0.045	0.207	3	中度失调
2012	0.937	0.061	0.240	3	中度失调
2013	0.970	0.057	0.235	3	中度失调
2014	0.972	0.062	0.245	3	中度失调
2015	0.987	0.076	0.274	3	中度失调
2016	0.983	0.080	0.280	3	中度失调
2017	0.969	0.096	0.305	4	轻度失调
2018	0.958	0.143	0.371	4	轻度失调
2019	0.980	0.133	0.361	4	轻度失调
2020	1.000	0.148	0.385	4	轻度失调
2021	0.984	0.160	0.396	4	轻度失调

表 4-45　河南省企业自有资金的耦合协调度结果

年份	耦合度 C 值	协调指数 T 值	耦合协调度 D 值	协调等级	耦合协调程度
2000	0.977	0.017	0.127	2	严重失调
2001	0.976	0.016	0.126	2	严重失调
2002	0.969	0.017	0.129	2	严重失调
2003	0.947	0.020	0.136	2	严重失调
2004	0.907	0.024	0.146	2	严重失调
2005	0.907	0.024	0.149	2	严重失调
2006	0.870	0.031	0.165	2	严重失调
2007	0.842	0.039	0.180	2	严重失调
2008	0.838	0.044	0.193	2	严重失调
2009	0.927	0.036	0.184	2	严重失调
2010	0.939	0.044	0.202	3	中度失调
2011	0.920	0.052	0.219	3	中度失调
2012	0.940	0.061	0.239	3	中度失调
2013	0.927	0.069	0.253	3	中度失调
2014	0.923	0.077	0.267	3	中度失调
2015	0.958	0.089	0.292	3	中度失调
2016	0.942	0.098	0.304	4	轻度失调
2017	0.932	0.113	0.325	4	轻度失调
2018	0.967	0.138	0.365	4	轻度失调
2019	0.950	0.155	0.384	4	轻度失调
2020	0.975	0.190	0.431	5	濒临失调
2021	0.985	0.227	0.473	5	濒临失调

3.2　安徽省耦合协调度分析

安徽省科技金融与科技创新耦合协调度的结论如下：科研经费总额与科技创新耦合协调度、政府财政拨款与科技创新耦合协调度、金融机构贷款与科技创新耦合协调度和企业自有资金与科技创新耦合协调度在 2000 年至 2021 年间一直处于失调状态。其中科研经费总额与科技创新耦合协调度在 2020 年进入濒临失调状态；政府财政拨款与科技创新耦合协调度于 2018 年进入轻度失调状态；金融机构贷款与科技创新耦合协调度在 2017 年进入轻度失调状态；企业自有资金与科技创新耦合协调度于 2020 年进入濒临失调状态。

我们对安徽省科技金融同政策部门之间可能存在信息不对称和协作不足的问题，导致科技创新耦合协调度普遍失调的原因进行了以下分析：从政策制定方面来看，一方面，安徽省政府在科技金融与科技创新方面的政策可能缺乏协调性和一致性。另一方面，安徽省政府在科技金融和科技创新领域的政策可能存在滞后性，无法及时适应市场和技术的发展变化。在发展环境方面，科技金融与科技创新的环境可能存在不平衡的因素。例如，金融机构可能存在对科技创新项目的风险规避态度，导致对科技创新的融资支持不足；科技创新领域的企业可能面临市场准入门槛高、创新成果转化难等问题，限制了创新产出的能力。在经济基础方面，科技金融与科技创新的耦合度失调可能与经济结构和产业布局有关。如果一个地区的经济基础主要依赖传统产业，而科技金融和科技创新的发展相对滞后，就会导致耦合度失调。创新产出方面，如果科技创新的产出方向与实际需求和市场需求不匹配，那么科技金融与科技创新的耦合度也会失调。例如，科技创新可能过于偏向基础研究而忽视市场应用，或者市场需求存在但科技创新投入不足。在研发投入方面，科技金融与科技创新的耦合度失调也可能与研发投入不平衡有关。科技创新需要大量的研发投入，但是各个部门和企业的研发投入分布可能不均衡，某些领域的研发投入不足，导致科技金融与科技创新的耦合度不高。

表 4-46　安徽省科研经费总额的耦合协调度结果

年份	耦合度 C 值	协调指数 T 值	耦合协调度 D 值	协调等级	耦合协调程度
2000	0.956	0.016	0.125	2	严重失调
2001	0.944	0.017	0.126	2	严重失调
2002	0.907	0.020	0.134	2	严重失调
2003	0.865	0.024	0.143	2	严重失调
2004	0.850	0.025	0.145	2	严重失调
2005	0.833	0.027	0.150	2	严重失调
2006	0.804	0.031	0.157	2	严重失调
2007	0.785	0.036	0.168	2	严重失调
2008	0.756	0.043	0.180	2	严重失调
2009	0.929	0.031	0.170	2	严重失调
2010	0.961	0.039	0.193	2	严重失调
2011	0.990	0.054	0.232	3	中度失调
2012	0.990	0.068	0.260	3	中度失调
2013	0.981	0.080	0.280	3	中度失调
2014	0.970	0.085	0.287	3	中度失调
2015	0.979	0.096	0.306	4	轻度失调
2016	0.973	0.102	0.315	4	轻度失调
2017	0.946	0.112	0.325	4	轻度失调
2018	0.967	0.134	0.360	4	轻度失调
2019	0.951	0.148	0.376	4	轻度失调
2020	0.976	0.185	0.425	5	濒临失调
2021	0.986	0.219	0.465	5	濒临失调

表 4-47　安徽省政府财政拨款的耦合协调度结果

年份	耦合度 C 值	协调指数 T 值	耦合协调度 D 值	协调等级	耦合协调程度
2000	0.961	0.016	0.124	2	严重失调
2001	0.956	0.016	0.124	2	严重失调
2002	0.905	0.020	0.135	2	严重失调
2003	0.911	0.020	0.135	2	严重失调
2004	0.881	0.022	0.140	2	严重失调
2005	0.874	0.024	0.143	2	严重失调
2006	0.874	0.024	0.145	2	严重失调
2007	0.861	0.028	0.155	2	严重失调
2008	0.875	0.029	0.158	2	严重失调
2009	0.960	0.027	0.162	2	严重失调
2010	0.986	0.033	0.181	2	严重失调
2011	1.000	0.047	0.217	3	中度失调
2012	1.000	0.059	0.242	3	中度失调
2013	0.996	0.071	0.266	3	中度失调
2014	0.994	0.072	0.267	3	中度失调
2015	1.000	0.078	0.280	3	中度失调
2016	1.000	0.079	0.281	3	中度失调
2017	0.998	0.081	0.284	3	中度失调
2018	1.000	0.098	0.312	4	轻度失调
2019	0.999	0.098	0.314	4	轻度失调
2020	0.996	0.132	0.363	4	轻度失调
2021	0.986	0.156	0.393	4	轻度失调

表 4-48　安徽省金融机构贷款的耦合协调度结果

年份	耦合度 C 值	协调指数 T 值	耦合协调度 D 值	协调等级	耦合协调程度
2000	0.997	0.013	0.112	2	严重失调
2001	1.000	0.012	0.108	2	严重失调
2002	0.998	0.011	0.104	2	严重失调
2003	0.990	0.014	0.116	2	严重失调
2004	0.998	0.011	0.105	2	严重失调
2005	0.996	0.011	0.105	2	严重失调

续表

年份	耦合度 C 值	协调指数 T 值	耦合协调度 D 值	协调等级	耦合协调程度
2006	0.995	0.011	0.106	2	严重失调
2007	0.990	0.012	0.109	2	严重失调
2008	0.993	0.013	0.114	2	严重失调
2009	0.845	0.042	0.189	2	严重失调
2010	0.942	0.042	0.199	2	严重失调
2011	0.999	0.049	0.221	3	中度失调
2012	0.995	0.065	0.254	3	中度失调
2013	1.000	0.066	0.257	3	中度失调
2014	0.988	0.076	0.274	3	中度失调
2015	0.999	0.079	0.282	3	中度失调
2016	0.999	0.083	0.287	3	中度失调
2017	0.949	0.110	0.323	4	轻度失调
2018	1.000	0.103	0.320	4	轻度失调
2019	0.987	0.122	0.347	4	轻度失调
2020	1.000	0.141	0.376	4	轻度失调
2021	0.990	0.160	0.398	4	轻度失调

表 4-49　安徽省企业自有资金的耦合协调度结果

年份	耦合度 C 值	协调指数 T 值	耦合协调度 D 值	协调等级	耦合协调程度
2000	0.982	0.014	0.118	2	严重失调
2001	0.971	0.015	0.120	2	严重失调
2002	0.952	0.017	0.126	2	严重失调
2003	0.937	0.018	0.130	2	严重失调
2004	0.905	0.020	0.136	2	严重失调
2005	0.895	0.022	0.140	2	严重失调
2006	0.867	0.025	0.147	2	严重失调
2007	0.845	0.030	0.158	2	严重失调
2008	0.796	0.038	0.173	2	严重失调
2009	0.954	0.028	0.163	2	严重失调
2010	0.976	0.036	0.187	2	严重失调
2011	0.997	0.051	0.225	3	中度失调

续表

年份	耦合度 C 值	协调指数 T 值	耦合协调度 D 值	协调等级	耦合协调程度
2012	0.997	0.064	0.252	3	中度失调
2013	0.993	0.074	0.271	3	中度失调
2014	0.985	0.078	0.277	3	中度失调
2015	0.988	0.090	0.298	3	中度失调
2016	0.981	0.097	0.309	4	轻度失调
2017	0.958	0.106	0.318	4	轻度失调
2018	0.974	0.129	0.354	4	轻度失调
2019	0.957	0.145	0.372	4	轻度失调
2020	0.981	0.179	0.419	5	濒临失调
2021	0.989	0.214	0.460	5	濒临失调

3.3 江西省耦合协调度分析

江西省科技金融与科技创新耦合协调度的结论如下：科研经费总额与科技创新耦合协调度、政府财政拨款与科技创新耦合协调度、金融机构贷款与科技创新耦合协调度和企业自有资金与科技创新耦合协调度在 2000 年至 2021 年间一直处于失调状态。其中科研经费总额与科技创新耦合协调度在 2020 年进入轻度失调状态；政府财政拨款与科技创新耦合协调度于 2021 年进入轻度失调状态；金融机构贷款与科技创新耦合协调度在 2016 年进入中度失调状态；企业自有资金与科技创新耦合协调度于 2020 年进入轻度失调状态。

江西省科技金融与科技创新耦合协调度的结论显示，在不同方面存在失调状态。这可能是由于多种因素导致的。首先，科研经费总额与科技创新耦合协调度在 2020 年进入轻度失调状态，这可能是由于科研经费的投入不足或者分配不均，无法满足科技创新的需求。尽管江西省已经在科研经费的投入上做出了努力，但可能还需要进一步提高科研经费的规模和效率，以更好地支持科技创新。其次，政府财政拨款与科技创新耦合协调度于 2021 年进入轻度失调状态，这可能是由于政府对科技创新的财政支持力度不够，导致科技创新项目无法获得充分的资金支持。为了改善这种情况，政府可能需要加大对科技创新的财政支持力度，并优化资金分配机制，确保资金能够更有效地流向有潜力的科技创新项目。再者，金融机构贷款与科技创新耦合协调度在 2016 年进入中度失调状态，这可能是由于金融机构对科技创新项目的贷款支持力度不足，无法满足科技创新企业的融资需求。为了改善这种情况，金融机构可能需要加大对科技创新项目的贷款支持，并提供更灵活和定制化的金融产品，以满足科技创新企业的融资需求。最后，企业自有资金与科技创新耦合协调度于 2020 年进入轻度失调状态，这可能是由于企业自身对科技创新的投入不足，缺乏足够的自主创新能力。为了改善这种情况，企业可能需要加大对科技创新的投入，提高自主创新能力，并通过培训和指导等方式，提高员工对科技创新的认识和重视程度。综上所述，江西省科技金融与科技创新耦合协调度的失调状态可能是由于科研经费投入不足、政府财政支持力度不足、金融机构贷款支持力度不足以及企业自身投入不足等原因造成的。为了改善这种失调状态，需要政府、金融机构和企业共同努力，加大对科技创新的支持和投入，优化资源配置，推动科技金融与科技创新的协调发展。

表 4-50　江西省科研经费总额的耦合协调度结果

年份	耦合度 C 值	协调指数 T 值	耦合协调度 D 值	协调等级	耦合协调程度
2000	0.994	0.013	0.112	2	严重失调
2001	0.991	0.013	0.112	2	严重失调
2002	0.988	0.013	0.114	2	严重失调
2003	0.981	0.014	0.117	2	严重失调
2004	0.965	0.015	0.121	2	严重失调
2005	0.953	0.016	0.125	2	严重失调
2006	0.922	0.019	0.132	2	严重失调
2007	0.897	0.022	0.140	2	严重失调
2008	0.869	0.025	0.147	2	严重失调
2009	0.934	0.021	0.138	2	严重失调
2010	0.938	0.023	0.146	2	严重失调
2011	0.940	0.025	0.152	2	严重失调
2012	0.946	0.028	0.163	2	严重失调
2013	0.942	0.032	0.173	2	严重失调
2014	0.956	0.036	0.186	2	严重失调
2015	0.986	0.044	0.209	3	中度失调
2016	0.990	0.053	0.228	3	中度失调
2017	0.978	0.059	0.241	3	中度失调
2018	0.995	0.077	0.277	3	中度失调
2019	0.989	0.090	0.298	3	中度失调
2020	0.998	0.107	0.327	4	轻度失调
2021	0.999	0.126	0.354	4	轻度失调

表 4-51　江西省政府财政拨款的耦合协调度结果

年份	耦合度 C 值	协调指数 T 值	耦合协调度 D 值	协调等级	耦合协调程度
2000	0.996	0.012	0.110	2	严重失调
2001	0.990	0.013	0.113	2	严重失调
2002	0.987	0.013	0.114	2	严重失调
2003	0.989	0.013	0.115	2	严重失调

续表

年份	耦合度 C 值	协调指数 T 值	耦合协调度 D 值	协调等级	耦合协调程度
2004	0.979	0.014	0.118	2	严重失调
2005	0.985	0.014	0.117	2	严重失调
2006	0.964	0.016	0.124	2	严重失调
2007	0.935	0.019	0.133	2	严重失调
2008	0.925	0.020	0.137	2	严重失调
2009	0.962	0.018	0.132	2	严重失调
2010	0.975	0.019	0.136	2	严重失调
2011	0.979	0.020	0.141	2	严重失调
2012	0.990	0.022	0.148	2	严重失调
2013	0.987	0.025	0.157	2	严重失调
2014	0.996	0.028	0.167	2	严重失调
2015	0.995	0.034	0.183	2	严重失调
2016	0.973	0.037	0.189	2	严重失调
2017	0.986	0.040	0.199	2	严重失调
2018	0.966	0.055	0.231	3	中度失调
2019	0.991	0.067	0.258	3	中度失调
2020	0.964	0.079	0.276	3	中度失调
2021	0.966	0.095	0.302	4	轻度失调

表 4-52　江西省金融机构贷款的耦合协调度结果

年份	耦合度 C 值	协调指数 T 值	耦合协调度 D 值	协调等级	耦合协调程度
2000	1.000	0.011	0.106	2	严重失调
2001	1.000	0.011	0.104	2	严重失调
2002	1.000	0.011	0.104	2	严重失调
2003	1.000	0.011	0.105	2	严重失调
2004	0.992	0.013	0.113	2	严重失调
2005	0.980	0.014	0.118	2	严重失调
2006	0.972	0.015	0.122	2	严重失调
2007	0.987	0.015	0.120	2	严重失调
2008	0.949	0.018	0.132	2	严重失调
2009	0.961	0.018	0.132	2	严重失调

续表

年份	耦合度 C 值	协调指数 T 值	耦合协调度 D 值	协调等级	耦合协调程度
2010	0.980	0.019	0.135	2	严重失调
2011	0.982	0.020	0.140	2	严重失调
2012	0.979	0.024	0.153	2	严重失调
2013	0.925	0.034	0.178	2	严重失调
2014	0.992	0.029	0.170	2	严重失调
2015	0.994	0.034	0.183	2	严重失调
2016	0.994	0.041	0.201	3	中度失调
2017	0.994	0.042	0.205	3	中度失调
2018	0.934	0.051	0.218	3	中度失调
2019	0.960	0.060	0.239	3	中度失调
2020	0.800	0.063	0.224	3	中度失调
2021	0.889	0.082	0.270	3	中度失调

表 4-53　江西省企业自有资金的耦合协调度结果

年份	耦合度 C 值	协调指数 T 值	耦合协调度 D 值	协调等级	耦合协调程度
2000	0.997	0.012	0.109	2	严重失调
2001	0.997	0.012	0.109	2	严重失调
2002	0.995	0.012	0.111	2	严重失调
2003	0.988	0.013	0.115	2	严重失调
2004	0.977	0.014	0.118	2	严重失调
2005	0.962	0.016	0.123	2	严重失调
2006	0.936	0.018	0.130	2	严重失调
2007	0.926	0.020	0.135	2	严重失调
2008	0.896	0.022	0.142	2	严重失调
2009	0.947	0.019	0.136	2	严重失调
2010	0.947	0.022	0.144	2	严重失调
2011	0.949	0.024	0.150	2	严重失调
2012	0.953	0.027	0.161	2	严重失调
2013	0.954	0.030	0.170	2	严重失调
2014	0.962	0.035	0.183	2	严重失调
2015	0.988	0.044	0.208	3	中度失调

续表

年份	耦合度 C 值	协调指数 T 值	耦合协调度 D 值	协调等级	耦合协调程度
2016	0.990	0.053	0.229	3	中度失调
2017	0.977	0.060	0.241	3	中度失调
2018	0.994	0.077	0.277	3	中度失调
2019	0.991	0.088	0.296	3	中度失调
2020	0.998	0.107	0.327	4	轻度失调
2021	0.999	0.124	0.352	4	轻度失调

3.4 湖北省耦合协调度分析

湖北省科技金融与科技创新耦合协调度的结论如下：科研经费总额与科技创新耦合协调度、政府财政拨款与科技创新耦合协调度、金融机构贷款与科技创新耦合协调度和企业自有资金与科技创新耦合协调度在 2000 年至 2021 年间一直处于失调状态。其中科研经费总额与科技创新耦合协调度在 2020 年进入濒临失调状态；政府财政拨款与科技创新耦合协调度于 2018 年进入轻度失调状态，并于 2021 年进入濒临失调状态；金融机构贷款与科技创新耦合协调度在 2019 年进入轻失调状态，并于 2021 年进入濒临失调状态；企业自有资金与科技创新耦合协调度于 2020 年进入濒临失调状态。

湖北省科技金融与科技创新耦合协调度普遍失调可能是由于多种因素导致的。首先，政策支持是推动科技金融与科技创新有效耦合的重要因素。然而，湖北省在政策制定方面可能存在不足。可能存在政策制定不明确、执行不力、支持力度不够等问题，从而导致科技金融与科技创新无法有效对接。其次，科技金融与科技创新的协调度也与发展环境密切相关。湖北省科技创新生态链可能存在不完善的问题，包括科技创新资源匮乏、创新人才短缺、科技创新文化不够浓厚等。这些因素会阻碍科技金融与科技创新的有效协调。再次，科技创新与科技金融的耦合度也受到经济基础的影响。湖北省的经济基础可能无法满足科技创新和科技金融的需求，包括产业结构单一、企业创新能力不足等问题，这些限制了科技金融与科技创新的有效协调。另外，科技金融与科技创新的协调度与创新产出的水平密切相关。湖北省科技创新产出可能存在不足，包括科技成果转化率低、创新项目质量不高等问题。这些将影响科技金融与科技创新的有效耦合。最后，科技金融与科技创新的协调度还与研发投入有关。湖北省可能在科技研发投入方面存在不足，包括科研经费匮乏、科技创新机构不足等问题，这些将制约科技金融与科技创新的有机结合。

表 4-54　湖北省科研经费总额的耦合协调度结果

年份	耦合度 C 值	协调指数 T 值	耦合协调度 D 值	协调等级	耦合协调程度
2000	0.873	0.024	0.145	2	严重失调
2001	0.864	0.025	0.147	2	严重失调
2002	0.877	0.024	0.145	2	严重失调
2003	0.873	0.026	0.150	2	严重失调

续表

年份	耦合度 C 值	协调指数 T 值	耦合协调度 D 值	协调等级	耦合协调程度
2004	0.856	0.028	0.155	2	严重失调
2005	0.835	0.032	0.163	2	严重失调
2006	0.821	0.036	0.171	2	严重失调
2007	0.813	0.042	0.184	2	严重失调
2008	0.776	0.052	0.201	3	中度失调
2009	0.887	0.042	0.193	2	严重失调
2010	0.903	0.052	0.216	3	中度失调
2011	0.879	0.060	0.229	3	中度失调
2012	0.883	0.070	0.249	3	中度失调
2013	0.880	0.080	0.266	3	中度失调
2014	0.850	0.088	0.274	3	中度失调
2015	0.885	0.100	0.298	3	中度失调
2016	0.885	0.107	0.307	4	轻度失调
2017	0.872	0.121	0.325	4	轻度失调
2018	0.898	0.146	0.362	4	轻度失调
2019	0.894	0.168	0.388	4	轻度失调
2020	0.950	0.195	0.430	5	濒临失调
2021	0.974	0.239	0.482	5	濒临失调

表 4-55　湖北省政府财政拨款的耦合协调度结果

年份	耦合度 C 值	协调指数 T 值	耦合协调度 D 值	协调等级	耦合协调程度
2000	0.915	0.021	0.138	2	严重失调
2001	0.898	0.022	0.141	2	严重失调
2002	0.868	0.025	0.146	2	严重失调
2003	0.873	0.026	0.150	2	严重失调
2004	0.882	0.026	0.151	2	严重失调
2005	0.841	0.031	0.162	2	严重失调
2006	0.829	0.035	0.169	2	严重失调
2007	0.803	0.043	0.186	2	严重失调
2008	0.804	0.048	0.196	2	严重失调
2009	0.909	0.039	0.188	2	严重失调

续表

年份	耦合度 C 值	协调指数 T 值	耦合协调度 D 值	协调等级	耦合协调程度
2010	0.939	0.045	0.205	3	中度失调
2011	0.927	0.050	0.215	3	中度失调
2012	0.937	0.058	0.232	3	中度失调
2013	0.941	0.064	0.245	3	中度失调
2014	0.931	0.066	0.247	3	中度失调
2015	0.962	0.074	0.266	3	中度失调
2016	0.957	0.080	0.277	3	中度失调
2017	0.944	0.092	0.295	3	中度失调
2018	0.956	0.116	0.333	4	轻度失调
2019	0.966	0.125	0.348	4	轻度失调
2020	0.987	0.160	0.397	4	轻度失调
2021	0.998	0.174	0.417	5	濒临失调

表 4-56　湖北省金融机构贷款的耦合协调度结果

年份	耦合度 C 值	协调指数 T 值	耦合协调度 D 值	协调等级	耦合协调程度
2000	0.991	0.014	0.119	2	严重失调
2001	0.974	0.016	0.125	2	严重失调
2002	0.994	0.014	0.117	2	严重失调
2003	1.000	0.013	0.115	2	严重失调
2004	0.983	0.017	0.128	2	严重失调
2005	0.988	0.012	0.110	2	严重失调
2006	0.993	0.014	0.116	2	严重失调
2007	0.964	0.014	0.115	2	严重失调
2008	0.971	0.016	0.123	2	严重失调
2009	0.938	0.035	0.180	2	严重失调
2010	0.949	0.043	0.202	3	中度失调
2011	0.928	0.050	0.215	3	中度失调
2012	0.938	0.057	0.232	3	中度失调
2013	0.941	0.064	0.245	3	中度失调
2014	0.941	0.063	0.244	3	中度失调
2015	0.942	0.080	0.275	3	中度失调

续表

年份	耦合度 C 值	协调指数 T 值	耦合协调度 D 值	协调等级	耦合协调程度
2016	0.955	0.081	0.278	3	中度失调
2017	0.975	0.080	0.279	3	中度失调
2018	0.999	0.086	0.293	3	中度失调
2019	0.925	0.150	0.373	4	轻度失调
2020	0.998	0.126	0.355	4	轻度失调
2021	0.999	0.191	0.437	5	濒临失调

表 4-57　湖北省企业自有资金的耦合协调度结果

年份	耦合度 C 值	协调指数 T 值	耦合协调度 D 值	协调等级	耦合协调程度
2000	0.917	0.021	0.137	2	严重失调
2001	0.910	0.021	0.139	2	严重失调
2002	0.929	0.020	0.135	2	严重失调
2003	0.924	0.021	0.140	2	严重失调
2004	0.911	0.023	0.145	2	严重失调
2005	0.890	0.026	0.153	2	严重失调
2006	0.888	0.028	0.158	2	严重失调
2007	0.887	0.032	0.169	2	严重失调
2008	0.836	0.043	0.189	2	严重失调
2009	0.919	0.037	0.186	2	严重失调
2010	0.928	0.047	0.209	3	中度失调
2011	0.906	0.054	0.222	3	中度失调
2012	0.908	0.064	0.242	3	中度失调
2013	0.903	0.074	0.258	3	中度失调
2014	0.870	0.082	0.267	3	中度失调
2015	0.902	0.094	0.291	3	中度失调
2016	0.904	0.100	0.300	3	中度失调
2017	0.892	0.113	0.318	4	轻度失调
2018	0.918	0.136	0.353	4	轻度失调
2019	0.914	0.156	0.378	4	轻度失调
2020	0.966	0.181	0.418	5	濒临失调
2021	0.980	0.229	0.474	5	濒临失调

3.5 山西省耦合协调度分析

山西省科技金融与科技创新耦合协调度的结论如下：科研经费总额与科技创新耦合协调度、政府财政拨款与科技创新耦合协调度、金融机构贷款与科技创新耦合协调度和企业自有资金与科技创新耦合协调度在2000年至2021年间一直处于失调状态。其中科研经费总额与科技创新耦合协调度在2019年进入中度失调状态；政府财政拨款与科技创新耦合协调度于2021年进入中度失调状态；金融机构贷款与科技创新耦合协调度在2021年进入中度失调状态；企业自有资金与科技创新耦合协调度于2020年进入中度失调状态。

山西省科技金融与科技创新耦合协调度的失调状态可能源于多个因素，这些因素都与该省的科技金融和科技创新发展现状密切相关。首先，科研经费总额与科技创新耦合协调度在2019年进入中度失调状态。这可能是由于山西省的科研经费投入相对较低，而且分配可能存在一定的不均衡性。尽管山西省在近年来已经增加了对科研的投入，但是与其科技创新需求相比，这些投入可能仍然不足。此外，科研经费的使用效率也可能需要进一步提高。其次，政府财政拨款与科技创新耦合协调度于2021年进入中度失调状态。这可能反映出山西省政府对科技创新的财政支持力度不够。虽然政府已经在一定程度上提供了财政支持，但是这些支持可能还无法满足科技创新项目的资金需求。因此，政府可能需要进一步增加对科技创新的财政支持，并优化资金分配机制。再者，金融机构贷款与科技创新耦合协调度在2021年进入中度失调状态。这可能是由于山西省的金融机构对科技创新项目的贷款支持力度不足。尽管金融机构已经在一定程度上提供了贷款支持，但是这些支持可能还无法满足科技创新企业的融资需求。因此，金融机构可能需要进一步增加对科技创新项目的贷款支持，并提供更灵活和定制化的金融产品。最后，企业自有资金与科技创新耦合协调度在2020年进入中度失调状态。这可能是由于山西省的企业自身对科技创新的投入不足，缺乏足够的自主创新能力。为了改善这种情况，企业可能需要加大对科技创新的投入，提高自主创新能力，并通过培训和指导等方式，提高员工对科技创新的认识和重视程度。

综上所述，山西省科技金融与科技创新耦合协调度的失调状态可能是由于科研经费投入不足、政府财政支持力度不足、金融机构贷款支持力度不足以及企业自身投入不足等原因造成的。为了改善这种失调状态，需要政府、金融机构和企业共同努力，加大对科技创新的支持和投入，优化资源配置，推动科技金融与科技创新的协调发展。

表4-58 山西省科研经费总额的耦合协调度结果

年份	耦合度 C 值	协调指数 T 值	耦合协调度 D 值	协调等级	耦合协调程度
2000	0.974	0.014	0.118	2	严重失调
2001	0.971	0.015	0.119	2	严重失调
2002	0.959	0.015	0.121	2	严重失调
2003	0.951	0.016	0.124	2	严重失调
2004	0.918	0.019	0.131	2	严重失调
2005	0.900	0.020	0.134	2	严重失调

续表

年份	耦合度 C 值	协调指数 T 值	耦合协调度 D 值	协调等级	耦合协调程度
2006	0.830	0.026	0.147	2	严重失调
2007	0.779	0.033	0.159	2	严重失调
2008	0.772	0.034	0.163	2	严重失调
2009	0.931	0.021	0.141	2	严重失调
2010	0.939	0.023	0.148	2	严重失调
2011	0.912	0.026	0.155	2	严重失调
2012	0.918	0.030	0.166	2	严重失调
2013	0.910	0.033	0.174	2	严重失调
2014	0.911	0.033	0.173	2	严重失调
2015	0.945	0.031	0.172	2	严重失调
2016	0.945	0.031	0.173	2	严重失调
2017	0.942	0.034	0.179	2	严重失调
2018	0.947	0.040	0.194	2	严重失调
2019	0.946	0.042	0.200	3	中度失调
2020	0.980	0.051	0.223	3	中度失调
2021	0.988	0.061	0.246	3	中度失调

表 4-59　山西省政府财政拨款的耦合协调度结果

年份	耦合度 C 值	协调指数 T 值	耦合协调度 D 值	协调等级	耦合协调程度
2000	0.982	0.014	0.115	2	严重失调
2001	0.972	0.014	0.119	2	严重失调
2002	0.972	0.014	0.118	2	严重失调
2003	0.971	0.015	0.120	2	严重失调
2004	0.963	0.015	0.122	2	严重失调
2005	0.951	0.016	0.125	2	严重失调
2006	0.944	0.017	0.127	2	严重失调
2007	0.933	0.019	0.133	2	严重失调
2008	0.925	0.020	0.137	2	严重失调
2009	0.980	0.017	0.129	2	严重失调
2010	0.991	0.018	0.132	2	严重失调
2011	0.985	0.019	0.136	2	严重失调

续表

年份	耦合度 C 值	协调指数 T 值	耦合协调度 D 值	协调等级	耦合协调程度
2012	0.990	0.021	0.144	2	严重失调
2013	0.979	0.025	0.155	2	严重失调
2014	0.990	0.023	0.149	2	严重失调
2015	0.987	0.025	0.158	2	严重失调
2016	0.986	0.026	0.159	2	严重失调
2017	0.996	0.025	0.157	2	严重失调
2018	0.995	0.030	0.172	2	严重失调
2019	0.995	0.032	0.178	2	严重失调
2020	0.992	0.036	0.189	2	严重失调
2021	0.984	0.044	0.208	3	中度失调

表 4-60　山西省金融机构贷款的耦合协调度结果

年份	耦合度 C 值	协调指数 T 值	耦合协调度 D 值	协调等级	耦合协调程度
2000	0.999	0.011	0.102	2	严重失调
2001	0.999	0.011	0.103	2	严重失调
2002	0.999	0.011	0.102	2	严重失调
2003	0.998	0.011	0.103	2	严重失调
2004	0.998	0.011	0.103	2	严重失调
2005	0.999	0.011	0.104	2	严重失调
2006	0.999	0.011	0.105	2	严重失调
2007	0.998	0.012	0.107	2	严重失调
2008	0.994	0.011	0.106	2	严重失调
2009	0.981	0.017	0.128	2	严重失调
2010	0.992	0.017	0.131	2	严重失调
2011	0.936	0.024	0.150	2	严重失调
2012	0.963	0.025	0.154	2	严重失调
2013	0.976	0.025	0.156	2	严重失调
2014	0.989	0.023	0.150	2	严重失调
2015	0.984	0.026	0.159	2	严重失调
2016	0.988	0.025	0.158	2	严重失调
2017	0.988	0.027	0.163	2	严重失调

续表

年份	耦合度 C 值	协调指数 T 值	耦合协调度 D 值	协调等级	耦合协调程度
2018	1.000	0.026	0.162	2	严重失调
2019	0.993	0.032	0.179	2	严重失调
2020	0.992	0.036	0.189	2	严重失调
2021	0.998	0.055	0.235	3	中度失调

表 4-61　山西省企业自有资金的耦合协调度结果

年份	耦合度 C 值	协调指数 T 值	耦合协调度 D 值	协调等级	耦合协调程度
2000	0.992	0.013	0.112	2	严重失调
2001	0.987	0.013	0.114	2	严重失调
2002	0.978	0.014	0.116	2	严重失调
2003	0.969	0.015	0.120	2	严重失调
2004	0.937	0.017	0.127	2	严重失调
2005	0.922	0.018	0.130	2	严重失调
2006	0.843	0.025	0.145	2	严重失调
2007	0.783	0.032	0.159	2	严重失调
2008	0.778	0.034	0.162	2	严重失调
2009	0.936	0.021	0.140	2	严重失调
2010	0.941	0.023	0.147	2	严重失调
2011	0.917	0.026	0.154	2	严重失调
2012	0.448	0.170	0.276	3	中度失调
2013	0.917	0.033	0.173	2	严重失调
2014	0.912	0.033	0.173	2	严重失调
2015	0.954	0.030	0.170	2	严重失调
2016	0.955	0.030	0.170	2	严重失调
2017	0.946	0.034	0.178	2	严重失调
2018	0.953	0.039	0.192	2	严重失调
2019	0.953	0.041	0.198	2	严重失调
2020	0.980	0.051	0.223	3	中度失调
2021	0.990	0.061	0.245	3	中度失调

3.6　黑龙江耦合协调度分析

黑龙江省科技金融与科技创新耦合协调度的结论如下：科研经费总额与科技创新耦合

协调度、政府财政拨款与科技创新耦合协调度、金融机构贷款与科技创新耦合协调度和企业自有资金与科技创新耦合协调度在2000年至2021年间一直处于失调状态。其中科研经费总额与科技创新耦合协调度在2020年进入中度失调状态；政府财政拨款与科技创新耦合协调度于2012年进入并一直保持中度失调状态；金融机构贷款与科技创新耦合协调度在2019年进入中度失调状态，2020年恶化至严重失调状态，并于2021年恢复至中度协调状态；企业自有资金与科技创新耦合协调度于2021年进入中度失调状态。

黑龙江省科技金融与科技创新耦合协调度的失调，主要原因可能在于以下几个方面：首先，科研经费总额与科技创新耦合协调度的失调，可能是由于科研经费的使用效率不高。尽管科研经费总额有所增加，但如果这些资金没有被有效地用于科技创新活动，例如研发、技术改造等，那么科研经费的增加并不能带来科技创新能力的提升。此外，科研经费的分配也可能存在问题，如果大部分科研经费都集中在少数项目或机构，而其他具有潜力的项目或机构得不到足够的支持，那么整体的科技创新能力也会受到影响。其次，政府财政拨款与科技创新耦合协调度的失调，可能是由于政府对科技创新的支持力度不够。政府财政拨款是推动科技创新的重要手段，如果政府的投入不足，或者投入的方式和方向不正确，那么科技创新的进程就会受到阻碍。例如，政府可能过于关注短期的经济效益，而忽视了长期的科技创新投入，或者政府的投入过于集中在某些领域，而忽视了其他具有潜力的领域。

综上所述，黑龙江省科技金融与科技创新耦合协调度的失调，可能是由于科研经费使用效率低下，以及政府对科技创新支持不足等原因导致的。为了改善这种情况，需要从提高科研经费的使用效率，优化科研经费的分配，以及增强政府对科技创新的支持等方面进行努力。

表 4-62　黑龙江省科研经费总额的耦合协调度结果

年份	耦合度 C 值	协调指数 T 值	耦合协调度 D 值	协调等级	耦合协调程度
2000	0.970	0.016	0.126	2	严重失调
2001	0.954	0.017	0.128	2	严重失调
2002	0.950	0.018	0.130	2	严重失调
2003	0.939	0.020	0.137	2	严重失调
2004	0.926	0.021	0.140	2	严重失调
2005	0.914	0.022	0.142	2	严重失调
2006	0.902	0.025	0.149	2	严重失调
2007	0.879	0.028	0.157	2	严重失调
2008	0.861	0.031	0.162	2	严重失调
2009	0.919	0.026	0.154	2	严重失调
2010	0.923	0.028	0.162	2	严重失调
2011	0.964	0.032	0.176	2	严重失调
2012	0.987	0.039	0.196	2	严重失调

续表

年份	耦合度 C 值	协调指数 T 值	耦合协调度 D 值	协调等级	耦合协调程度
2013	0.977	0.041	0.200	2	严重失调
2014	0.959	0.038	0.191	2	严重失调
2015	0.978	0.040	0.197	2	严重失调
2016	0.977	0.038	0.194	2	严重失调
2017	0.981	0.038	0.192	2	严重失调
2018	0.990	0.037	0.191	2	严重失调
2019	0.986	0.039	0.196	2	严重失调
2020	0.995	0.047	0.216	3	中度失调
2021	1.000	0.055	0.235	3	中度失调

表 4-63　黑龙江省政府财政拨款的耦合协调度结果

年份	耦合度 C 值	协调指数 T 值	耦合协调度 D 值	协调等级	耦合协调程度
2000	0.976	0.016	0.125	2	严重失调
2001	0.962	0.017	0.126	2	严重失调
2002	0.953	0.018	0.129	2	严重失调
2003	0.933	0.020	0.138	2	严重失调
2004	0.947	0.019	0.135	2	严重失调
2005	0.912	0.022	0.143	2	严重失调
2006	0.923	0.023	0.145	2	严重失调
2007	0.851	0.031	0.163	2	严重失调
2008	0.837	0.033	0.167	2	严重失调
2009	0.885	0.029	0.161	2	严重失调
2010	0.920	0.029	0.163	2	严重失调
2011	0.970	0.031	0.174	2	严重失调
2012	0.967	0.044	0.206	3	中度失调
2013	0.938	0.049	0.215	3	中度失调
2014	0.925	0.044	0.202	3	中度失调
2015	0.939	0.048	0.211	3	中度失调
2016	0.957	0.042	0.202	3	中度失调
2017	0.960	0.042	0.201	3	中度失调
2018	0.968	0.042	0.203	3	中度失调

续表

年份	耦合度 C 值	协调指数 T 值	耦合协调度 D 值	协调等级	耦合协调程度
2019	0.972	0.042	0.203	3	中度失调
2020	0.970	0.055	0.232	3	中度失调
2021	0.995	0.060	0.243	3	中度失调

表 4-64　黑龙江省金融机构贷款的耦合协调度结果

年份	耦合度 C 值	协调指数 T 值	耦合协调度 D 值	协调等级	耦合协调程度
2000	0.997	0.012	0.108	2	严重失调
2001	0.999	0.013	0.112	2	严重失调
2002	0.999	0.013	0.113	2	严重失调
2003	1.000	0.013	0.115	2	严重失调
2004	0.991	0.012	0.107	2	严重失调
2005	0.996	0.012	0.110	2	严重失调
2006	0.992	0.012	0.111	2	严重失调
2007	0.983	0.012	0.111	2	严重失调
2008	0.992	0.017	0.131	2	严重失调
2009	0.977	0.020	0.139	2	严重失调
2010	0.928	0.028	0.161	2	严重失调
2011	1.000	0.024	0.153	2	严重失调
2012	0.990	0.029	0.168	2	严重失调
2013	0.986	0.028	0.165	2	严重失调
2014	0.991	0.031	0.176	2	严重失调
2015	0.992	0.036	0.188	2	严重失调
2016	0.980	0.038	0.192	2	严重失调
2017	0.998	0.033	0.180	2	严重失调
2018	1.000	0.031	0.177	2	严重失调
2019	0.940	0.049	0.215	3	中度失调
2020	0.992	0.037	0.192	2	严重失调
2021	0.947	0.079	0.273	3	中度失调

表 4-65　黑龙江省企业自有资金的耦合协调度结果

年份	耦合度 C 值	协调指数 T 值	耦合协调度 D 值	协调等级	耦合协调程度
2000	0.992	0.014	0.119	2	严重失调
2001	0.984	0.015	0.120	2	严重失调
2002	0.984	0.015	0.121	2	严重失调
2003	0.977	0.017	0.127	2	严重失调
2004	0.958	0.018	0.133	2	严重失调
2005	0.961	0.018	0.132	2	严重失调
2006	0.938	0.021	0.142	2	严重失调
2007	0.942	0.022	0.145	2	严重失调
2008	0.923	0.024	0.150	2	严重失调
2009	0.958	0.022	0.145	2	严重失调
2010	0.955	0.025	0.154	2	严重失调
2011	0.981	0.029	0.170	2	严重失调
2012	1.000	0.033	0.183	2	严重失调
2013	0.999	0.034	0.184	2	严重失调
2014	0.990	0.032	0.177	2	严重失调
2015	0.999	0.032	0.180	2	严重失调
2016	0.997	0.033	0.181	2	严重失调
2017	0.998	0.032	0.180	2	严重失调
2018	1.000	0.032	0.178	2	严重失调
2019	1.000	0.033	0.181	2	严重失调
2020	0.998	0.039	0.199	2	严重失调
2021	0.990	0.047	0.216	3	中度失调

3.7　吉林省耦合协调度分析

吉林省科技金融与科技创新耦合协调度的结论如下：科研经费总额与科技创新耦合协调度、政府财政拨款与科技创新耦合协调度、金融机构贷款与科技创新耦合协调度和企业自有资金与科技创新耦合协调度在 2000 年至 2021 年间一直处于失调状态。其中科研经费总额与科技创新耦合协调度在 2020 年进入中度失调状态；政府财政拨款与科技创新耦合协调度于 2019 年进入并一直保持中度失调状态；金融机构贷款与科技创新耦合协调度一直处于严重失调状态；企业自有资金与科技创新耦合协调度近年来一直处于严重失调状态，于 2021 年进入中度失调状态。

吉林省科技金融与科技创新耦合协调度的失调状态可能反映了该省在科技创新和科技金融方面存在的一些问题。尤其是金融机构贷款与科技创新耦合协调度和企业自有资金与科技创新耦合协调度的严重失调，这可能源于多个因素。首先，吉林省的金融机构可能对科技创新项目的风险评估过于保守，导致贷款支持力度不足。科技创新项目通常具有高风险、高投入和长周期的特点，这可能使得金融机构在贷款决策时过于谨慎。此外，金融机构可能也缺乏对科技创新项目的深入理解和专业评估能力，从而影响了其贷款决策。其次，吉林省的企业自身可能对科技创新的投入不足，这可能是由于企业自身的经营状况、盈利能力以及对科技创新重要性认识不足等因素造成的。如果企业自身的经营状况不佳或者盈利能力较弱，那么它们可能会更倾向于将有限的资金用于日常运营，而不是投入风险较高的科技创新项目中。同时，如果企业对科技创新的重要性认识不足，那么它们可能也不愿意投入大量的资金进行科技创新。

综上所述，吉林省科技金融与科技创新耦合协调度的失调状态可能是由于金融机构对科技创新项目的贷款支持力度不足以及企业自身对科技创新的投入不足等原因造成的。为了改善这种失调状态，吉林省可能需要在政策和实践上采取一系列措施，包括鼓励金融机构为科技创新项目提供更多的贷款支持，以及促进企业增加对科技创新的投入。

表 4-66　吉林省科研经费总额的耦合协调度结果

年份	耦合度 C 值	协调指数 T 值	耦合协调度 D 值	协调等级	耦合协调程度
2000	0.979	0.015	0.120	2	严重失调
2001	0.966	0.016	0.123	2	严重失调
2002	0.936	0.018	0.129	2	严重失调
2003	0.940	0.018	0.130	2	严重失调
2004	0.946	0.018	0.131	2	严重失调
2005	0.886	0.023	0.142	2	严重失调
2006	0.882	0.024	0.145	2	严重失调
2007	0.867	0.026	0.151	2	严重失调
2008	0.877	0.026	0.150	2	严重失调
2009	0.931	0.021	0.141	2	严重失调
2010	0.952	0.021	0.142	2	严重失调
2011	0.942	0.023	0.148	2	严重失调
2012	0.929	0.026	0.156	2	严重失调
2013	0.921	0.028	0.160	2	严重失调
2014	0.914	0.029	0.164	2	严重失调
2015	0.927	0.032	0.172	2	严重失调
2016	0.939	0.032	0.174	2	严重失调
2017	0.957	0.031	0.174	2	严重失调
2018	0.982	0.031	0.176	2	严重失调
2019	0.969	0.037	0.188	2	严重失调

续表

年份	耦合度 C 值	协调指数 T 值	耦合协调度 D 值	协调等级	耦合协调程度
2020	0.991	0.043	0.205	3	中度失调
2021	0.994	0.049	0.220	3	中度失调

表 4-67　吉林省政府财政拨款的耦合协调度结果

年份	耦合度 C 值	协调指数 T 值	耦合协调度 D 值	协调等级	耦合协调程度
2000	0.982	0.015	0.119	2	严重失调
2001	0.972	0.015	0.121	2	严重失调
2002	0.956	0.016	0.125	2	严重失调
2003	0.961	0.016	0.125	2	严重失调
2004	0.958	0.017	0.129	2	严重失调
2005	0.945	0.018	0.131	2	严重失调
2006	0.928	0.020	0.136	2	严重失调
2007	0.897	0.024	0.145	2	严重失调
2008	0.890	0.024	0.147	2	严重失调
2009	0.926	0.022	0.142	2	严重失调
2010	0.924	0.024	0.149	2	严重失调
2011	0.913	0.026	0.154	2	严重失调
2012	0.900	0.029	0.163	2	严重失调
2013	0.894	0.031	0.165	2	严重失调
2014	0.890	0.032	0.169	2	严重失调
2015	0.897	0.036	0.179	2	严重失调
2016	0.931	0.033	0.176	2	严重失调
2017	0.929	0.036	0.182	2	严重失调
2018	0.940	0.039	0.191	2	严重失调
2019	0.872	0.054	0.216	3	中度失调
2020	0.964	0.050	0.220	3	中度失调
2021	0.969	0.058	0.237	3	中度失调

表 4-68　吉林省金融机构贷款的耦合协调度结果

年份	耦合度 C 值	协调指数 T 值	耦合协调度 D 值	协调等级	耦合协调程度
2000	1.000	0.012	0.108	2	严重失调
2001	0.995	0.013	0.113	2	严重失调
2002	0.998	0.011	0.104	2	严重失调
2003	0.999	0.011	0.106	2	严重失调
2004	0.995	0.011	0.106	2	严重失调
2005	0.999	0.012	0.108	2	严重失调
2006	0.998	0.012	0.108	2	严重失调
2007	0.996	0.012	0.110	2	严重失调
2008	0.995	0.012	0.109	2	严重失调
2009	0.966	0.018	0.133	2	严重失调
2010	0.962	0.020	0.140	2	严重失调
2011	0.978	0.020	0.138	2	严重失调
2012	0.951	0.024	0.151	2	严重失调
2013	0.926	0.027	0.159	2	严重失调
2014	0.973	0.023	0.149	2	严重失调
2015	1.000	0.020	0.142	2	严重失调
2016	0.999	0.022	0.149	2	严重失调
2017	1.000	0.023	0.150	2	严重失调
2018	0.997	0.024	0.154	2	严重失调
2019	0.984	0.033	0.181	2	严重失调
2020	0.971	0.030	0.170	2	严重失调
2021	0.949	0.033	0.177	2	严重失调

表 4-69　吉林省企业自有资金的耦合协调度结果

年份	耦合度 C 值	协调指数 T 值	耦合协调度 D 值	协调等级	耦合协调程度
2000	0.994	0.013	0.114	2	严重失调
2001	0.992	0.013	0.114	2	严重失调
2002	0.960	0.016	0.124	2	严重失调
2003	0.965	0.016	0.124	2	严重失调
2004	0.971	0.016	0.126	2	严重失调
2005	0.911	0.021	0.137	2	严重失调

续表

年份	耦合度 C 值	协调指数 T 值	耦合协调度 D 值	协调等级	耦合协调程度
2006	0.908	0.022	0.140	2	严重失调
2007	0.903	0.023	0.144	2	严重失调
2008	0.912	0.022	0.143	2	严重失调
2009	0.957	0.019	0.135	2	严重失调
2010	0.980	0.018	0.134	2	严重失调
2011	0.973	0.020	0.140	2	严重失调
2012	0.966	0.022	0.147	2	严重失调
2013	0.960	0.023	0.150	2	严重失调
2014	0.953	0.025	0.154	2	严重失调
2015	0.963	0.027	0.162	2	严重失调
2016	0.965	0.029	0.166	2	严重失调
2017	0.985	0.027	0.163	2	严重失调
2018	1.000	0.026	0.162	2	严重失调
2019	1.000	0.027	0.163	2	严重失调
2020	1.000	0.036	0.190	2	严重失调
2021	0.999	0.041	0.204	3	中度失调

4. 西部地区耦合协调度分析

4.1　四川省耦合协调度分析

四川省科技金融与科技创新耦合协调度的结论如下：科研经费总额与科技创新耦合协调度、金融机构贷款与科技创新耦合协调度和企业自有资金与科技创新耦合协调度在2000年至2021年间一直处于失调状态；只有政府财政拨款与科技创新耦合协调度在2021年处于勉强协调状态。其中科研经费总额与科技创新耦合协调度在2020年进入濒临失调状态；政府财政拨款与科技创新耦合协调度于2018年进入濒临失调状态、并于2021年进入勉强协调状态；金融机构贷款与科技创新耦合协调度在2020年进入濒临失调状态；企业自有资金与科技创新耦合协调度于2021年进入濒临失调状态。

基于此，我们对四川省科技金融于科技创新耦合协调度普遍失调的原因进行了以下分析：首先，科研经费总额与科技创新耦合协调度长期处于失调状态，可能原因之一是科技金融和科技创新需要一个良好的发展环境相互支持，但四川省在科技创新方面可能存在创新生态不完善、创新资源匮乏、科研机构与企业之间缺乏合作等问题，进而导致耦合失调；其次，政府财政拨款与科技创新耦合协调度仅于2021年起勉强协调，可能原因之一是四川省政府对科技创新的支持力度不够，缺乏相应的金融政策和激励措施，导致科技企业难以获得足够的资金支持；再次，金融机构贷款与科技创新耦合协调度长期处于失调状态，可能原因之一是经济基础相对薄弱或者产业结构不适宜，导致金融机构信贷市场规模难以进一步扩张；最后，企业自有资金与科技创新耦合协调度长期处于失调状态，可能原因之一是研发投入不足，导致科技创新的能力和水平可能受到限制，进而影响科技金融的需求和支持。

表 4-70　四川省科研经费总额的耦合协调度结果

年份	耦合度 C 值	协调指数 T 值	耦合协调度 D 值	协调等级	耦合协调程度
2000	0.901	0.024	0.147	2	严重失调
2001	0.872	0.027	0.153	2	严重失调
2002	0.851	0.029	0.157	2	严重失调
2003	0.840	0.032	0.163	2	严重失调
2004	0.823	0.034	0.168	2	严重失调
2005	0.772	0.041	0.179	2	严重失调
2006	0.785	0.047	0.192	2	严重失调
2007	0.799	0.053	0.206	3	中度失调
2008	0.805	0.061	0.222	3	中度失调
2009	0.951	0.047	0.212	3	中度失调
2010	0.973	0.060	0.242	3	中度失调
2011	0.947	0.062	0.242	3	中度失调
2012	0.969	0.076	0.272	3	中度失调
2013	0.963	0.085	0.285	3	中度失调
2014	0.951	0.091	0.294	3	中度失调
2015	0.973	0.108	0.324	4	轻度失调
2016	0.956	0.113	0.329	4	轻度失调
2017	0.941	0.124	0.341	4	轻度失调
2018	0.962	0.149	0.378	4	轻度失调
2019	0.929	0.162	0.388	4	轻度失调
2020	0.940	0.200	0.433	5	濒临失调
2021	0.962	0.241	0.481	5	濒临失调

表 4-71　四川省政府财政拨款的耦合协调度结果

年份	耦合度 C 值	协调指数 T 值	耦合协调度 D 值	协调等级	耦合协调程度
2000	0.838	0.030	0.158	2	严重失调
2001	0.798	0.034	0.166	2	严重失调
2002	0.782	0.036	0.169	2	严重失调

续表

年份	耦合度 C 值	协调指数 T 值	耦合协调度 D 值	协调等级	耦合协调程度
2003	0.772	0.040	0.175	2	严重失调
2004	0.787	0.039	0.175	2	严重失调
2005	0.726	0.048	0.187	2	严重失调
2006	0.716	0.059	0.206	3	中度失调
2007	0.760	0.060	0.214	3	中度失调
2008	0.751	0.073	0.235	3	中度失调
2009	0.871	0.064	0.236	3	中度失调
2010	0.875	0.089	0.280	3	中度失调
2011	0.853	0.088	0.273	3	中度失调
2012	0.894	0.104	0.305	4	轻度失调
2013	0.928	0.099	0.302	4	轻度失调
2014	0.889	0.116	0.321	4	轻度失调
2015	0.911	0.141	0.359	4	轻度失调
2016	0.896	0.144	0.359	4	轻度失调
2017	0.896	0.147	0.363	4	轻度失调
2018	0.918	0.179	0.405	5	濒临失调
2019	0.891	0.187	0.408	5	濒临失调
2020	0.888	0.244	0.465	5	濒临失调
2021	0.905	0.304	0.525	6	勉强协调

表 4-72　四川省金融机构贷款的耦合协调度结果

年份	耦合度 C 值	协调指数 T 值	耦合协调度 D 值	协调等级	耦合协调程度
2000	0.996	0.012	0.111	2	严重失调
2001	0.999	0.014	0.119	2	严重失调
2002	0.995	0.013	0.112	2	严重失调
2003	0.993	0.013	0.113	2	严重失调
2004	0.997	0.014	0.117	2	严重失调
2005	0.983	0.013	0.112	2	严重失调
2006	0.995	0.016	0.127	2	严重失调
2007	0.997	0.023	0.151	2	严重失调
2008	0.919	0.018	0.128	2	严重失调

续表

年份	耦合度 C 值	协调指数 T 值	耦合协调度 D 值	协调等级	耦合协调程度
2009	0.992	0.037	0.192	2	严重失调
2010	0.996	0.042	0.205	3	中度失调
2011	0.995	0.046	0.215	3	中度失调
2012	0.995	0.064	0.252	3	中度失调
2013	0.791	0.159	0.355	4	轻度失调
2014	0.867	0.125	0.329	4	轻度失调
2015	0.951	0.120	0.338	4	轻度失调
2016	0.948	0.118	0.334	4	轻度失调
2017	0.927	0.131	0.348	4	轻度失调
2018	0.997	0.118	0.343	4	轻度失调
2019	0.919	0.169	0.394	4	轻度失调
2020	0.896	0.237	0.461	5	濒临失调
2021	0.975	0.225	0.469	5	濒临失调

表 4-73　四川省企业自有资金的耦合协调度结果

年份	耦合度 C 值	协调指数 T 值	耦合协调度 D 值	协调等级	耦合协调程度
2000	0.980	0.017	0.129	2	严重失调
2001	0.966	0.019	0.134	2	严重失调
2002	0.952	0.020	0.137	2	严重失调
2003	0.942	0.022	0.143	2	严重失调
2004	0.906	0.026	0.153	2	严重失调
2005	0.859	0.031	0.163	2	严重失调
2006	0.885	0.034	0.172	2	严重失调
2007	0.887	0.039	0.186	2	严重失调
2008	0.897	0.045	0.200	3	中度失调
2009	0.996	0.036	0.189	2	严重失调
2010	0.998	0.043	0.208	3	中度失调
2011	0.998	0.045	0.212	3	中度失调
2012	1.000	0.057	0.239	3	中度失调
2013	0.999	0.064	0.253	3	中度失调
2014	0.997	0.068	0.260	3	中度失调

续表

年份	耦合度 C 值	协调指数 T 值	耦合协调度 D 值	协调等级	耦合协调程度
2015	1.000	0.081	0.284	3	中度失调
2016	0.997	0.086	0.294	3	中度失调
2017	0.988	0.097	0.309	4	轻度失调
2018	0.996	0.119	0.344	4	轻度失调
2019	0.979	0.128	0.354	4	轻度失调
2020	0.991	0.152	0.388	4	轻度失调
2021	0.999	0.185	0.429	5	濒临失调

4.2　重庆市耦合协调度分析

重庆市科技金融与科技创新耦合协调度的结论如下：科研经费总额与科技创新耦合协调度、政府财政拨款与科技创新耦合协调度、金融机构贷款与科技创新耦合协调度和企业自有资金与科技创新耦合协调度在 2000 年至 2021 年间一直处于失调状态。其中科研经费总额与科技创新耦合协调度在 2020 年进入轻度失调状态；政府财政拨款与科技创新耦合协调度于 2015 年进入中度失调状态并长期存续在此状态；金融机构贷款与科技创新耦合协调度在 2020 年进入轻度失调状态；企业自有资金与科技创新耦合协调度于 2021 年进入濒临失调状态。

基于此，我们对重庆市科技金融于科技创新耦合协调度普遍失调的原因进行了以下分析：首先，科研经费总额与科技创新耦合协调度长期处于失调状态，可能原因之一是经济发展增速不稳定，进而影响科研经费总额的投入和分配；其次，政府财政拨款与科技创新耦合协调度长期处于失调状态，可能原因之一是科研机构的研究能力、科技人员的素质、科技项目的选择和管理能力等方面存在问题，进而影响到科研经费的有效利用和科技创新的推进；再次，金融机构贷款与科技创新耦合协调度长期处于失调状态，可能原因之一是政策措施、创新引导和科研经费安排不够合理或不稳定，可能导致金融机构投入的失调；最后，企业自有资金与科技创新耦合协调度长期处于失调状态，可能原因之一是研发投入不足，导致科技创新的能力和水平可能受到限制，进而影响科技金融的需求和支持。

表 4-74 重庆市科研经费总额的耦合协调度结果

年份	耦合度 C 值	协调指数 T 值	耦合协调度 D 值	协调等级	耦合协调程度
2000	0.976	0.014	0.118	2	严重失调
2001	0.968	0.015	0.121	2	严重失调
2002	0.973	0.016	0.123	2	严重失调
2003	0.975	0.017	0.129	2	严重失调
2004	0.968	0.019	0.134	2	严重失调
2005	0.944	0.021	0.140	2	严重失调

续表

年份	耦合度 C 值	协调指数 T 值	耦合协调度 D 值	协调等级	耦合协调程度
2006	0.947	0.022	0.145	2	严重失调
2007	0.922	0.025	0.153	2	严重失调
2008	0.876	0.030	0.161	2	严重失调
2009	0.975	0.024	0.151	2	严重失调
2010	0.984	0.029	0.168	2	严重失调
2011	0.981	0.034	0.183	2	严重失调
2012	0.981	0.041	0.200	2	严重失调
2013	0.987	0.045	0.211	3	中度失调
2014	0.975	0.048	0.216	3	中度失调
2015	0.991	0.062	0.247	3	中度失调
2016	0.984	0.071	0.264	3	中度失调
2017	0.942	0.074	0.264	3	中度失调
2018	0.959	0.086	0.286	3	中度失调
2019	0.935	0.092	0.293	3	中度失调
2020	0.949	0.105	0.316	4	轻度失调
2021	0.970	0.126	0.350	4	轻度失调

表 4-75　重庆市政府财政拨款的耦合协调度结果

年份	耦合度 C 值	协调指数 T 值	耦合协调度 D 值	协调等级	耦合协调程度
2000	0.987	0.013	0.115	2	严重失调
2001	0.991	0.013	0.113	2	严重失调
2002	0.991	0.014	0.117	2	严重失调
2003	0.996	0.014	0.120	2	严重失调
2004	0.994	0.016	0.125	2	严重失调
2005	0.986	0.017	0.128	2	严重失调
2006	0.990	0.018	0.132	2	严重失调
2007	0.982	0.019	0.137	2	严重失调
2008	0.971	0.020	0.140	2	严重失调
2009	0.997	0.020	0.141	2	严重失调
2010	0.998	0.025	0.158	2	严重失调
2011	0.999	0.027	0.163	2	严重失调

续表

年份	耦合度 C 值	协调指数 T 值	耦合协调度 D 值	协调等级	耦合协调程度
2012	0.997	0.030	0.174	2	严重失调
2013	0.991	0.033	0.182	2	严重失调
2014	0.991	0.033	0.180	2	严重失调
2015	0.988	0.046	0.214	3	中度失调
2016	0.993	0.052	0.227	3	中度失调
2017	1.000	0.050	0.224	3	中度失调
2018	0.999	0.064	0.253	3	中度失调
2019	0.994	0.066	0.257	3	中度失调
2020	1.000	0.073	0.269	3	中度失调
2021	0.997	0.089	0.298	3	中度失调

表 4-76　重庆市金融机构贷款的耦合协调度结果

年份	耦合度 C 值	协调指数 T 值	耦合协调度 D 值	协调等级	耦合协调程度
2000	0.998	0.012	0.109	2	严重失调
2001	0.995	0.013	0.112	2	严重失调
2002	0.998	0.013	0.113	2	严重失调
2003	0.997	0.014	0.119	2	严重失调
2004	0.996	0.013	0.113	2	严重失调
2005	0.999	0.013	0.115	2	严重失调
2006	0.996	0.014	0.118	2	严重失调
2007	0.992	0.014	0.117	2	严重失调
2008	0.983	0.013	0.113	2	严重失调
2009	0.993	0.021	0.144	2	严重失调
2010	0.994	0.026	0.162	2	严重失调
2011	0.974	0.035	0.186	2	严重失调
2012	0.938	0.050	0.217	3	中度失调
2013	0.996	0.042	0.204	3	中度失调
2014	0.999	0.036	0.190	2	严重失调
2015	0.986	0.046	0.213	3	中度失调
2016	0.984	0.070	0.263	3	中度失调
2017	0.945	0.073	0.262	3	中度失调

续表

年份	耦合度 C 值	协调指数 T 值	耦合协调度 D 值	协调等级	耦合协调程度
2018	0.976	0.078	0.276	3	中度失调
2019	0.955	0.084	0.283	3	中度失调
2020	0.963	0.099	0.309	4	轻度失调
2021	0.972	0.125	0.349	4	轻度失调

表 4-77　重庆市企业自有资金的耦合协调度结果

年份	耦合度 C 值	协调指数 T 值	耦合协调度 D 值	协调等级	耦合协调程度
2000	0.991	0.013	0.113	2	严重失调
2001	0.985	0.014	0.116	2	严重失调
2002	0.985	0.014	0.119	2	严重失调
2003	0.984	0.016	0.125	2	严重失调
2004	0.978	0.018	0.132	2	严重失调
2005	0.956	0.020	0.137	2	严重失调
2006	0.964	0.021	0.141	2	严重失调
2007	0.943	0.023	0.148	2	严重失调
2008	0.906	0.027	0.155	2	严重失调
2009	0.981	0.023	0.149	2	严重失调
2010	0.990	0.027	0.164	2	严重失调
2011	0.986	0.033	0.180	2	严重失调
2012	0.987	0.039	0.196	2	严重失调
2013	0.989	0.044	0.209	3	中度失调
2014	0.974	0.048	0.216	3	中度失调
2015	0.993	0.061	0.245	3	中度失调
2016	0.988	0.068	0.260	3	中度失调
2017	0.949	0.071	0.260	3	中度失调
2018	0.969	0.081	0.281	3	中度失调
2019	0.947	0.087	0.288	3	中度失调
2020	0.957	0.101	0.312	4	轻度失调
2021	0.999	0.185	0.429	5	濒临失调

4.3　贵州省耦合协调度分析

贵州省科技金融与科技创新耦合协调度的结论如下：科研经费总额与科技创新耦合协

调度、政府财政拨款与科技创新耦合协调度、金融机构贷款与科技创新耦合协调度和企业自有资金与科技创新耦合协调度在2000年至2021年间一直处于失调状态。其中，科研经费总额与科技创新耦合协调度在2020年进入轻度失调状态；政府财政拨款与科技创新耦合协调度2020年进入中度失调状态；金融机构贷款与科技创新耦合协调度在2021年进入中度失调状态；企业自有资金与科技创新耦合协调度于2020年进入中度失调状态。

基于此，我们对贵州省科技金融于科技创新耦合协调度普遍失调的原因进行了如下分析：首先，科研经费总额与科技创新耦合协调度长期处于失调状态，可能原因之一是2000年至2021年间，贵州省的经济发展经历了快速增长和产业结构调整的过程，在这个过程中，科技创新可能没有得到足够的重视和支持，导致科研经费总额与科技创新耦合协调度失调；其次，政府财政拨款与科技创新耦合协调度长期处于失调状态，可能原因之一是在经济发展的初期阶段，政府可能更关注基础设施建设和社会事务支出，而对于科技创新的重视程度可能较低。这可能导致政府财政拨款与科技创新耦合协调度失调；再次，金融机构贷款与科技创新耦合协调度长期处于失调状态，可能原因之一是金融机构可能更愿意向传统行业提供贷款，而科技创新项目的风险较高，金融机构可能对于提供贷款持保留态度，导致金融机构贷款与科技创新耦合协调度失调；最后，企业自有资金与科技创新耦合协调度长期处于失调状态，可能原因之一是贵州省在2000年至2021年间的研发能力可能相对较弱，导致企业自有资金与科技创新耦合协调度失调。

表4-78　贵州省科研经费总额的耦合协调度结果

年份	耦合度 C 值	协调指数 T 值	耦合协调度 D 值	协调等级	耦合协调程度
2000	0.996	0.012	0.108	2	严重失调
2001	0.993	0.012	0.110	2	严重失调
2002	0.990	0.013	0.111	2	严重失调
2003	0.986	0.013	0.114	2	严重失调
2004	0.980	0.014	0.118	2	严重失调
2005	0.974	0.015	0.122	2	严重失调
2006	0.956	0.017	0.127	2	严重失调
2007	0.992	0.014	0.118	2	严重失调
2008	0.994	0.015	0.122	2	严重失调
2009	0.990	0.016	0.126	2	严重失调
2010	0.997	0.018	0.134	2	严重失调
2011	0.999	0.020	0.141	2	严重失调
2012	0.999	0.022	0.148	2	严重失调
2013	1.000	0.025	0.159	2	严重失调
2014	0.993	0.024	0.156	2	严重失调
2015	0.988	0.028	0.167	2	严重失调

续表

年份	耦合度 C 值	协调指数 T 值	耦合协调度 D 值	协调等级	耦合协调程度
2016	0.995	0.035	0.188	2	严重失调
2017	0.996	0.041	0.203	3	中度失调
2018	1.000	0.049	0.221	3	中度失调
2019	1.000	0.054	0.232	3	中度失调
2020	0.949	0.105	0.316	4	轻度失调
2021	0.970	0.126	0.350	4	轻度失调

表 4-79 贵州省政府财政拨款的耦合协调度结果

年份	耦合度 C 值	协调指数 T 值	耦合协调度 D 值	协调等级	耦合协调程度
2000	0.999	0.011	0.106	2	严重失调
2001	0.998	0.011	0.107	2	严重失调
2002	0.995	0.012	0.108	2	严重失调
2003	0.995	0.012	0.109	2	严重失调
2004	0.996	0.012	0.108	2	严重失调
2005	0.994	0.012	0.110	2	严重失调
2006	0.991	0.013	0.114	2	严重失调
2007	0.987	0.014	0.118	2	严重失调
2008	0.979	0.015	0.121	2	严重失调
2009	0.999	0.013	0.114	2	严重失调
2010	0.998	0.014	0.120	2	严重失调
2011	0.999	0.014	0.120	2	严重失调
2012	1.000	0.017	0.129	2	严重失调
2013	1.000	0.019	0.138	2	严重失调
2014	1.000	0.021	0.144	2	严重失调
2015	0.997	0.024	0.155	2	严重失调
2016	1.000	0.022	0.147	2	严重失调
2017	0.993	0.027	0.165	2	严重失调
2018	1.000	0.031	0.177	2	严重失调
2019	1.000	0.038	0.195	2	严重失调
2020	0.999	0.047	0.217	3	中度失调
2021	0.994	0.049	0.220	3	中度失调

表 4-80　贵州省金融机构贷款的耦合协调度结果

年份	耦合度 C 值	协调指数 T 值	耦合协调度 D 值	协调等级	耦合协调程度
2000	1.000	0.010	0.102	2	严重失调
2001	1.000	0.010	0.102	2	严重失调
2002	1.000	0.011	0.103	2	严重失调
2003	0.992	0.012	0.110	2	严重失调
2004	1.000	0.011	0.104	2	严重失调
2005	0.990	0.013	0.112	2	严重失调
2006	0.989	0.013	0.115	2	严重失调
2007	0.990	0.014	0.117	2	严重失调
2008	1.000	0.012	0.108	2	严重失调
2009	0.953	0.018	0.129	2	严重失调
2010	0.972	0.017	0.130	2	严重失调
2011	0.982	0.017	0.129	2	严重失调
2012	0.953	0.024	0.151	2	严重失调
2013	0.983	0.023	0.151	2	严重失调
2014	0.991	0.025	0.156	2	严重失调
2015	0.991	0.030	0.172	2	严重失调
2016	0.978	0.027	0.163	2	严重失调
2017	0.991	0.028	0.166	2	严重失调
2018	1.000	0.032	0.179	2	严重失调
2019	0.996	0.034	0.185	2	严重失调
2020	0.959	0.038	0.192	2	严重失调
2021	0.972	0.044	0.206	3	中度失调

表 4-81　贵州省企业自有资金的耦合协调度结果

年份	耦合度 C 值	协调指数 T 值	耦合协调度 D 值	协调等级	耦合协调程度
2000	0.999	0.011	0.106	2	严重失调
2001	0.999	0.011	0.106	2	严重失调
2002	0.998	0.011	0.106	2	严重失调
2003	0.997	0.012	0.108	2	严重失调
2004	0.993	0.012	0.110	2	严重失调
2005	0.991	0.013	0.112	2	严重失调
2006	0.988	0.013	0.115	2	严重失调

续表

年份	耦合度 C 值	协调指数 T 值	耦合协调度 D 值	协调等级	耦合协调程度
2007	0.984	0.014	0.119	2	严重失调
2008	0.969	0.016	0.124	2	严重失调
2009	0.995	0.014	0.116	2	严重失调
2010	0.997	0.014	0.120	2	严重失调
2011	0.993	0.016	0.124	2	严重失调
2012	0.999	0.017	0.132	2	严重失调
2013	1.000	0.019	0.137	2	严重失调
2014	1.000	0.021	0.145	2	严重失调
2015	0.996	0.024	0.154	2	严重失调
2016	0.997	0.023	0.152	2	严重失调
2017	0.997	0.026	0.162	2	严重失调
2018	0.998	0.034	0.183	2	严重失调
2019	1.000	0.039	0.196	2	严重失调
2020	0.997	0.046	0.214	3	中度失调
2021	0.998	0.051	0.225	3	中度失调

4.4 广西壮族自治区耦合协调度分析

广西壮族自治区科技金融与科技创新耦合协调度的结论如下：科研经费总额与科技创新耦合协调度、政府财政拨款与科技创新耦合协调度、金融机构贷款与科技创新耦合协调度和企业自有资金与科技创新耦合协调度在2000年至2021年间长期处于失调状态。其中，科研经费总额与科技创新耦合协调度在2019年进入中度失调状态；政府财政拨款与科技创新耦合协调度2019年进入中度失调状态；金融机构贷款与科技创新耦合协调度在2020年进入中度失调状态；企业自有资金与科技创新耦合协调度于2020年进入中度失调状态。

基于此，我们对广西壮族自治区科技金融于科技创新耦合协调度普遍失调的原因进行了如下分析：首先，科研经费总额与科技创新耦合协调度长期处于失调状态，可能原因之一是宏观经济状况对科技创新和科研经费的投入起着重要影响，如果经济增长不稳定或衰退，政府可能会减少对科研经费的投入，从而导致科技创新的耦合度下降；其次，政府财政拨款与科技创新耦合协调度长期处于失调状态，可能原因之一是广西壮族自治区政府财政预算分配不足或者科研经费的优先级不高，导致科技创新的耦合度下降；再次，金融机构贷款与科技创新耦合协调度长期处于失调状态，可能原因之一是信贷市场不发达，对科技创新的支持力度不够，企业难以获得足够的贷款资金，导致科技创新的耦合度下降；最后，企业自有资金与科技创新耦合协调度长期处于失调状态，可能原因之一是缺乏研发人员和设备等资源，导致科研经费与科技创新的耦合度下降。

表 4-82　广西壮族自治区科研经费总额的耦合协调度结果

年份	耦合度 C 值	协调指数 T 值	耦合协调度 D 值	协调等级	耦合协调程度
2000	0.991	0.013	0.113	2	严重失调
2001	0.990	0.013	0.114	2	严重失调
2002	0.985	0.013	0.115	2	严重失调
2003	0.972	0.015	0.120	2	严重失调
2004	0.965	0.015	0.122	2	严重失调
2005	0.947	0.017	0.126	2	严重失调
2006	0.955	0.016	0.125	2	严重失调
2007	0.939	0.018	0.131	2	严重失调
2008	0.908	0.021	0.139	2	严重失调
2009	0.973	0.017	0.128	2	严重失调
2010	0.962	0.019	0.136	2	严重失调
2011	0.946	0.022	0.144	2	严重失调
2012	0.943	0.025	0.153	2	严重失调
2013	0.951	0.027	0.161	2	严重失调
2014	0.961	0.029	0.166	2	严重失调
2015	0.986	0.030	0.173	2	严重失调
2016	0.984	0.032	0.178	2	严重失调
2017	0.971	0.036	0.186	2	严重失调
2018	0.989	0.039	0.196	2	严重失调
2019	0.985	0.043	0.205	3	中度失调
2020	1.000	0.050	0.224	3	中度失调
2021	0.999	0.060	0.246	3	中度失调

表 4-83　广西壮族自治区政府财政拨款的耦合协调度结果

年份	耦合度 C 值	协调指数 T 值	耦合协调度 D 值	协调等级	耦合协调程度
2000	0.993	0.013	0.112	2	严重失调
2001	0.998	0.012	0.109	2	严重失调
2002	0.991	0.013	0.113	2	严重失调
2003	0.986	0.014	0.116	2	严重失调
2004	0.982	0.014	0.117	2	严重失调
2005	0.981	0.014	0.117	2	严重失调

续表

年份	耦合度 C 值	协调指数 T 值	耦合协调度 D 值	协调等级	耦合协调程度
2006	0.971	0.015	0.121	2	严重失调
2007	0.964	0.016	0.126	2	严重失调
2008	0.962	0.017	0.128	2	严重失调
2009	0.985	0.016	0.124	2	严重失调
2010	0.977	0.018	0.132	2	严重失调
2011	0.976	0.019	0.136	2	严重失调
2012	0.973	0.022	0.145	2	严重失调
2013	0.986	0.023	0.149	2	严重失调
2014	0.988	0.025	0.156	2	严重失调
2015	0.997	0.027	0.165	2	严重失调
2016	0.996	0.029	0.170	2	严重失调
2017	0.979	0.034	0.182	2	严重失调
2018	0.989	0.039	0.195	2	严重失调
2019	0.991	0.041	0.201	3	中度失调
2020	0.996	0.045	0.211	3	中度失调
2021	0.972	0.051	0.222	3	中度失调

表 4-84　广西壮族自治区金融机构贷款的耦合协调度结果

年份	耦合度 C 值	协调指数 T 值	耦合协调度 D 值	协调等级	耦合协调程度
2000	0.999	0.011	0.104	2	严重失调
2001	1.000	0.011	0.105	2	严重失调
2002	1.000	0.011	0.104	2	严重失调
2003	0.999	0.011	0.104	2	严重失调
2004	0.998	0.011	0.103	2	严重失调
2005	0.999	0.011	0.104	2	严重失调
2006	0.999	0.011	0.105	2	严重失调
2007	0.997	0.011	0.105	2	严重失调
2008	0.995	0.014	0.117	2	严重失调
2009	0.978	0.016	0.127	2	严重失调
2010	0.971	0.018	0.134	2	严重失调
2011	0.942	0.022	0.145	2	严重失调

续表

年份	耦合度 C 值	协调指数 T 值	耦合协调度 D 值	协调等级	耦合协调程度
2012	0.911	0.028	0.160	2	严重失调
2013	0.919	0.031	0.169	2	严重失调
2014	0.946	0.031	0.171	2	严重失调
2015	0.982	0.031	0.175	2	严重失调
2016	0.983	0.033	0.179	2	严重失调
2017	0.969	0.036	0.187	2	严重失调
2018	0.984	0.040	0.199	2	严重失调
2019	0.997	0.038	0.195	2	严重失调
2020	0.990	0.043	0.205	3	中度失调
2021	0.996	0.057	0.239	3	中度失调

表 4-85　广西壮族自治区企业自有资金的耦合协调度结果

年份	耦合度 C 值	协调指数 T 值	耦合协调度 D 值	协调等级	耦合协调程度
2000	0.999	0.011	0.104	2	严重失调
2001	1.000	0.011	0.105	2	严重失调
2002	1.000	0.011	0.104	2	严重失调
2003	0.999	0.011	0.104	2	严重失调
2004	0.998	0.011	0.103	2	严重失调
2005	0.999	0.011	0.104	2	严重失调
2006	0.999	0.011	0.105	2	严重失调
2007	0.997	0.011	0.105	2	严重失调
2008	0.995	0.014	0.117	2	严重失调
2009	0.978	0.016	0.127	2	严重失调
2010	0.971	0.018	0.134	2	严重失调
2011	0.942	0.022	0.145	2	严重失调
2012	0.911	0.028	0.160	2	严重失调
2013	0.919	0.031	0.169	2	严重失调
2014	0.946	0.031	0.171	2	严重失调
2015	0.982	0.031	0.175	2	严重失调
2016	0.983	0.033	0.179	2	严重失调
2017	0.969	0.036	0.187	2	严重失调

续表

年份	耦合度 C 值	协调指数 T 值	耦合协调度 D 值	协调等级	耦合协调程度
2018	0.984	0.040	0.199	2	严重失调
2019	0.997	0.038	0.195	2	严重失调
2020	0.990	0.043	0.205	3	中度失调
2021	0.996	0.057	0.239	3	中度失调

4.5 云南省耦合协调度分析

云南省科技金融与科技创新耦合协调度的结论如下：科研经费总额与科技创新耦合协调度、政府财政拨款与科技创新耦合协调度、金融机构贷款与科技创新耦合协调度和企业自有资金与科技创新耦合协调度在 2000 年至 2021 年间长期处于失调状态。其中，科研经费总额与科技创新耦合协调度在 2018 年进入中度失调状态；政府财政拨款与科技创新耦合协调度 2019 年进入中度失调状态；金融机构贷款与科技创新耦合协调度在 2018 年进入中度失调状态；企业自有资金与科技创新耦合协调度于 2018 年进入中度失调状态。

基于此，我们对云南省科技金融于科技创新耦合协调度普遍失调的原因进行了如下分析：首先，科研经费总额与科技创新耦合协调度长期处于失调状态，可能原因之一是云南省的宏观经济状况在此期间可能存在不稳定性或衰退，导致科研经费投入总额下降；其次，政府财政拨款与科技创新耦合协调度长期处于失调状态，可能原因之一是云南省政府财政预算分配可能存在不足，科研经费的优先级可能相对较低，导致科研经费与科技创新的耦合度失调；再次，金融机构贷款与科技创新耦合协调度长期处于失调状态，可能原因之一是金融机构的贷款渠道有限，导致企业难以获得足够的贷款资金，将会限制科技创新的发展，进而导致科研经费与科技创新的耦合度失调；最后，企业自有资金与科技创新耦合协调度长期处于失调状态，可能原因之一是云南省的企业可能面临自有资金总量不足的情况，限制了企业进行研发活动的能力，进而导致科研经费与科技创新的耦合度失调。

表 4-86 云南省科研经费总额的耦合协调度结果

年份	耦合度 C 值	协调指数 T 值	耦合协调度 D 值	协调等级	耦合协调程度
2000	0.999	0.012	0.109	2	严重失调
2001	0.998	0.012	0.109	2	严重失调
2002	0.997	0.012	0.111	2	严重失调
2003	0.992	0.013	0.113	2	严重失调
2004	0.984	0.014	0.117	2	严重失调
2005	0.976	0.015	0.121	2	严重失调
2006	0.973	0.016	0.125	2	严重失调
2007	0.947	0.018	0.130	2	严重失调
2008	0.999	0.014	0.117	2	严重失调

续表

年份	耦合度 C 值	协调指数 T 值	耦合协调度 D 值	协调等级	耦合协调程度
2009	0.997	0.015	0.124	2	严重失调
2010	0.990	0.017	0.130	2	严重失调
2011	0.990	0.019	0.138	2	严重失调
2012	0.988	0.021	0.143	2	严重失调
2013	0.989	0.022	0.148	2	严重失调
2014	0.994	0.026	0.161	2	严重失调
2015	0.981	0.029	0.169	2	严重失调
2016	0.976	0.033	0.180	2	严重失调
2017	0.985	0.040	0.198	2	严重失调
2018	0.978	0.044	0.208	3	中度失调
2019	0.985	0.051	0.225	3	中度失调
2020	0.995	0.063	0.250	3	中度失调
2021	0.997	0.058	0.241	3	中度失调

表 4-87 云南省政府财政拨款的耦合协调度结果

年份	耦合度 C 值	协调指数 T 值	耦合协调度 D 值	协调等级	耦合协调程度
2000	0.982	0.014	0.117	2	严重失调
2001	0.980	0.014	0.118	2	严重失调
2002	0.972	0.015	0.119	2	严重失调
2003	0.970	0.015	0.120	2	严重失调
2004	0.962	0.016	0.122	2	严重失调
2005	0.944	0.017	0.127	2	严重失调
2006	0.934	0.018	0.131	2	严重失调
2007	0.929	0.020	0.135	2	严重失调
2008	0.910	0.021	0.138	2	严重失调
2009	0.967	0.018	0.131	2	严重失调
2010	0.969	0.019	0.135	2	严重失调
2011	0.973	0.019	0.136	2	严重失调
2012	0.970	0.022	0.145	2	严重失调
2013	0.967	0.024	0.151	2	严重失调
2014	0.976	0.024	0.154	2	严重失调

续表

年份	耦合度 C 值	协调指数 T 值	耦合协调度 D 值	协调等级	耦合协调程度
2015	0.962	0.032	0.175	2	严重失调
2016	0.965	0.032	0.175	2	严重失调
2017	0.966	0.035	0.184	2	严重失调
2018	0.987	0.039	0.196	2	严重失调
2019	0.975	0.045	0.209	3	中度失调
2020	0.991	0.049	0.221	3	中度失调
2021	1.000	0.057	0.238	3	中度失调

表 4-88　云南省金融机构贷款的耦合协调度结果

年份	耦合度 C 值	协调指数 T 值	耦合协调度 D 值	协调等级	耦合协调程度
2000	0.999	0.011	0.104	2	严重失调
2001	0.998	0.011	0.103	2	严重失调
2002	0.998	0.011	0.103	2	严重失调
2003	0.998	0.011	0.103	2	严重失调
2004	0.998	0.011	0.103	2	严重失调
2005	0.998	0.011	0.104	2	严重失调
2006	0.997	0.011	0.104	2	严重失调
2007	0.995	0.011	0.106	2	严重失调
2008	0.961	0.017	0.127	2	严重失调
2009	0.905	0.023	0.144	2	严重失调
2010	0.979	0.018	0.132	2	严重失调
2011	0.937	0.023	0.145	2	严重失调
2012	0.960	0.023	0.148	2	严重失调
2013	0.953	0.025	0.155	2	严重失调
2014	0.951	0.028	0.162	2	严重失调
2015	0.995	0.026	0.160	2	严重失调
2016	0.938	0.036	0.183	2	严重失调
2017	0.952	0.037	0.188	2	严重失调
2018	0.916	0.055	0.224	3	中度失调
2019	0.950	0.051	0.220	3	中度失调
2020	0.966	0.057	0.235	3	中度失调
2021	0.978	0.071	0.263	3	中度失调

表 4-89　云南省企业自有资金的耦合协调度结果

年份	耦合度 C 值	协调指数 T 值	耦合协调度 D 值	协调等级	耦合协调程度
2000	0.999	0.012	0.109	2	严重失调
2001	0.998	0.012	0.109	2	严重失调
2002	0.997	0.012	0.111	2	严重失调
2003	0.992	0.013	0.113	2	严重失调
2004	0.984	0.014	0.117	2	严重失调
2005	0.976	0.015	0.121	2	严重失调
2006	0.973	0.016	0.125	2	严重失调
2007	0.947	0.018	0.130	2	严重失调
2008	0.999	0.014	0.117	2	严重失调
2009	0.997	0.015	0.124	2	严重失调
2010	0.990	0.017	0.130	2	严重失调
2011	0.990	0.019	0.138	2	严重失调
2012	0.988	0.021	0.143	2	严重失调
2013	0.989	0.022	0.148	2	严重失调
2014	0.994	0.026	0.161	2	严重失调
2015	0.981	0.029	0.169	2	严重失调
2016	0.976	0.033	0.180	2	严重失调
2017	0.985	0.040	0.198	2	严重失调
2018	0.978	0.044	0.208	3	中度失调
2019	0.985	0.051	0.225	3	中度失调
2020	0.995	0.063	0.250	3	中度失调
2021	0.997	0.058	0.241	3	中度失调

4.6　陕西省耦合协调度分析

陕西省科技金融与科技创新耦合协调度的结论如下：科研经费总额与科技创新耦合协调度、政府财政拨款与科技创新耦合协调度、金融机构贷款与科技创新耦合协调度和企业自有资金与科技创新耦合协调度在 2000 年至 2021 年间长期处于失调状态。其中，科研经费总额与科技创新耦合协调度在 2019 年进入轻度失调状态；政府财政拨款与科技创新耦合协调度 2021 年进入濒临失调状态；金融机构贷款与科技创新耦合协调度在 2018 年进入轻度失调状态；企业自有资金与科技创新耦合协调度于 2020 年进入轻度失调状态。

基于此，我们对陕西省科技金融于科技创新耦合协调度普遍失调的原因进行了如下分析：首先，科研经费总额与科技创新耦合协调度长期处于失调状态，可能原因之一是陕西省的宏观经济状况在此期间可能存在不稳定性或不景气，导致政府减少了对科研经费的投入，进而降低了科研经费与科技创新的耦合协调度；其次，政府财政拨款与科技创新耦合协调度长期处于失调状态，可能原因之一是陕西省政府可能将财政资源优先用于其他方面，如基础设施建设、社会保障等，而在科研经费上的投入相对较少。这种偏好可能导致科研经费的不足，限制了科技创新的发展，进而造成科研经费与科技创新的耦合协调度失调；再次，金融机构贷款与科技创新耦合协调度长期处于失调状态，可能原因之一是由于金融机构对科技创新项目的风险意识较高，对贷款审批比较严格，或者是金融机构在科技创新领域的投资意愿不强，导致贷款供应不足；最后，企业自有资金与科技创新耦合协调度长期处于失调状态，可能原因之一是企业可能面临资金短缺的问题，导致无法投入足够的资源进行科技创新活动，进而导致企业在科技创新方面的投入不足。

表 4-90　陕西省科研经费总额的耦合协调度结果

年份	耦合度 C 值	协调指数 T 值	耦合协调度 D 值	协调等级	耦合协调程度
2000	0.893	0.021	0.137	2	严重失调
2001	0.873	0.022	0.140	2	严重失调
2002	0.854	0.024	0.144	2	严重失调
2003	0.840	0.026	0.147	2	严重失调
2004	0.802	0.030	0.156	2	严重失调
2005	0.777	0.033	0.159	2	严重失调
2006	0.787	0.033	0.162	2	严重失调
2007	0.764	0.039	0.172	2	严重失调
2008	0.747	0.044	0.182	2	严重失调
2009	0.843	0.036	0.175	2	严重失调
2010	0.870	0.042	0.191	2	严重失调
2011	0.862	0.047	0.201	3	中度失调
2012	0.867	0.053	0.215	3	中度失调
2013	0.881	0.063	0.236	3	中度失调
2014	0.882	0.067	0.244	3	中度失调
2015	0.925	0.076	0.266	3	中度失调
2016	0.963	0.088	0.291	3	中度失调
2017	0.903	0.085	0.278	3	中度失调
2018	0.906	0.098	0.298	3	中度失调
2019	0.899	0.106	0.309	4	轻度失调
2020	0.934	0.121	0.336	4	轻度失调
2021	0.966	0.144	0.373	4	轻度失调

表 4-91　陕西省政府财政拨款的耦合协调度结果

年份	耦合度 C 值	协调指数 T 值	耦合协调度 D 值	协调等级	耦合协调程度
2000	0.814	0.028	0.150	2	严重失调
2001	0.778	0.031	0.155	2	严重失调
2002	0.728	0.037	0.164	2	严重失调
2003	0.736	0.036	0.163	2	严重失调
2004	0.711	0.041	0.171	2	严重失调
2005	0.653	0.050	0.180	2	严重失调
2006	0.662	0.051	0.183	2	严重失调
2007	0.629	0.062	0.197	2	严重失调
2008	0.625	0.068	0.206	3	中度失调
2009	0.691	0.061	0.204	3	中度失调
2010	0.720	0.069	0.223	3	中度失调
2011	0.723	0.074	0.232	3	中度失调
2012	0.728	0.085	0.248	3	中度失调
2013	0.744	0.101	0.273	3	中度失调
2014	0.750	0.105	0.281	3	中度失调
2015	0.798	0.119	0.308	4	轻度失调
2016	0.866	0.129	0.334	4	轻度失调
2017	0.792	0.125	0.315	4	轻度失调
2018	0.796	0.143	0.338	4	轻度失调
2019	0.811	0.143	0.341	4	轻度失调
2020	0.866	0.156	0.367	4	轻度失调
2021	0.912	0.181	0.407	5	濒临失调

表 4-92　陕西省金融机构贷款的耦合协调度结果

年份	耦合度 C 值	协调指数 T 值	耦合协调度 D 值	协调等级	耦合协调程度
2000	0.993	0.013	0.114	2	严重失调
2001	0.965	0.015	0.122	2	严重失调
2002	0.995	0.013	0.113	2	严重失调
2003	0.996	0.013	0.113	2	严重失调
2004	0.996	0.011	0.105	2	严重失调
2005	0.999	0.012	0.107	2	严重失调

续表

年份	耦合度 C 值	协调指数 T 值	耦合协调度 D 值	协调等级	耦合协调程度
2006	0.997	0.014	0.117	2	严重失调
2007	0.988	0.012	0.109	2	严重失调
2008	0.988	0.013	0.113	2	严重失调
2009	0.785	0.044	0.186	2	严重失调
2010	0.871	0.042	0.190	2	严重失调
2011	0.883	0.043	0.196	2	严重失调
2012	0.900	0.047	0.206	3	中度失调
2013	0.855	0.069	0.243	3	中度失调
2014	0.942	0.053	0.224	3	中度失调
2015	0.990	0.055	0.234	3	中度失调
2016	1.000	0.065	0.256	3	中度失调
2017	0.937	0.075	0.265	3	中度失调
2018	0.898	0.101	0.301	4	轻度失调
2019	0.896	0.107	0.310	4	轻度失调
2020	0.962	0.107	0.321	4	轻度失调
2021	0.969	0.142	0.371	4	轻度失调

表 4-93　陕西省企业自有资金的耦合协调度结果

年份	耦合度 C 值	协调指数 T 值	耦合协调度 D 值	协调等级	耦合协调程度
2000	0.978	0.015	0.119	2	严重失调
2001	0.971	0.015	0.121	2	严重失调
2002	0.973	0.015	0.121	2	严重失调
2003	0.947	0.017	0.128	2	严重失调
2004	0.918	0.020	0.136	2	严重失调
2005	0.920	0.020	0.135	2	严重失调
2006	0.923	0.021	0.138	2	严重失调
2007	0.911	0.023	0.146	2	严重失调
2008	0.892	0.027	0.155	2	严重失调
2009	0.971	0.022	0.146	2	严重失调
2010	0.981	0.026	0.161	2	严重失调
2011	0.971	0.030	0.171	2	严重失调

续表

年份	耦合度 C 值	协调指数 T 值	耦合协调度 D 值	协调等级	耦合协调程度
2012	0.974	0.034	0.183	2	严重失调
2013	0.985	0.040	0.199	2	严重失调
2014	0.979	0.045	0.209	3	中度失调
2015	0.997	0.052	0.227	3	中度失调
2016	1.000	0.063	0.252	3	中度失调
2017	0.985	0.059	0.241	3	中度失调
2018	0.988	0.067	0.257	3	中度失调
2019	0.976	0.076	0.273	3	中度失调
2020	0.989	0.092	0.301	4	轻度失调
2021	0.999	0.111	0.333	4	轻度失调

4.7　甘肃省耦合协调度分析

甘肃省科技金融与科技创新耦合协调度的结论如下：科研经费总额与科技创新耦合协调度、政府财政拨款与科技创新耦合协调度、金融机构贷款与科技创新耦合协调度和企业自有资金与科技创新耦合协调度在2000年至2021年间长期处于失调状态。其中，科研经费总额与科技创新耦合协调度在2021年进入中度失调状态；政府财政拨款与科技创新耦合协调度2021年进入中度失调状态；金融机构贷款与科技创新耦合协调度在2021年进入中度失调状态；企业自有资金与科技创新耦合协调度长期处于严重失调状态。

基于此，我们对甘肃省科技金融于科技创新耦合协调度普遍失调的原因进行了如下分析：首先，科研经费总额与科技创新耦合协调度长期处于失调状态，可能原因之一是由于投入的资金不足或不合理分配，甘肃省在科技创新方面的投资相对较少，进而导致科研经费总额无法满足科技创新需求；其次，政府财政拨款与科技创新耦合协调度长期处于失调状态，可能原因之一是政府在财政拨款过程中可能存在审批流程烦琐、程序复杂等问题，导致科技创新项目无法及时获得资金支持；再次，金融机构贷款与科技创新耦合协调度长期处于失调状态，可能原因之一是金融机构可能对科技创新项目缺乏充分了解，无法准确评估项目的潜在价值，从而导致贷款难度增加；最后，企业自有资金与科技创新耦合协调度长期处于失调状态，可能原因之一是甘肃省的企业可能面临着融资难、融资贵等问题，导致其自有资金难以满足科技创新的需求。

表4-94　甘肃省科研经费总额的耦合协调度结果

年份	耦合度 C 值	协调指数 T 值	耦合协调度 D 值	协调等级	耦合协调程度
2000	0.986	0.013	0.111	2	严重失调
2001	0.986	0.013	0.112	2	严重失调
2002	0.981	0.013	0.112	2	严重失调

续表

年份	耦合度 C 值	协调指数 T 值	耦合协调度 D 值	协调等级	耦合协调程度
2003	0.977	0.013	0.114	2	严重失调
2004	0.964	0.014	0.117	2	严重失调
2005	0.950	0.015	0.121	2	严重失调
2006	0.931	0.017	0.126	2	严重失调
2007	0.908	0.019	0.131	2	严重失调
2008	0.902	0.020	0.133	2	严重失调
2009	0.972	0.015	0.120	2	严重失调
2010	0.971	0.016	0.124	2	严重失调
2011	0.968	0.017	0.128	2	严重失调
2012	0.965	0.019	0.136	2	严重失调
2013	0.967	0.020	0.141	2	严重失调
2014	0.959	0.022	0.145	2	严重失调
2015	0.968	0.024	0.151	2	严重失调
2016	0.972	0.025	0.155	2	严重失调
2017	0.981	0.026	0.159	2	严重失调
2018	0.992	0.029	0.171	2	严重失调
2019	0.988	0.031	0.176	2	严重失调
2020	0.999	0.035	0.186	2	严重失调
2021	1.000	0.040	0.200	3	中度失调

表 4-95　甘肃省政府财政拨款的耦合协调度结果

年份	耦合度 C 值	协调指数 T 值	耦合协调度 D 值	协调等级	耦合协调程度
2000	0.980	0.013	0.113	2	严重失调
2001	0.982	0.013	0.113	2	严重失调
2002	0.965	0.014	0.116	2	严重失调
2003	0.961	0.014	0.118	2	严重失调
2004	0.954	0.015	0.120	2	严重失调
2005	0.939	0.016	0.123	2	严重失调
2006	0.939	0.017	0.125	2	严重失调
2007	0.925	0.018	0.129	2	严重失调
2008	0.907	0.019	0.132	2	严重失调

续表

年份	耦合度 C 值	协调指数 T 值	耦合协调度 D 值	协调等级	耦合协调程度
2009	0.956	0.016	0.124	2	严重失调
2010	0.953	0.017	0.128	2	严重失调
2011	0.955	0.018	0.131	2	严重失调
2012	0.948	0.021	0.140	2	严重失调
2013	0.951	0.022	0.145	2	严重失调
2014	0.944	0.023	0.149	2	严重失调
2015	0.951	0.026	0.156	2	严重失调
2016	0.959	0.026	0.159	2	严重失调
2017	0.961	0.029	0.166	2	严重失调
2018	0.967	0.034	0.182	2	严重失调
2019	0.943	0.040	0.194	2	严重失调
2020	0.994	0.038	0.194	2	严重失调
2021	0.995	0.044	0.208	3	中度失调

表 4-96　甘肃省金融机构贷款的耦合协调度结果

年份	耦合度 C 值	协调指数 T 值	耦合协调度 D 值	协调等级	耦合协调程度
2000	1.000	0.010	0.102	2	严重失调
2001	1.000	0.010	0.101	2	严重失调
2002	1.000	0.010	0.101	2	严重失调
2003	1.000	0.010	0.102	2	严重失调
2004	1.000	0.010	0.102	2	严重失调
2005	1.000	0.011	0.104	2	严重失调
2006	1.000	0.011	0.104	2	严重失调
2007	1.000	0.011	0.104	2	严重失调
2008	0.981	0.014	0.116	2	严重失调
2009	0.946	0.017	0.126	2	严重失调
2010	0.978	0.015	0.122	2	严重失调
2011	0.962	0.017	0.129	2	严重失调
2012	0.977	0.018	0.132	2	严重失调
2013	0.992	0.017	0.132	2	严重失调
2014	0.981	0.019	0.138	2	严重失调

续表

年份	耦合度 C 值	协调指数 T 值	耦合协调度 D 值	协调等级	耦合协调程度
2015	0.987	0.021	0.144	2	严重失调
2016	0.976	0.024	0.154	2	严重失调
2017	0.977	0.026	0.161	2	严重失调
2018	0.995	0.028	0.168	2	严重失调
2019	0.988	0.031	0.176	2	严重失调
2020	0.998	0.036	0.189	2	严重失调
2021	0.999	0.041	0.202	3	中度失调

表 4-97 甘肃省企业自有资金的耦合协调度结果

年份	耦合度 C 值	协调指数 T 值	耦合协调度 D 值	协调等级	耦合协调程度
2000	0.997	0.011	0.107	2	严重失调
2001	0.996	0.012	0.107	2	严重失调
2002	0.996	0.011	0.106	2	严重失调
2003	0.995	0.012	0.108	2	严重失调
2004	0.984	0.013	0.112	2	严重失调
2005	0.971	0.014	0.116	2	严重失调
2006	0.956	0.015	0.121	2	严重失调
2007	0.933	0.017	0.127	2	严重失调
2008	0.930	0.018	0.128	2	严重失调
2009	0.987	0.013	0.115	2	严重失调
2010	0.987	0.014	0.119	2	严重失调
2011	0.984	0.015	0.123	2	严重失调
2012	0.984	0.017	0.129	2	严重失调
2013	0.986	0.018	0.134	2	严重失调
2014	0.981	0.019	0.138	2	严重失调
2015	0.989	0.021	0.143	2	严重失调
2016	0.991	0.022	0.147	2	严重失调
2017	0.997	0.022	0.150	2	严重失调
2018	1.000	0.025	0.158	2	严重失调
2019	0.999	0.026	0.160	2	严重失调
2020	0.996	0.031	0.175	2	严重失调
2021	0.994	0.035	0.187	2	严重失调

4.8　青海省耦合协调度分析

青海省科技金融与科技创新耦合协调度的结论如下：科研经费总额与科技创新耦合协调度、政府财政拨款与科技创新耦合协调度、金融机构贷款与科技创新耦合协调度和企业自有资金与科技创新耦合协调度在2000年至2021年间长期处于严重失调状态。

基于此，我们对青海省科技金融于科技创新耦合协调度普遍失调的原因进行了如下分析：首先，科研经费总额与科技创新耦合协调度长期处于严重失调状态，可能原因之一是科研经费主要集中在一些大型项目或研究机构上，而较小的企业或创新团队很难获得足够的支持，对科研项目的评估和审批过程可能存在不透明或官僚化的问题，也可能导致科研经费的不合理分配；其次，政府财政拨款与科技创新耦合协调度长期处于严重失调状态，可能原因之一是政府在科技创新方面的政策支持和激励措施的不足也可能导致科技创新耦合协调度失调；再次，金融机构贷款与科技创新耦合协调度长期处于严重失调状态，可能原因之一是金融机构可能对科技创新项目的风险认知不足或缺乏相关的评估和咨询能力，也可能导致科技创新与金融贷款的耦合协调度失调；最后，企业自有资金与科技创新耦合协调度长期处于严重失调状态，可能原因之一是一些企业可能缺乏对科技创新的重视和投入，更偏向于保守的经营模式。

表4-98　青海省科研经费总额的耦合协调度结果

年份	耦合度 C 值	协调指数 T 值	耦合协调度 D 值	协调等级	耦合协调程度
2000	1.000	0.010	0.101	2	严重失调
2001	1.000	0.010	0.102	2	严重失调
2002	0.999	0.010	0.102	2	严重失调
2003	0.999	0.010	0.102	2	严重失调
2004	0.997	0.011	0.104	2	严重失调
2005	0.997	0.011	0.104	2	严重失调
2006	0.996	0.011	0.105	2	严重失调
2007	0.994	0.011	0.106	2	严重失调
2008	0.991	0.012	0.108	2	严重失调
2009	0.999	0.011	0.103	2	严重失调
2010	0.998	0.011	0.104	2	严重失调
2011	0.997	0.011	0.107	2	严重失调
2012	0.996	0.011	0.107	2	严重失调
2013	0.996	0.012	0.107	2	严重失调
2014	0.996	0.012	0.108	2	严重失调
2015	0.999	0.012	0.108	2	严重失调
2016	0.999	0.012	0.110	2	严重失调
2017	0.997	0.013	0.112	2	严重失调

续表

年份	耦合度 C 值	协调指数 T 值	耦合协调度 D 值	协调等级	耦合协调程度
2018	1.000	0.013	0.115	2	严重失调
2019	0.999	0.014	0.117	2	严重失调
2020	1.000	0.015	0.122	2	严重失调
2021	0.999	0.017	0.129	2	严重失调

表 4-99 青海省政府财政拨款的耦合协调度结果

年份	耦合度 C 值	协调指数 T 值	耦合协调度 D 值	协调等级	耦合协调程度
2000	1.000	0.010	0.101	2	严重失调
2001	1.000	0.010	0.101	2	严重失调
2002	1.000	0.010	0.102	2	严重失调
2003	0.999	0.010	0.102	2	严重失调
2004	0.999	0.010	0.102	2	严重失调
2005	0.999	0.010	0.102	2	严重失调
2006	0.998	0.011	0.104	2	严重失调
2007	0.997	0.011	0.105	2	严重失调
2008	0.997	0.011	0.105	2	严重失调
2009	1.000	0.011	0.103	2	严重失调
2010	0.998	0.011	0.104	2	严重失调
2011	0.999	0.011	0.105	2	严重失调
2012	0.998	0.011	0.106	2	严重失调
2013	0.997	0.011	0.106	2	严重失调
2014	0.997	0.012	0.107	2	严重失调
2015	0.999	0.012	0.108	2	严重失调
2016	0.997	0.012	0.111	2	严重失调
2017	0.996	0.013	0.113	2	严重失调
2018	0.998	0.014	0.117	2	严重失调
2019	0.998	0.014	0.119	2	严重失调
2020	1.000	0.015	0.123	2	严重失调
2021	1.000	0.017	0.130	2	严重失调

表 4-100 青海省金融机构贷款的耦合协调度结果

年份	耦合度 C 值	协调指数 T 值	耦合协调度 D 值	协调等级	耦合协调程度
2000	0.983	0.012	0.110	2	严重失调
2001	0.992	0.012	0.107	2	严重失调
2002	0.997	0.011	0.104	2	严重失调
2003	1.000	0.010	0.100	2	严重失调
2004	1.000	0.010	0.101	2	严重失调
2005	1.000	0.010	0.101	2	严重失调
2006	0.999	0.010	0.102	2	严重失调
2007	0.999	0.011	0.103	2	严重失调
2008	0.999	0.011	0.104	2	严重失调
2009	0.998	0.011	0.105	2	严重失调
2010	0.998	0.011	0.104	2	严重失调
2011	0.999	0.011	0.105	2	严重失调
2012	0.998	0.011	0.106	2	严重失调
2013	0.994	0.012	0.108	2	严重失调
2014	0.999	0.011	0.105	2	严重失调
2015	1.000	0.011	0.106	2	严重失调
2016	1.000	0.011	0.106	2	严重失调
2017	1.000	0.011	0.107	2	严重失调
2018	0.999	0.012	0.111	2	严重失调
2019	1.000	0.013	0.114	2	严重失调
2020	0.985	0.013	0.113	2	严重失调
2021	0.993	0.016	0.124	2	严重失调

表 4-101　青海省企业自有资金的耦合协调度结果

年份	耦合度 C 值	协调指数 T 值	耦合协调度 D 值	协调等级	耦合协调程度
2000	1.000	0.010	0.101	2	严重失调
2001	1.000	0.010	0.101	2	严重失调
2002	0.999	0.010	0.102	2	严重失调
2003	0.999	0.010	0.102	2	严重失调
2004	0.998	0.011	0.103	2	严重失调
2005	0.997	0.011	0.104	2	严重失调

续表

年份	耦合度 C 值	协调指数 T 值	耦合协调度 D 值	协调等级	耦合协调程度
2006	0.996	0.011	0.105	2	严重失调
2007	0.995	0.011	0.106	2	严重失调
2008	0.995	0.011	0.106	2	严重失调
2009	0.999	0.011	0.104	2	严重失调
2010	0.998	0.011	0.104	2	严重失调
2011	0.997	0.011	0.107	2	严重失调
2012	0.997	0.011	0.107	2	严重失调
2013	0.997	0.011	0.107	2	严重失调
2014	0.997	0.012	0.107	2	严重失调
2015	1.000	0.012	0.108	2	严重失调
2016	1.000	0.012	0.109	2	严重失调
2017	0.999	0.012	0.111	2	严重失调
2018	1.000	0.013	0.113	2	严重失调
2019	1.000	0.013	0.115	2	严重失调
2020	0.998	0.014	0.120	2	严重失调
2021	0.996	0.016	0.126	2	严重失调

4.9 宁夏回族自治区耦合协调度分析

宁夏回族自治区科技金融与科技创新耦合协调度的结论如下：科研经费总额与科技创新耦合协调度、政府财政拨款与科技创新耦合协调度、金融机构贷款与科技创新耦合协调度和企业自有资金与科技创新耦合协调度在 2000 年至 2021 年间长期处于严重失调状态。

基于此，我们对宁夏回族自治区科技金融于科技创新耦合协调度普遍失调的原因进行了如下分析：首先，科研经费总额与科技创新耦合协调度长期处于严重失调状态，可能原因之一是宁夏回族自治区在科研经费投入方面不足，在科技创新过程中，充足的经费投入是保障科技创新能力的重要因素之一，如果科研经费总额不足，将会限制科技创新的发展，导致耦合协调度失调；其次，政府财政拨款与科技创新耦合协调度长期处于严重失调状态，可能原因之一是政府在科技金融领域的政策支持力度不够，政府的政策引导和财政拨款对科技创新的发展具有重要作用，如果政府在财政拨款方面没有给予足够的支持，很难实现科技金融与科技创新的有效耦合协调；再次，金融机构贷款与科技创新耦合协调度长期处于严重失调状态，可能原因之一是宁夏回族自治区科技企业在获得金融支持方面较为困难，在科技创新过程中，科技企业通常需要获得金融机构的贷款支持来实施科技项目和研发新产品，如果金融机构对科技创新项目的风险认识不足或缺乏相应的金融产品和服务，将导致科技创新与金融的耦合协调度失调；最后，企业自有资金与科技创新耦合协调度长期处于严重失调状态，可能原因之一是宁夏回族自治区企业在科技创新方面的投入不够，企业在科技创新中的自有资金投入是科技创新的重要驱动力之一，如果企业对科技创新的投入不足，科技金融与科技创新之间的耦合协调度将受到影响。

表 4-102　宁夏回族自治区科研经费总额的耦合协调度结果

年份	耦合度 C 值	协调指数 T 值	耦合协调度 D 值	协调等级	耦合协调程度
2000	1.000	0.010	0.102	2	严重失调
2001	1.000	0.010	0.102	2	严重失调
2002	0.999	0.011	0.103	2	严重失调
2003	1.000	0.011	0.103	2	严重失调
2004	0.999	0.011	0.104	2	严重失调
2005	0.998	0.011	0.104	2	严重失调
2006	0.995	0.011	0.106	2	严重失调
2007	0.988	0.012	0.110	2	严重失调
2008	0.992	0.012	0.110	2	严重失调
2009	0.999	0.011	0.107	2	严重失调
2010	0.999	0.012	0.108	2	严重失调
2011	0.995	0.012	0.108	2	严重失调
2012	0.993	0.012	0.110	2	严重失调
2013	0.993	0.013	0.113	2	严重失调
2014	0.991	0.013	0.115	2	严重失调
2015	0.992	0.014	0.117	2	严重失调
2016	0.992	0.015	0.121	2	严重失调
2017	0.993	0.017	0.129	2	严重失调
2018	0.994	0.018	0.135	2	严重失调
2019	0.986	0.019	0.138	2	严重失调
2020	0.992	0.021	0.145	2	严重失调
2021	0.999	0.025	0.159	2	严重失调

表 4-103　宁夏回族自治区政府财政拨款的耦合协调度结果

年份	耦合度 C 值	协调指数 T 值	耦合协调度 D 值	协调等级	耦合协调程度
2000	1.000	0.010	0.101	2	严重失调
2001	1.000	0.010	0.102	2	严重失调
2002	1.000	0.010	0.102	2	严重失调
2003	1.000	0.010	0.102	2	严重失调

续表

年份	耦合度 C 值	协调指数 T 值	耦合协调度 D 值	协调等级	耦合协调程度
2004	1.000	0.011	0.103	2	严重失调
2005	1.000	0.010	0.102	2	严重失调
2006	0.999	0.011	0.104	2	严重失调
2007	0.997	0.011	0.105	2	严重失调
2008	0.998	0.011	0.106	2	严重失调
2009	1.000	0.011	0.105	2	严重失调
2010	1.000	0.011	0.106	2	严重失调
2011	0.999	0.011	0.106	2	严重失调
2012	0.998	0.012	0.108	2	严重失调
2013	0.998	0.012	0.109	2	严重失调
2014	0.997	0.013	0.112	2	严重失调
2015	0.998	0.013	0.113	2	严重失调
2016	0.999	0.014	0.116	2	严重失调
2017	0.994	0.016	0.128	2	严重失调
2018	1.000	0.017	0.129	2	严重失调
2019	0.994	0.018	0.134	2	严重失调
2020	0.999	0.019	0.139	2	严重失调
2021	0.999	0.023	0.152	2	严重失调

表 4-104　宁夏回族自治区金融机构贷款的耦合协调度结果

年份	耦合度 C 值	协调指数 T 值	耦合协调度 D 值	协调等级	耦合协调程度
2000	1.000	0.010	0.100	2	严重失调
2001	1.000	0.010	0.101	2	严重失调
2002	1.000	0.010	0.101	2	严重失调
2003	0.999	0.011	0.103	2	严重失调
2004	1.000	0.011	0.103	2	严重失调
2005	1.000	0.010	0.101	2	严重失调
2006	1.000	0.010	0.102	2	严重失调
2007	1.000	0.010	0.102	2	严重失调
2008	1.000	0.011	0.103	2	严重失调
2009	1.000	0.011	0.104	2	严重失调

续表

年份	耦合度 C 值	协调指数 T 值	耦合协调度 D 值	协调等级	耦合协调程度
2010	1.000	0.011	0.105	2	严重失调
2011	0.996	0.012	0.108	2	严重失调
2012	0.999	0.011	0.106	2	严重失调
2013	1.000	0.011	0.106	2	严重失调
2014	0.999	0.012	0.110	2	严重失调
2015	1.000	0.012	0.109	2	严重失调
2016	1.000	0.013	0.112	2	严重失调
2017	0.993	0.013	0.114	2	严重失调
2018	0.997	0.015	0.122	2	严重失调
2019	1.000	0.016	0.127	2	严重失调
2020	0.989	0.016	0.127	2	严重失调
2021	0.966	0.019	0.137	2	严重失调

表 4-105　宁夏回族自治区企业自有资金的耦合协调度结果

年份	耦合度 C 值	协调指数 T 值	耦合协调度 D 值	协调等级	耦合协调程度
2000	0.997	0.011	0.107	2	严重失调
2001	0.996	0.012	0.107	2	严重失调
2002	0.996	0.011	0.106	2	严重失调
2003	0.995	0.012	0.108	2	严重失调
2004	0.984	0.013	0.112	2	严重失调
2005	0.971	0.014	0.116	2	严重失调
2006	0.956	0.015	0.121	2	严重失调
2007	0.933	0.017	0.127	2	严重失调
2008	0.930	0.018	0.128	2	严重失调
2009	0.987	0.013	0.115	2	严重失调
2010	0.987	0.014	0.119	2	严重失调
2011	0.984	0.015	0.123	2	严重失调
2012	0.984	0.017	0.129	2	严重失调
2013	0.986	0.018	0.134	2	严重失调
2014	0.981	0.019	0.138	2	严重失调
2015	0.989	0.021	0.143	2	严重失调

续表

年份	耦合度 C 值	协调指数 T 值	耦合协调度 D 值	协调等级	耦合协调程度
2016	0.991	0.022	0.147	2	严重失调
2017	0.997	0.022	0.150	2	严重失调
2018	1.000	0.025	0.158	2	严重失调
2019	0.999	0.026	0.160	2	严重失调
2020	0.996	0.031	0.175	2	严重失调
2021	0.994	0.035	0.187	2	严重失调

第二节　各省份空间效应分析

1. 模型构建

在本研究中，所选取的空间权重矩阵有三种，分别是地理距离空间权重、经济距离空间权重矩阵和经济地理空间权重矩阵。空间权重矩阵是区域空间相关性的量化指标，空间权重矩阵的选取对空间计量结果有着重要影响。已有文献中常见的空间权重矩阵包括：地理距离空间权重矩阵、经济距离空间权重矩阵与经济地理空间权重矩阵等等。但一般来说，以单一的空间权重进行空间相关性与溢出效应的计量分析过于单一，多种权重矩阵能更好测度被解释变量与解释变量之间的空间影响关系。由于地理空间权重矩阵是对阵矩阵，两个区域之前的作用关系一致，而在现实里中心发达省份与欠发达省份对周边省份的辐射影响是不一致的。因此借鉴 Anselin、林光平等人的研究，采用常用的地理距离空间权重矩阵、经济距离空间权重矩阵与经济地理空间权重矩阵构建本书的空间权重矩阵。矩阵构建具体如下：

（1）地理距离空间权重矩阵。地理距离空间权重矩阵是空间计量经济学中常用的一种空间权重矩阵类型，它基于地理距离的远近来定义邻域关系。对于给定的一组地理空间数据，可以计算出任意两个地理单元之间的欧几里得距离、曼哈顿距离、切比雪夫距离等不同的距离度量。然后，可以将这些距离转化为一组标准化的权重，该权重表示某个地理单元与其他所有地理单元之间的距离远近程度。常用的地理距离空间权重矩阵包括 k 近邻权重矩阵、全局邻域权重矩阵和基于阈值的空间权重矩阵等。其中，k 近邻权重矩阵表示每个地理单元与其 k 个最近邻之间存在连接，全局邻域权重矩阵将所有地理单元看作彼此的邻居，基于阈值的空间权重矩阵则根据某个距离阈值决定是否存在空间连接关系。在计算地理距离空间权重矩阵时，还可以考虑不同的权重分配方式，例如均权分配、反距离权重分配等。均权分配表示将所有邻居地理单元的权重设置为 $1/k$，其中 k 为邻居地理单元的总数；而反距离权重分配则表示将邻近地理单元的权重按照距离反比例分配，距离越近的地理单元具有更高的权重。综上所述，一般以省份间欧氏直线距离的差值即 d 的差值为要素进行构建地理空间权重矩阵。具体矩阵设定如下：

$$W_1=\begin{cases}0, & i=j\\ 1/(d_i\text{-}d_j)^2, & i\neq j\end{cases}$$

（2）经济距离空间权重矩阵。两个省份经济水平发展越相近，省份的相关性越强，相互依赖性越强。一般以省份间人均 GDP 的差值即均值 Q 的差值为要素进行构建经济空间权重矩阵。具体矩阵设定如下：

$$W_2=\begin{cases}0, & i=j\\ 1/(Q_i\text{-}Q_j), & i\neq j\end{cases}$$

（3）经济地理空间权重矩阵。地区之间生产发展活动的主要影响因素不仅只有经济距离，地理距离的影响也应纳入考察范围。两个省份经济发展水平相似具有较强的经济距离相关性与依赖性，但两省份地理距离非常大，不一定具有很强的空间相关性。相反若两个省份相邻，地理距离相近，但是经济发展水平与规模差距较大，两个省份之间经济发展的空间相关性几乎不存在。因此省份间的空间相关性同时受到经济距离与地理距离的影响。具体矩阵设定如下：

$$W_3=\begin{cases}0, & i=j\\ \alpha W_1+(1\text{-}\alpha)W_2, & i\neq j\end{cases}$$

其中，$\alpha\in[0,1]$，表示地理距离权重矩阵与经济距离权重矩阵的比重；d_i 表示两个地区的欧氏直线距离，若 $i=j$，则 α 取 0 值。省份人均 GDP 数据来源于《中国省份统计年鉴》，各省份经纬度数据源于国家基础地理信息中心。本书在空间自相关检验、模型选择与基准检验时均采用三种空间权重矩阵进行分析。

2. Moran’s I 检验

在进行空间计量模型之前进行莫兰指数检验是为了评估空间自相关性。莫兰指数检验是一种常用的统计检验方法，用于检验数据中是否存在空间自相关性。空间自相关性是指地理空间上相邻位置的观测值之间是否存在相关性。如果数据呈现出空间聚集或空间分散的趋势，那么在建立空间计量模型之前，了解和验证数据的空间自相关性是非常重要的。莫兰指数检验可以通过计算数据的莫兰统计量来判断数据是否存在空间自相关性。莫兰统计量的值介于-1 和 1 之间，其中 0 表示没有空间自相关性，正值表示正相关性（聚集），负值表示负相关性（分散）。进行莫兰指数检验可以帮助我们判断是否存在空间自相关性，并为后续的空间计量模型建立提供基础。所以，在进行空间计量模型之前，进行莫兰指数检验是一项重要的预处理步骤。

具体来说，莫兰指数（Moran’s I）是一种用于评估空间自相关性的统计指标。它度量了地理空间上相邻位置之间的观测值之间的相关性。

莫兰指数的取值范围为-1 到 1。其含义如下：

- 当莫兰指数接近-1 时，表示存在负的空间自相关性，即相邻位置的观测值倾向于在数值上相互远离。这意味着数据呈现出一种空间分散的模式。

- 当莫兰指数接近 1 时，表示存在正的空间自相关性，即相邻位置的观测值倾向于在数值上相互接近。这意味着数据呈现出一种空间聚集的模式。

- 当莫兰指数接近 0 时，表示不存在空间自相关性，即相邻位置的观测值之间没有显著关联。

莫兰指数检验是为了确定莫兰指数是否具有统计显著性，即判断空间自相关性是否存在。在实际应用中，常用的检验方法是计算莫兰统计量，并进行 Monte Carlo 模拟进行显著性检验。当进行莫兰指数检验时，通常会基于一个置信水平来判断结果的显著性。例如，在显著性水平为 0.05（通常使用的置信水平）时，如果莫兰指数的 P 值（P-value）小于 0.05，则可以拒绝原假设，即存在空间自相关性。

本节中，编者将运用上述 Moran's I 检验原理，对我国 2000 年至 2021 年各省、自治区、直辖市科技金融进行莫兰指数检验。其中，对科技金融进行细化分解和指标选取，指标选取如下表所示。

表 4-106　指标选取

变量名	指标名称
RDO	专利授权量
RDP	研发人员规模
RDIG	政府科技创新资金支持，即财政拨款
RDIF	金融机构科技创新资金支持，即科技信贷
RDIC	企业科技创新资金支持，即自有资金

依据上述 5 项科技金融指标，并通过地理距离空间权重矩阵 W_1、经济距离空间权重矩阵 W_2、经济地理空间权重矩阵 W_3，对我国 2000 年至 2021 年各省、自治区、直辖市进行 Moran's I 检验，检验结果如下列各表。

表 4-107　依据 W_1 对 RDO 的莫兰检验

年份	莫兰指数	期望	标准差	Z 统计量	P 值
2000	0.0813	−0.0345	0.0350	3.3085	0.0009
2001	0.0781	−0.0345	0.0349	3.2236	0.0013
2002	0.0835	−0.0345	0.0350	3.3705	0.0008
2003	0.0930	−0.0345	0.0350	3.6405	0.0003
2004	0.0831	−0.0345	0.0348	3.3745	0.0007
2005	0.0872	−0.0345	0.0349	3.4849	0.0005
2006	0.0812	−0.0345	0.0350	3.3067	0.0009
2007	0.0862	−0.0345	0.0352	3.4301	0.0006
2008	0.0879	−0.0345	0.0353	3.4720	0.0005
2009	0.0979	−0.0345	0.0354	3.7434	0.0002
2010	0.1016	−0.0345	0.0352	3.8667	0.0001
2011	0.1125	−0.0345	0.0353	4.1620	0.0000

续表

年份	莫兰指数	期望	标准差	Z 统计量	*P* 值
2012	0.1104	−0.0345	0.0352	4.1170	0.0000
2013	0.1048	−0.0345	0.0351	3.9736	0.0001
2014	0.1073	−0.0345	0.0351	4.0424	0.0001
2015	0.1043	−0.0345	0.0352	3.9438	0.0001
2016	0.0999	−0.0345	0.0353	3.8083	0.0001
2017	0.0967	−0.0345	0.0352	3.7282	0.0002
2018	0.1006	−0.0345	0.0353	3.8303	0.0001
2019	0.1058	−0.0345	0.0353	3.9742	0.0001
2020	0.1145	−0.0345	0.0353	4.2220	0.0000
2021	0.1140	−0.0345	0.0353	4.2096	0.0000

表 4-108　依据 W_2 对 RDO 的莫兰检验

年份	莫兰指数	期望	标准差	Z 统计量	*P* 值
2000	0.3732	−0.0345	0.1543	2.6416	0.0083
2001	0.3649	−0.0345	0.1541	2.5924	0.0095
2002	0.3924	−0.0345	0.1545	2.7634	0.0057
2003	0.4324	−0.0345	0.1545	3.0214	0.0025
2004	0.4065	−0.0345	0.1537	2.8695	0.0041
2005	0.4004	−0.0345	0.1541	2.8221	0.0048
2006	0.3843	−0.0345	0.1543	2.7138	0.0067
2007	0.3893	−0.0345	0.1552	2.7297	0.0063
2008	0.4048	−0.0345	0.1556	2.8235	0.0048
2009	0.4471	−0.0345	0.1560	3.0869	0.0020
2010	0.4648	−0.0345	0.1552	3.2162	0.0013
2011	0.4735	−0.0345	0.1559	3.2586	0.0011
2012	0.4733	−0.0345	0.1553	3.2700	0.0011
2013	0.4560	−0.0345	0.1547	3.1714	0.0015
2014	0.4696	−0.0345	0.1547	3.2582	0.0011
2015	0.4561	−0.0345	0.1552	3.1607	0.0016
2016	0.4441	−0.0345	0.1557	3.0742	0.0021
2017	0.4241	−0.0345	0.1553	2.9528	0.0031

续表

年份	莫兰指数	期望	标准差	Z统计量	P值
2018	0.4327	−0.0345	0.1557	3.0008	0.0027
2019	0.4484	−0.0345	0.1557	3.1012	0.0019
2020	0.4691	−0.0345	0.1557	3.2338	0.0012
2021	0.4754	−0.0345	0.1557	3.2754	0.0011

表 4-109　依据 W_3 对 RDO 的莫兰检验

年份	莫兰指数	期望	标准差	Z统计量	P值
2000	0.0811	−0.0345	0.0349	3.3108	0.0009
2001	0.0780	−0.0345	0.0349	3.2256	0.0013
2002	0.0834	−0.0345	0.0349	3.3727	0.0007
2003	0.0929	−0.0345	0.0350	3.6427	0.0003
2004	0.0829	−0.0345	0.0348	3.3750	0.0007
2005	0.0871	−0.0345	0.0349	3.4865	0.0005
2006	0.0810	−0.0345	0.0349	3.3073	0.0009
2007	0.0860	−0.0345	0.0351	3.4313	0.0006
2008	0.0878	−0.0345	0.0352	3.4733	0.0005
2009	0.0977	−0.0345	0.0353	3.7468	0.0002
2010	0.1014	−0.0345	0.0351	3.8705	0.0001
2011	0.1125	−0.0345	0.0353	4.1692	0.0000
2012	0.1104	−0.0345	0.0351	4.1243	0.0000
2013	0.1048	−0.0345	0.0350	3.9803	0.0001
2014	0.1072	−0.0345	0.0350	4.0489	0.0001
2015	0.1042	−0.0345	0.0351	3.9501	0.0001
2016	0.0998	−0.0345	0.0352	3.8139	0.0001
2017	0.0967	−0.0345	0.0351	3.7338	0.0002
2018	0.1006	−0.0345	0.0352	3.8362	0.0001
2019	0.1057	−0.0345	0.0352	3.9804	0.0001
2020	0.1145	−0.0345	0.0352	4.2293	0.0000
2021	0.1140	−0.0345	0.0352	4.2160	0.0000

专利授权量与科技金融密切相关，理由如下：专利授权量的增加反映了科技创新的水平和能力，进而可吸引科技金融的关注和投资；反之，科技金融可用于支持专利申请、技术转化和市场推广，加速专利创新成果的商业化；此外，专利授权量是评估科技金融影响

力的重要指标之一，对公共管理与产业管理决策具有重要意义。因此，专利授权量的增长与科技金融之间存在着紧密的相互促进关系。故而，对专利授权量 RDO 进行莫兰指数检验具有现实意义。

如上表所示，对于 2000 年至 2021 年各省、自治区、直辖市的专利授权量，进行了莫兰检验。结果表明，所有年份的指标均通过了空间莫兰指数检验，这意味着该指标在空间上具有相关性。

表 4-110　依据 W_1 对 RDP 的莫兰检验

年份	莫兰指数	期望	标准差	Z 统计量	P 值
2000	0.0290	−0.0345	0.0347	1.8275	0.0676
2001	0.0372	−0.0345	0.0346	2.0730	0.0382
2002	0.0377	−0.0345	0.0346	2.0896	0.0367
2003	0.0433	−0.0345	0.0347	2.2433	0.0249
2004	0.0535	−0.0345	0.0348	2.5268	0.0115
2005	0.0532	−0.0345	0.0346	2.5369	0.0112
2006	0.0579	−0.0345	0.0345	2.6770	0.0074
2007	0.0562	−0.0345	0.0345	2.6273	0.0086
2008	0.0643	−0.0345	0.0347	2.8442	0.0045
2009	0.0830	−0.0345	0.0352	3.3389	0.0008
2010	0.0872	−0.0345	0.0352	3.4593	0.0005
2011	0.0966	−0.0345	0.0352	3.7248	0.0002
2012	0.0976	−0.0345	0.0352	3.7491	0.0002
2013	0.1028	−0.0345	0.0352	3.9047	0.0001
2014	0.1036	−0.0345	0.0352	3.9229	0.0001
2015	0.1085	−0.0345	0.0351	4.0745	0.0000
2016	0.1085	−0.0345	0.0351	4.0737	0.0000
2017	0.1059	−0.0345	0.0353	3.9816	0.0001
2018	0.1070	−0.0345	0.0352	4.0147	0.0001
2019	0.1061	−0.0345	0.0353	3.9848	0.0001
2020	0.1087	−0.0345	0.0352	4.0661	0.0000
2021	0.1035	−0.0345	0.0352	3.9183	0.0001

表 4-111　依据 W_2 对 RDP 的莫兰检验

年份	莫兰指数	期望	标准差	Z 统计量	P 值
2000	0.1752	−0.0345	0.1533	1.3683	0.1712
2001	0.2034	−0.0345	0.1525	1.5599	0.1188
2002	0.2062	−0.0345	0.1524	1.5791	0.1143
2003	0.2091	−0.0345	0.1530	1.5917	0.1114
2004	0.2617	−0.0345	0.1536	1.9277	0.0539
2005	0.2519	−0.0345	0.1525	1.8778	0.0604
2006	0.2717	−0.0345	0.1522	2.0113	0.0443
2007	0.2649	−0.0345	0.1522	1.9671	0.0492
2008	0.2946	−0.0345	0.1532	2.1480	0.0317
2009	0.3509	−0.0345	0.1553	2.4825	0.0130
2010	0.3608	−0.0345	0.1552	2.5477	0.0108
2011	0.3947	−0.0345	0.1553	2.7634	0.0057
2012	0.4090	−0.0345	0.1554	2.8537	0.0043
2013	0.4358	−0.0345	0.1552	3.0310	0.0024
2014	0.4447	−0.0345	0.1553	3.0866	0.0020
2015	0.4731	−0.0345	0.1548	3.2790	0.0010
2016	0.4758	−0.0345	0.1549	3.2948	0.0010
2017	0.4798	−0.0345	0.1556	3.3043	0.0010
2018	0.4871	−0.0345	0.1555	3.3552	0.0008
2019	0.4772	−0.0345	0.1557	3.2861	0.0010
2020	0.4931	−0.0345	0.1554	3.3957	0.0007
2021	0.4921	−0.0345	0.1554	3.3889	0.0007

表 4-112　依据 W_3 对 RDP 的莫兰检验

年份	莫兰指数	期望	标准差	Z 统计量	P 值
2000	0.0288	−0.0345	0.0347	1.8237	0.0682
2001	0.0369	−0.0345	0.0345	2.0695	0.0385
2002	0.0375	−0.0345	0.0345	2.0856	0.0370
2003	0.0431	−0.0345	0.0346	2.2402	0.0251
2004	0.0533	−0.0345	0.0348	2.5253	0.0116

续表

年份	莫兰指数	期望	标准差	Z统计量	P值
2005	0.0530	-0.0345	0.0345	2.5353	0.0112
2006	0.0577	-0.0345	0.0345	2.6754	0.0075
2007	0.0560	-0.0345	0.0344	2.6259	0.0086
2008	0.0642	-0.0345	0.0347	2.8448	0.0044
2009	0.0829	-0.0345	0.0351	3.3416	0.0008
2010	0.0871	-0.0345	0.0351	3.4628	0.0005
2011	0.0966	-0.0345	0.0351	3.7299	0.0002
2012	0.0975	-0.0345	0.0352	3.7544	0.0002
2013	0.1028	-0.0345	0.0351	3.9097	0.0001
2014	0.1035	-0.0345	0.0351	3.9278	0.0001
2015	0.1084	-0.0345	0.0350	4.0795	0.0000
2016	0.1084	-0.0345	0.0350	4.0786	0.0000
2017	0.1059	-0.0345	0.0352	3.9864	0.0001
2018	0.1069	-0.0345	0.0352	4.0201	0.0001
2019	0.1061	-0.0345	0.0352	3.9915	0.0001
2020	0.1087	-0.0345	0.0351	4.0727	0.0000
2021	0.1034	-0.0345	0.0351	3.9231	0.0001

研发人员规模与科技金融之间存在密切关联，理由如下：增加研发人员规模可提升创新能力，推动科技创新；进而，可以吸引科技金融投资，用于支持科技公司的研发项目、技术转化和市场推广；此外，研发人员规模被视为科技金融评估的重要指标，对决策产生影响。因此，研发人员规模的增加与科技金融之间存在相互促进和依赖的紧密关系。故而，对研发人员规模 RDP 进行莫兰指数检验具有现实意义。

如上表所示，对于 2000 年至 2021 年各省、自治区、直辖市的研发人员规模，进行了莫兰检验。结果表明，所有年份的指标均通过了空间莫兰指数检验，这意味着该指标在空间上具有相关性。

表 4-113　依据 W_1 对 RDIG 的莫兰检验

年份	莫兰指数	期望	标准差	Z统计量	P值
2000	0.0139	-0.0345	0.0349	1.3889	0.1649
2001	0.0197	-0.0345	0.0350	1.5489	0.1214
2002	0.0190	-0.0345	0.0351	1.5249	0.1273
2003	0.0240	-0.0345	0.0351	1.6669	0.0955

续表

年份	莫兰指数	期望	标准差	Z统计量	P值
2004	0.0368	-0.0345	0.0351	2.0338	0.0420
2005	0.0400	-0.0345	0.0351	2.1223	0.0338
2006	0.0319	-0.0345	0.0351	1.8926	0.0584
2007	0.0423	-0.0345	0.0350	2.1930	0.0283
2008	0.0408	-0.0345	0.0350	2.1501	0.0315
2009	0.0403	-0.0345	0.0351	2.1282	0.0333
2010	0.0376	-0.0345	0.0351	2.0528	0.0401
2011	0.0411	-0.0345	0.0352	2.1473	0.0318
2012	0.0420	-0.0345	0.0353	2.1698	0.0300
2013	0.0515	-0.0345	0.0351	2.4471	0.0144
2014	0.0447	-0.0345	0.0352	2.2516	0.0243
2015	0.0433	-0.0345	0.0351	2.2181	0.0266
2016	0.0348	-0.0345	0.0351	1.9725	0.0486
2017	0.0330	-0.0345	0.0352	1.9164	0.0553
2018	0.0324	-0.0345	0.0352	1.8992	0.0575
2019	0.0197	-0.0345	0.0351	1.5425	0.1230
2020	0.0336	-0.0345	0.0352	1.9315	0.0534
2021	0.0378	-0.0345	0.0352	2.0503	0.0403

表 4-114 依据 W_2 对 RDIG 的莫兰检验

年份	莫兰指数	期望	标准差	Z统计量	P值
2000	0.1374	-0.0345	0.1537	1.1178	0.2636
2001	0.1774	-0.0345	0.1544	1.3722	0.1700
2002	0.1641	-0.0345	0.1548	1.2832	0.1994
2003	0.1671	-0.0345	0.1548	1.3023	0.1928
2004	0.2166	-0.0345	0.1546	1.6239	0.1044
2005	0.2408	-0.0345	0.1548	1.7781	0.0754
2006	0.2212	-0.0345	0.1548	1.6521	0.0985
2007	0.2451	-0.0345	0.1545	1.8093	0.0704
2008	0.2435	-0.0345	0.1544	1.8002	0.0718
2009	0.2526	-0.0345	0.1550	1.8525	0.0640

续表

年份	莫兰指数	期望	标准差	Z 统计量	P 值
2010	0.2511	−0.0345	0.1549	1.8432	0.0653
2011	0.2533	−0.0345	0.1554	1.8518	0.0641
2012	0.2493	−0.0345	0.1556	1.8239	0.0682
2013	0.2798	−0.0345	0.1550	2.0274	0.0426
2014	0.2633	−0.0345	0.1552	1.9182	0.0551
2015	0.2754	−0.0345	0.1548	2.0016	0.0453
2016	0.2565	−0.0345	0.1550	1.8773	0.0605
2017	0.2670	−0.0345	0.1553	1.9405	0.0523
2018	0.2553	−0.0345	0.1553	1.8653	0.0621
2019	0.2078	−0.0345	0.1551	1.5623	0.1182
2020	0.2842	−0.0345	0.1555	2.0493	0.0404
2021	0.3142	−0.0345	0.1555	2.2426	0.0249

表 4-115　依据 W_3 对 RDIG 的莫兰检验

年份	莫兰指数	期望	标准差	Z 统计量	P 值
2000	0.0137	−0.0345	0.0348	1.3857	0.1658
2001	0.0195	−0.0345	0.0349	1.5447	0.1224
2002	0.0188	−0.0345	0.0350	1.5213	0.1282
2003	0.0238	−0.0345	0.0350	1.6642	0.0961
2004	0.0366	−0.0345	0.0350	2.0319	0.0422
2005	0.0398	−0.0345	0.0350	2.1202	0.0340
2006	0.0317	−0.0345	0.0350	1.8900	0.0588
2007	0.0421	−0.0345	0.0350	2.1912	0.0284
2008	0.0405	−0.0345	0.0349	2.1474	0.0318
2009	0.0400	−0.0345	0.0351	2.1249	0.0336
2010	0.0374	−0.0345	0.0351	2.0499	0.0404
2011	0.0409	−0.0345	0.0352	2.1448	0.0320
2012	0.0418	−0.0345	0.0352	2.1669	0.0302
2013	0.0513	−0.0345	0.0351	2.4452	0.0145
2014	0.0445	−0.0345	0.0351	2.2491	0.0245
2015	0.0431	−0.0345	0.0350	2.2150	0.0268

续表

年份	莫兰指数	期望	标准差	Z 统计量	P 值
2016	0.0346	−0.0345	0.0351	1.9704	0.0488
2017	0.0328	−0.0345	0.0351	1.9147	0.0555
2018	0.0322	−0.0345	0.0351	1.8979	0.0577
2019	0.0196	−0.0345	0.0351	1.5414	0.1232
2020	0.0335	−0.0345	0.0352	1.9313	0.0534
2021	0.0376	−0.0345	0.0352	2.0490	0.0405

根据本节指标选取，科技金融支持涵盖政府科技创新资金支持（即财政拨款）、金融机构科技创新资金支持（即科技信贷）以及企业科技创新资金支持（即自有资金）。政府科技创新资金支持通过财政拨款来促进科技发展，以支持各类创新项目。金融机构提供科技信贷，为科技企业提供融资和贷款支持，帮助它们推动科技创新。此外，企业也可以运用自有资金投入研发和科技创新，进一步推动自身创新能力的提升。这些不同形式的科技金融支持相互协作，共同推动科技创新的发展。

如上表所示，对于 2000 年至 2021 年各省、自治区、直辖市的政府科技创新资金支持（即财政拨款），进行了莫兰检验。结果表明，所有年份的指标均通过了空间莫兰指数检验，这意味着该指标在空间上具有相关性。

表 4-116　依据 W_1 对 RDIF 的莫兰检验

年份	莫兰指数	期望	标准差	Z 统计量	P 值
2000	0.0037	−0.0345	0.0335	1.1380	0.2551
2001	−0.0080	−0.0345	0.0334	0.7933	0.4276
2002	0.0002	−0.0345	0.0342	1.0145	0.3103
2003	0.0123	−0.0345	0.0349	1.3387	0.1807
2004	0.0329	−0.0345	0.0358	1.8849	0.0594
2005	0.0045	−0.0345	0.0356	1.0949	0.2735
2006	0.0215	−0.0345	0.0353	1.5842	0.1131
2007	−0.0216	−0.0345	0.0357	0.3602	0.7187
2008	0.0139	−0.0345	0.0352	1.3757	0.1689
2009	0.0651	−0.0345	0.0346	2.8830	0.0039
2010	0.0841	−0.0345	0.0350	3.3883	0.0007
2011	0.0665	−0.0345	0.0351	2.8744	0.0040
2012	0.0894	−0.0345	0.0349	3.5489	0.0004
2013	0.0634	−0.0345	0.0349	2.8053	0.0050
2014	0.0740	−0.0345	0.0351	3.0918	0.0020

续表

年份	莫兰指数	期望	标准差	Z统计量	P值
2015	0.0857	−0.0345	0.0350	3.4353	0.0006
2016	0.0780	−0.0345	0.0344	3.2749	0.0011
2017	0.0716	−0.0345	0.0349	3.0442	0.0023
2018	0.0739	−0.0345	0.0351	3.0839	0.0020
2019	0.0706	−0.0345	0.0349	3.0090	0.0026
2020	0.0460	−0.0345	0.0348	2.3157	0.0206
2021	0.0540	−0.0345	0.0351	2.5224	0.0117

表 4-117　依据 W_2 对 RDIF 的莫兰检验

年份	莫兰指数	期望	标准差	Z统计量	P值
2000	0.2100	−0.0345	0.1477	1.6554	0.0978
2001	0.1705	−0.0345	0.1470	1.3951	0.1630
2002	0.1126	−0.0345	0.1507	0.9764	0.3289
2003	0.1196	−0.0345	0.1542	0.9995	0.3175
2004	0.2345	−0.0345	0.1578	1.7047	0.0883
2005	0.0428	−0.0345	0.1572	0.4917	0.6229
2006	0.1414	−0.0345	0.1560	1.1275	0.2595
2007	0.0079	−0.0345	0.1577	0.2688	0.7881
2008	0.1289	−0.0345	0.1553	1.0523	0.2927
2009	0.3195	−0.0345	0.1524	2.3226	0.0202
2010	0.3926	−0.0345	0.1543	2.7673	0.0057
2011	0.3597	−0.0345	0.1550	2.5436	0.0110
2012	0.4607	−0.0345	0.1540	3.2151	0.0013
2013	0.3593	−0.0345	0.1539	2.5577	0.0105
2014	0.3926	−0.0345	0.1548	2.7596	0.0058
2015	0.4051	−0.0345	0.1543	2.8477	0.0044
2016	0.4302	−0.0345	0.1515	3.0675	0.0022
2017	0.3861	−0.0345	0.1537	2.7353	0.0062
2018	0.4223	−0.0345	0.1550	2.9465	0.0032
2019	0.4541	−0.0345	0.1541	3.1713	0.0015
2020	0.3789	−0.0345	0.1533	2.6963	0.0070
2021	0.3714	−0.0345	0.1547	2.6242	0.0087

表 4-118　依据 W_3 对 RDIF 的莫兰检验

年份	莫兰指数	期望	标准差	Z 统计量	P 值
2000	0.0036	−0.0345	0.0335	1.1372	0.2554
2001	−0.0082	−0.0345	0.0333	0.7895	0.4298
2002	0.0002	−0.0345	0.0341	1.0152	0.3100
2003	0.0124	−0.0345	0.0349	1.3434	0.1791
2004	0.0329	−0.0345	0.0357	1.8870	0.0592
2005	0.0045	−0.0345	0.0356	1.0970	0.2726
2006	0.0212	−0.0345	0.0353	1.5787	0.1144
2007	−0.0216	−0.0345	0.0357	0.3609	0.7182
2008	0.0141	−0.0345	0.0351	1.3824	0.1668
2009	0.0651	−0.0345	0.0345	2.8859	0.0039
2010	0.0839	−0.0345	0.0349	3.3906	0.0007
2011	0.0663	−0.0345	0.0351	2.8749	0.0040
2012	0.0893	−0.0345	0.0348	3.5512	0.0004
2013	0.0633	−0.0345	0.0348	2.8061	0.0050
2014	0.0739	−0.0345	0.0350	3.0941	0.0020
2015	0.0855	−0.0345	0.0349	3.4368	0.0006
2016	0.0779	−0.0345	0.0343	3.2777	0.0010
2017	0.0715	−0.0345	0.0348	3.0460	0.0023
2018	0.0736	−0.0345	0.0351	3.0834	0.0020
2019	0.0705	−0.0345	0.0349	3.0105	0.0026
2020	0.0458	−0.0345	0.0347	2.3134	0.0207
2021	0.0538	−0.0345	0.0350	2.5241	0.0116

如上表所示，对于 2000 年至 2021 年各省、自治区、直辖市的金融机构科技创新资金支持（即科技信贷），进行了莫兰检验。结果表明，除 2001 年与 2007 年的指标未通过空间莫兰指数检验，其余年份的指标均通过了空间莫兰指数检验，这意味着该指标在空间上具有一定程度的相关性。

表 4-119　依据 W_1 对 RDIC 的莫兰检验

年份	莫兰指数	期望	标准差	Z 统计量	P 值
2000	0.0784	−0.0345	0.0355	3.1816	0.0015
2001	0.0784	−0.0345	0.0353	3.1952	0.0014
2002	0.0841	−0.0345	0.0350	3.3879	0.0007

续表

年份	莫兰指数	期望	标准差	Z统计量	P值
2003	0.0874	−0.0345	0.0348	3.4994	0.0005
2004	0.0943	−0.0345	0.0352	3.6551	0.0003
2005	0.1044	−0.0345	0.0354	3.9287	0.0001
2006	0.1096	−0.0345	0.0354	4.0759	0.0000
2007	0.1026	−0.0345	0.0353	3.8855	0.0001
2008	0.1052	−0.0345	0.0351	3.9775	0.0001
2009	0.1065	−0.0345	0.0350	4.0230	0.0001
2010	0.1041	−0.0345	0.0350	3.9569	0.0001
2011	0.1105	−0.0345	0.0353	4.1086	0.0000
2012	0.1061	−0.0345	0.0354	3.9731	0.0001
2013	0.1148	−0.0345	0.0353	4.2282	0.0000
2014	0.1152	−0.0345	0.0353	4.2412	0.0000
2015	0.1167	−0.0345	0.0352	4.2955	0.0000
2016	0.1110	−0.0345	0.0351	4.1439	0.0000
2017	0.1107	−0.0345	0.0352	4.1183	0.0000
2018	0.1175	−0.0345	0.0353	4.3022	0.0000
2019	0.1190	−0.0345	0.0354	4.3353	0.0000
2020	0.1149	−0.0345	0.0353	4.2301	0.0000
2021	0.1167	−0.0345	0.0353	4.2789	0.0000

表 4-120　依据 W_2 对 RDIC 的莫兰检验

年份	莫兰指数	期望	标准差	Z统计量	P值
2000	0.3185	−0.0345	0.1566	2.2537	0.0242
2001	0.3193	−0.0345	0.1558	2.2704	0.0232
2002	0.3394	−0.0345	0.1545	2.4204	0.0155
2003	0.3458	−0.0345	0.1536	2.4761	0.0133
2004	0.3732	−0.0345	0.1555	2.6218	0.0087
2005	0.4233	−0.0345	0.1560	2.9346	0.0033
2006	0.4363	−0.0345	0.1560	3.0175	0.0025
2007	0.4067	−0.0345	0.1556	2.8349	0.0046
2008	0.4125	−0.0345	0.1549	2.8856	0.0039

续表

年份	莫兰指数	期望	标准差	Z 统计量	P 值
2009	0.4169	−0.0345	0.1546	2.9204	0.0035
2010	0.4024	−0.0345	0.1545	2.8276	0.0047
2011	0.4350	−0.0345	0.1557	3.0160	0.0026
2012	0.4381	−0.0345	0.1561	3.0270	0.0025
2013	0.4631	−0.0345	0.1558	3.1947	0.0014
2014	0.4696	−0.0345	0.1557	3.2373	0.0012
2015	0.4912	−0.0345	0.1553	3.3853	0.0007
2016	0.4764	−0.0345	0.1549	3.2981	0.0010
2017	0.4815	−0.0345	0.1555	3.3180	0.0009
2018	0.5249	−0.0345	0.1559	3.5886	0.0003
2019	0.5368	−0.0345	0.1562	3.6573	0.0003
2020	0.5227	−0.0345	0.1558	3.5759	0.0003
2021	0.5239	−0.0345	0.1560	3.5804	0.0003

表 4-121　依据 W_3 对 RDIC 的莫兰检验

年份	莫兰指数	期望	标准差	Z 统计量	P 值
2000	0.0783	−0.0345	0.0354	3.1828	0.0015
2001	0.0782	−0.0345	0.0352	3.1959	0.0014
2002	0.0839	−0.0345	0.0349	3.3883	0.0007
2003	0.0872	−0.0345	0.0348	3.5005	0.0005
2004	0.0941	−0.0345	0.0352	3.6564	0.0003
2005	0.1042	−0.0345	0.0353	3.9305	0.0001
2006	0.1094	−0.0345	0.0353	4.0783	0.0000
2007	0.1024	−0.0345	0.0352	3.8872	0.0001
2008	0.1050	−0.0345	0.0350	3.9810	0.0001
2009	0.1063	−0.0345	0.0350	4.0263	0.0001
2010	0.1040	−0.0345	0.0350	3.9614	0.0001
2011	0.1104	−0.0345	0.0352	4.1136	0.0000
2012	0.1060	−0.0345	0.0353	3.9776	0.0001
2013	0.1147	−0.0345	0.0352	4.2335	0.0000
2014	0.1151	−0.0345	0.0352	4.2461	0.0000

续表

年份	莫兰指数	期望	标准差	Z统计量	P值
2015	0.1166	−0.0345	0.0351	4.3001	0.0000
2016	0.1109	−0.0345	0.0350	4.1480	0.0000
2017	0.1106	−0.0345	0.0352	4.1228	0.0000
2018	0.1174	−0.0345	0.0353	4.3065	0.0000
2019	0.1189	−0.0345	0.0353	4.3400	0.0000
2020	0.1148	−0.0345	0.0352	4.2350	0.0000
2021	0.1166	−0.0345	0.0353	4.2839	0.0000

如上表所示，对于2000年至2021年各省、自治区、直辖市的企业科技创新资金支持（即自有资金），进行了莫兰检验。结果表明，所有年份的指标均通过了空间莫兰指数检验，这意味着该指标在空间上具有相关性。

3. 空间自相关分析及空间象限分布图

在本节中，为对我国各省、自治区、直辖市之间科技金融发展是否存在空间依赖性有初步性、总览性认知，编者对2000年至2021年我国各省、自治区、直辖市的RDO、RDP、RDIG、RDIF、RDIC共计5项科技金融相关指标的空间依赖性分别在2000年、2010年、2015年以及2021年共计四个年度分别进行空间自相关性分析，并用空间象限分布图予以表示。

空间象限分布图，是指在空间自相关性分析中，根据空间数据的正负相关性和空间聚集程度，将空间数据分为四个象限。四个象限分别为：

- 高—高（High-High）象限：表示空间上具有较高的正相关性和较高的聚集程度。这种情况通常发生在高价值或高风险区域，例如城市中心或自然灾害发生区。

- 低—低（Low-Low）象限：表示空间上具有较低的正相关性和较低的聚集程度。这种情况通常发生在低价值或低风险区域，例如农村地区或人口稀少的地区。

- 高—低（High-Low）象限：表示空间上具有较高的正相关性和较低的聚集程度。这种情况通常发生在一个区域内有一些高价值或高风险的热点，同时该区域中还有一些低价值或低风险区域。

- 低—高（Low-High）象限：表示空间上具有较低的正相关性和较高的聚集程度。这种情况通常发生在一个区域内有一些低价值或低风险的冷点，同时该区域中还有一些高价值或高风险区域。

在图4-1空间象限分布中，在2000年至2021年间，以上海、江苏、浙江、安徽为代表的长江三角洲地区，以江西、湖北、湖南为代表的中部地区以及以山东、北京为代表的环渤海地区显著分布在第一象限，即“高—高”象限；而以青海、甘肃、宁夏为代表的西北部地区显著分布在第三象限，即“低—低”象限。说明东部、中部地区RDO发展程度较高，西部地区RDO发展程度较低。

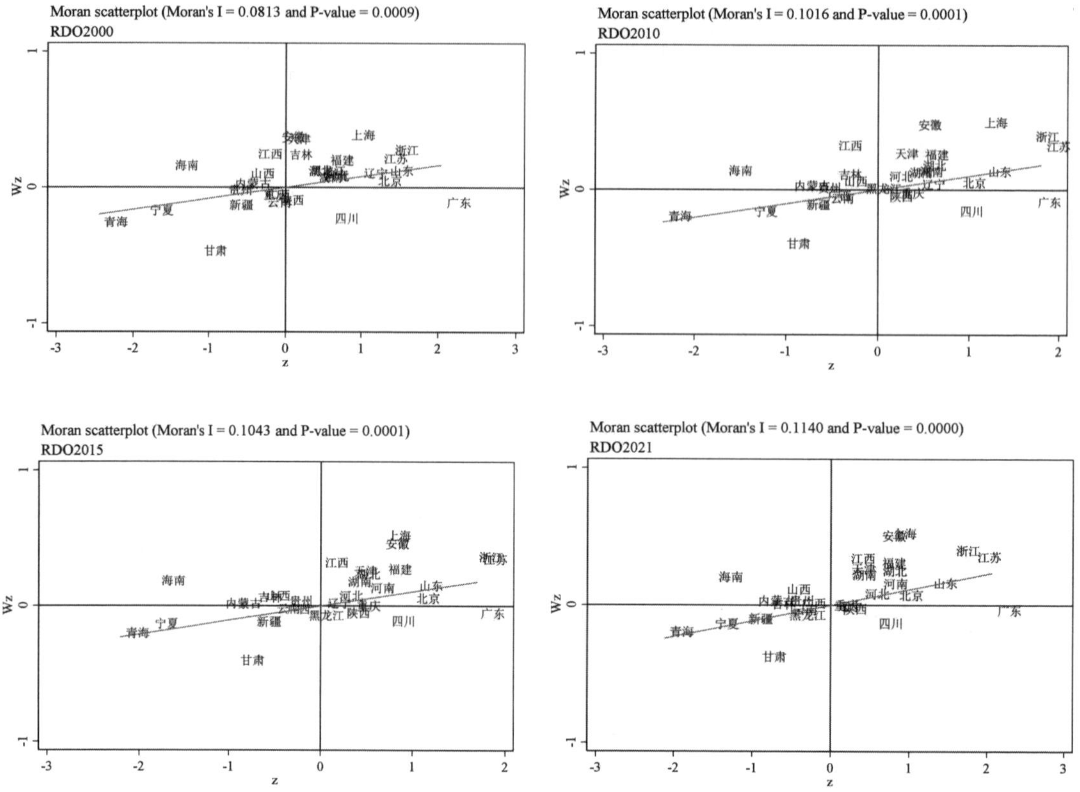

图 4-1　RDO 空间象限分布图

在图 4-2 空间象限分布中，在 2000 年至 2021 年间，以上海、江苏、浙江、安徽为代表的长江三角洲地区，以江西、湖北、湖南为代表的中部地区以及以山东、北京为代表的环渤海地区显著分布在第一象限，即“高—高”象限；而以青海、宁夏、新疆、甘肃为代表的西北部地区显著分布在第三象限，即“低—低”象限。说明东部、中部地区 RDP 发展程度较高，西部地区 RDP 发展程度较低。

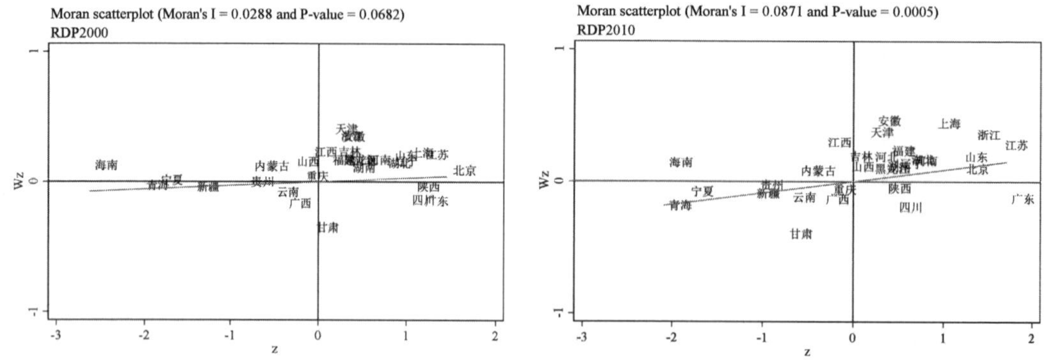

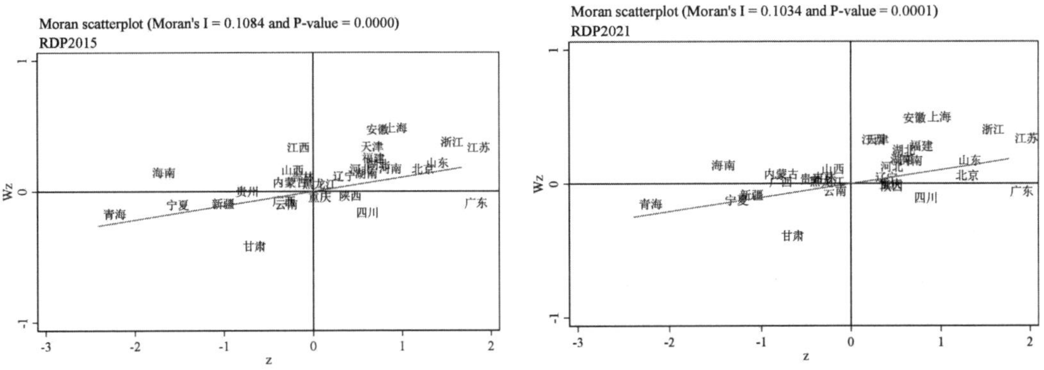

图 4-2　RDP 空间象限分布图

在图 4-3 空间象限分布中，在 2000 年至 2021 年间，以上海、江苏、浙江、安徽为代表的长江三角洲地区和天津等地显著分布在第一象限，即“高—高”象限；而以青海、宁夏、新疆、甘肃为代表的西北部地区显著分布在第三象限，即“低—低”象限。说明东部、中部地区 RDP 发展程度较高，西部地区 RDP 发展程度较低。

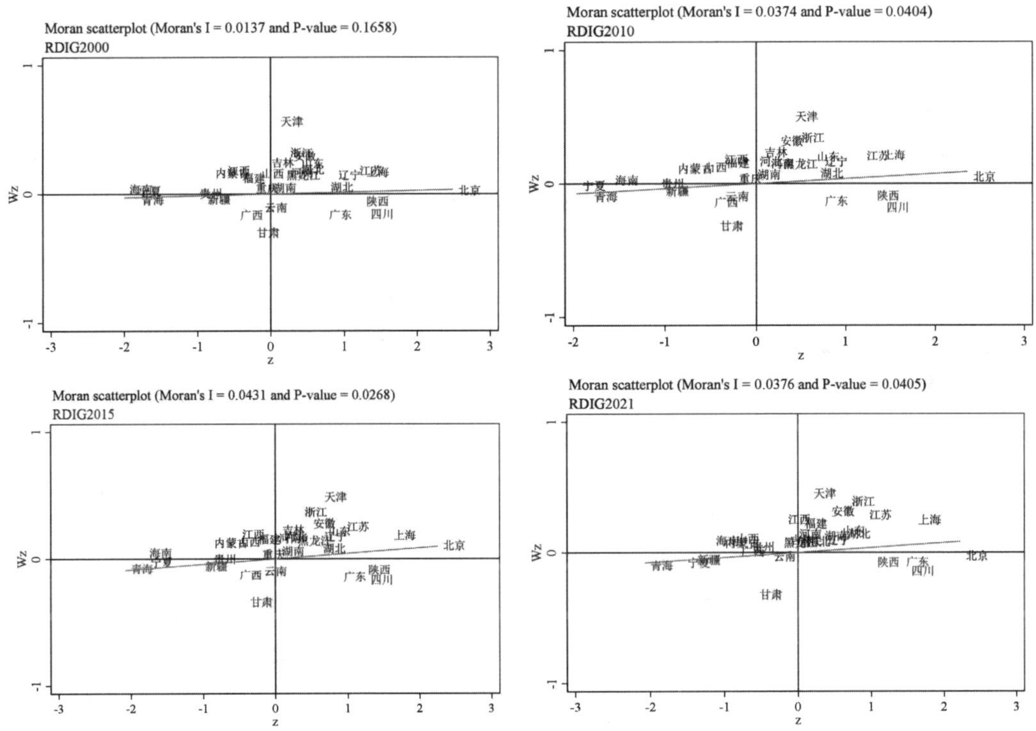

图 4-3　RDIG 空间象限分布图

在图 4-4 空间象限分布中，在 2000 年至 2021 年间，以上海、江苏、浙江、安徽为代表的长江三角洲地区，以及以山东、北京、天津为代表的环渤海地区显著分布在第一象限，即“高—高”象限；而以青海、宁夏、新疆、甘肃为代表的西北部地区显著分布在第三象限，即“低—低”象限。说明东部、中部地区 RDIC 发展程度较高，西部地区 RDIC

发展程度较低。

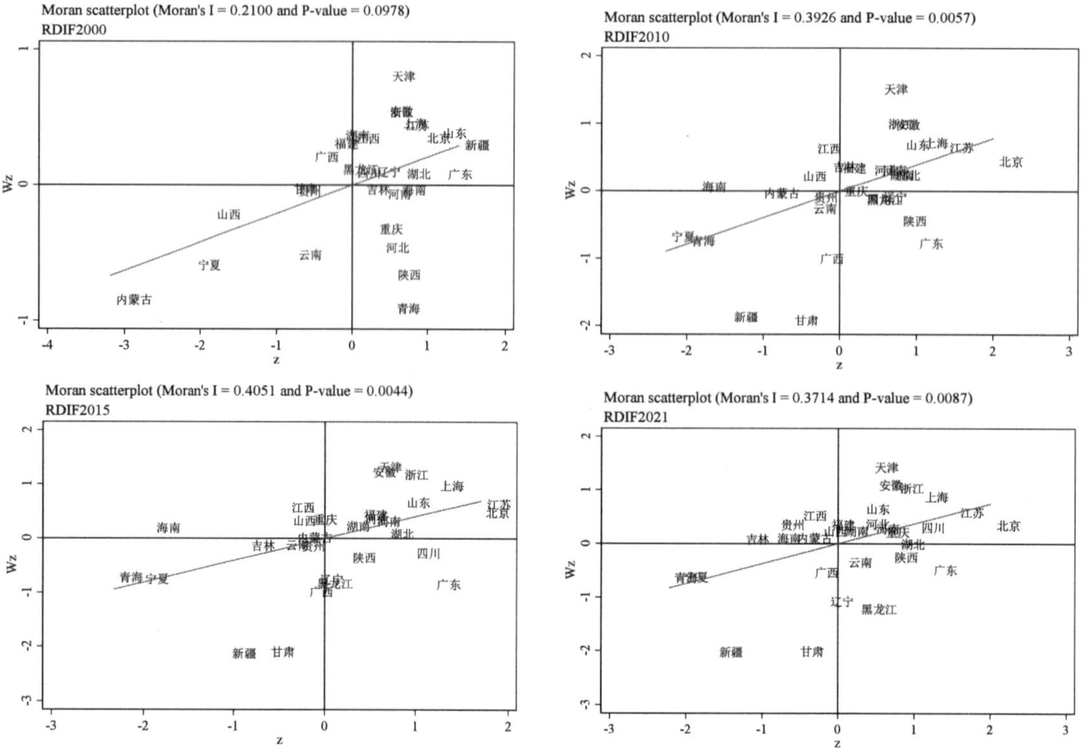

图 4-4　RDIF 空间象限分布图

在图 4-5 空间象限分布中，在 2000 年至 2021 年间，以上海、江苏、浙江、安徽为代表的长江三角洲地区，以江西、湖北、湖南为代表的中部地区以及以山东、北京、天津为代表的环渤海地区显著分布在第一象限，即“高—高”象限；而以青海、宁夏、新疆、甘肃为代表的西北部地区显著分布在第三象限，即“低—低”象限。说明东部、中部地区 RDIC 发展程度较高，西部地区 RDIC 发展程度较低。

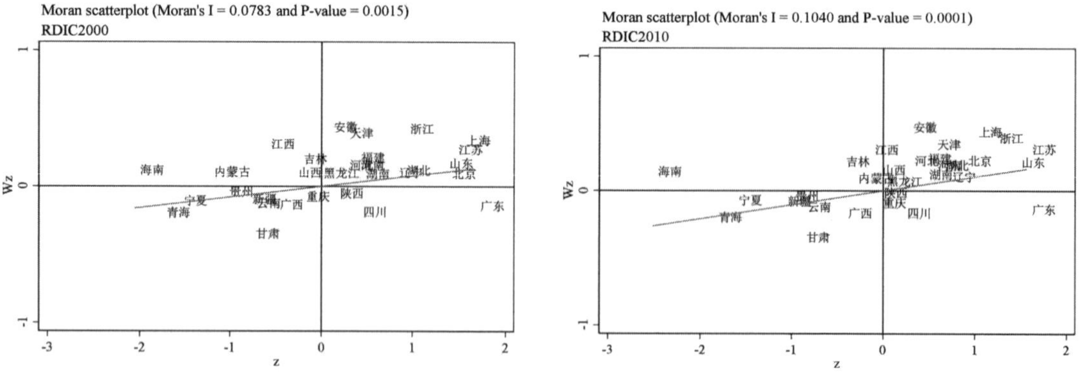

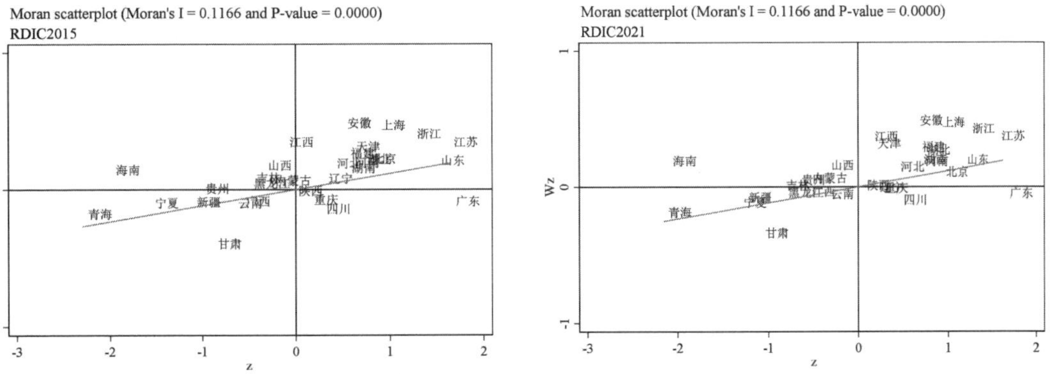

图 4-5　RDIC 空间象限分布图

综上所述，在对我国各省、自治区、直辖市的 RDO、RDP、RDIG、RDIF、RDIC 共计 5 项科技金融相关指标进行空间自相关性分析中，展示了从 2000 年到 2021 年间，中国各地区的科技金融正负相关性和空间聚集程度分布情况。可以观察到，长江三角洲地区（以上海、江苏、浙江、安徽为代表）和中部地区（以江西、湖北、湖南为代表）以及环渤海地区（以北京、天津、山东为代表）等地显著分布在第一象限，即“高—高”象限。与之相对，西北部地区（以青海、甘肃、宁夏为代表）主要分布在第三象限，即“低—低”象限。

这一分布模式说明东部和中部地区在科技金融发展方面取得了较高的成就，而西部地区的科技金融发展程度较低。具体而言，第一象限的“高—高”象限表示了东部和中部地区在经济增长和发展水平方面具有较高的一致性和集聚效应，这可能是由于这些地区的经济基础更为强大、投资环境更为有利、基础设施更为发达等因素的综合作用。相反，第三象限的“低—低”象限显示了西部地区的经济发展相对滞后，可能是由于资源禀赋相对较低、交通网络相对欠发达、市场规模相对较小等因素的影响。

总的来说，本节的空间象限分布图显示了中国东部、中部和西部地区的区域发展差异。东部和中部地区具有较高的科技金融发展水平，而西部地区仍然面临一些发展挑战，需要更多的政策支持和投资以促进科技金融与产业融合的增长和发展。

4. 空间计量回归

在本节中，为检验我国各省、自治区、直辖市之间科技金融发展是否存在空间依赖性，编者对 2000 年至 2021 年我国各省、自治区、直辖市的 RDIG、RDIF、RDIC 共计 3 项科技金融相关指标的空间依赖性分别在地理距离空间权重矩阵 W_1、经济距离空间权重矩阵 W_2 和经济地理空间权重矩阵 W_3 三种矩阵下进行检验，以形成互相验证，保证回归结果稳健的情况。用 Moran's 指数 I 体现整个区域的空间序列情况，检验结果如下列各表所示。

表 4-122　依据 3 种不同空间权重矩阵的 RDIG 空间计量结果

	(1) RDIG	(2) RDIG2	(3) RDIG3
Main			
RDIG	0.121***	0.282***	0.121***
	(2.95)	(7.35)	(2.95)
RDP	0.227***	0.272***	0.226***
	(5.73)	(7.10)	(5.72)
Spatial			
rho	0.827***	0.708***	0.827***
	(40.65)	(38.56)	(40.60)
Variance			
sigma2 _ e	0.063***	0.059***	0.063***
	(18.01)	(17.27)	(18.01)
Direct			
RDIG	0.139***	0.381***	0.139***
	(3.03)	(7.99)	(3.03)
RDP	0.256***	0.363***	0.256***
	(6.65)	(8.31)	(6.64)
Indirect			
RDIG	0.561***	0.591***	0.559***
	(3.45)	(8.87)	(3.45)
RDP	1.056***	0.564***	1.051***
	(5.75)	(7.81)	(5.75)
Total			
RDIG	0.699***	0.972***	0.698***
	(3.39)	(8.75)	(3.39)
RDP	1.312***	0.927***	1.307***
	(6.12)	(8.21)	(6.12)
N	660	660	660
R^2	0.755	0.790	0.755

t statistics in parentheses

* $p < 0.1$，** $p < 0.05$，*** $p < 0.01$

从表 4-122 的回归结果来看，RDIG 的回归系数在 3 种不同空间权重矩阵前提下依次为 0.121、0.282、0.121，均在 1%的水平下显著，说明各省、自治区、直辖市之间政府科技创新资金支持 RDIG 发展存在空间依赖性。

表 4-123　依据 3 种不同空间权重矩阵的 RDIF 空间计量结果

	(1) RDIF	(2) RDIF2	(3) RDIF3
Main			
RDIF	0.110***	0.094***	0.110***
	(9.39)	(8.57)	(9.40)
RDP	0.951***	0.959***	0.951***
	(52.78)	(56.69)	(52.81)
Wx			
RDIF	0.532***	0.046**	0.534***
	(5.71)	(2.22)	(5.72)
RDP	-0.561***	-0.404***	-0.562***
	(-3.79)	(-9.72)	(-3.79)
Spatial			
rho	0.343***	0.366***	0.343***
	(3.10)	(10.27)	(3.09)
Variance			
sigma2 _ e	0.160***	0.137***	0.160***
	(17.34)	(17.86)	(17.35)
Direct			
RDIF	0.124***	0.107***	0.124***
	(9.47)	(9.06)	(9.47)
RDP	0.943***	0.949***	0.943***
	(57.70)	(59.97)	(57.74)
Indirect			
RDIF	0.865***	0.115***	0.869***
	(4.00)	(3.80)	(4.01)
RDP	-0.367*	-0.079**	-0.368*
	(-1.95)	(-2.18)	(-1.95)

续表

	(1) RDIF	(2) RDIF2	(3) RDIF3
Total			
RDIF	0.990***	0.221***	0.993***
	(4.43)	(6.06)	(4.43)
RDP	0.576***	0.870***	0.575***
	(2.98)	(19.77)	(2.97)
N	660	660	660
R^2	0.869	0.894	0.869

t statistics in parentheses

* $p < 0.1$, ** $p < 0.05$, *** $p < 0.01$

从表 4-123 的回归结果来看，RDIF 的回归系数在 3 种不同空间权重矩阵前提下依次为 0.110、0.094、0.110，均在 1%的水平下显著，说明各省、自治区、直辖市之间金融机构科技创新资金支持 RDIF 发展存在空间依赖性。

表 4-124　依据 3 种不同空间权重矩阵的 RDIC 空间计量结果

	(1) RDIC	(2) RDIC2	(3) RDIC3
Main			
RDIC	0.450***	0.456***	0.450***
	(9.26)	(9.47)	(9.26)
RDP	0.569***	0.556***	0.569***
	(10.66)	(10.46)	(10.66)
Spatial			
rho	0.200***	0.058***	0.201***
	(3.22)	(3.52)	(3.23)
Variance			
sigma2 _ e	0.159***	0.161***	0.159***
	(18.40)	(18.16)	(18.41)

续表

	(1) RDIC	(2) RDIC2	(3) RDIC3
Direct			
RDIC	0.451***	0.456***	0.451***
	(9.25)	(9.45)	(9.25)
RDP	0.569***	0.555***	0.569***
	(10.75)	(10.58)	(10.75)
Indirect			
RDIC	0.119***	0.028***	0.119***
	(2.59)	(3.28)	(2.59)
RDP	0.151**	0.034***	0.151**
	(2.56)	(3.32)	(2.57)
Total			
RDIC	0.570***	0.485***	0.570***
	(7.84)	(9.44)	(7.85)
RDP	0.720***	0.589***	0.720***
	(7.95)	(10.42)	(7.96)
N	660	660	660
R^2	0.893	0.861	0.893

t statistics in parentheses

* $p < 0.1$, ** $p < 0.05$, *** $p < 0.01$

从表4-124的回归结果来看，RDIC的回归系数在3种不同空间权重矩阵前提下依次为0.450、0.456、0.450，均在1%的水平下显著，说明各省、自治区、直辖市之间企业科技创新资金支持RDIC发展存在空间依赖性。

第五章　典型案例与发展模式分析

第一节　科技金融的主要发展模式

1. 互联网金融

互联网金融是指利用互联网和相关技术创新，改变和提升金融服务和业务模式的发展方向。在科技金融中，互联网金融起到了重要的推动作用。互联网金融在科技金融中主要应用于以下领域：

第一，金融科技平台。互联网金融科技平台是以互联网为基础，整合金融服务和技术创新的综合性平台。这些平台可以提供在线支付、P2P 借贷、众筹、第三方支付和电子商务等服务，同时通过大数据分析和风险评估技术，提供贷款、投资和保险等金融产品。

第二，移动支付与电子钱包。互联网金融的重要应用之一是移动支付和电子钱包。通过手机应用或者其他传感器设备，用户可以进行线上和线下的支付交易。通过互联网金融技术的支持，移动支付和电子钱包在全球范围内得到广泛应用，改变了传统的支付方式，提高了支付的便捷性和效率。

第三，P2P 借贷和众筹。互联网金融技术为 P2P 借贷（Peer-to-Peer Lending）和众筹（Crowdfunding）提供了便捷的平台。这些平台通过互联网连接贷款人和借款人，为小微企业和个人提供融资服务。同时，通过大数据分析和风险评估技术，可以更准确地评估借款人的信用风险，提高借贷效率。

第四，数字货币和区块链技术。互联网金融也推动了数字货币（如比特币）和区块链技术的发展。数字货币通过加密技术和去中心化的特点，提供了更安全和便捷的支付方式。而区块链技术作为数字货币的底层技术，也可以应用于金融交易、合同管理和身份验证等领域，提高交易的透明性和安全性。

第五，个人理财和投资服务互联网金融为个人提供了更加方便和灵活的理财和投资服务。通过在线投资平台，个人可以进行股票、基金、债券和外汇等各类金融资产的交易和投资。同时，互联网金融技术也提供了个人财务管理工具和投资组合分析，帮助个人实现财务规划和投资决策。

2. 大数据金融

大数据金融是指利用海量的结构化和非结构化数据，运用数据挖掘、机器学习和统计分析等技术，以提供更准确和高效的金融决策和服务。在科技金融中，大数据金融主要应用于以下几个方面：

第一，风险管理。通过分析大数据，金融机构可以更好地了解和管理风险，包括市场风险、信用风险、操作风险等。大数据金融可以帮助识别潜在的风险因素，并根据实时数据做出及时的决策。

第二，客户洞察。金融科技公司可以通过大数据金融分析客户数据，了解客户需求和行为，从而提供个性化的金融产品和服务。例如，根据客户的消费习惯和风险偏好，推荐适合的投资产品。

第三，欺诈检测。大数据金融可以帮助金融机构检测和预防欺诈行为。通过分析大量的交易数据和行为模式，可以发现异常的交易模式和风险信号，提高欺诈检测的准确性和效率。

3. 区块链技术

区块链技术在科技金融领域具有广泛的应用。区块链是一种去中心化的分布式账本技术，它可以确保交易的透明性、安全性和不可篡改性。区块链技术在科技金融中主要应用于以下方面：

第一，加密货币。区块链技术的最著名应用是加密货币，如比特币和以太坊。它们使用区块链技术实现去中心化的数字货币交易，消除了传统金融交易中的中介机构和延迟，提高了交易效率和安全性。

第二，智能合约。区块链技术可以用于创建智能合约，这是一种自动执行合约条款的计算机程序。智能合约可以消除传统合约中的中介机构，并确保合约的自动执行和透明性。科技金融领域可以利用智能合约来简化和自动化各种金融交易和合约，如保险理赔、供应链融资等。

第三，身份验证和 KYC。区块链技术可以用于安全且去中心化的身份验证和 KYC（了解你的客户）过程。通过将用户的身份信息存储在区块链上，可以减少身份欺诈和数据泄露的风险，提高金融服务的安全性和可信度。

第四，跨境支付和汇款。区块链技术可以提供快速、安全、低成本的跨境支付和汇款服务。传统的跨境支付通常需要多个中介机构和较长的处理时间，而区块链技术可以实现点对点的直接转账，减少了中介环节和转账时间，降低了成本。

第五，资产管理和交易。区块链技术可以用于资产的数字化表示和交易。通过将资产的所有权和交易记录存储在区块链上，可以实现资产的高效流转、交易和管理。这在科技金融领域特别适用于数字资产、股权众筹、证券交易等。

第六，供应链金融。区块链技术可以改善供应链金融的透明度和效率。通过建立一个共享的区块链账本，各参与方可以实时追踪和验证产品的供应链，减少信息不对称和欺诈的风险，提高供应链金融的可信度和可持续性。

4. 人工智能和机器学习

人工智能（AI）和机器学习（ML）在科技金融领域的应用越来越广泛。AI 和 ML 技术可以处理和分析大规模的金融数据，并从中提取有价值的信息和模式。以下是 AI 和 ML 在科技金融中的主要应用：

第一，风险评估和管理。AI 和 ML 可以用于评估和管理金融风险。通过分析历史市场数据、财务指标和其他相关数据，可以构建风险模型来预测投资组合或交易的风险水平。这有助于金融机构进行风险管理和决策制定。

第二，交易的执行和优化。AI 和 ML 可以自动化金融交易的执行和优化。通过分析市场数据和交易模式，可以开发智能交易系统来自动执行交易，提高交易的执行效率和准确性。此外，ML 还可以通过学习交易策略和模式，进行交易优化和预测。

第三，投资组合管理 AI 和 ML 可以用于投资组合管理。通过分析大量的市场数据和资产信息，可以利用 ML 算法来优化资产配置和选择最佳投资组合。这有助于投资者和资产管理公司制定更明智的投资决策。

第四，欺诈检测与预防 AI 和 ML 可以帮助金融机构检测和预防欺诈行为。通过分析大量的金融交易数据和用户行为模式，可以构建模型来识别潜在的欺诈行为和异常活动。这有助于提高金融交易的安全性和可靠性。

第五，客户服务和个性化推荐。AI 和 ML 可以用于提供个性化的金融服务和产品推荐。通过分析客户的历史交易数据、偏好和行为模式，可以构建个性化的推荐系统，为客户提供符合其需求和风险承受能力的金融产品和服务。

第六，自动化审计和合规。AI 和 ML 可以自动化金融机构的审计和合规过程。通过分析和监控大量的交易数据和行为模式，可以自动检测潜在的合规问题和违规行为，提高合规性和监管的效率。

5. 物联网

物联网是指将各种物理设备、传感器、软件和网络连接起来，通过互联网实现彼此通信和交互的技术网络。物联网使得物体能够收集、传输和共享数据，从而实现智能化、自动化和远程操作。以下是物联网在金融科技中的几个应用领域：

第一，支付和交易。物联网可以用于无接触支付，例如使用智能手表、智能手机或其他连接设备进行支付，而无需使用传统的信用卡或现金。此外，物联网还可以实现智能财务交易，例如智能自动取款机和自动财务咨询机器人等。

第二，风险管理和安全。物联网可以用于监测和管理金融机构的安全风险。通过连接和监控设备、网络和系统，物联网可以实时检测异常活动和潜在的安全漏洞，从而提供更快速和准确的风险评估和警报。

第三，资产追踪和管理。物联网可以用于实时跟踪和管理金融机构的资产。通过在资产上安装传感器和标签，可以实时监测其位置、状态和使用情况，从而提高资产的利用率和管理效率。

第四，客户体验和个性化服务。物联网可以帮助金融机构提供更好的客户体验和个性化服务。通过收集和分析客户的数据和行为，金融机构可以根据客户的需求和偏好提供定制化的产品和服务，从而增强客户忠诚度和满意度。

第五、数据分析和预测。物联网可以收集大量的实时数据，金融机构可以利用这些数据进行统计分析和预测。通过对数据的挖掘和分析，金融机构可以获得关于市场趋势、客户行为和风险管理的重要见解，从而做出更明智的决策和战略规划。

6. 虚拟现实

虚拟现实是一种通过计算机技术创建虚拟环境的技术，使用户可以与虚拟环境进行交互并感受其中的身临其境的体验。虚拟现实技术在科技金融领域中的应用主要包括以下几个方面：

第一，交易和投资体验。虚拟现实技术可以用于改善交易和投资体验。通过虚拟现实设备，投资者可以在虚拟环境中进行模拟交易和投资，并观察其结果和效果。这种虚拟交易平台可以帮助投资者更好地理解金融产品和市场，提高决策的准确性和信心。

第二，虚拟培训和教育。金融科技公司可以利用虚拟现实技术来提供虚拟培训和教育解决方案。通过虚拟现实设备，员工可以在虚拟环境中进行模拟的培训和演练，例如模拟交易环境、风险管理情景等。这种虚拟培训可以提供更真实和沉浸式的体验，帮助员工更好地掌握金融知识和技能。

第三，数据可视化和分析。虚拟现实技术可以用于将金融数据可视化展示。通过将数据转换为虚拟环境中的图形化和立体化展示，金融从业者可以更直观地理解和分析数据。例如，虚拟现实技术可以将股票价格、市场趋势和财务数据等以三维图形的形式呈现，帮助分析师和投资者更好地理解和预测市场情况。

第四，金融风险量化和模拟。虚拟现实技术可以用于模拟和量化金融风险。通过建立虚拟环境和模型，金融从业者可以在虚拟现实中模拟各种风险情景，例如市场波动、经济危机等，从而更好地评估和管理风险。这种虚拟模拟可以提供更真实和可操作的风险管理经验，帮助金融机构更好地做出决策和应对风险。

第五，客户体验和服务创新。虚拟现实技术可以用于改善金融客户的体验和服务。金融机构可以通过虚拟现实设备提供虚拟旅行、虚拟购物和虚拟会议等服务，使客户能够在家中或办公室中享受到更丰富和沉浸式的金融服务体验。这种虚拟服务创新可以提高客户满意度和忠诚度。

7. 科技银行模式

科技银行模式是指以科技为核心，通过创新的技术和商业模式，提供金融服务的新型银行模式。它利用先进的科技和数字化技术来改善传统银行的业务流程和客户体验，提供更高效、便捷和个性化的金融服务。科技银行模式的主要特点包括以下几个方面：

第一，数字化银行服务。科技银行通过移动应用、互联网和在线平台等，提供全面的数字化银行服务，包括账户管理、支付、贷款、投资等。

第二，数据驱动的风险管理。科技银行利用大数据和人工智能等技术，通过分析海量数据，实时监控风险，并提供个性化的风险管理解决方案。

第三，开放式生态系统。科技银行倡导与其他金融科技公司和第三方合作，建立开放式的生态系统，通过整合各方资源，提供更丰富的金融产品和服务。

第四，个性化和定制化服务。科技银行通过数据分析和人工智能技术，了解客户需求，提供个性化和定制化的金融产品和服务，提高客户满意度。

第五，创新金融产品和业务模式。科技银行通过创新金融产品和业务模式，满足新兴市场和新兴业务的需求，如 P2P 借贷、虚拟货币等。

8. 保险科技模式

保险科技模式是指借助科技创新和数字化技术，改进传统保险行业的业务流程、风险评估和客户体验，提供更高效、便捷和个性化的保险产品和服务。以下是保险科技模式的主要特点：

第一，数据驱动的风险评估。通过利用大数据分析、人工智能和机器学习等技术，保险科技公司可以更准确地评估风险，提高风险管理效果。例如，利用车载传感器数据和行驶习惯分析，能够根据个体驾驶行为定价车险。

第二，数字化保险产品和服务。保险科技公司通过移动应用、在线平台和互联网，提供数字化的保险产品和服务，便于客户购买保险、处理索赔以及管理保单。客户可以随时随地通过手机或电脑完成保险交易，并享受更加便捷的理赔服务。

第三，区块链技术的应用。区块链技术可以提供分布式的、不可篡改的交易记录，为保险行业提供更透明和安全的交易环境。同时，区块链技术也可以用于简化理赔流程，提高理赔效率。

第四，个性化和定制化保险。保险科技公司利用数据分析和人工智能技术，了解客户的需求和风险特征，提供个性化和定制化的保险产品和服务。客户可以根据自身需求选择适合的保险方案，并享受更具个性化的保险保障。

第五，开放平台和合作生态。保险科技公司倡导与其他金融科技公司和第三方合作，建立开放的平台和生态系统，通过整合各方资源，提供更多样化的保险产品和服务，满足不同客户群体的需求。

第二节　科技金融的实践与发展

1. 成都：科技金融的先行者

成都高新技术产业开发区筹建于 1988 年，1991 年获批全国首批国家级高新区，2006 年被科技部确定为全国创建“世界一流高科技园区”试点园区，2015 年经国务院批准成为中国西部首个国家自主创新示范区，是四川省全面创新改革试验区和中国（四川）自由贸易试验区核心区。2022 年，成都高新区实现地区生产总值 3015.8 亿元，迈上三千亿台阶。双创示范基地获得国务院办公厅督查激励，也是四川省唯一一家获此殊荣的“双创示范基地”。综合实力长期位于全国高新区第一方阵。

成都高新技术产业开发区管理委员会主办、成都高新技术产业开发区管理委员会办公室主编的《成都高新技术产业开发区 2022 年鉴》指出，成都高新区围绕电子信息、生物医药和数字经济三大主导产业。坚持以产业建圈强链理念变革产业发展方式，重点打造集成电路、新型显示、创新药、高性能医疗器械、高端软件、人工智能、金融业、现代商贸、航空航天、元宇宙等 15 条重点产业链。

为此，成都高新区明确从 2022 年开始五年推出总计 3000 亿元产业基金，广泛征集产业发展“合伙人”。其中，2022 年组建 704 亿元产业基金，40%的规模投向电子信息产业，20%投向生物医药产业，20%投向数字经济产业，20%投向包括现代服务业及未来产业在内的其他产业，力争将成都高新区打造成为产业资本密度最高的地区之一。

2022 年，成都高新区市场主体规模快速增长，市场主体累计存量达 33.14 万户、同比增长 25.8%，其中企业 20.54 万户、同比增长 20.64%。新增上市企业 8 家，科创板上市企业达到 10 家，全区上市及过会企业总数达 55 家、位居中西部第一。

2023 年是全面贯彻落实党的二十大精神开局之年，是实施“十四五”规划承前启后的关键一年，是为全面建设社会主义现代化国家奠定基础的重要一年。成都高新区将坚定以习近平新时代中国特色社会主义思想为指导，全面贯彻党的二十大精神，深入贯彻习近平总书记对四川及成都工作系列重要指示精神，始终坚持服务大局融入全局，在产业建圈强链、做优做强新区功能、稳增长核心支撑、科技创新、数字经济赋能、城市建设、开放协同、商贸服务业、优化营商环境、社会事业上重点突破，为成都打造带动全国高质量发展的重要增长极和新的动力源提供坚强支撑。

表 5-1　政府及金融机构特色模式-成都

参与者	特色模式	核心内容
政府	2014 提出“贷＋投＋贴”引导性政策体系	一是引导轻资产贷款，创新财政科技资金使用方式，构建科技企业债权融资补偿机制；二是引导天使投资，发挥财政资金杠杆效应；三是通过天使投资补助、债权融资补助、“新三板”挂牌补贴、科技与专利保险补贴等手段来降低科技型中小企业的融资成本。
	梯形融资模式	“内源融资＋政府扶持资金＋风险投资＋债券融资＋股权融资＋改制上市”。
	首个创业投融资增值服务平台“盈创动力”	为企业提供直接投资及投融资服务，引导民间资本投资。
银行	国开行的“统借统还”贷款模式	将政府、银行、融资平台公司、担保公司集于一体的创新模式。
	第一家科技支行	成都银行首先意识到科技型中小企业的重要性，成立全国第一家科技支行，将服务定位于中小企业“速贷通”、“桥隧式”、“统借统还”、“联保互保”不断翻新。

续表

参与者	特色模式	核心内容
非银行类金融机构	创业投资引导基金和风险投资作为补充	股权融资模式为科技型中小企业拓宽了融资渠道，更好地发挥了政府的引导和杠杆作用。

2. 上海：国际金融中心

上海作为国际金融中心，拥有了其他地区所没有的区位优势，即“引进来”的优势，凭借与国外优秀金融机构共同组建合资银行为我国科技型企业服务。上海通过《中华人民共和国国民经济和社会发展“十四五”规划》、《上海市国民经济和社会发展第十四个五年规划和二〇三五年远景目标纲要》等规划瞄准世界一流国际金融中心，着力打造以张江科学城、松江科技城为代表的高科技园区。

上海张江（集团）有限公司（前身上海张江高科技园区开发公司）成立于 1992 年 7 月 28 日，作为张江科学城建设主力军、新兴产业推动者、科创生态营造者，统筹承担开发建设、项目引进、产业培育、功能服务、创新创业氛围营造等重要功能。

张江科学城位于上海浦东新区中部，规划面积 95 平方公里，集聚国家实验室、高校科研机构、全球顶尖创新企业和人才资源，目前汇聚 24000 多家企业，国家、市级研发机构 150 余家，跨国公司地区总部 58 家，近 20 家高校和科研院所，现有从业人员逾 40 万。未来，将发展成为“科研要素更集聚、创新创业更活跃、生活服务更完善、交通出行更便捷、生态环境更优美、文化氛围更浓厚”的世界一流科学城。

上海临港松江科技城投资发展有限公司成立于 1995 年，隶属上海市国资委下属的以产业园区投资、开发与经营和园区相关配套服务为主业的大型国有企业——临港集团。公司深耕松江二十余年，始终秉承临港集团“科技创新和产业发展的推动者、区域转型和城市更新的建设者”的使命，推进园区产业的转型升级和城市空间的更新改造。

2006 年，临港集团和松江区率先探索形成了“区区合作、品牌联动”的合作开发模式，拉开了临港松江科技城十五年飞速发展的序幕。目前，园区作为长三角 G60 科创走廊的“技术创新策源区”与“成果转化承载区”，以“打造具有全球影响力的卓越科创园区”为目标，日益成为辐射联动沪苏浙皖和要素配置的重要组成部分，更被央视认证“上海科创新地标”。2021 年园区实现营收超 1000 亿元，贡献税收超 31 亿元。在上海市 104 开发区综合评价中，小型园区综合排名中连续 5 年位列三名；综合发展指数、发展质量位列第二；亩均税收、亩均产出位列前五。园区获评上海市第二批特色产业园区，并在上海全球投资促进大会上进行发布，成为上海市唯一的工业互联网特色园区。“新桥模式”作为上海市开发区建设重要经验载入上海市“十三五”规划，向上海市开发区进行推广。

表 5-2　政府及金融机构特色模式-上海

参与者	特色模式	核心内容
政府	“三个一”工程	即一份调研报告、一个上市后备企业培育平台、一个科技企业融资服务平台。

续表

参与者	特色模式	核心内容
银行	中国银行“张江模式”	提供贴合科技型企业生命周期的产品系列，开辟专业高效的“张江绿色服务通道”，突破传统的多层级长时间的评审机制。 特定的审批权限以及授信审批机制中引入科技专家评审。 不断创新信贷新产品，如合同能源管理。
	浦发银行“科技小巨人信用贷产品”	根据企业的生产经营状况，规定达到一定信用标准的企业可获得纯信用贷款，真正实现无抵押、无担保。
	浦发硅谷银行	中国第一家服务于科技创新型企业的合资银行在上海成立，也是我国首家独立法人的科技银行。
非银行类金融机构	“3＋X”科技信贷体系	三大核心科技信贷产品即微贷通、履约贷、信用贷，“X”即知识产权质押融资、创投贷、融资租赁等产品，满足初创期、成长中早期、成长中后期不同阶段科技企业的需求。

3. 北京：创新标杆城市

北京中关村位于我国首都，政策上具有“先试先行”的优势，同时汇聚了国内外优秀的创新型人才，为科技金融的发展创造了良好的外部环境。

中关村科技园，起源于20世纪80年代初的“中关村电子一条街”，是中国第一个国家级高新技术产业开发区、第一个国家自主创新示范区、第一个国家级人才特区，也是京津石高新技术产业带的核心园区。中关村科技园是我国体制机制创新的试验田，被誉为“中国硅谷”。

1988年5月，国务院批准成立北京市高新技术产业开发试验区，它就是中关村科技园区的前身，1999年8月更名为中关村科技园区，中关村科技园区管理委员会作为北京市政府派出机构对园区实行统一领导和管理。习近平总书记指出，中关村已经成为中国创新发展的一面旗帜，面向未来，要加快向具有全球影响力的科技创新中心进军。

根据《中关村国家自主创新示范区促进科技金融深度融合创新发展支持资金管理办法》（京科发〔2021〕13号），要完善金融支持创新体系，促进新技术产业化规模化应用，加快推进科技金融供给侧结构性改革，促进金融与科技、产业、经济深度融合，建立适合中关村国家自主创新示范区企业全生命周期发展的综合金融服务体系，助推产业升级和经济高质量发展，加快创建中关村科技金融试验区。基本原则如下：

对标先进，扩大国际国内创新链接。立足首都，放眼全球，全方位加强国际科技创新合作，瞄准国际先进创新区域、优势技术领域、领先产业行业，深化国际交流合作，着力在不断扩大的开放创新中，加速人才、技术、资本国际协同，加快新技术、新产业、新业态培育和成熟。

双向开放，积极融入全球创新网络。坚持合作共赢理念，高质量“引进来”与高水平“走出去”并重，用好国内国际两个市场、两种资源，增强国内国际两个市场、两种资源黏合度，不断优化创新要素、产业要素的跨国配置和跨区域流动，培育中关村示范区参与国际合作和创新的新优势，提高中关村示范区科技创新、产业发展的国际化和现代化水平，服务国家新发展格局。

企业主导，政府引导形成强大合力。坚持依靠企业、服务企业的国际化发展理念，发挥市场在资源配置中的决定性作用，强化中关村示范区企业在国际创新交流合作中主体地位。发挥好政府引导作用，强化服务，营造良好创新环境，着力优化政策供给、搭建平台，提升中关村示范区国际创新合作承载力，激发科技类社会组织活力，在推动创新资源集聚、产学研合作中，发挥积极作用，形成促进国际合作的强大合力。

改革突破，打造创新发展联动优势。围绕科技创新的全过程、产业发展的全链条、企业发展的全生命周期，探索开放创新新机制和政策新突破，丰富和扩大创新制度供给。加强中关村示范区与中国（北京）自由贸易试验区、国家服务业扩大开放综合示范区联动，放大政策叠加效应，形成联动优势。

表 5-3　政府及金融机构特色模式-北京

参与者	特色模式	核心内容
政府	建立“中关村大学科技园联盟”	有效促进产学研合作，为科技人员实现价值提供了平台。
	国家首个资助创新示范区	创新政策、科技平台搭建为国内首例，政策先行先试。
银行	国家开发银行	专门成立了科技金融处，形成了“贷前预审，联合推荐，快速评审，共筑信用，财政贴息”的“中关村金融合作模式”，提出了“政府＋国开航＋风投”的联合机制。
	中国银行“中关村模式”	为科技型中小企业不断创新服务模式及产品（“投保贷”、知识产权质押贷款、供应链融资、政府采购订单融资、信用贷款），承认科技型中小企业的专有技术、核心技术和专利品牌。
非银行类金融机构	企业信用自律组织	开展信用宣传、信用服务和信用管理三大板块工作。

4. 深圳：企业上市资金的募集地

作为 2011 年企业上市募集资金最多的上市地，深圳创新性地引进国外创投的新模式，同时本土机构根据我国国情有区别地运作，形成了多样化的资本市场，为其地区的科技型中小企业的聚集提供了条件。从科技金融体系主要参与者——政府、银行类金融机构、非银行类金融机构三方面，分析四大区域四个代表的科技金融发展现状，发现在中国，无论是科技促进金融发展，还是金融助推科技进步，要实现科技与金融的有效结合，都具备以下五个基本环境特征：（1）地方政府支持科技金融发展；（2）搭建综合服务平台，提供一揽子服务；（3）创新融资产品及服务模式；（4）以银行为核心的金融机构服务科技型中小企业；（5）构建保障服务体系。

深圳国家高新区设立于1996年12月，位于深圳湾畔，规划面积11.52平方公里，是科技部建设世界一流高科技园区十家试点园区之一。为了更好发挥高新区示范带动作用，2019年4月，市政府决定实施高新区扩区，形成“一区两核五园”的发展布局，总规划面积由11.52平方公里扩大到159.48平方公里。深圳高新区历时二十多年发展，始终坚持“发展高科技、实现产业化”两大方向，深入实施创新驱动发展战略，已成为引领深圳科技创新的核心引擎、发展高新技术产业的示范基地，全国创新资源最集聚、创新氛围最浓郁、创业环境最优越的区域之一。

2021年深圳高新区实现营业收入22837.84亿元，PCT国际专利申请量12420件，拥有国家高新技术企业5450家，年产值超亿元企业970家，境内外上市企业185家。在科技部火炬中心开展的国家高新区综合评价工作中，深圳高新区连续多年名列前茅，2021年度位列全国第二，综合质效和持续创新能力位列第一。

表 5-4 政府及金融机构特色模式-深圳

参与者	特色模式	核心内容
政府	科技园·金融基地	大陆第一个科技园区，凭借提供办公场所、专业化服务、优惠政策吸引境外科技商务机构入驻，促进国内外先进技术、经验的交流。
	“一个窗口、十大平台”服务体系	创业投资服务平台、人才服务平台、培训服务平台、技术服务平台，知识产权服务平台、科技金融中介服务平台、产品信息服务平台、企业信用服务平台、科技金融孵化器服务平台等。
银行	中国银行科技支行	结合多种融资渠道，和PE、风头、券商等联合开发了多种不同的“投联贷”产品。
非银行类金融机构	“评信通”服务模式	由深圳市信用协会和深圳市信用评级协会组织金融机构和担保公司共同召开贷款项目的评审会，在充分了解企业信息的基础上讨论分析，形成最终的服务方案，签订贷款或担保协议。

第六章　科技金融支持科技创新发展的政策建议

未来科技金融将更加普及和便利。随着移动互联网和物联网的发展，金融服务将变得更加普惠和个性化。无论是小微企业还是个人用户，都将享受到更加便利和高效的金融服务。例如，基于区块链的去中心化金融系统将为普通用户提供更安全、更直接的金融服务。科技金融将更加注重风险管理和合规性。随着科技创新的加速发展，风险管理和合规性将成为金融机构和科技企业面临的重要挑战。金融监管机构需要不断跟进科技发展的步伐，制定相应的监管政策和法规，以确保金融系统的稳定和安全。另外，科技创新将进一步推动金融业务的转型和创新，人工智能、大数据分析和区块链等新技术的进一步成熟和应用将为金融业带来更多的机遇。例如，机器学习和深度学习技术将改进信用评估和风险管理，智能合约和区块链技术将提升支付和清算效率。并且金融机构和科技企业之间的合作将更加紧密。金融机构需要借助科技企业的创新能力和技术实力，以提升自身的竞争力。科技企业也需要金融机构的支持和服务，以实现科技创新成果的商业化价值。未来，金融机构和科技企业之间的合作将更趋紧密，共同推动科技金融的发展。

第一节　政策支持

1. 增加研发经费

政府增加财政资源用于研发活动是一项重要举措。通过增加研发经费的投入，可以有效地鼓励科技领域的公共和私营部门进行更多的创新研究，从而推动技术进步和提升科技产业竞争力。

这些额外的资金可以用于资助高风险创新项目、提供设备设施和雇佣研究人员。资助高风险创新项目尤为重要，因为这类项目通常面临巨大的风险和不确定性，但也是带来突破性成果和创新的关键。政府提供资金支持将大大鼓励企业和研究机构积极参与这些项目，进一步推动科技的发展。

此外，政府资金的投入还能够强化科技基础设施建设。在科技领域，常常需要昂贵的实验设备和技术工具。政府提供设备设施资助将降低企业和研究机构的研发成本，提高研发效率。

最后，政府增加研发经费将为科技产业带来更强的竞争力。资金支持能够激发企业和研究机构进行更多的创新研究，保持他们在科技领域的竞争优势。这将进一步推动技术进步，促进经济的发展。

总而言之，政府增加财政资源用于研发活动将产生积极影响。通过资助创新项目、提供设备设施和雇佣研究人员，政府能够推动技术进步，提高科技产业的竞争力，为国家的发展带来长远和持续的影响。

2. 有利的知识产权保护

加强知识产权法律法规对于保护发明家和研究人员的创新成果至关重要。通过严格执行知识产权制度，我们能够有效地遏制技术创新成果被盗用或非法复制的问题。这不仅能够提高投资者对科技领域的信心，还能确保科技创新能够成功地转化为商业化成果。

在完善的知识产权保护机制下，我们能够打造一个安全、公正的环境，鼓励创新人才积极投身于科技研发。这将为他们带来更多的动力和保障，使他们能够充分发挥创造力和实现技术突破。同时，完善的知识产权制度也能够吸引更多的创新人才和资本流入我国，为科技领域的发展带来更多机遇。

一个健全的知识产权保护机制还能够促进科技领域的交流与合作。创新人才和研究机构将更愿意分享他们的研究成果和专利技术，因为他们知道这些成果将得到充分的保护和尊重。这将进一步促进合作与共享，推动技术的跨领域应用和推广。

要加强知识产权保护，需要政府、企业和研究机构的共同努力。政府应通过加强立法和执法力度，加大对知识产权侵权行为的打击力度。同时，企业和研究机构也应加强内部的知识产权管理，制定相关政策和程序，培养员工的知识产权意识。

综上所述，加强知识产权法律法规的执行对于保护创新成果、促进科技创新的商业化和推动科技领域的发展具有重要意义。通过建立安全、公正的环境，吸引创新人才和资本，促进科技领域的交流与合作，我们能够加速科技创新的步伐，为国家的发展带来更多的机遇和优势。

3. 建立创新中心

创建专门的科技园区或创新中心被认为是学术界、工业界和政府之间合作的催化剂。这些中心提供的资金、基础设施和交流机会不仅有助于加强各方之间的合作，还形成了一个充满活力的创新生态系统。创新中心具有多重功能，其中之一是设立孵化器，为初创企业提供支持和帮助，使其能够获得资金和资源，推动其发展壮大。此外，创新中心也为大企业和中小企业提供了合作机会，通过资源和知识的共享，推动不同行业之间的技术创新合作。

另外，创新中心还可以组织各种活动，如科技展览、学术研讨会和创业竞赛等，以促进创新文化的培养和交流。科技展览为科学家、工程师和企业家提供了一个展示他们最新成果和技术创新的平台，促进了他们之间的互动与合作。学术研讨会则为专家学者提供了一个分享研究成果和思想的平台，促进了学术界的交流与进步。而创业竞赛则为有创新创业意愿的人们提供了一个展示自己创意和能力的机会，鼓励他们开展创业活动。

通过上述举措，我们的国家将能够吸引更多的创新者和创业者，培养他们的创新意识和能力，推动科技进步和经济发展。这些创新中心不仅提供了资源和支持，还营造了一个积极向上、勇于尝试和分享的创新氛围。学术界、工业界和政府之间的合作也得到了加强，实现了知识与技术的跨界交流和融合，为各方共同发展创造了更多机会和可能性。创新中心不仅是一个空间，更是一个激活创意、推动创新的平台，引领着我们走向更加繁荣和进步的未来。

第二节　招商引资

1. 税收优惠

为了鼓励个人和公司在科技项目上进行投资，引入税收减免和其他财政激励措施是一种有效的手段。通过调整税收政策，例如提供税收优惠措施，可以刺激天使投资者、风险投资家以及专注于技术领域的基金进行更多的投资。

税收政策的调整可以包括减少企业所得税、个人所得税以及资本利得税等方面的优惠措施。通过降低这些税种的税率或提供投资抵免等激励措施，可以减轻投资者的负担，提高投资项目的吸引力。此举不仅可以鼓励投资者将更多资金投入科技领域，也可以促进科技创新和研发的持续发展。

此外，为科技项目提供财政激励措施还可以采取其他形式。例如，为研发投入提供税收抵免，或将投资科技项目列为政府资助项目，以吸引更多的投资者参与。这些激励措施将有效地刺激投资活动，促进科技项目的蓬勃发展。

通过引入税收减免和其他财政激励措施，我们可以为个人和公司投资科技项目提供更加有利的环境。这将有助于吸引更多的投资者参与科技创新和研发，推动科技产业的发展。这种激励政策的实施将为科技行业注入更多的资金和资源，推动技术创新的加速发展，为经济的持续增长和社会的进步带来更多的机会和福祉。

2. 公私伙伴关系（PPP）

通过采用公私合作伙伴关系（PPP）模式，可以促进政府和私营部门之间的合作，从而吸引更多的投资。这种合作模式可以分担风险和资源，政府和私营部门可以共同努力为创新项目提供资金和商业化方面的支持。

在 PPP 模式下，政府可以承担提供基础设施和政策支持的角色，为科技项目的发展提供必要的支撑。政府可以提供物质和人力资源，以及法规和政策的支持，为项目的顺利进行提供保障。同时，私营部门可以将资金和市场经验注入这些项目中，帮助其实现商业价值。政府和私营部门之间的合作将有效地整合双方的资源和能力，推动科技项目的发展和商业化。

为了确保 PPP 模式的顺利进行，建立明确的合作框架和法律法规上的支持非常重要。明确的合作框架可以规定双方的权责和利益分配，明确投资回报和风险分担机制，并确保合作关系的透明度和公平性。此外，法律法规上的支持也是吸引投资的重要因素。政府可以通过制定相关法律法规，为 PPP 项目提供保障和便利，减少可能的投资风险，并鼓励更多的投资者参与其中。

通过采用 PPP 模式促进政府和私营部门之间的合作，可以为科技项目提供稳定的投资环境，吸引更多的投资者。这种合作模式能够充分利用公共和私营部门的优势，实现资源共享和风险分担，推动科技项目的快速发展和商业化。这将为经济的创新和发展注入动力，为社会的进步和繁荣做出积极贡献。

3. 风险投资支持

加强风险投资行业的发展，可为初创企业和新兴科技公司创造良好的投资环境。首先，政府应提供监管支持，制定透明、公平和规范的监管政策，以此保障投资者的权益，降低投资风险。这样的举措能够为风险投资者提供安全感，激发其更多的投资热情。

其次，为了促进融资渠道的畅通，政府可以建立科技创业板，设立科技创新投资基金等金融工具，为企业提供更多的融资机会。科技创业板可以成为初创企业和新兴科技公司融资的平台，通过上市和交易，为这些企业提供更广泛的资金来源。同时，科技创新投资基金可以提供风险投资的资金支持，帮助企业实现创新发展。

此外，推动风险投资教育也是重要的一环。政府可以开展培训和宣传活动，提高投资者对风险投资的了解和认知。通过提供相关培训和教育资源，投资者可以更好地了解风险投资的机制和规则，增加对科技创新领域的认知。这将有助于激发更多的人参与到风险投资领域，为初创企业和新兴科技公司提供更多的资金和支持。

总之，加强风险投资行业的发展需要政府和相关机构的积极参与。通过提供监管支持、促进融资渠道的畅通和推动风险投资教育，可以为初创企业和新兴科技公司创造一个稳定、透明和富有活力的投资环境。这将为经济的创新和发展注入动力，促进科技创新成果的转化和商业化，为社会的进步和繁荣做出积极贡献。通过以上的措施，我国可以增加对科技融资的投资吸引力，吸引更多国内外投资者参与到科技创新和创业中，推动科技产业的发展和经济的增长。

第三节　人才培养

1. 教育和培训计划

为了推动我国风险投资行业的发展，我们可以采取一系列综合的措施，创造一个良好的投资环境。首先，政府应采取监管措施，确保风险投资市场的透明、公平和规范运作，保护投资者的权益。这将有助于建立投资者信心，增加投资的积极性。

其次，政府可以推动融资渠道的畅通，以便初创企业和新兴科技公司能够获得更多的资金支持。一种方法是设立科技创业板，为这些企业提供融资和上市的渠道。此外，政府还可以设立科技创新投资基金，为企业提供风险投资的资金支持。这些措施将为初创企业和新兴科技公司提供更多的融资机会，促进其发展壮大。

同时，加强风险投资教育也是必要的。政府应加大对风险投资的培训和宣传力度，提高公众对风险投资的了解和认知。培训课程可以帮助投资者更好地了解风险投资的机制和规则，提高其投资能力。此外，政府还应鼓励学校加强创新教育，引导学生培养创新思维、问题解决能力和实践技能，为未来的风险投资人才储备奠定坚实基础。

最后，促进大学、研究机构和工业界之间的合作也是重要的一环。这种合作可以促进学术知识和实践技能之间的交流和互补，培养具备创新能力和市场适应性的人才。政府可以制定相关政策，鼓励并支持各方合作，共同推进科技创新和风险投资的发展。

总而言之，加强我国风险投资行业的发展需要政府、金融机构、企业和投资者的共同努力。通过制定监管政策、畅通融资渠道、推进风险投资教育和促进学术与实践的合作，我们能够创造一个稳定、透明和有活力的投资环境，为初创企业和新兴科技公司提供更多的支持和机会，推动科技创新和经济发展。

2. 人才留住

为了促进科技金融行业的增长，中国应该采取政策措施来激励高技能人才留在国内。为了实现这一目标，我们可以通过提供有竞争力的薪资待遇、职业发展机会和支持性的工作环境来吸引和留住这些人才。高薪酬是吸引和留住高技能人才的关键因素之一。给予他们与国际市场相媲美的薪资水平，能够增加他们在国内的归属感，并激发他们在科技金融领域的创新能力。

此外，职业发展机会也是关键因素之一。为高技能人才提供广阔的发展空间和良好的晋升机会，可以激励他们在国内长期发展并实现事业目标。这包括提供培训计划、导师指导和专业发展机会，帮助他们不断提升技能，保持行业竞争力。此外，我们还应该鼓励并支持他们参与国内外的国际交流和合作项目，以扩展他们的视野和能力。

除了职业发展，提供良好的生活条件和社会福利也是留住人才的重要因素。为高技能人才和他们的家庭提供稳定和可持续的发展环境，包括良好的医疗保健、教育资源和住房条件等。同时，建立健全的社会保障体系和福利政策，为人才提供安全感和福利保障，使他们能够专注于工作和事业发展。

综上所述，为了促进科技金融的增长，我国应该实施激励高技能人才留在国内的政策。这包括提供有竞争力的薪酬待遇、职业发展机会和支持性的工作环境，以及良好的生活条件和社会福利。通过这些措施，我们将吸引和留住高技能人才，推动科技金融行业的持续发展。

3. 国际合作

为了促进科技金融行业的发展，我国应该积极鼓励研究人员、科学家和机构与国际同行之间的交流与合作。这种国际合作不仅可以促进知识、思想和最佳实践的交流，还可以带来跨文化的交流和合作，从而增强我国的科学实力并促进创新。

与国际同行的交流有助于加深对科技金融领域最新研究成果和前沿技术的理解。通过与国际顶尖科研机构、学术期刊和国际会议的合作，我国研究人员可以及时获取到最新的科学发现和研究成果。这将为我国科技金融行业的发展提供宝贵的参考和借鉴，为我国在该领域的创新提供更广阔的视野和机遇。

为了实现这种国际合作，我国可以加强与其他国家和地区的科技金融行业的合作伙伴关系。可以通过建立双边和多边合作机制、加强科技金融领域的人员交流、设立联合研究项目等方式来推动合作。同时，还可以通过提供经费支持、奖励机制和合作项目的评价等方式，鼓励和激励科研人员和机构积极参与国际合作。

综上所述，通过积极鼓励研究人员、科学家和机构与国际同行之间的交流与合作，我国可以获得更广阔的视野和更多的合作机会，推动科技金融行业的发展。这将为我国科技金融行业的创新和进步提供重要支持，并为我国在全球科技金融舞台上发挥更重要的作用打下坚实基础。

第四节　科技金融服务基础设施

1. 强化数字基础设施建设

科技金融服务的数字化水平对于提供高效、便捷的金融服务至关重要。为了实现这一目标，我们需要建设高速稳定的互联网网络和强大的云计算基础设施。这样做不仅可以确保科技金融服务的顺利运行，还可以支持大规模数据分析和处理，以提供个性化的金融产品和服务。

互联网网络在科技金融服务中扮演着重要角色。只有确保网络的高速和稳定，才能实现金融服务的高效和便捷。因此，我们需要持续投资和改进互联网基础设施，以提供更快速、可靠的网络连接。这样一来，人们可以随时随地访问金融服务，无论是进行支付、转账还是查询账户等操作。

除了高速稳定的互联网网络和强大的云计算基础设施，网络安全也是一个十分重要的方面。在数字化时代，金融数据的安全和隐私保护是至关重要的。金融机构应加强网络安全设施，采取一系列措施来防止数据泄露、欺诈和黑客攻击等风险。这包括加密技术、双重认证、安全审计和实时监控等措施，以确保用户信息的安全和隐私。

综上所述，要提供高效、便捷的科技金融服务，我们需要建设高速稳定的互联网网络和强大的云计算基础设施。同时，加强网络安全设施也是至关重要的。只有通过这些措施，我们才能确保科技金融服务的顺利运行，并为用户提供个性化的金融产品和服务。

2. 推动金融科技创新

金融机构和科技企业之间的合作被视为推动金融科技创新的重要力量。这种合作可以促进开发更多创新的科技金融产品和服务，以满足不断增长的用户需求。其中，基于大数据和人工智能的风险评估模型展现了巨大的潜力。这种创新模型可以帮助金融机构更准确地评估风险，进而提供更加适宜的贷款和保险产品。

智能合约以及区块链技术的应用也可以增强交易的安全性和透明度，同时降低交易成本，改善金融服务效率。智能合约是一种自动执行合同条款的计算机程序，它可以确保交易中的各方遵守协议，并自动执行相应的操作。这种技术有助于减少人为错误、减轻欺诈风险，并提高交易的可信度。而区块链技术则提供了一个分布式的、可追溯的账本系统，使各方能够共享和验证交易数据。这种技术具有防篡改、防欺诈的特性，从而增加了交易的安全性和可靠性，同时减少了中间环节，节约了时间和成本。

通过金融机构与科技企业的合作，金融科技创新的前景变得更加光明。这种合作不仅可以为用户提供更多多样化的金融产品和服务选择，还能为金融行业带来更高的效率和竞争力。然而，合作的成功仍然取决于双方的密切配合，以及对技术风险和监管问题的充分考虑。只有通过合作，金融机构和科技企业才能共同推动金融科技的发展，实现更加智能、高效和可持续的金融服务未来。

第五节　科技金融服务优化

1. 建立创新金融机构

专门设立科技金融机构的目的是为科技创新企业量身定制金融服务，包括风险投资、贷款和股权融资等，以帮助这些企业获得更多资金支持，推动科技创新的发展。该机构将根据企业的需求和特点，设计并提供特定的金融产品和服务，以满足创新企业在不同发展阶段的金融需求。

鉴于科技创新企业面临独特的挑战和风险，这个创新金融机构将采用新颖的方法和工具，为企业提供更加灵活和适应性强的金融解决方案。通过深入了解企业的商业模式、技术实力和市场前景，该机构能够对企业进行更全面和准确的风险评估，以便为其提供量身定制的风险投资方案。

通过设立专门的科技金融机构，我们将能够更好地支持科技创新企业，为它们量身定制的金融服务，以推动科技创新的发展。这将有助于推动经济增长和创造就业机会，同时加强金融业与科技行业之间的紧密合作，为未来的金融服务创新铺平道路。

2. 加强科技金融监管

确保科技金融市场的健康发展和维护投资者利益是至关重要的，因此必须建立一个全面的科技金融监管体系。这一监管体系应该以制定相关法规和政策来规范科技金融市场的运作为基础，同时建立专门的监管机构来监测市场风险和保障市场的稳定性。

监管机构在履行职责时需要紧密关注科技金融行业中的新技术和新业务模式，及时采取相应的监管措施。这意味着监管机构需要及时了解和评估科技金融领域的创新，确保其符合法规和政策要求，同时有效应对风险。为实现这一目标，监管机构需要维持与科技金融机构和科技创新企业的紧密合作，并加强对它们的监管。

这种监管不仅关注机构和企业的行为合规，还需要采取措施防范和应对潜在的风险。这包括对科技金融机构的资本充足性进行审查，监测和控制市场风险，以及监管科技金融机构的内部控制和风险管理能力。

通过加强科技金融监管，我们能够推动科技金融市场的可持续发展，提升投资者对市场的信心。一个健全的监管体系将为投资者提供更好的保护，降低市场风险，促进科技金融市场的健康和稳定发展。

第六节　科技创新发展环境

1. 提供创新驱动的政策支持

为了进一步鼓励企业增加研发投入和提升科技创新能力，政府应该制定有力的税收优惠政策和财政支持措施。这些措施将有助于促进科技创新企业的发展，推动科技成果的转化和商业化。

首先，政府可以通过给予科技创新企业研发成本上的税收减免或税收抵免来降低企业的财务负担。这意味着企业可以在计算应纳税额时，将其合法的研发支出从应纳税额中扣除。这将有效减轻企业的税负压力，鼓励其在科技创新上增加投入。通过减税政策，政府可以促进企业增加研发经费，积极投入到科技创新领域，提升其创新能力和竞争力。

其次，政府可以设立专项资金，向科技创新企业提供资金支持。这些专项资金可以用于资助科技创新企业的研发项目，帮助它们推动科技成果从实验室转化为具有商业价值的产品和服务。这些资金可以用于研发设备的购置、人才引进和培训、技术验证和市场推广等方面，为企业提供全方位的支持。通过提供资金支持，政府可以促进科技创新企业的发展，推动科技成果的转化，并为创新企业创造更好的发展环境。

综上所述，政府应该制定针对科技创新的税收优惠政策和财政支持措施，以鼓励企业增加研发投入，加强科技创新能力。这将为科技创新企业提供更多的发展机会和资源，促进科技成果的转化和商业化，推动科技创新在社会经济中的持续发展。

2. 加强产学研合作

为了促进科技创新的实际应用，政府应该建立更加紧密的产学研合作机制。这一机制旨在加强科研机构、高校和企业之间的合作，共同开展科技研究和技术开发项目。政府在这方面可以采取一系列措施来支持和推动这种合作。

首先，政府可以提供资金支持，以鼓励科研机构与企业开展合作研究。政府可以设立专项资金，用于资助科研机构和企业的合作项目。这些资金可以用于研发设备的购置、技术验证、市场推广等方面，为合作项目提供必要的资源支持。通过提供资金支持，政府可以激励科研机构与企业共同攻关，解决科技创新过程中的技术难题，推动科技成果的产业化进程。

同时，政府还可以加强知识产权保护和技术转移的支持。政府可以加大知识产权法律的宣传力度，加强知识产权的保护力度，确保科技创新成果得到充分的保护。同时，政府可以设立专门的技术转移机构，为科研机构和企业提供技术转移的咨询和支持服务，帮助科技成果更好地转化为具有商业价值的产品和服务。

综上所述，为促进科技创新的实际应用，政府应该建立更加紧密的产学研合作机制。这包括提供资金支持、建立科技创新人才培养计划，加强知识产权保护和技术转移的支持等。这些措施将有助于促进科研机构、高校和企业之间的合作，共同推动科技创新的实际应用，促进科技成果的转化和商业化。

第七节　科技创新成果转化

1. 建立科技成果转化基金

为了促进科技创新企业从实验室走向市场，我们建议设立具有创新性的科技成果转化基金。这个基金不仅为企业提供投资和资金支持，还提供专业的咨询和指导服务。

科技成果转化基金的目标是帮助科技创新企业将他们的研究成果转化为商业化的产品和服务。为了实现这一目标，基金将通过评估科技项目的商业潜力、市场需求和技术可行性来为企业提供资金和资源支持。

评估科技项目的商业潜力是非常重要的。基金将与企业合作，评估项目在市场上的潜在价值和可持续性。这将有助于确定项目是否具备商业化的潜力，从而决定是否为该项目提供资金支持。

基金还将评估市场需求，了解消费者的需求和潜在市场规模。这将有助于确定项目是否具备满足市场需求的潜力，并帮助企业在市场上找到他们的定位。

另外，基金也将评估科技项目的技术可行性。这将包括评估项目的技术难度、竞争情况和可行性。这将有助于确定项目是否具备实际的技术可行性，并帮助企业解决技术上的挑战。

除了资金支持，基金还将提供专业的咨询和指导服务。这将包括业务发展、市场营销、知识产权保护等方面的支持。通过这些服务，科技创新企业将能够更好地理解市场和商业环境，提高他们的商业化能力。

通过设立具有创新性的科技成果转化基金，我们将为科技创新企业提供一种独特的支持机制。这将有助于加速科技成果的商业化过程，并促进科技创新在市场中的应用。同时，这个基金也将为投资者提供一个更好的机会来参与科技创新，享受技术带来的收益。

2. 激励知识产权保护

为了加强知识产权保护力度，同时建立更加便利的知识产权登记和维权机制，政府可以采取一系列措施。

首先，政府可以简化程序和优化服务，以提供更高效的知识产权保护流程。这包括简化知识产权登记程序，减少烦琐的资料要求，提供更快速和便捷的审批服务，以便创新企业能够更快地获得合法的知识产权保护。

其次，政府可以设立专门的知识产权保护部门来加强执法力度和打击侵权行为。这个部门可以由专门的执法人员组成，负责监督和调查知识产权侵犯事件，并采取必要的法律行动进行打击。此外，政府还可以加大对知识产权侵权行为的处罚力度，以警示和遏制侵权行为的发生。

此外，政府还可以提供知识产权保护方面的培训和教育，提高创新企业对知识产权保护的意识和能力。可以组织专门的培训机构或举办知识产权保护研讨会，向创新企业介绍知识产权保护的重要性和具体操作方法。通过提供相关的培训和教育，创新企业将更加了解如何保护自己的知识产权，从而增强其创新成果的保护力度。

通过上述措施，创新企业将会得到更充分的知识产权保护。他们将更有动力和信心进行科技创新，因为他们知道他们的创新成果将会受到法律的保护。而政府的举措也将促进创新环境的进一步发展，有利于推动科技创新和经济发展。知识产权的保护不仅有利于创新企业的发展，也有利于整个社会的进步和繁荣。

参考文献

［1］苏保祥．都市型农业金融支持探索［J］．中国金融，2016，(17)：64-66.

［2］陈建丽．科技金融发展、融资约束与企业研发投入——来自 A 股上市公司的经验证据［J］．科技管理研究，2020，40 (14)：131-139.

［3］程翔，杨小娟，张峰．区域经济高质量发展与科技金融政策的协调度研究［J］．中国软科学，2020，(S1)：115-124.

［4］丁日佳，刘瑞凝．科技金融对制造业结构优化的双重效应研究——基于省级制造业面板数据的 GMM 估计［J］．科技进步与对策，2020，37 (12)：55-63.

［5］陈振权，李大伟，吴非．科技金融政策、企业生命周期与数字化技术应用——基于“科技和金融结合试点”的准自然实验［J］．南方金融，2021，(09)：3-19.

［6］顾海峰，卞雨晨．科技-金融耦合协同提升了企业融资效率吗？——基于中国 755 家科技型上市公司的证据［J］．统计与信息论坛，2020，35 (09)：94-109.

［7］韩鹏．科技金融、企业创新投入与产出耦合协调度及不协调来源［J］．科技进步与对策，2019，36 (24)：55-62.

［8］袁佳煜，文武，程惠芳．经济周期、企业异质性与研发投入融资约束［J］．浙江社会科学，2019，(11)：12-21＋50＋155.

［9］苑泽明，李田，王红．科技型中小企业创新效率评价研究——基于科技金融政策投入视角［J］．科技管理研究，2016，36 (16)：39-44.

［10］黄继忠，黎明．科技金融对创新效率影响的实证研究——基于中国高技术产业省级面板数据［J］．工业技术经济，2017，36 (09)：17-23.

［11］房汉廷．关于科技金融理论、实践与政策的思考［J］．中国科技论坛，2010，(11)：5-10＋23.

［12］余红伟，王俊苏，张旭等．科技与金融结合促进了科技型中小企业的高质量发展吗？［J］．投资研究，2020，39 (10)：128-151.

［13］廖传惠，杨渝南，陈永华．互联网金融、公共科技金融与科技型小微企业融资［J］．科学管理研究，2015，33 (02)：97-100.

［14］蔺鹏，孟娜娜，王少宾等．科创型中小企业的金融支持新路径——基于投贷联动模式的分析［J］．新金融，2017，(04)：48-51.

［15］欧阳卿．科技创新企业投贷联动：国内探索与发展建议［J］．科技管理研究，2018，38 (03)：179-183.

［16］李哲．科技创新政策的热点及思考［J］．科学学研究，2017，35 (02)：177-182＋229.

［17］陈作章，贝政新，周晨．商业银行科技支行业务创新案例研究［J］．中国软科学，2013，(01)：61-65＋71.

［18］杜琰琰，束兰根．从科技支行到科技银行——基于文献研究和实地调研［J］．科技进步与对策，2014，31（09）：5-10.

［19］朱鸿鸣，赵昌文．科技银行中国化与科技银行范式——兼论如何发展中国的科技银行［J］．科学管理研究，2012，30（06）：113-116.

［20］刘斌．我国高科技园区科技金融发展实施策略的比较研究［J］．上海金融，2013，(04)：110-112＋97＋119.

［21］陈华，陈雨阳．长三角科技金融融合发展与协同创新研究［J］．科技与金融，2021，(04)：58-73.

［22］汤子隆，祝佳，赖晓冰．科技金融生态影响科技金融产出的空间结构研究［J］．经济体制改革，2018，(06)：57-62.

［23］冯永琦，邱晶晶．科技金融政策的产业结构升级效果及异质性分析——基于"科技和金融结合试点"的准自然实验［J］．产业经济研究，2021，(02)：128-142.

［24］钟成林，胡雪萍．科技金融数字化对科技型中小企业融资能力影响研究——基于异质性实现形式视角［J］．重庆大学学报（社会科学版），2021，27（06）：46-58.

［25］温小霓，张哲．基于系统动力学的科技金融支持科技发展研究［J］．科学管理研究，2017，35（05）：95-99.

［26］孟添，祝波．长三角科技金融的融合发展与协同创新思路研究［J］．上海大学学报（社会科学版），2020，37（04）：58-73.

［27］姚伟．中国商业银行利益体系构建——基于社会责任视角［J］．复旦学报（社会科学版），2018，60（06）：171-178.

［28］王龑，史永东．科技金融反哺银行业的异质性研究——来自区域性银行的经验证据［J］．科学学研究，2017，35（12）：1821-1831.

［29］柏建成，高增安，严翔等．长江经济带科技创新与金融发展互动关系研究［J］．科技进步与对策，2020，37（09）：61-68.

［30］张洪伟．我国银行科技金融内控管理的主要问题及建议［J］．科学管理研究，2018，36（01）：89-91.

［31］李巧莎，吴宇．科技型中小企业创新发展的融资实现路径——以河北省为例［J］．税务与经济，2018，(01) 57-61.

［32］饶彩霞，唐五湘，周飞跃．我国科技金融政策的分析与体系构建［J］．科技管理研究，2013，33（20）：31-35.

［33］陆园园．科技与金融深度融合发展的新方略［J］．南京社会科学，2021，(05)：31-38.

［34］侯世英，宋良荣．金融科技、科技金融与区域研发创新［J］．财经理论与实践，2020，41（05）：11-19.

［35］韩军强．科技金融发展能够提高中国经济增长质量吗？——基于空间杜宾模型的实证研究［J］．科技管理研究，2019，39（14）：42-47.

［36］张明喜．我国科技金融生态及其绩效实证研究［J］．科技进步与对策，2017，

34（16）：14-19.

［37］王海芸，刘杨．区域科技金融发展水平测度与分析［J］．技术经济，2019，38（04）：50-56.

［38］程翔，杨小娟，张峰．区域经济高质量发展与科技金融政策的协调度研究［J］．中国软科学，2020，（S1）：115-124.

［39］李志强，徐宇明．空间外溢视角下的科技金融与区域经济增长质量［J］．当代财经，2020，（10）：62-74.

［40］刘姝璠，张荣光，邓江晟．科技金融、高新技术产业与产业结构升级［J］．统计与决策，2021，37（02）：145-149.

［41］冯锐，高菠阳，陈钰淳等．粤港澳大湾区科技金融耦合度及其影响因素研究［J］．地理研究，2020，39（09）：1972-1986.

［42］黄瑞芬，邱梦圆．基于 Malmquist 指数和 SFA 模型的我国科技金融效率评价［J］．科技管理研究，2016，36（20）：43-48.

［43］焦妍妍，郭彬，优瑞池．科技创新、金融创新与产业结构优化的耦合关系研究——基于"互联网+"视角［J］．管理现代化，2019，39（05）：32-36.

［44］陈非，蒲惠荧，龙云凤．广东省科技金融投入与创新效率地区差异的实证研究［J］．科技管理研究，2019，39（17）：82-90.

［45］马玉林，马运鹏，彭文博．中国科技金融效率的区域差异及动态演进分析［J］．宏观经济研究，2020，（07）：124-137.

［46］庞金波，李杨薇，赵丽娟．基于 PP-SFA 方法的我国科技金融投入产出效率研究［J］．科技管理研究，2020，40（21）：217-224.

［47］芦锋．创新价值链视角下我国区域科技金融效率研究［J］．贵州社会科学，2020，（06）：126-136.

［48］刘文丽，郝万禄，夏球．我国科技金融对经济增长影响的区域差异——基于东部、中部和西部面板数据的实证分析［J］．宏观经济研究，2014，（02）：87-94.

［49］廖继胜，刘志虹，郑也夫．文化制造业的科技金融支持效率及其影响因素研究——基于长江经济带省际面板数据［J］．江西社会科学，2019，39（10）：37-49+254.

［50］邹建国，李明贤．科技金融对产业结构升级的影响及其空间溢出效应研究［J］．财经理论与实践，2018，39（05）：23-29.

［51］程翔，杨小娟，张峰．区域经济高质量发展与科技金融政策的协调度研究［J］．中国软科学，2020，（S1）：115-124.

［52］曹文芳．科技金融支持科技创新的实证检验［J］．统计与决策，2018，34（13）：160-163.

［53］徐玉莲，王玉冬．区域科技金融资金的配置效率研究［J］．科学管理研究，2015，33（02）：93-96.

［54］邓雪，陈创杰，沈璐等．基于 Malmquist-DEA 模型的科技金融绩效评价——以广东省为例［J］．科技管理研究，2020，40（21）：64-72.

［55］孙雪芬．政府引导型区域科技金融体系构建——基于杭州未来科技城实践的研究［J］．治理研究，2018，34（04）：59-66.

［56］岳瑞波．京津冀协同背景下科技创新的金融支持政策研究［J］．宏观经济管理，2018，(04)：64-71.

［57］李合龙，徐杰，汪存华．粤港澳大湾区科技创新与金融创新的耦合关系［J］．科技管理研究，2021，41（14）：56-64.

［58］李林汉，王宏艳，田卫民．基于三阶段 DEA-Tobit 模型的省际科技金融效率及其影响因素研究［J］．科技管理研究，2018，38（02）：231-238.

［59］许世琴，尹天宝，阳杨．中国省际科技金融效率测度及其影响因素分析——基于空间面板模型实证研究［J］．技术经济，2020，39（03）：81-86.

［60］王仁祥，杨曼．中国省域科技与金融耦合效率的时空演进［J］．经济地理，2018，38（02）：104-112.

［61］常亮，罗剑朝．科技金融投入差异对科技创新效率的影响研究——基于陕西省237 家企业的经验考察［J］．西安财经学院学报，2019，32（02）：52-60.

［62］潘娟，张玉喜．中国研发投入科技创新效率的 PP-SFA 分析——基于中国 30 个省域实证研究［J］．系统工程，2019，37（02）：12-20.

［63］张志元，李维邦．金融新动能助推新旧动能转换的逻辑及路径［J］．经济与管理评论，2018，34（05）：18-26.

［64］谢婷婷，任丽艳．技术创新、金融创新与经济增长——基于中国省际面板数据［J］．工业技术经济，2017，36（11）：110-117.

［65］赵天一．战略性新兴产业科技金融支持路径及体系研究［J］．科技进步与对策，2013，30（08）：63-67.

［66］杨嫩晓，安则同．科技创新与科技金融协同效应研究——基于陕西数据的实证分析［J］．西安财经大学学报，2021，34（03）：43-52.

［67］华坚，施明月，王育芳．科技金融、产业结构优化与区域生态效率——基于空间计量模型的实证分析［J］．技术经济，2021，40（05）：16-26.

［68］刘栾云峤，张玉喜．区域科技金融生态系统共生与进化实证研究［J］．科技进步与对策，2021，38（05）：48-58.

［69］张玉喜，刘栾云峤．共生视角下科技金融生态系统对科技创新的影响［J］．系统工程，2021，39（03）：25-36.

［70］陈纯柱，李昭霖．数字货币犯罪风险的防范与应对［J］．重庆社会科学，2019，(10)：35-47.

［71］余庆泽，杨玉国，毛为慧等．基于 SERVQUAL 模型的科技金融平台服务质量评测研究——以 P2P 网贷平台为例［J］．科技管理研究，2019，39（11）：113-121.

［72］高惺惟．平台垄断与金融风险问题研究［J］．现代经济探讨，2021，(07)：68-75.

［73］刘辉．大数据金融算法的法律规制［J］．财经理论与实践，2021，42（02）：148-154.

［74］魏蓉蓉，鲁继业．科技金融创新发展的思路与模式研究——基于推动科技型中小企业发展的视角［J］．管理现代化，2015，35（03）：10-12.

［75］张兴旺，陈希敏．国内外科技金融创新发展模式比较研究［J］．科学管理研究，

2017，35（05）：112-115.

［76］何丹，燕鑫．金融支持科技创新效率实证分析［J］．统计与决策，2017，（10）：166-168.

［77］曲昭，丁堃，张春博．基于文献计量视角的科技金融政策研究［J］．科技进步与对策，2015，32（13）：123-128.

［78］陆璐．“FinTech”赋能：科技金融法律规制的范式转移［J］．政法论丛，2020，（01）：137-148.

［79］张骁，周霞，王亚丹．中国科技服务业政策的量化与演变——基于扎根理论和文本挖掘分析［J］．中国科技论坛，2018，（06）：6-13.

［80］王卫彬，俞杰龙，朴基成．科技金融与高新技术产业发展的实证研究：来自浙江嘉兴的例证［J］．科技管理研究，2012，32（24）：117-122.

［81］肖泽磊，张镤予．政府引导型区域科技金融服务体系建设理论及实证研究——基于苏州板块的调研分析［J］．科技进步与对策，2013，30（19）：50-56.

［82］张婕，金宁，张云．科技金融投入、区域间经济联系与企业财务绩效——来自长三角G60科创走廊的实证分析［J］．上海财经大学学报，2021，23（03）：48-63.

［83］崔璐，申珊，杨凯瑞．中国政府现行科技金融政策文本量化研究［J］．福建论坛（人文社会科学版），2020，（04）：162-171.

［84］何宏庆．科技金融驱动经济高质量发展：现实困境与路径选择［J］．广西社会科学，2018，（12）：90-95.

［85］邓志敏．科技金融驱动经济高质量发展的困境与突破［J］．科学管理研究，2019，37（04）：146-150.

［86］冯锐，马青山，刘传明．科技与金融结合对全要素生产率的影响——基于“促进科技和金融结合试点”准自然实验的经验证据［J］．科技进步与对策，2021，38（11）：27-35.

［87］徐越倩，李拓，陆利丽．科技金融结合试点政策对地区经济增长影响研究——基于科技创新与产业结构合理化的视角［J］．重庆大学学报（社会科学版），2021，27（06）：1-15.

［88］韩俊华，韩贺洋，周全．科技金融创新的经济增长效应、运行模式和风险管理路径［J］．科学管理研究，2018，36（03）：102-105.

［89］王卉彤，刘靖，雷丹．新旧两类产业耦合发展过程中的科技金融功能定位研究［J］．管理世界，2014，（02）：178-179.

［90］马鹏．我国科技金融服务平台的比较分析［J］．科技管理研究，2014，34（14）：37-40.

［91］韩俊华，周全，王宏昌．大数据时代科技与金融融合风险及区块链技术监管［J］．科学管理研究，2019，37（01）：90-93.

［92］冯燕妮，沈沛龙．山西高新技术产业开发区科技金融创新研究［J］．经济问题，2019，（01）：75-83.

［93］顾焕章，汪泉，吴建军．信贷资金支持科技型企业的路径分析与江苏实践［J］．金融研究，2013，（06）：173-178.

［94］成海燕，徐治立，张辉．科技金融政策促进科技企业发展的资源配置效率研究——来自北京市的实证调查［J］．科技进步与对策，2020，37（04）：119-128.

［95］朱鸿鸣，赵昌文．科技银行中国化与科技银行范式——兼论如何发展中国的科技银行［J］．科学管理研究，2012，30（06）：113-116.

［96］刘培欣，唐五湘．科技金融人才队伍建设机制研究［J］．科技管理研究，2014，34（09）：106-110.

［97］李兴伟．中关村国家示范区科技金融创新分析与趋势预测［J］．科技进步与对策，2011，28（09）：33-37.

［98］高峰．基于政策指数的科技政策实证研究［J］．科技进步与对策，2013，30（19）：105-108.

［99］骆世广，李华民．广东科技金融绩效评价——基于 NonICA 特征约简的 DEA 方法研究［J］．金融理论与实践，2012，（12）：39-42.

［100］邹克，倪青山．公共科技金融存在替代效应吗？——来自 283 个地市的证据［J］．中国软科学，2019，（03）：164-173.

［101］王健．基于 DEA-Malmquist 指数的我国科技金融结合效率评价研究［J］．上海金融，2018，（08）：92-95.

［102］杨凯瑞，申珊．改革开放以来中国科技金融政策演变与启示——基于对中央政府政策文本的共词分析［J］．中国科技论坛，2021，（06）：105-118＋148.

［103］胡新丽，吴开松．光谷与硅谷：科技金融模式创新借鉴及路径选择［J］．科技进步与对策，2014，31（09）：15-18.

［104］林光平，龙志和，吴梅．我国地区经济收敛的空间计量实证分析：1978—2002 年［J］．经济学（季刊），2005，（S1）：67-82.

［105］Anselin L，Getis A. Spatial statistical analysis and geographic information systems［J］. The Annals of Regional Science，1992，26：19-33.

后　记

本著作为青海省大数据金融与人工智能应用技术重点实验室成果之一。旨在探讨科技金融和科技创新之间的相互关系，深入研究二者在当代经济中的影响和作用。我们研究了2000年至2023年全球范围内关于这一研究主题的文献，应用文献计量学技术对1708篇文章进行了分析，得出了科学研究的主要主题轴及其演变的研究结果。有关科技金融的研究主要集中在过去十五年，主要的研究方向包括科技金融、科技创新、商业银行、经济增长、机器学习、区块链等方面的问题，未来研究方向或许是金融创新、金融机构、经济增长、科技创新、绿色金融等。

在著作完成分工方面，由张迎春统筹，李阳具体负责落实，本书的撰写框架由两位作者多次讨论确定。其中，第一章要感谢王瑞轩和马锐的辛苦付出，第二章要感谢马任涵和毛生良的辛苦付出。同时，本著作要感谢青海民族大学经济与管理学院研究生蔡治强、张一丹、许思媛、王启梁、刘千祥、朱宇丽、王睿宇、林夏雨、陶明旭、荆士琦和高国傲；感谢2021级国际经济与贸易本科班的刘晓莹和2021级工商管理本科班的晏子错。最后，感谢青海理工大学商学院和青海民族大学经济与管理学院给予的大力支持。

在该书撰写过程中参考了国内外大量相关教材、专著和学术资料，在此谨向及有参考文献的编著者表示衷心的感谢。本书的出版得到了湘潭大学出版社的热情关怀和大力支持，在此一并向他们表示最诚挚的谢意。

中国科技金融发展还在不断研究之中，本书疏漏、不当和缺憾之处在所难免，敬请学术界同行和广大读者批评指正。

编者

2023年7月18日

《申报》1934年5月10日，孔祥熙昨抵沪。

《申报》1945年4月28日，海州市将召开军政联合会议。

《申报》1946年11月4日，上海路名考，上海租界开辟初年，几条原始名路。

《申报》1948年1月21日，新闻“东海警察局缉获伪币犯”。

《大公报》1937年1月26日，海州航空站试放探照灯。

《建国初期的联合诊所》张彦忠。

《明代海州城的修筑经过》朱炳旭。

《女儿墙名字的由来》小宽说历史。

《女儿墙是什么，为什么叫女儿墙》双全装饰，选自搜狐。

《东海境内的三座古城遗址》朱磊。

《云台山的台》常任之，1981年9月24日连云港报。

《续资治通鉴》清毕沅。

《忠武定国》姜正成主编，韩世忠，2014年。

《东海州、西海州历史钩沉》李彬，朐海文献。

《关于朐山县与朐山戍及海州古朐县》骆玉宽。

《从美租界到共租界——虹口东洋化格局的形成》虹口文化。

《历史上的龙苴城综述》邹平彦。

《朐山、朐县，初探》张义壮，2007年3月。

《关于朐山县与朐山戍及海州古朐县》骆玉宽。

《市桥》张大强，海州区政协文史资料第八辑。

《梦溪笔谈》沈括，卷十一《驿传》。

《玉篇》南梁，顾野王编。

《新兴的商埠——新浦》张传藻。

《因盐兴废的石桥镇与消失的运盐河》刘阳。

《迎接解放的日子》张晋阶，连云港市文史资料第六辑1988年。

《白宝山与东亚旅社》刘兆元，连云港文史资料第十七辑第56页。

《我所了解的白宝山和陈调元》白化文，连云港文史资料第十七辑第23页。

《民国游记汇编》刘阳。

《负有特殊使命的采购员》赣榆文史资料第五辑。

《银楼种种》张士杰，连云港市文史资料第四辑。

《前河底看小戏》陈指南，新浦文史资料第五辑。

《前河底的粮行》陈指南，新浦文史资料第五辑。
《回忆海州光复》黄荔岑，扬州师范学院史料。
《海州光复前后》郭耀如，扬州师范学院史料。
《日德战争期间海州与飞机的首次近距离接触》张晨晨，张家超。
《老海州飞机轶事》韩世泳。
《孙传芳传》陈杰编著，吉林大学出版社，2010年5月。
《港城第一个飞机场，在海州杨圩的考证实录》韩世泳，海州琐记。
《中国早期的航空港》彭云，海州乡谭（上）。
《清代及民国时期江苏的盐政盐税》沈敏，卢正兴。
《回忆新浦红卍字会》李文纲。
《调查报告》连云港市房产管理局2006年6月6日。
《国闻周报》记者鉴吾，徐海途中见闻，1926年。
《抗战后大街上的警察机构》矫恒贵整理，连云港市文史资料第七辑。
《新海连市人民政府关于在盐河区创点试建居民委员会的情形总结报告》1952.9.20。
《盐河区成立居民委员会总结报告》1952.11.19。
《啄木鸟》杂志，尘封档案，谭晓平。
《日军侵占新浦之初罪行纪实》江锦尧，新浦文史资料第三辑。
《李庚山与报国铁血锄奸团》王恒珍，连云港市文史资料第十辑。
《创建新浦天后宫碑记》刘振殿，1917年10月。
《新浦第一所学校》王恒珍，连云港市政协文史资料第七辑。
《记新浦私立普爱学校》王恒珍，连云港市文史资料第六辑，1988年12月。
《人间正道是沧桑》江锦尧，新浦文史资料第四辑。
《从普爱到新海》江苏省新海高级中学八十年发展史。
《东海师范学生大闹伪县政府始末》江景尧，新浦文史资料第五辑。
《中国妓女文化史》武舟，东方出版中心，2006年。
《东海县商会第一届第三次会员代表大会工作报告》民国三十六年，连云港市档案馆。
《滨海对敌斗争和边沿土改中的几点体会》连云港革命史料第四辑1986年。
《迎接解放的日子》张晋阶，连云港市文史资料第六辑1988年。
《解放前夕国民党税警溃逃记》方一清，连云港市文史资料第六辑1988年。
《白宝山与东亚旅社》刘兆元，连云港市文史资料第十七辑。
《新海电厂抢修纪实》张正云、沈若铭，连云港市文史资料第九辑。

《参观新浦电厂记》1932年《新电界》第二卷第七期。

《益昌油坊的兴衰》张荣山，连云港市文史资料第十三辑。

《解放前新海工商沿革概述》金列侯、郭耀如连云港市文史资料第10辑1995年。

《五家食品杂货店》林里，连云港市文史资料第七辑。

《新浦客商商帮》张学裕、阎宗辰，连云港市文史资料第七辑。

《新海面粉厂的建立与撤并》庄福田、韩福明，建国初期连云港市经济，1993年。

《海州面粉厂的新生》于鸿吉、马佃生、高希林，建国初期连云港市经济，1993年。

《1917年津浦铁路管理局租车购车舞弊案丑闻》天津建城600年历史文化篇。

《杨绛的父亲杨荫杭》。

《奎元书店》徐一德，新浦文史资料，第五辑。

《百年德平书店》宣传手册。

《塔山古道》崔月明，《申报》1933年11月8日，招商局水陆联运决先开办三要线。

《申报》1933年11月21日，"建筑专刊"第四十八期，钱江桥与老窑码头。

《申报》1934年10月24日，招商局与陇海路联络。

《申报》1935年1月18日，日本工商视察团参观连云港。

《申报》1935年9月24日，沭阳六塘河堤溃决东海灌云并告危急。

《申报》1935年10月6日，盐河暴涨板浦情势危急。

《申报》1935年10月6日，灌云盐河西岸堤堰全行溃决。

《申报》1935年10月13日，海属水患日亟。

《申报》1935年11月3日，红十字会赈务专员报告苏北灾况。

《在"己未春闱案"被伤得最深的其实不是唐伯虎》覃仕勇，2018.4.3。

《一件会试舞弊案直接攻击了隋唐以来中华帝国上千年的政治根基》史客，2018.4.4。

《新浦区志》北京：方志出版社，2000年。

《古朐考略》。

《从前的"沙堤接引"如今的良田千顷》连云港市重点文物保护研究所

《连云港市志》(上)，方志出版社，2017年。

《申报》朱议员镜明提议海属应速设第八工场案，1916年10月10日。

《申报》国内要闻，苏实业行政会议纪(三)，1926年7月16日。

《海州护军使》马鉴尧，2021年。

《几家食品小作坊》李建生

《新浦区新志》北京：方志出版社，2014年12月。

《海州文化丛书》编委会

主　　任: 朱兴波　李　锋
副 主 任: 曹明朗

《海州旧事》编辑部

主　　编: 马鉴尧
副 主 编: 于　洋
特约编辑: 刘凤桂
编　　务: 胡可建　陈　敏　陈雪美